福建師範大學文學院百年學術論叢　第八輯

老莊與中國現代文學

雷文學　著

第八輯
總序

甲辰春和，歲律肇新。纘述古今之論，弘通文史之思。

《福建師範大學文學院百年學術論叢》第八輯，以嶄新的面貌，在臺北萬卷樓圖書公司出版發行，甚可喜也。此輯所涉作者及專著，凡十有五，略列其目如次：

蔡英杰《說文解字的闡釋體系及其說解得失研究》。
陳　瑤《徽州方言音韻研究》。

以上文字音韻學二種。

林安梧《道家思想與存有三態論》。
賴貴三《韓國朝鮮王朝《易》學研究》。

以上哲學二種。

劉紅娟《西秦戲研究》。
李連生《戲曲藝術形態與理論研究》。
陳益源《元明中篇傳奇小說與中越漢文小說之研究》。
傅修海《中國左翼文學現場研究》。
雷文學《老莊與中國現代文學》。
徐秀慧《光復初期臺灣的文化場域與文學思潮》。
王炳中《現代散文理論的個性說研究》。
顏桂堤《文化研究的變奏：理論旅行與本土化實踐》。
許俊雅《鯤洋探驪——臺灣詩詞賦文全編述論》。

以上文學九種。

林清華《水袖光影集》。

以上影視學一種。

林文寶《歷代啟蒙教材初探與朗誦研究》。

以上蒙學一種。

知者覽觀此目，倘將本輯與前七輯相為比較，不難發見：本輯的規模，頗呈新貌。約而言之，此輯面貌之「新」處，略可見諸兩端：

一曰，內容豐富而廣篇幅。

如上所列，本輯所收論著十五種，較先前諸輯各收十種者，已增多百分之五十的分量，內容篇幅之豐廣不言而喻。復就諸論之類別觀之，各作品大致包括文字音韻學、哲學、文學、影視學、蒙學等五方面的研究，而文學之中，又含有戲曲、小說、詩詞賦文、現代散文、左翼文學各節目的探討，以及較廣義之文化場域、文藝理論、文學思潮諸領域的闡述，可謂春華競放，異彩紛呈！是為本輯「新貌」之一。

二曰，作者增益而兼兩岸。

倘從作者情況分析，前七輯各論著的作者，均為服務於福建師範大學的大陸學者。本輯作者十五位乃頗不同：其中十位屬福建師範大學文學院，另五位則為臺灣各高校教授，分別服務於成功大學中國文學系、臺灣師範大學國文系、臺東大學兒童文學研究所、東華大學哲學系等高教部門。增益五位臺灣學者，不僅是作者群體的更新，更是學術融合的拓展，可謂文壇春暖，鴻論爭鳴！是為本輯「新貌」之二。

惟本輯較之前七輯，雖別呈新氣象，然於弘揚優秀中華文化，促進兩岸學者交流的本恉，與夫注重學術品質，考據細密嚴謹之特色，卻毫無二致。縱觀第八輯中的十五書，無論是研究古典文史的著述，還是探索現當代文學的論說，其縱筆抒墨，平章群言，或尋文心內涵，或覓哲理規律，有宏觀鋪敘，有微觀研求，有跨域比較，有本土衍索，均充分體現了厚實純真的學術根底，創新卓異的學術追求。

「苟非其人，道不虛行」，高雅的著作，基於優秀學人的「任道」情愫。這是純正學者的學術本能，也是兩岸學界俊英值得珍惜的專業初心。唯其貞循本能，不忘初心，遂足以全面發揮學術研究的創造性，足以不斷增強研究成果的生命力。於是乎本輯十五種專著，與前七輯的七十種作品，同樣具備了堪經歷史檢驗而宜當傳世的學術質量，而本校文學院「百年學術論叢」的十載經營，十載傳播，亦將因之彰顯出重大的學術意義！每思及此，我深感欣慰，以諸位作者對叢書作出的種種貢獻引為自豪。至若臺北萬卷樓圖書公司各同道多年竭力協謀，辛勤工作，確保了叢書順利而高品格地出版發行，我始終懷抱兄弟般的感荷之情！

中華文化，源遠流長。歷代學人對中國悠久傳統文化的研討，代代相承，綿綿不絕，形成了千百年來象徵華夏民族國魂的文化「道統」。《易》曰：「觀乎人文，以化成天下。」即言聖人深切注重中華文明的雄厚積澱，期盼以此垂教天下後世，以使全社會呈現「崇經嚮道」的美善教化。嘗讀《晦庵集》，朱子〈春日〉詩云：「勝日尋芳泗水濱，無邊光景一時新。等閒識得東風面，萬紫千紅總是春。」又有〈春日偶作〉云：「聞道西園春色深，急穿芒屩去登臨。千葩萬蕊爭紅紫，誰識乾坤造化心？」此二詩暢詠春日勝景。我想，只要兩岸學者心存華夏優秀道統，持續合力協作，密切溝通交流，我們共同丕揚五千年中華文化的「春天」必然永在，朱子所謂「萬紫千紅」、「千葩萬蕊」的春芳必然永在。願《福建師範大學文學院百年學術論叢》的學術光華，永遠沁溢於兩岸文化學術交融互通的春日文苑！

汪文頂

謹撰於閩都福州

二〇二三年十二月一日

目次

導論
現代作家對老莊的三種態度

中國現代文學在中國文學的發展歷程上是一個重要而特別的階段。近代以來，中華民族從備受壓迫和欺淩到走向獨立，從被動挨打和被動接觸西方社會，到主動走出去，其間民族心理經受巨大的煎熬和轉變。在這一時代背景下的中國現代文學，也有了不同於以往的中國古代文學的特點。在向西方學習的過程中，中國現代作家們不僅學習西方文學的技法，更注重西方文學體現出來的人文精神；不僅學習西方的文學，更研究包裹著文學的種種意識形態：政治、宗教、哲學、藝術等等。在這一過程中，人們不僅對照西方文化的優勢反思和批判了傳統，而且在中西文化的深入比較中也敏感地覺察到西方文化的缺陷，並表達了以中國文化的優勢去彌補這一缺陷的願望。一方面，傳統文化在總體上被質疑造成中國人懦弱、保守、自私、殘忍、敷衍、玩世的國民性，從而被送上歷史的審判台。另一方面，人們也覺察到傳統文化的某種合理性；尤其是，由於幾千年民族心理的巨大慣性，人們一方面批判傳統，一方面又擺脫不了傳統的思維模式，擺脫不了對傳統的情感。現代作家一方面高呼西方文化，然而當種種西方文化形式在中國落地生根，成長出來的卻未必是純粹的西方文化幼苗。所有的這一切，使得中國現代文學和現代文化在走向西化的過程中呈現出極為複雜的景觀。中國文學由古代向現代的轉化就是在這種複雜的嬗變中實現的。

在這一過程中，中外各種思潮對中國文學的發展起到什麼樣的作用？這一問題近年受到學術界的關注。比如佛教、基督教、伊斯蘭教、象徵主義、科學主義等思想潮流與現代文學的關係、與二十世紀中國文學的關係均受到注意。而曾經在古代文學中起過很大作用的老莊思想此時又扮演著一個什麼樣的角色，並可能對中國文學的未來走向帶來什麼樣的影響，也是一個值得探討的問題。

研究老莊與中國現代文學的關係可以抓住一個要害，即作家的心態：在老莊的影響下的現代文學無論表現出多麼複雜的形態，都可以在作家的心態裡找到問題的答案。本文化繁就簡，將這種形態歸結為批判、接受和發展三個方面。從邏輯上講，這種歸納是全面的，可避免遺珠之憾，而又達到一種以簡馭繁的效果：批判老莊主要從思想上、政治上去展開，這種批判既有改造民族命運的功利目的，又有哲學理念的考量。接受老莊主要從個人的生活修養到藝術觀念等方面，這種接受又表現了豐富的內容和不同的側面。發展老莊思想主要是針對現代人生和現代觀念出現的問題，嘗試用老莊清靜、自然、無目的性的觀念去解決，他們的努力從生存的層面到形而上的層面展開，且均有可觀的表現。

第一節　現代作家對老莊的批判

現代作家對老莊的反思和批判是在西學的背景下進行的。現代文學作為現代文化的一部分，是在西方文化的影響下發展起來的。西方文化，無論是個人主義、民主主義、進化論、科學主義、生命哲學，還是文學上的現實主義、浪漫主義、現代派，甚至頹廢派，其中有一個主旋律，就是對自我生命意志的肯定、對形而上精神的不竭追問。這種可貴的傳統在中國文化中是缺失的。在為君、為民、為天、為道（總之是為他）所壓抑了幾千年的中國人，一旦從西方文化中獲得這縷曙光，其欣喜應可想而知（這縷曙光在印度曾產生了泰戈爾雖神秘卻充滿生命氣息的詩歌）。但是，中國知識分子是在一個特定的歷史時期——民族危亡下接受西方思想的，現代作家在從事文學活動之時已先天地肩負了啟蒙和救亡的雙重使命；而且，按照李澤厚先生的看法，近代史上急劇變化的社會，使「思想啟蒙」主題讓位於「民族救亡」主題。[1]在這種現實壓力下從事啟蒙的現代文學鉅子們，其峻急的心態概不可免，因而其憤懣多於欣喜，沉重多於希望，詛咒多於歌頌。老莊思想在這樣的背景下被推上了歷史的審判台。

最先開始對老莊持系統深入地批判的作家是早期的魯迅。在日本留學期間，魯迅即深入思考了民族危機的文化根源和解決之道。來自歐洲的一批「摩羅」詩人吸引了他的目光，他欣賞那些「立意在反抗，指歸在動作」的精神界戰士，期望憑藉這些充滿力量和反抗精神的精神界戰士喚起國人的戰鬥精神，實現民族自強，改變民族命運。而要現實這一點，就要改變與這種摩羅精神相對立的民族精神——那種消極無為的傳統文化，正是在這一意義上，魯迅展開了他的道家文化批判。

在〈摩羅詩力說〉中，針對中國的「愛智之士」對往古社會的讚美，魯迅指出，往古社會並不像他們所說的那樣「萬禍不作，人安其天」，事實是「古民曼衍播遷，其為爭抗劬勞，縱不厲于今，而視今必無所減。」因而他們對古代社會的描繪只是一種不得已的妄想，因為「作此念者，為無希望，為無上徵，為無努力」，只好「脫屣塵埃，惝恍古國，任人群墮於蟲獸，而已身以隱逸終」。他們的代言人無疑是老子：

> 老子之輩，蓋其梟雄。老子書五千語，要在不攖人心；以不攖人心故，則必先自致槁木之心，立無為之治；以無為之為化社會，而世即于太平。

---

1 引自安徽大學胡適研究中心編：《胡適研究》第2輯（合肥市：安徽教育出版社，2000年），頁96。

這種理想，魯迅指出雖「其術善也」，但難以適應現代「進化如飛矢」的社會。

五四以後，魯迅在一系列現實論證中，深刻挖掘種種複雜的現實問題的傳統文化思想根源，在具體問題的批判中深入到文化批判。他注意到，在複雜的現實鬥爭面前，一部分知識分子不能抵抗現實的壓力，走向逃避，甚至嚮往並實踐傳統知識分子的隱居生活。這正是老莊思想影響下國人的逃避現實傾向。魯迅反思到，老莊思想「最足以代表知識階級的思想」，[2]是復古反動的現代文人的「祖墳」。「我們雖掛孔子的門徒招牌，卻是莊生的私淑弟子。『彼亦一是非，此亦一是非』，是與非不想辨；『不知周之夢為蝴蝶歟，蝴蝶之夢為周歟？』夢與覺也分不清。生活要混沌。如果鑿起七竅來呢？莊子曰：『七日而混沌死。』」[3]這種深刻的剖析使得他在一系列的論爭中對知識分子的思想根柢洞若觀火，辯論每擊中要害。不僅如此，魯迅還在小說《起死》和《出關》中，進一步用文藝的形式將莊子的「彼亦一是非，此亦一是非」置於兩難情境，再次嘲笑了「無是非」觀在現實中的尷尬。

郭沫若對老莊的態度與他的政治立場息息相關。在五四時代的熱潮中，郭沫若對老莊保持了不同於時人的異常冷靜態度，他不但在藝術上吸取了莊子的泛神論思想，還贊同老子的自然之道在反抗三代有神論中的歷史作用，斷定老子的「無為」說是一種不帶目的性的積極思想。郭沫若的這種思路，雖異於時人，但也體現了五四時期個性解放的時代要求。

但二十年代中期以後，隨著他對馬克思主義的信仰和在實際上參與政治生活，他對老莊的態度也隨之大變。一九二三年郭沫若就創作了諷刺小說《漆園吏游梁》和《柱下史入關》，以此批判了老子的利

2 魯迅：《集外集拾遺》（北京市：人民文學出版社，1973年），頁211。
3 魯迅：《南腔北調集》（北京市：人民文學出版社，1973年），頁132。

己、莊子的出世。四十年代後，隨著他在政治上的成熟，郭沫若對老莊思想的非實踐性、非現實性認識得更為徹底，在一系列著作中對之進行了更為徹底的清算，鋒芒所向，直指莊子的「厭世」、「玩世」、「幻想」等反現實的思想傾向，並深入分析莊子逃避反抗而不得最後必定陷入「油滑」的結局。

同樣，對於老子思想，郭沫若也一反五四時期的熱情讚美，猛烈批評老子的「詐術」、「愚民」，前後的不同直可判若兩人。郭沫若對老莊思想立場的變化，並不是他對老莊思想本體的看法有變，而是他的政治立場變化的結果。在四十年代，郭沫若的政治思想更加成熟，人民本位思想也更加突出，他直言自己批判文化的思想基礎，「便是以人民為本位的這種思想。合乎這種道理的便是善，反之便是惡。」[4]因而對老子斥其為「本質上並沒有多大的發展前途，因為他沒有大眾的基礎。」[5]他分析老子政治思想何以有愚民意識，即在於老子學說是「不以人民為本位的個人主義，必然要發展成為這樣的。更進一步，便否認一切文化的效用而大開倒車。」[6]

陳獨秀是五四時期除魯迅之外對老莊持激烈批判態度的作家。他對老莊的批判直接針對時代主題而發。陳獨秀分析了中國落後的根本原因在於「陳腐朽敗之細胞充塞人身。」[7]這種「陳腐朽敗」的細胞即是以儒釋道為代表的傳統文化。「老尚雌退，儒崇禮讓，佛說空無」，遂導致我國精神界「強梁敢進之思、冒險敢為之風」從根斷矣。[8]因而，他對包括老莊在內的傳統文化展開猛烈抨擊。

陳獨秀的批判指向老子哲學造成中國人的奴隸人格以及老莊的墮

4　郭沫若：《郭沫若全集》歷史編第2卷（北京市：人民文學出版社，1982年），頁482。

5　郭沫若：《郭沫若全集》歷史編第2卷（北京市：人民文學出版社，1982年），頁162。

6　郭沫若：《郭沫若全集》歷史編第2卷（北京市：人民文學出版社，1982年），頁185。

7　陳獨秀：《陳獨秀著作選》第1卷（上海市：上海人民出版社，1993年），頁129。

8　陳獨秀：《陳獨秀著作選》第1卷（上海市：上海人民出版社，1993年），頁416、414。

落返古。他稱老子為「奴隸販子」，老子主張「知雄守雌，知榮守辱」，是「專務鑄造奴隸的模範」。他分析儒家的「聖人之道」為何「不益於世用」，就是因為「宋儒以來之談孔派者無不逃入於老派乎，靜也、虛也、柔也、無為也、無動也，老派之玄妙也，即奴隸之教授法也；鄙夫也、鄉愿也、學究也、偽君子也、老派之健將也，即奴隸之志願地也」。統治階級正是表面上利用孔子作幌子，背地裡卻「以老氏之暗毒吸人血而涸人腦」，使天下人逆來順受，甘願為奴隸。故而，愈推尊孔派，吾族之奴隸就愈發不可自拔。[9]

五四前夕，在一篇探討人生真義的文章裡，陳獨秀對老莊的虛無、保守、墮落進行了批判：「那老、莊的意見以為萬事萬物都應當順應自然；人生知足，便可常樂，萬萬不可強求。」老莊的意見自然使人快活得很，但「人生一世，安命知足，事事聽其自然，不去強求，自然是快活得很。但是這種快活的幸福，高等動物反不如下等動物，文明社會反不如野蠻社會。我們中國人受了老莊的教訓，所以退化到這等地步。」[10]他反覆批判：「我們中國學術文化不發達，就壞在老子以來虛無的個人主義及任自然主義。」「虛無主義及任自然主義，都是叫我們空想，頹唐，紊亂，墮落，反古。」[11]

陳獨秀老莊並非，胡適則揚老抑莊。胡適頗為讚揚老子的「無為」政治，以為主張無為無事的政治，是因為當時的政府太腐敗不配有為，偏要有為；不配干涉，偏要干涉，所以弄得『天下多忌諱，而民彌貧；民多利器，國家滋昏；法令滋彰，盜賊多有』，所以對於那種時勢，發生激烈的反響，創為一種革命的政治哲學。對於老子的人生哲學，胡適同樣稱讚了他的「無為」、「不爭主義」。

胡適給老子一個「革命家」的稱號，卻給莊子戴了一頂「出世主

9 《中華民國史料彙編》（臺北市：中央文物供應社，1983年），頁16-36。

10 陳獨秀：《獨秀文存》（合肥市：安徽人民出版社，1987年），頁125。

11 陳獨秀：《獨秀文存》（合肥市：安徽人民出版社，1987年），頁602。

義」的帽子，他對老莊的態度大相逕庭。他認定莊子的學說只是一個『出世主義』，這和魯迅、郭沫若等人的看法是一致的，「莊子對於一切人生壽夭、生死、禍福，也一概達觀，一概歸到命定。這種達觀主義的根據，都在他的天道觀念。……〈養生主篇〉說庖丁解牛的秘訣只是『依乎天理，因其自然』八個字。莊子的人生哲學，也只是這八個字。」「這種人生哲學的流弊，重的可以養成一種阿諛依違，苟且媚世的無恥小人；輕的也會造成一種不關社會痛癢，不問民生痛苦，樂天安命，聽其自然的廢物。」[12]「若依莊子的話，把一切是非同異的區別都看破了，說泰山不算大，秋毫之末不算小；堯未必是，桀未必非：這種思想，見地固是『高超』，其實可使社會國家的制度習慣思想永遠沒有進步，永遠沒有革新改良的希望。……莊子的學說實在是社會進步和學術進步的大阻力。」[13]

聞一多與郭沫若一樣，對老莊的認識有一個前後變化的過程，這種變化與他由純粹的書齋知識分子到關心現實政治的轉變相一致，因而他對老莊的立場也經歷了本體批評到政治文化批評的過程。他前期稱讚莊子對宇宙最高真理「道」的追尋，「有大智慧的人們都會認識道的存在，信仰道的實有，卻不像莊子那樣熱忱的愛慕它。」[14]稱讚莊子文章思想和文字相交織的美，並發揮莊子「以醜為美」的美學思想。

四十年代後，隨著聞一多由學者向「戰士」的轉變，他對道家展開了激烈的批判。

他先從文學史上對老莊進行了批判。在〈新文藝和文學遺產〉的演講裡，聞一多歸納出封建社會的四種家臣：「第一種是絕對效忠主子的，是儒家，第二種次之，是法家，第三種更次之，是墨家，而莊

12 胡適：《中國哲學史大綱》（上海市：東方出版社，1996年），頁212。

13 胡適：《中國哲學史大綱》（上海市：東方出版社，1996年），頁214。

14 聞一多：《聞一多全集》第2卷（北京市：生活．讀書．新知三聯書店，1982年），頁281。

子是第四種，是拒小惠而要徹底的拆臺的，但是因為有前三種人的支持，所以沒有效果，後來，由反抗現實而逃到象牙塔中。」莊子居其一，特徵是逃避。「在五四，第四種人出塔了，他們要自己管理自己。」這顯然是由於時代精神的感召。但「可惜第四種人在塔外住不慣，又回到塔裡面去了！」這影射了創作小品文的周作人、林語堂諸人，聞一多批判了他們在新文藝的外表下的復古本質：「他們拚命搬舊塔的磚瓦來造新塔，就如有人在提倡晚明小品，表面上是新文藝，其實是舊的。」「至於文學遺產，就是國粹，就是桐城妖孽，就是骸骨，就是山林文學。」他則針鋒相對提出：「現在感到破壞的工作不能停止，講到破壞，第一當然仍舊要打倒孔家店，第二要摧毀山林文學。」[15]鮮明地表現了對具有逃避傾向的道家山林文學的批判。

在〈戰後的文藝道路〉裡，他對道家（尤其是莊子）這種逃避批判得更深入、更徹底。在此，聞一多將中國社會分為奴隸社會、自由人和主人等三個階段，指出，從封建時代奴隸的解放，就有了自由人，而自由人的實際地位是自己選擇自己的道路，願不願意做奴隸。儒家願意做奴隸，道家不願意做奴隸，但道家「只是主觀的解放，自己在麻醉自己。自己麻醉不外飲酒，看花，看月，聽鳥說甚，對人的社會裝聾，表現在藝術作品中的麻醉性那就更高。魏晉藝術的發展是將藝術作麻醉的工具，阮籍怕腦袋掉是超然，陶潛也是逃避自己而結廬在人境，是積極的為自己。阮是消極的為人，阮對著的是壓迫他的敵人，是有反抗性的；陶沒有反抗性，他對面沒有敵人，故阮比陶高。阮是無言的反抗，陶是無言而不反抗，能在那裡聽鳥說甚，他更可以要幹什麼便幹什麼。」這就是對整個道家思想影響下的逃避傳統的批判了。聞一多尖銳指出，雖然這些人象徵著思想的解放，但自由人仍是被解放了的奴隸，「到了近一百年，除了作自己人的奴隸外，

---

15 聞一多：《聞一多全集》第2卷（北京市：生活・讀書・新知三聯書店，1982年），頁216。

還要作外國人的奴隸。」那麼，「戰後之文藝的道路是要作主人的文藝。」[16]這就把文藝與政治緊密聯繫起來了。

如果說聞一多從文學史的角度對道家的清算還保留著一些對他們的同情，那麼對於他們在文化上的批判就尖銳得多了。聞一多欣賞英人韋爾斯的觀察：「在大部分中國人的靈魂裡，鬥爭著一個儒家，一個道家，一個土匪。」以為是這位外國人，「他給我們查出了病源」。[17]只是他將韋爾斯的「儒家，道家，土匪」，改為了「儒家，道家，墨家」，或「偷兒，騙子，土匪」——他比韋爾斯的觀點更加尖銳：

> 先講偷兒和土匪，這兩種人作風的不同，只在前者是巧取，後者是豪奪罷了。……至於以「騙子」代表道家，起初我頗懷疑那徽號的適當性，但終於還是用了它。「無為而無不為」也就等於說：無所不取，無所不奪，而看去又像是一無所取，一無所奪，這不是騙子是什麼？

他把墨家比作土匪，儒家比作偷兒，道家比作騙子，並且說，講起窮凶極惡的程度來，土匪不如偷兒，偷兒不如騙子。郭沫若認為聞一多「把道家思想清算得很痛快的」。[18]聞一多在這一時期主要是批判道家思想造成國民性格的偽善和取巧，以服務於現實鬥爭的需要。「由莊子禮贊而為屈原頌揚。」[19]

---

16 聞一多：《聞一多全集》第2卷（北京市：生活·讀書·新知三聯書店，1982年），頁240。

17 聞一多：《聞一多全集》第2卷（北京市：生活·讀書·新知三聯書店，1982年），頁377。

18 聞一多《聞一多全集·序》第1卷（北京市：生活·讀書·新知三聯書店，1982年），頁9。

19 聞一多：《聞一多全集·序》第1卷（北京市：生活·讀書·新知三聯書店，1982年），頁9。

現代作家批判老莊主要在政治、社會的層面上進行，改造國民性進而改造國運是他們的批判目的；但是，認為現代作家對老莊的批判是基於救亡的現實功利目的這種看法，卻是不完全、不徹底的。現在作家並不是「無暇返回東西文化的本原」，[20]他們的思考其實已經超越了改造民族命運的現實目的，深入到了文化的深層的，有本體論的考量。近現代中國的命運，不僅面臨民族危亡的生存困境，也有遭遇了與自身異質的強大文化的衝擊、民族文化面臨著調適與更新自我的重大課題。因而，在另一種異質文化的參照下，反省傳統文化也成為擺在現代作家和現代學人面前的歷史課題。現代作家對老莊的批判是救亡和文化更新的雙重需要，只是現代作家對文化自新的表達是混合在民族救亡的話語中，並為後者的強勢話語所遮掩，因而，學界在看到救亡的這一面時忽略了現代作家批判老莊所包含的文化更新的潛在意圖。

比如魯迅，與當時大多數的文化人一樣思考現實的改造問題，他們也大致採取了批判傳統文化、向西方文化取經的相同的思路，但魯迅不是一個一般的現實改造學者，他在進行社會改造的努力時並不僅僅在社會的層面上進行。魯迅實際上是一個哲學文化學者，他恰恰對「無確固之崇信」、[21]「于奧義也漠然」[22]的社會和「無作始之性質」[23]的大眾知識極為反感，而稱讚那種「據地極固，涵義甚深」[24]的深度觀察。這就決定了魯迅的老莊批判不僅是現實批判，而是上升到哲學批判。

魯迅是在與摩羅詩人、實際上也是與尼采哲學對立的意義上來批

20 楊義：〈道家文化與中國現代文學〉，《中國社會科學》1997年第2期，頁150。

21 魯迅：《墳》（北京市：人民文學出版社，1973年），頁35。

22 魯迅：《墳》，頁39。

23 魯迅：《墳》，頁35。

24 魯迅：《墳》，頁35。

判老莊的，尼采哲學不僅支持了他的摩羅詩學理論，而且也是他批判老莊的利器。在〈摩羅詩力說〉中，他反覆提到「固如勖賓霍爾所張主，則以內省諸己，豁然貫通，因曰意力為世之本體也；尼佉之所希翼，則意力絕世，幾近神明之超人也。」[25]「故尼佉欲自強，而並頌強者。」「尼佉意謂強勝弱故，弱者乃字其所為曰惡，故惡實強之代名。」「尼佉不惡野人，謂中有新力，言亦確鑿不可移。蓋文明之朕，固孕於蠻荒，野人狉獉其形，而隱曜即伏於內。」在〈文化偏至論〉中，他再三稱頌「意力軼眾」、「意力絕世，幾近神明之超人」、「具有絕大意力之士」，即是對強力意志的稱許，這些說法事實上已經超越了現世改造意圖。這種零星卻透澈、深刻的不絕如縷的論述表明了魯迅的詩學主張建立在嚴格的哲學基礎上，權力意志思想對於魯迅具有本體論的意義，是其信仰所在。明白這一點就可以明白，為什麼二十年代中後期，當一批五四文化健將放棄戰鬥、向傳統尋求精神支持時，魯迅依然不折不撓地與社會文化上的種種妥協思想戰鬥，並始終站在反傳統的前線。因為哲學深植於思想深處，不輕易隨時代的風波而改變，即如他早期所言：「明哲之士，反省於內面者深，因以知古人所設具足調協之人，決不能得之今世；惟有意力軼眾，所當希求，能於情意一端，處現實之世，而有勇猛奮鬥之才，雖屢踣屢僵，終得現其理想。」[26]「內部之生活強，則人生之意義亦愈邃，個人尊嚴之旨趣亦愈明，二十世紀之新精神，殆將立狂風怒浪之間，恃意力以闢生路者也。」[27]魯迅現實改造熱情是其強大的「內部生活」外射的結果，是「內省」的結果，也即是對尼采哲學的良好覺悟，它使得魯迅在變幻的時代中始終保持一貫的立場，不為所動，向著自己所認定的時代和個人的方向頑強前進。魯迅批判老莊包含了以尼采置換老莊的

---

25 魯迅：《墳》，頁43。

26 魯迅：〈文化偏至論〉，《墳》（北京市：人民文學出版社，1973年），頁41。

27 魯迅：〈文化偏至論〉，《墳》（北京市：人民文學出版社，1973年），頁43。

潛在文化意圖，這一意圖更主要是通過魯迅本人的戰鬥姿態體現出來的，代表了中國人轉換老莊思想的先聲。後來的文化發展證明，魯迅的這一意圖是存在的，是歷史潮流的一部分，是老莊哲學現代性轉換的濫觴。[28]

魯迅對老莊的批判只是現代作家批判老莊的一個典型，事實上，現代作家中的大部分也許趕不上魯迅的西方哲學修養，他們對老莊的批判也許不如魯迅的決絕，但是，他們的批判和魯迅一樣構成時代精神的一部分。現代作家對老莊的批判均含有尼采與老莊對立的思考，是出於對一種新的生命意志哲學（以尼采為代表）吸納的考慮，是吸收新的文化因子以更新民族文化的考慮。現代最重要的特徵之一就是人的覺醒，郁達夫說：「『五四』運動的最大的成功第一要算『個人』的發現。以前的人，是為君而存在，為道而存在，為父母而存在的，現在的人才曉得為自我而存在了。」[29]人的覺醒是時代的潮流，這一潮流一旦形成，就會像空氣一樣無所不在，影響這一時代的每一個人。現代作家創作形態各異，具體思想各別，但肯定生命的意識在他們的作品是廣泛存在的，儘管或隱或顯。「為我」的意識突出表現就是肯定自我的尼采哲學，尼采哲學在現代中國受到的廣泛歡迎儘管與不同作家不同的目的有關，但作為一種肯定生命意志的哲學，無疑在作家們的心底獲得認同。同樣，現代作家對老莊的批判儘管立足點各有不同，但道家哲學作為一種對生命意志至少持不積極態度的思想受到現代作家的廣泛批判，這種批判有歷史的合理性。換言之，現代作家對老莊的批判較普遍地包含了肯定生命意志與否定生命意志、積極與消極、尼采與老莊的對立這種二元模式。

梁啟超、譚嗣同、胡適、梁實秋、陳獨秀、郭沫若等的老莊批判

28 見本書導論第三節「現代作家對老莊的發展」的相關論述。

29 郁達夫：《中國新文學大系導論集．現代散文導論下》（上海市：上海書店影印本，1982年），頁205。

都是這一時代潮流的表現，儘管他們的側重點各有不同。如果從更長遠的眼光看，尼采與老莊的矛盾是中國文化、中國哲學現代化的核心矛盾之一；中國作家對老莊的批判並不是徹底否定老莊，以至於把老莊從中國文化中剔除，而是反思老莊不適合現代的因素（從某種意義上說就是與尼采哲學對立的因素），以發展老莊；與此相關，吸收尼采也並非無條件地全盤接受尼采（即使是魯迅後來也批判了尼采），而是吸收尼采哲學中的合理因素，以建設新的民族文化。事實上，尼采、老莊各有利弊，老莊的自然、超然觀念就是有利於現代人生的，尼采哲學偏激、絕對化則並非其優長。反思這些當然需要更充分的歷史條件（魯迅還來不及從事這一文化工作），對他們的綜合思考、取長補短會形成更為合理的文化。這是後來的作家、思想家所從事的工作了。

第二節　現代作家對老莊的繼承

與對老莊的批判相比，繼承老莊思想以及在老莊思想影響下的文學傳統似乎是現代文學一股更大的潮流，涉及的作家更多，影響更複雜，儘管這一股潮流不為時代主流所認可。無疑，這派作家認可老莊的基本觀念，普遍表現出渴望傳統的生活態度和生活方式，在對社會倫理的批判、退隱的人生態度、熱愛自然、超然物外、天地大美的追求、宇宙意識的培養等方面，老莊思想均給現代作家以廣泛的影響；在此基礎上他們的創作也深染老莊的自然哲學精神，表現出對平淡自然的文風、意境美的追求等。

受老莊思想影響的這派作家分為三類：一、對自然的熱愛。主要表現為對大自然、對純樸的民俗民風的熱愛以及對自然人性的追求。二、隱逸情調和平淡閒適性情的追求。這派作家也具自然的文風，主要在他們的小品文的創作中表現出突出的平淡閒適木訥的文風。三、大宇宙意識。表現對宏大意象的追求，描寫的對象具有宇宙背景，受莊子天地大美的影響較深。

沈從文、廢名、徐志摩、艾蕪、汪曾祺、蕭紅等作家的作品典型地表現了對自然的熱愛。他們的作品都注重對大自然的描繪，作品有一個濃厚的自然背景，同時描繪了在這一自然背景中成長的自然人性，有意識地強調自然和人之間的同構關係，很好地表現了道家哲學「天人合一」的哲學思想。

沈從文的湘西系列作品在這方面最為典型。沈從文也是自然意識最強烈、最純粹的作家之一。他的湘西世界是一個原始自然的世界，這裡，由於險峻的地理環境、與外界隔絕的歷史傳統，使得這裡的自然環境極為原始純樸；不但如此，生長在這一地區的苗族、土家族等少數民族人民，人性也極為自然純樸。沈從文以他在這一地區長期生活的獨到優勢修得自然性情，又用這種自然的眼光審視了這一世界，用極為自然的筆調勾畫出湘西人與自然契合的動人美景。

人們往往難以忘懷《邊城》裡的翠翠自然無塵的美：「一對眸子清明如水晶，自然既長養她且教育她。為人天真活潑，處處儼然如一隻小獸物。人又那麼乖，如山頭黃麂一樣，從不想到殘忍事情，從不發愁，從不動氣。平時在渡船上遇陌生人對她有所注意時，便把光光的眼睛瞅著那陌生人，作成隨時都可舉步逃入深山的神氣，但明白了面前的人無機心後，就又從從容容的在水邊玩耍了。」而這種美需要特定的環境，我們明白了下列湘西的化外世界的美麗後，就不難理解翠翠的美：「深潭中為白日所映照，河底小小白石子、有花紋的瑪瑙石子，全看得明明白白。水中游魚來去，全如浮在空氣裡，兩岸多高山，山中多可以造紙的細竹，常年作深翠顏色，逼人眼目。近水人家多在桃杏花裡，春天時只須注意，凡有桃花處必有人家，凡有人家處必可沽酒。夏天則曬晾在日光下耀目的紫花布衣褲，可以作為人家所在的旗幟。秋冬來時，……人家房屋在懸崖上的、濱水的，無不朗然入目。黃泥的牆，烏黑的瓦，位置卻永遠那麼妥貼，且與四周環境極

其調和，使人迎面得到的印象，實在非常愉快。」(《邊城》)

同樣，「大王」用一支槍殺死兩百個敵人，敢冒著生命危險夜探防守嚴密的牢房與美麗的女匪首相好；多情水手夜晚與吊腳樓妓女恩愛纏綿，白天漂流於惡浪險灘的沅水之上；虎雛上海灘殺人，千里奔湘西；豹子二十五歲時已經親過四十個女人的白淨胸脯……這些人物無論在什麼環境皆天不怕，地不怕，敢作敢為，渾身洋溢使用不盡的活力，漂流惡水之上，行走危峰之間，也與這裡的林莽、虎嘯、惡溪、險灘渾然一體，相得益彰；也只有在這樣的環境裡，他們的天性才能成長和發展。大王、虎雛、豹子等人與翠翠等雖不一樣，但同樣是這塊土地上的自然人性。

作為沈從文的老師，廢名與沈從文一樣，在熱愛自然這一點上，他們是極為一致的。廢名以平淡木訥的筆調描繪了他記憶中的黃梅農村，這裡是樹木、竹林、堰蕩環繞的古樸的山村，生活在這一環境中的村民無不純樸如土地。與沈從文不同的是，廢名作品中純樸自然的人性是一種極度淡化了欲望、深深淹沒在風俗中、安靜樸實如泥土的人性。這與沈從文健康強健、充滿生機的自然人性形成很大反差。廢名作品的這一風味與他習禪的經歷有關。

富春江畔長大的郁達夫，從小就極為迷戀自然。他的小說創作，也總是與自然山水聯繫在一起。他前期的小說創作，「自然」還只是作為人物的背景存在；到了後期，自然與人物之間的關係更加諧和，人物也消失了前期小說中的躁動不寧，顯示出退隱、寧靜、純樸的隱逸人格。

郁達夫極為重視小說中的自然風景描寫，他說：「小說背景的中間，最容易使讀者得到實在的感覺、又最容易使小說美化的，是自然風景和人候的描寫。」又說：「像這些變化不同的時節的光景，和千差萬別的風景的推移，能夠深深地觀察，綿密地描寫出來，那麼這本小說的人物事件的結構，暫且不問，就單從風景描寫上說來，也不失為一本最上乘的小說。」[30]

寫於一九三二至一九三三年的《東梓關》、《遲桂花》、《飄兒和尚》，主人公徐竹園、翁則生、秦國柱均在早年有過遠大志向，後由於疾病或世事坎坷，覺人生虛幻，今是昨非，均退隱於浙東優美的自然山水中，遠離現實鬥爭，反倒身體康復，無牽無擾，身心安寧，怡然自得。這反映出中年後郁達夫的出世之思和隱逸傾向，渴望在優美寧靜的自然山水中寄託身心。優美的風景時時點綴文中：「一處離埠頭不遠的池塘裡，游泳著幾隻家畜的鴨，時而一聲兩聲的在叫著。池塘邊上水淺的地方，還浸著一隻水牛，在水面上擎起了它那個兩角崢嶸的牛頭，和一雙黑沉沉的大眼，靜靜兒的在守視著從輪船上走下來的三五個行旅之人。」(《東梓關》)透露出作者渴望寧靜的心態。「這樣的一個人獨自在心中驚異著，聞吸著，賞玩著，我不知在那空亭裡立了多少時候。突然從腳下樹叢深處，卻幽幽的有晚鐘聲傳過來了，東嗡，東嗡地這鐘聲實在真來得緩慢而淒清。」(《遲桂花》)這樣的景色充滿了隱逸傾向。「月光下的翁家山，又不相同了。從樹枝裡篩下來的幹條萬條的銀線，像是電影裡的白天的外景。不知躲在什麼地方的許多秋蟲的鳴唱，驟聽之下，滿以為在下急雨。」(《遲桂花》)這樣的描寫有似沈從文的《邊城》裡的風光。

艾蕪的作品描寫了西南邊陲的異域風光，帶有強烈的異域色彩。艾蕪是受過五四改造國民性思想影響的作家，他在作品表達了他對生活在這一地區人民命運的關切；但是，艾蕪作品更迷人的色彩在於他對四川、雲南、緬甸自然風光的描繪，以及表現這一地區人民人性中的美好品質。艾蕪對風景和人之間的有機關係是自覺的：「我不能只描寫人和他的生活，我還要把我所見到的各種各樣的自然風景，寫了進去。我喜歡我國的唐詩宋詞，寄情於景，以景抒情，我認為小說也

30 郁達夫：《小說論》，王運熙：《中國文論選》現代卷（上）（南京市：江蘇文藝出版社，1996年），頁437。

應該這樣做去。有時候，人物有了，生活情節有了，如果還沒自然景色出現在故事情節中，我就難於動筆。假如我是畫家，就要把風俗畫和風景畫，綜合在一道，畫成為我喜愛的畫卷。」（《中國現代作家選集・艾蕪》序）這種創作觀直接受傳統詩詞的影響，其思想根源在「天人合一」的自然哲學觀念。

從表面上看，艾蕪的創作與沈從文是不同的：沈從文純以自然的理念欣賞自然的景觀和在這種自然景觀中的自然人性，而艾蕪的作品中總有一個改造者「我」的存在。艾蕪自述「我是喝過五四運動的奶的」，[31]他受到五四思想的深刻影響。艾蕪總體上並不欣賞他作品中的主人公：「我」常常離開他們，不與他們合作；艾蕪常常通過作品中的議論批判他們，以一個覺醒者的姿態將改造的意圖貫注到作品中。但在實際上，引起人們稱讚的卻是艾蕪那些成功描繪西南邊陲獨特環境的作品，作者不僅留戀雄奇、優美的大自然，還對那些形形色色的盜賊、盜馬賊、轎夫、流浪藝人、小販潛意識裡充滿了欣賞。除開作者在作品中公開表露的改造意圖外，我們還是可以鮮明感受到那種在特定自然環境中成長出來的自然人性，這是類似於沈從文的。艾蕪作品打動人的，實際上仍然是自然風俗中人性的美，而不是魯迅式的改造國民性的迫切、強烈、沉重。

被譽為詩化小說的代表作家的蕭紅，她的代表作品《呼蘭河傳》是明顯的社會改造主題，作者對「呼蘭河」這一小鎮上違背人性的習俗表示深深憂慮和無情嘲諷，這是近於魯迅憤激的風格的；但作者在表達自己理想時，傾心的卻是傳統的天人合一的境界：

> 花開了，就像花睡醒了似的，鳥飛了，就像鳥上天了似的，蟲子叫了，就像蟲子在說話似的。一切都活了，都有無限的本

---

31 艾蕪：《艾蕪文集》第1卷（成都市：四川人民出版社，1981年），頁198。

> 領，要做什麼，就做什麼。要怎麼樣，就怎麼樣。都是自由的。倭瓜願意爬上架就爬上架，願意爬上房就爬上房。黃瓜願意開一個謊花，就開一個謊花，願意結一個黃瓜，就結一個黃瓜，若都不願意，就是一個黃瓜也不結，一朵花也不開，也沒有人問它。

作者又回憶自己童年的後院：「一到了後園裡，立刻就另是一個世界了。決不是那屋子裡的狹窄的世界，而是寬廣的，人和天地在一起。……」[32]這仍然是民族「天人合一」自然哲學理念。

其它作家如汪曾祺、俞平伯、冰心同樣在作品中表現了美麗的自然風光，描繪了純樸的人性，表達了作家的自然理想。

周作人、林語堂和梁實秋的作品典型地體現了小品文平淡、閒適、幽默的特點。周作人、林語堂、梁實秋等前期都是有過社會使命感的作家，後來在經歷了一系列社會及個人的坎坷之後，他們均走向傳統避世退隱的生活。周作人回到自己的「苦雨齋」、「苦雨庵」，林語堂營造了「有不為齋」，梁實秋隱居在閒適的「雅舍」。他們的這種類似的生活情調代表了在動盪的大時代中一部分知識分子的隱逸心態，渴望在草木蟲魚、閒情逸致中寄託自己的本味人生。

周作人的作品體現了動盪的時代中個人無法自適的「苦」的心態。周作人的思想極為駁雜，舉凡宗教、哲學、科學、心理學、人類學、社會學他都有廣泛涉獵，但並不為哪一家思想所囿，這既是周作人的幸運，也是周作人的不幸。他屢次稱自己為「無信」之人，無所信仰造成了他開闊的視野和客觀的態度，使得自己的思想無所「囿」，同時也造成他精神的苦悶。他越到後期越傾向於在人情物理、草木蟲魚中寄託自己的苦味人生。實際上，人情物理是莊子所謂

---

32 蕭紅：《蕭紅全集》（哈爾濱市：哈爾濱出版社，1991年），頁761。

「萬物自性」的另一個說法。莊子對周作人的影響實際上很深，廢名深深欽慕周作人的自然風度，說其「拿著自然作教科書。」

林語堂三十年代後一改其「語絲」時期的戰鬥風采，轉向小品文寫作，大力倡導幽默、閒適、性靈。在小品文寫作中，他同周作人的思路一樣，大力發揮民族性靈文學傳統，主張抒寫個人性情的閒適小品，將老莊推為幽默、閒適、性靈精神的始祖。由於周作人、林語堂的倡導，性靈小品寫作在三十年代一時蔚為大觀。林語堂的幽默理論和幽默小品文創作，遠不是傳統滑稽戲意義上的幽默之博人一笑，而是一種應對人生的智慧。幽默實際上是智慧通達造成心境閒適之會心一笑。林語堂又是中國現代向西方人介紹中國文化、使中國文化走向世界的第一人。在他的介紹中，老莊哲學是濃墨重彩的一筆，有明顯的情感和思想偏向。

梁實秋在二、三十年代秉持他的新人文主義立場，對老莊思想進行了批判。他以為老莊的清靜無為的思想和柔能克剛的狡獪伎倆，使中國人變成了一個懶惰而沒出息的民族；行樂的文學、山水文學、求仙文學就是這種民族精神的反映。四十年代後，梁實秋自由人文主義觀點受到強烈抨擊，他遂放棄了這一立場，隱居「雅舍」，全心小品寫作，不再過問政治。他的人生經歷了批判老莊到欣賞並實踐老莊思想的過程。梁實秋的小品，瀟散澄致，幽默淡雅，表現了他隱居後從容平淡的心態，在生活態度和寫作風格上均向老莊傳統靠近。其代表作《雅舍》寫道：「『雅舍』最宜月夜——地勢較高，得月較先。看山頭吐月，紅盤乍湧，一霎間，清光四射，天空皎潔，四野無聲，微聞犬吠，坐客無不悄然！舍前有兩株梨樹，等到月升中天，清光從樹間篩灑而下，地上陰影斑斕，此時尤為幽絕。直到興闌人散，歸房就寢，月光仍然逼近窗來，助我淒涼。細雨濛濛之際，『雅舍』亦復有趣。推窗展望，儼然米氏章法，若雲若霧，一片瀰漫。」一片澄澈氣象，全無人間硝煙。

毛澤東、郭沫若、宗白華是在作品中表現宇宙意識的作家。這派作家與「靜觀」的作家不同，他們視野開闊，精神積極，不屑於在微小的事物中寄託自己的感興，更傾向於在宏大的宇宙氣象中渲染自己澎湃的激情和浩大的精神。相對於關注在時代動盪中個人命運的作家，他們更關注宇宙精神。他們擴展自我人格與宇宙精神一體，把作品置於宏闊的宇宙背景中來表現，表現了一種往來天地的宏大氣魄，是老子「道大」、莊子「天地大美」思想影響的結果。

毛澤東早年即注重對人類活動大本大源的探討，以為「人類者與本體有直接關係，而為其一部分，人類之意識，亦即與本體之意識相貫通……」[33]、「志者，吾有見乎宇宙之真理，照此以定吾人心之所之之謂也。……真欲立志……必先研究哲學、倫理學，以其所得真理，奉以為己身言動之準，始謂之有志也。」[34]在這種大宇宙觀的支配下，毛澤東的詩歌顯示出一種壺視天地、出入六合的氣魄。從他早期的「丈夫何事足縈懷，要將宇宙看稊米」，「自信人生二百年，會當水擊三千里。」到他後來寫的「五嶺逶迤騰細浪，烏蒙磅礴走泥丸」，「小小寰球，有幾個蒼蠅碰壁」，「坐地日行八萬里，巡天遙看一千河。」「一萬年太久，只爭朝夕」，他的詩歌無不有一種宏闊的氣勢，這種氣勢並不僅僅是一般意義上的氣勢雄偉，也不是一般意義上的豪放雄渾，而是將自我擴充到等同於宇宙，意識到「我」與「道」相關，「道」亦是「我」，「天地與我並生，而萬物與我為一」，這就實現了對日常、對凡俗、對有限具體的超越，「獨與天地精神相往來」。莊子說：「知天地之為稊米也，知毫末之為丘山也。」[35]毛澤東改造了這種相對大小

33 毛澤東：《倫理學原理》批注，引自中共中央文獻研究室中共湖南省委編：《毛澤東早期文稿》（2008年），頁230。

34 一九一八年八月二十三日致黎錦熙信，引自中共中央文獻研究室中共湖南省委編：《毛澤東早期文稿》（2008年），頁74。

35 莊子：《莊子・秋水》，曹礎基：《莊子淺注》（北京市：中華書局，2000年），頁239。

的觀點，只取前者「天地為稊米」的意義，形成他的恢宏氣度，本質上也是對莊子「道」的發揮，並同於老子「道大」的觀點。

莊子對郭沫若早期的泛神論思想產生了重要影響。郭沫若在中學時就喜歡讀《莊子》，後來在日本留學期間，接觸到泰戈爾、歌德、惠特曼等具有泛神論色彩的詩人，遂激發了他意識中莊子思想的種子，形成他的泛神論思想：這是具有道家哲學色彩的泛神論思想。《女神》等詩集，以「道」的恢宏氣勢為思想底蘊，以雄奇宏大的意象為詩歌外形，以縱橫磅礴的豪氣貫穿詩脈，形成郭沫若往來天地、出入有無、情留萬匯、思落天外、奇麗雄放的獨特浪漫詩風。

像《鳳凰涅槃》裡鳳凰的更生並不是「五四」時期一般意義上的摧毀舊世界、再造新社會的象徵，郭沫若同魯迅一樣，他們是在對「神思」的冥想中，把時代的具體問題與形而上的思想結合起來，從而大大提升了「五四」的精神內涵，開拓了「五四」的精神空間。這正是泛神論思想的作用而達到的效應。由於這種思想修養，郭沫若的浪漫抒情就不限於具體的人生、時代，他把人生無限地擴展了，形成一個與天地同流的「大我」人格。我們試看以這種「大我」人格創造的抒情風格：「我效法造化底精神，我自由創造，自由地表現我自己。我創造尊嚴的山嶽、宏偉的海洋，我創造日月星辰，我馳騁風雲雷雨，我萃之雖僅限於我一身，放之則可氾濫乎宇宙。」[36]「我的血和海浪同潮，／我的心和日火同燒，／我有生以來的塵垢、秕糠／早已被全盤洗掉！」[37]「我俯仰在天地之間呼吸乾元，／造化的精神在我胸中噴湧！」[38]像這種往來天地之間，馳騁風雲雷雨，與大化同流的豪放詩風的創造，用莊子的話講，即是「以道觀物」的結果，詩人的主體意識因為這種泛神的意識而無限擴張，他再不會停留在自己身邊的一

36 郭沫若：《郭沫若全集》文學編第1卷（北京市：人民文學出版社，1982年），頁22。
37 郭沫若：《郭沫若全集》文學編第1卷（北京市：人民文學出版社，1982年），頁71。
38 郭沫若：《郭沫若全集》文學編第1卷（北京市：人民文學出版社，1982年），頁225。

事一物，他的目光往來天地之間，出入有無之中，這使他的浪漫之風不同於古詩的雄渾磅礡之勢。在少數的中國詩人那裡，如屈原、李白、蘇軾等，他們雖也有類似的「以道觀物」式的豪放作品，但遠沒有郭沫若的這類詩如此集中、強烈而又數量眾多，郭沫若當然得惠於西方及印度思想，然而莊子是他的源頭。

宗白華是用藝術的態度去關注莊子思想的詩人，這是最契合莊子思想本來的一種研究方法。宗白華似乎一心沉浸在古典的意境中，時代的風雲對他似乎沒有影響。他把意境理論與莊子的思想緊密聯繫起來，以為「莊子是具有藝術天才的哲學家，對於藝術境界的闡發最為精妙。」[39]宗白華對傳統詩歌中具有宇宙意識的詩歌給與了極大關注，他自己的詩歌中也有突出的大宇宙意識。這種大宇宙意識不僅體現在他的冥想上，也滲透在他的懷人、思鄉、戀愛等一切現實活動裡。他的詩有一種明顯的超世氣息，他詩歌中主人公的活動大都有一個大宇宙背景，人只是作為大宇宙的一分子而存在，令人時時處處感覺到「無限」的存在。

第三節　現代作家對老莊的發展

現代作家對老莊思想的發展，即現代作家在基於現代生活上，面對現代社會和現代人生的追求和困境，將現代社會的發展和現代人生的追求與傳統老莊思想相結合，建設一種既適應現代積極的人生，又能克服現代社會和現代人生的固有弊端的新的道家思想。

相對於對老莊思想的批判和繼承，現代作家對老莊思想的發展遠遠沒有形成一種潮流，這方面的成果大多處於分散的、零星的狀態，但是，現代作家對老莊的發展已經存在，在某些作家那裡還有比較系

39 宗白華：《藝境》（合肥市：安徽教育出版社，2000年），頁10。

統的思考；尤其是，相對於對老莊的批判和接收，對老莊思想的發展更能體現老莊思想的現代意義、人類意義和永恆價值。特別是在目前新道家興起的背景下，借鑒現代作家對老莊思想發展的思考，會有助於理解老莊思想的當代意義，這對於建設現代社會和現代人生是有積極參考價值的。

近現代以來，人們不管怎麼批判老莊與現代社會和現代人生的深刻對立，但人們還是不能忽視老莊思想在建設現代生活中的積極作用，對解決現代生活的痼疾的不可替代的作用。以最早鼓吹進化論的嚴復來說，他在鼓勵人們積極面對現代生活的同時，已經意識到現代生活的弊端，他在《老子評語》中說：「近世歐洲詐騙之局，皆未開化之前所無有者。」[40]「今之所謂文明，自老子觀之，其不為盜夸者，亦少矣。此所以社會黨、虛無黨之所以日眾也。」[41]他顯然意識到繁瑣的文明帶來的社會痼疾，這有老子「大道廢，有仁義。智慧出，有大偽」的啟示；在思考這個問題的解決方案時，他仍然從老子那兒得到啟示：「文明之進，民物熙熙，而文物聲名，皆大盛，此欲作之宜防也。老子之意，以為亦鎮之以樸而已。此旨與盧梭正同，而與他哲家作用稍異。」[42]他以為道家哲學的清靜、淳樸是解決文明進步所帶來問題的良藥。他提醒人們注意，「知足，知止，兩知字，大有事在。不然，亦未可以長久也。」[43]這既是對西方人的警惕，也是預先提醒國人在走向現代的過程中需要注意的重要問題，顯示了一個思想家的冷靜和前瞻歷史的眼光。

梁啟超與嚴復有著類似的思路。比如，他已經很清醒地意識到當時流行的進化論所可能帶來的問題：「這回歐洲大戰，幾乎把人類文

---

40 嚴復：《老子評語》，王栻編：《嚴復集》（北京市：中華書局，1986年），頁1082。

41 嚴復：《老子評語》，王栻編：《嚴復集》（北京市：中華書局，1986年），頁1097。

42 嚴復：《老子評語》，王栻編：《嚴復集》（北京市：中華書局，1986年），頁1091。

43 嚴復：《老子評語》，王栻編：《嚴復集》（北京市：中華書局，1986年），頁1094。

明都破壞了，雖然原因很多，達爾文學說，不能不說有很大的影響。就是中國近年，全國人爭權奪利，像發了狂，這些人雖然不懂什麼學問，口頭還常引嚴又陵譯的《天演論》來當護符呢。」對於這個問題的解決，他想到了老子的無為、無私、不有：「老子提倡這無私主義，就是教人將『所有』的觀念打破，懂得『後其身』、『外其身』的道理，還有什麼好爭呢？老子所以教人破名除相，復歸於無名之樸，就是為此。」[44]這對於五四時期熾熱流行的天演論無疑是一副清醒劑。

在其它的社會問題上，梁啟超也與嚴復一樣，運用老子哲學，得出了有價值的看法。如他說，五顏六色的閃爍的電燈是我們視覺漸鈍的原因，「若照樣鬧下去，非『令人目盲』不可。此外，五聲、無味，都同此理。進來歐美人患神經衰弱病的，年加一年；菸酒等類麻醉興奮之品，日用日廣，都是靠它的刺激作用。文學、美術、音樂，都是越帶刺激性的越流行，無非神經疲勞的反響。越刺激，疲勞越甚，像吃辣椒、吃鴉片的人，越吃量越大。所以有人說，這是病的社會狀態，這是文明破滅的徵兆。雖然說的太過，但不能不算含有一面道理。老子時要預防這種病的狀態，所以提倡『日損』主義。」[45]西方文化是一種意志文化，強調個人意志的充分實現，然而它的流弊也是明顯的，這種文化發展到極致，會反過來形成對個人和社會生活的戕害，解決這一問題需要一種有節制的思想，梁啟超想到了老子：「老子說：『去甚、去奢、去泰』說：『見素抱樸，少私寡欲。』說：『致虛極，守靜篤。』都是教人要把精神用之於經濟的，分一分官體上的嗜欲，得一分心境上的清明。」[46]這些觀點在尚處於如火如荼的五四運動時期不免消極（該文為〈老子哲學〉，發表於一九二一年《哲學》五月和八月），但從長遠的歷史看，梁啟超的思路顯然是有價值的。

---

44 吳松等：《飲冰室文集點校》（昆明市：雲南教育出版社，2001年），頁3050。
45 吳松等：《飲冰室文集點校》（昆明市：雲南教育出版社，2001年），頁3052。
46 吳松等：《飲冰室文集點校》（昆明市：雲南教育出版社，2001年），頁3053。

當然，嚴復、梁啟超的這些思考還是簡單的、粗糙的，他只是利用道家思想的某些因子對現代社會的問題作縫縫補補式的解決，遠未正式思考老子與現代社會的整體關聯。但他們提出了老子思想對現代社會有用這個問題，初步接觸到了老莊思想的現代性問題。

以冷眼觀察當時強勢的西方文化，而以中國的清淨哲學來解決西方在現代化過程中的種種社會問題，並提出有啟示的解決問題的方案，抱有這種思路的還有三十年代後的林語堂。此前，林語堂經歷了個人生活的打擊，[47]又有在美國生活的切身體驗，因而他對老莊體會尤深，對西方社會的觀察全面深入，有切膚之感。林語堂批判了西方人過於重視工作效率而忽略生活：「講求效率，講求準時，及希望事業成功，似乎是美國的三大惡習。」[48]「人們為了生活而勞苦地工作，憂慮到頭髮發白，甚至忘掉遊玩，真是不可思議的文明。」[49]他針鋒相對地提出中國人的生活觀念：中國人愛悠閒，這是「由於酷愛人生而產生，並受了歷代浪漫文學潛流的激蕩，最後又由一種人生哲學——可稱它為道家哲學——承認它為合理的態度。」[50]他甚至依據道家哲學理念大膽作出預測，認為西方人必定會改變態度，學習東方哲學的容忍精神，因為，「態度之變遷，不緣於燦爛之學理，而緣於自存本能而實現。」所以「歐美方面也許會減弱其固執之自信心，而增高其容忍。因為世界既已緊密聯繫起來，就罷不了相互容忍，故西方人營營不息的進取欲將為之稍減，而瞭解人生之企望漸增。騎了青牛行出

47 在一九二五年女師大學潮事件中，林語堂由於攻擊軍閥政府而與魯迅等五十四人受到通緝，後林語堂南下廈門大學任文科主任，不久被排擠而出；一九二七年春，林語堂到武漢出任革命政府外交部英文秘書，但無法忍受渾濁的衙門生活。之後林語堂來到上海寫作，思想已流露消極情緒，特別是一九三三年，同盟社成員楊杏佛被「藍衣社」特務暗殺，此事對他觸動尤大，他為文明確表示要遠離政治。

48 林語堂：《生活的藝術》（合肥市：安徽文藝出版社，1988年），頁140。

49 林語堂：《生活的藝術》（合肥市：安徽文藝出版社，1988年），頁129。

50 林語堂：《生活的藝術》（合肥市：安徽文藝出版社，1988年），頁133。

函谷關的老子之論行宏見擴傳益廣。」[51]林語堂的話也是有前瞻性的，這無論是從他的書籍在美國的廣泛流行或是老莊思想在戰後西方世界的傳播都從某種程度上印證了這一點。

對當時危及世界的戰爭問題，林語堂同樣以道家的觀念進行了反思，他認為戰爭是西方人的「固執己見與不安定」[52]和「武力崇拜」造成，而中國道家的理想即是一種典型的和平主義，這無疑是應對西方「不安定」精神的良方。「中國人是世界上最低能的戰士，因為他們是理性的民族。她的教育背景是道家的出世思想揉合以孔教的積極鼓勵，養成一種和諧的人生理想。」[53]「老子刁慈的『老猾』哲學卻產生了和平、容忍、簡樸和知足的崇高理想。」大致說來，林語堂在列舉中國文化的優勢時，往往儒道並舉，但更偏向道家，認為「競爭是徒勞的。老子曰：智者『夫唯不爭，故天下莫能與之爭』。又曰：『強梁者不得其死，吾將以為教父。』」[54]

不僅如此，林語堂還將反思的目光深入到哲學，對比分析了中西哲學之異，挖掘出西方哲學不利於生活這一特性，在相反的方面證明了中國哲學特別是道家哲學使得生活美好。「簡單講來，中國的哲學，可說是注重人生的知識而不注重真理的知識。中國哲學家把一切的抽象理論撇開不談，認為和生活問題不發生關係，以為這些東西是我們理智上所產生的淺薄感想。他們只把握人生，提出一個最簡單的問題：「我們怎樣地生活？」「西洋哲學在中國人看來是很無聊的。西洋哲學以論理或邏輯為基點，著重研究知識方法的獲得，以認識論為基點，提出知識可能性的問題，但最後關於生活本身的知識卻忘記。」[55]很自然，他針對西方哲學之缺失開出的藥方是：「人生真義這

---

51 林語堂：《吾國與吾民》（北京市：寶文堂書店，1988年），頁54。
52 林語堂：《吾國與吾民》（北京市：寶文堂書店，1988年），頁54。
53 林語堂：《吾國與吾民》（北京市：寶文堂書店，1988年），頁55。
54 林語堂：《生活的藝術》（合肥市：安徽文藝出版社，1988年），頁81。
55 林語堂：《生活的藝術》（合肥市：安徽文藝出版社，1988年），頁137。

個問題，久為西洋哲學宗教家的懸案，中國人以只講求實際的頭腦，卻解決得十分明暢。其答案就在於享受淳樸生活，尤其是家庭生活的快樂，及在於五倫的和睦。暮從碧山下，山月隨人歸。或是雲淡風輕近午天，傍花隨柳過前川。這樣淡樸的快樂，自中國人看來，不僅是代表含有詩意之片刻心境，乃為人生追求幸福的目標。得達此境，一切泰然。」[56]事實上，林語堂對西方哲學的核心問題並無深刻研究，比如他自己就說過：「我素不愛好哲學上無聊的理論；哲學名詞，如柏拉圖的『意象』，斯賓諾莎的『本質』、『本體』、『屬性』，康德的『無上命令』等等，總使我懷疑哲學家的念頭已經轉到牛角尖裡去了。」但他的這種比較還是抓住了中西哲學的不同趨向，揭示出西方哲學陷於形而上的空想卻不利於生活這一特性。

現代作家發展老莊思想的前提是他們承認現代生活的合理性，比如嚴復是在主張進化論的前提下發揮老莊學說的，徐志摩則頗為信奉民主個人主義、英國式的小布爾喬亞思想以及「單純的信仰」、「愛、自由、美」等，郭沫若則更為積極，沈從文雖迷戀湘西的自然人生，但更為明智地承認現代積極進取的人生。林語堂似乎不願意承認現代的合理性，他在主張老莊思想對現代人的意義時採取的是回復傳統哲學的立場，妄圖使現代人回歸往古，因而，從嚴格的學理意義上說，林語堂不應歸納為發展老莊思想的作家們之列，但是，林語堂的論述每每擊中現代社會和現代生活的要害；況且，他的思想在事實上對現代西方人產生了很大的影響，故從實際上看，他對於老莊思想的現代轉化是有啟示意義的。

現代作家在思考老莊與現代的結合時，大多數還是從人生（人性）的角度，思考老莊在建設現代人生中的意義。現代人生是積極進取的人生，強調意志力和入世精神。但現代作家注意到，積極入世和

56 林語堂：《林語堂散文（二）》（石家莊市：河北人民出版社，1991年），頁142。

強大的意志也有其固有的弊端，他們在思考這個問題的解決方案時，很多人想到了老莊思想。

徐志摩認為現代人容易「忘本」，「本」即自然。他說人是自然的產兒，就比枝頭的花與鳥是自然的產兒，但我們不幸是文明人，入世深似一天，離自然遠似一天。「為醫治我們當前生活枯窘，只要『不完全遺忘自然』，一張輕淡的藥方我們的病象就有緩和的希望。在青草裡打幾個滾，到海水裡洗幾次浴，到高處去看幾次朝霞與晚照——你肩背上的負擔就會輕鬆了去的。」[57]因為人可以「在自然的美中忘卻了一切」。[58]「從大自然，我們取得我們的生命；從大自然，我們分取得我們繼續的滋養。那一株婆娑的大木沒有盤錯的根柢深入在無盡藏的地裡？」

但值得注意的是徐志摩並非逃向自然，他的目的是要「回到自然的胎宮裡去重新吸收一番營養」，以獲得「生命重新的機兆」，以更新思想和精力，再以更自然、更積極的態度參與生命，參與社會。可見，他是將自然當作一種恢復性手段，在自然中恢復本性，再行積極入世，以防本性的迷失。這就在思考老莊與現代的結合問題了，是內部思考，而不是利用老莊思想的某些特性對現代文明進行局部修補。但是，傳統和現代在徐志摩這裡還是二元的，現代積極的人生與老莊思想的恢復性功能在徐志摩這兒是兩個不同的過程，並不能融合為一，老莊思想對於徐志摩的意義還不是本體論意義上的。

拋棄這種二元論的觀點，將老莊的自然人性與現代積極進取的人生合二為一的努力的是郭沫若。郭沫若的觀點見之於他對道家哲學的本體論解讀，他一反傳統將「無為」解釋為消極的觀點，而視「無

---

57 徐志摩，來鳳儀編：《徐志摩散文全編》（杭州市：浙江文藝出版社，1991年），頁52。

58 徐志摩，來鳳儀編：《徐志摩散文全編》（杭州市：浙江文藝出版社，1991年），頁14。

為」說為積極。郭沫若認為，此處「為」讀去聲，是介詞，表目的，「無為」即不帶目的性；而道的特性是「作用」，是「為」，這是根本的，只是「道」起作用的特點是「無目的」的。「道是無目的地在作用著。試看天空！他在司掌一切生物之發育與成長，沒有什麼目的。我們做人的也應當這樣！我們要不懷什麼目的去做一切的事！……我們要無所為（去聲）而為一切！我們要如赤子，為活動本身而活動！要這樣我們的精神才自然恬淡而清淨。……老子的『無為說』對於我們是這樣的聲響。」[59]這可以看出「無為」說在郭沫若這兒是一種不帶目的性的積極的「為」。他之所以強調不帶目的性是因為他看出「人類的精神為種種功利的目的，占有的欲望所擾，人類的一切煩亂爭奪盡都從此誕生。」因而他認為，「欲消除人類的苦厄則在效法自然，於自然的沉默之中聽出雷鳴般的說教。自然界中，天旋地轉，雲行雨施，漫無目的之可言，而活用永遠不絕。自然界中，草木榛榛，禽獸狉狉，亦漫無目的之可言，而活機永遠不息。然而自然界中之秩序永保著數學的謹嚴，那又是何等清寧的狀態！人能泯卻一切的欲望而純任自然，則人類精神自能澄然清明，而人類的創造本能自由發揮而含和光大。」[60]這可以看出，郭沫若的「無為」說既兼顧了現代性的積極有為，又防止了由於目的性造成的煩亂爭奪，使人類「活機永遠不息」的同時又能保持精神「澄然清明」，這可以說是將現代和傳統進行了有機地結合；尤其是，他思想中這兩種因素不是二元的，而是嚴格遵從了「自然」的統一精神，是同一種思想的兩個不同方面。老莊思想的現代發展在郭沫若這兒初步得到實現，並充滿魅力。

但歷史往往並不是線性發展的。有時，需要幾代人作出的發現而前代的思想家卻已經道出了個中秘密。這裡應回到梁啟超。當郭沫若

---

59 郭沫若：《郭沫若全集》歷史編第3卷（北京市：人民出版社，1984年），頁257。

60 郭沫若：《郭沫若全集》文學編第15卷（北京市：人民文學出版社，1990年），頁150。

力圖建立一種積極又超然的人生哲學時，他也許不曾想到，梁啟超已經在這方面已經有了很好的思考。

梁啟超總結自己的人生觀，是拿「責任心」和「興味」兩件事情做基礎的。[61]責任心強調做事和擔當，興味則強調趣味和超脫，責任性和興味的結合便是一種積極又超然的人生哲學。

在梁啟超看來，責任心意味著壓力，是「強迫把大擔子放在肩上，是很苦的」，因而需要用興味來調節，因為「『興味』是很有趣的。」[62]但興味對於梁啟超來說，更重要的並不是說一事很苦很累，需要用另一有趣之事來調節自己，而是將責任心和興味統一在同一種行為當中，其策略就是做事時放棄成敗觀念，單純在做事。這如何做得到？梁啟超一方面用莊子的相對主義觀點來化解成敗的觀念：「天下事有許多從此一方面看，說是成功，從另一方面看，也可說是失敗；從目前看，可說是成功，從將來看，也可說是失敗。」[63]另一方面運用現代科學知識、從更加開闊的視野上來看待成敗：「可以說宇宙間的事，絕對沒有成功，只有失敗。成功這個詞，是表示圓滿的觀念……圓滿就是宇宙進化的終點……到底宇宙有圓滿之期沒有，到底進化有終止的一天沒有？……此種問題，和『上帝之有無』是一樣不容易解決的。」[64]這樣就化解了將做事與成敗捆綁在一起不易擺脫的矛盾，從而消解失敗帶給人的壓力。這才是其興味主義的要害。梁啟超希望藉此達到一種老子所說的「寵辱不驚」的人生境界，「把他當做失敗中的鼓舞，煩悶中的清涼，困倦中的興奮。」[65]

但興味只是他人生哲學的一半。一味強調興味就難以擺脫「消

61 吳松等：《飲冰室文集點校》（昆明市：雲南教育出版社，2001年），頁3307。
62 吳松等：《飲冰室文集點校》（昆明市：雲南教育出版社，2001年），頁3307。
63 吳松等：《飲冰室文集點校》（昆明市：雲南教育出版社，2001年），頁3307。
64 吳松等：《飲冰室文集點校》（昆明市：雲南教育出版社，2001年），頁3307。
65 吳松等：《飲冰室文集點校》（昆明市：雲南教育出版社，2001年），頁3307。

極」的罵名，連梁啟超自己也說：「這兩種主義（按：指「知不可而為」主義與「為而不有」主義，它們是「興味」論的哲學基石），或者是中國物質文明進步之障礙也未可知。」[66]但是，梁啟超在強調這種哲學的非功利和自由精神的同時，更強調它的理論前提，就是「為」。他反覆強調：「老子說：『無為而無不為』。我們卻只記得他的上半截的『無為』，把下半截的『無不為』忘掉了。這的確是大錯。他的主義是不為什麼，而什麼都做了，並不是說什麼都不做……」這可見得，「無為」並不是什麼都不做，而是說做事不為什麼。這裡的「為」也當如郭沫若一樣讀成去聲，表示目的。梁啟超強調的是，在「為」的時候不要帶上目的性、功利性，因為功利會給人帶來壓力和煩惱，而消除功利的「為」則給人帶來自由。

在一種更完美的層面上，梁啟超用自然主義的理念解釋上述人生哲學：「《易經》第一個卦，孔子做的象辭說：『天行健，君子以自強不息。』你看他，只是教人對於自己的職業忠實做去，不要厭倦。要像天體運行一般，片刻不停。為什麼如此說呢？因為依孔子的觀察，生命即是活動，活動即是生命。活動停止，便是生命停止。」[67]這種人生態度還從梁啟超利用韓非子的話解釋老子的思想體現出來：「老子說：『上人為之而無以為。』韓非子給他解釋得很好：『生於其心之所不能已，非求其為報也。』簡單說來，便是無所為而為，既無所為，所以只好說為勞動而勞動，為生活而生活，也可以說是勞動的藝術化，生活的藝術化。」[68]可以看出，這種自然主義的態度更接近道家和中國文化的要義。

對自然的傾心，沈從文大約是現代最突出的作家之一。人們不會忘記沈從文所描繪的充滿化外色彩的湘西世界和那裡淳樸、自然、健

66 吳松等：《飲冰室文集點校》（昆明市：雲南教育出版社，2001年），頁3307。

67 吳松等：《飲冰室文集點校》（昆明市：雲南教育出版社，2001年），頁3307。

68 吳松等：《飲冰室文集點校》（昆明市：雲南教育出版社，2001年），頁3307。

康的人性，但人們容易忽略沈從文創作這一世界的真正動機，即，沈從文不在於用他的作品保留這一世界，寄託對行將消失的世界的嚮往和懷念，而是為現代背景下的湘西尋找出路。他曾經很遺憾地表達了世人不理解他的這一苦衷：「我的作品能夠在市場上流行，實際上近於買櫝還珠。你們能欣賞故事的清新，照例那背後隱藏的熱情卻忽略了；你們能欣賞我文字的樸實，照例那作品背後隱伏的悲痛也忽略了。」[69]

無疑，沈從文對湘西的自然淳樸的人性懷著不能割捨的感情，他用充滿抒情和憂愁的動人筆調描繪了這一世界，但是，從理性上，他一方面意識到這裡的人民雖然自然淳樸，但同時又落後愚昧，「生活有些方面極其偉大，有些方面又極其平凡，性情有些方面極其美麗，有些方面又極其瑣碎。」[70]處於不自覺的狀態，不能主宰自己的命運。「雖不為人生瑣細所激發，無失亦無得」，卻「『其生若浮，其死方休』，雖近生命本來，單調又終若不可忍受」。[71]特別是另一方面，沈從文敏銳地意識到現代已經不可阻擋地進入湘西，「一份新的日月，行將消滅舊的一切」。[72]在個人情感和歷史理性之間，沈從文理智地選擇了後者，他更欣賞「另外尚有一批人，與自然毫不妥協，想出種種辦法來支配自然，違反自然的習慣，同樣也那麼盡寒暑交替，看日月升降。然而……卻在慢慢改變歷史，創造歷史。」[73]可喜的是，沈從文並沒有將湘西的自然世界與現代看成絕對對立，相反，他在承認湘西在現代社會不可能獨存的前提下，又希望那種自然淳樸健康的人性「還保留些本質在年青人的血裡或夢裡」。[74]他希望未來的人性「既不

69 沈從文：《沈從文文集》第11卷（廣州市：花城出版社，三聯書店香港分店，1982年），頁44。

70 劉洪濤：《沈從文批評文集》（廣東：珠海出版社，1998年），頁232。

71 沈從文：《沈從文文萃》（北京市：文化藝術出版社，2004年，頁263。

72 沈從文：《沈從文散文選》（北京市：人民文學出版社，1982年），頁173。

73 沈從文：《沈從文散文選》（北京市：人民文學出版社，1982年），頁173。

74 沈從文：《沈從文文集》第7卷（廣州市：花城出版社，三聯書店香港分店，1982年），頁4。

在『生活』中迷失自我，又能擺脫對環境的依附，取得人生的獨立與自由，並進而實現自我存在的價值。」以實現他重造「民族的經典」，實現中華民族內部「人與人關係的重造」[75]的願望。他的願望還是將自然純樸的人性與現代積極自覺的人生融合起來，以成就一種理想的人性。這個思路與郭沫若有類似之處，而對現代性的挑戰更加敏銳和嚴肅，這也許與他經歷從湘西到北京兩種不同生活的巨大反差有關。但是，這兩個方面能否有機結合？如何結合？卻是沈從文沒有明確交代的問題。這方面更完美的思考還有待後來者。

這種比較完美的思考在四十年代出現了，作者為林同濟，「戰國策派」作家，同時兼為思想家。其實林同濟可算作比較嚴格意義上的哲學家，因為他不光認真研究了中西哲學，尤其難得的是他嘗試按照西方哲學的範疇、思維、方法創作純哲學著作（此指林同濟的散文詩式的哲學著作《恐怖．虔恪．狂歡——寄語中國藝術人》，這是王國維當年的未竟之夢[76]），這是令人驚奇的，因為一種文化吸收另一種文化到獨立創造的地步需要歷史的充分化育，比喻佛教在兩漢之間傳入中國，中國人對之創造性地運用是在幾百年後的魏晉南北朝時期，而中國人吸收西方純哲學到林同濟的創造新哲學的嘗試只有短短半個世紀左右的時間。由於林同濟精深的西方哲學修養和他結合現代問題對老莊思想的深入思考，林同濟在發展老莊思想方面在現代作家中也許占據了最突出的地位。

林同濟早年信奉尼采哲學，他在三十年代提出的形態歷史學說是以尼采「力」的思想為根柢的，不僅如此，力的思想對於他還具有本體論的意義，他相信「力者非他，乃一切生命的表徵，一切生

---

75 沈從文：《沈從文文集》第7卷（廣州市：花城出版社，三聯書店香港分店，1982年），頁6。

76 王國維曾說：「居今日而欲自立一新系統，自創一新哲學，非愚則狂也。」見姚淦銘、王燕編：《王國維文集．第3卷》（北京市：中國文史出版社，1997年），頁473。

命的本體。力即是生，生即是力。天地間沒有『無力』之生：無力便是死。」[77]「自然界，人事界，一切的一切都是力的表現，力的關係。」[78]四十年代後，隨著世界反法西斯形勢的變化，蔣介石政權的腐敗，以及他個人身患胃病、肺病，婚姻生活又以悲劇收場，他漸漸放棄力的思想而轉向老莊。

一九四七年，林同濟在美國《觀念史雜誌》上發表論文〈中國心靈：道家的潛在層〉，集中提出了他的道家思想。林同濟在比較哲學的範圍內展開他的論述，比如，他認為道家與儒家的區別就在於中國人從社會而言信奉儒家，但從個人而言則信奉道家，這暗示了他的思想傾向於個人的道家，副標題「道家的潛在層」也暗示了這一點。再如，與西方的自由主義相比，就在於後者是一種意識到社會存在的自由，有社會信念，而道家的自由則先於社會存在或脫離社會，拒絕任何信念。佛教同樣有自己的最後希望和最終信念——涅槃，而道家弟子什麼也不相信。「世界知名的各種宗教用諸如轉世或救贖之類的概念來超度靈魂，但時空仍然沉甸甸地壓在人的心頭。只有道家弟子才能獲得那種奇特縹緲的、似乎包容了時空的靈性。」[79]這種比較顯示了道家相比中外哲學的思想優勢：超越於一切社會觀念和思想信念之上的個人自由。在這種比較的基礎上，林同濟仔細分辨了道家人格，將之分為四種，這四種類型包含有一種遞進的關係，按一種否定之否定的精神演變。首先是「道家叛徒」，他始於一種強烈的社會批判精神，精神上遺世獨立，情感上自我放縱，藝術上表現為一種醉酒的唯美的精神恍惚狀態，典型的代表是一邊喝酒、一邊無情嘲弄世俗的「竹林七賢」和李白的詩篇。當「叛徒」酒醒之後開始對自己發生懷

77 溫儒敏、丁曉萍：《時代之波》，中國廣播電視出版社，1995年），頁177。

78 溫儒敏、丁曉萍：《時代之波》，中國廣播電視出版社，1995年），頁217。

79 林同濟著，許紀霖、李瓊編：《天地之間——林同濟文集》（上海市：復旦大學出版社，2004年），頁187。

疑，知道自己的一切行為毫無價值，於是，「狂暴的叛徒變成謙卑的隱士」，這就是第二種——「道家隱士」。道家隱士與佛教的與世無爭不同，已如上述，他是一種懷疑一切、藐視一切後的退隱，沒有信念，高高興興，「不知塵世為何物」。這是宋元山水畫的境界，「這種藝術給人的最大滿足在於它的泛神論式的寧靜」。但「叛徒」和「隱士」是尋求逃避的，道家信徒的第三種類型「道家流氓」則活在人群中。這種信徒認為，「一個人的內心體驗可以同他的外部行為區別開來。一個人的行為可以入鄉隨俗，但他的內心不必如此。從眾並不意味著內心的贊同。」[80]因而，「儘管每一個中國人都繼承了儒家的無數繁文縟節，他的心靈仍像空中的飛鳥一樣自由。」[81]叛徒和隱士逃避社會，流氓在社會上隨波逐流，林同濟認為，這些都不是道家思想的最高境界，最高境界乃是第四種——道家回歸主義者：

> 這種道家信徒在斷然出世之後又決定重返社會。他曾經批判自我和所有形式，帶著火燃盡後的餘灰退隱山間；現在又像虔誠的鬥士一樣高舉形式的火把沖進山谷。經過大膽的否定之否定，這位道家信徒用意志力使自己成為最積極的人。回歸主義道家信徒是中國文化所能產生的最高層次的人格。在中國人眼裡，他身為道家卻為儒家理想而奮鬥，是最偉大的政治家。[82]

林同濟的思想盡此數言。但是，就是這一篇論文卻有著系統、深刻和成熟的思考。這裡，道家回歸主義者突出的特點是具有強大的意

80 林同濟著，許紀霖、李瓊編：《天地之間——林同濟文集》（上海市：復旦大學出版社，2004年），頁189。

81 林同濟著，許紀霖、李瓊編：《天地之間——林同濟文集》（上海市：復旦大學出版社，2004年），頁190。

82 林同濟著，許紀霖、李瓊編：《天地之間——林同濟文集》（上海市：復旦大學出版社，2004年），頁191。

志力和入世精神，這一點與傳統道家明顯區別開來，回歸主義者極大地肯定了現代積極的人生觀，是道家思想現代性的典型體現。很明顯地，林同濟從尼采的權力意志哲學得到了啟示。以尼采等人的觀點，意志是世界的本體，不可根除，即使像叔本華那樣寂滅意志的努力也是一種意志，而以平淡自然之道為核心理念的老莊哲學，在對「無我」的強調中邏輯地包含了對意志的否定。這是道家在理論上的根本性缺失。後來的學者對這個問題看得更清楚，比如鄧曉芒，他說：

> （道家）哲人們除了隱居以外，唯一的辦法便是遁入內心。隱居是對社會的逃避或拒絕，而由於社會性是人的本質，所以也是對自己本性的逃避和拒絕。隱居生活根本說來是「非人」的，是自然原則對人性原則的壓抑。退入內心其實是另一種隱居，也是一種更隱蔽的自我欺騙和自我逃避，它通過「阿Q精神」所表現出來的自相矛盾和可恥的非人原則，使人的自我竟站在非我一邊來對自我本身作幸災樂禍的淩辱和戕害。[83]

在指出道家思想因逃避「自我」即意志的欺騙本質後，鄧曉芒先生並且指出，改造道家哲學的關鍵是將自然的對立因素——人的主體性、個體精神或曰自由意志引入自然本身，達到與自身的協調。這一點正是林同濟在近半個世紀前思考的問題。林同濟將道家人格分為四類，前三類是傳統道家人格，他將理想的道家人格歸到第四類，亦即將強大的意志力引入道家人格，目的在於彌補傳統道家人格對意志的放逐。同時，林同濟在這一人格中還引入了儒家積極入世、服務社會的觀念，這一觀念與強力意志一起形成對傳統道家消極人格的糾正。

這裡，意志和超然這一對看似對立的精神的結合並非雜糅。回歸

83 鄧曉芒：〈關於道家哲學改造的臨時綱要〉，《哲學動態》1995年第4期，頁18。

來自於一種神秘的衝動，依靠這種衝動，回歸主義者衝決了道家哲學的藩籬，向著一種更自由的生命境界進發。它受到查拉斯圖拉出山的啟發。查拉斯圖拉在山中隱居三十年，一天早上，面對升起的太陽，突然覺悟：「太陽喲，如果沒有你所照耀的人類，你的幸福是什麼呢？」這種覺悟使得查拉斯圖拉結束了隱居的生活，向著另一種生命境界、另一種哲學展開他新的人生軌跡。依靠類似的覺悟，回歸主義者才作為一種統一的人格而誕生，他是有機的，因而是自然的。創造這一人格是林同濟作為哲學家可寶貴的精神能力：詩與思的——詩的直覺力和思的穿透力——混成的能力，一種新的哲學在這樣的精神胚胎裡終於得以真正的誕生。

但是，回歸主義者不是尼采的超人，超然的人生才是道家回歸主義者的人格核心。尼采終生最大的功績之一便是打破西方形而上學傳統，抨擊真理，推倒偶像，殺死上帝，但他的超人仍然是有信念的，他在不斷尋找提升人類的良方；尼采把世界的終極本質看作「意志」，但意志又來自何處？他還是感到茫然：「意志自身也還是一個囚徒」，傳統形而上學思維仍然牢牢俘虜著他，信念仍然沉甸甸地壓在他的心頭。而道家的信徒沒有任何信念，「什麼也不期盼，什麼也不相信」，[84]「既不在意成功也不在意失敗」，[85]超然於一切之上，因而也「沒有什麼能讓他絕望」。林同濟顯然抓住了道家哲學的最迷人之處而設計為現代人格的核心，這實際上在本體論上反思了現代哲學。晚年的尼采走向瘋狂，他痛苦地否定自己：「我所有的思想只是宇宙命運之風中的觳觳。」[86]形而上學終成迷濛之夢。林同濟用尼采補足了

84 林同濟著，許紀霖、李瓊編：《天地之間——林同濟文集》（上海市：復旦大學出版社，2004年），頁186。

85 林同濟著，許紀霖、李瓊編：《天地之間——林同濟文集》（上海市：復旦大學出版社，2004年），頁193。

86 尼采：《我妹妹和我》（北京市：文化藝術出版社，2003年），頁60。

老莊，卻又最終用老莊超越了尼采。他的目的是將意志哲學活躍的生命力注入到老莊「無我」的機體中，從而成就一種既有強大生命力又超脫自由的人格。這是一幅迷人的生命圖景！

同樣，回歸主義者雖然也吸收了傳統儒家思想，「身為道家卻為儒家理想而奮鬥」，但是，他與傳統儒家仍具有某種實質性的區別。傳統儒家的理想是為眾的，主張在社會倫理中實現人生的意義；林同濟的理想人格根本上是個人主義的，帶有超人色彩，他看重的是個人自由，而不是社會福利，道家信徒「毫不貪圖儒家式的豪華」，他深入社會是為了在「孜孜不倦地執行既定責任」中「使自己獲得新的自由」。[87]道家回歸主義者的入世精神外在看是儒家的，內在的卻是意志哲學。儒家的社會理想對於他只是「形式的火把」，他要借助這個火把實現個人意志的最大滿足。

在中西文化激烈衝撞中的林同濟經受了時代風雲的洗禮，感受了西方文化的魅力，並最終回到民族哲學的懷抱。他的道家回歸主義者實際是以道家的超然為基點，融合查拉斯圖拉的出山與傳統儒家的入世精神，將超然的精神、個人意志與為世的責任有機地凝為一體，是道家的真人、尼采超人和儒家的聖賢的有機融合，也許我們可以說他的道家回歸主義者是儒其形、尼其骨、道其神。這可以說是林同濟綜合中西哲學後精心打造的現代人格，道家文化處於這種人格的核心，同時，道家回歸主義者充分吸收了現代生命哲學和傳統儒家的合理因子，使得這種人格直面現代和世界，並以此改造和發展了傳統道家思想。可以看出，林同濟對道家哲學的發展是基於純粹哲學，遠遠超越了一般學人利用道家解決現代生活中實際問題的思路。

現代作家對老莊的態度大多不是批判就是接受，批判雖有歷史的

---

87 林同濟著，許紀霖、李瓊編：《天地之間——林同濟文集》（上海市：復旦大學出版社，2004年），頁193。

必然，卻也有欠歷史的公允；接受則免不了逃避的嫌疑。只有發展老莊，在兼顧了現代生活的基礎上，對老莊思想採取了既有所否定又有所繼承的合理近情的辨證態度。然而，在批判老莊思想的強勢歷史話語面前，發展老莊思想是很難發出強大的聲音的，因而，現在作家對老莊思想的發展大多還是零星式的感想，系統深入的思考除了林同濟外少見他人。但是，他們的思考表現了真知灼見，對現代性道路上從社會人生到精神哲學的諸多問題提出許多建設性意見，閃耀著思想的光輝和天才之光，在建設現代人生的過程中，這種思路常有令人驚喜的啟示作用。我們挖掘出有這一思路的作家，意在提醒學界不要忘記他們；在當前新道家的理論建設中，他們的思考是富有參考價值的。

將現代作家對老莊的態度歸結為批判、繼承和發展三種，這只是一個簡略的勾畫，實際的情況可能複雜得多。這首先與莊子哲學本身的特質有關。一方面，莊子對自由的追求、純潔的人格、天馬行空般的幻想、超脫的精神、優美的文辭，在一個動盪、齷齪的時代裡是很容易引起知識分子的共鳴的；另一方面，莊子的消極又解決不了任何現實問題，在實際上還產生消極、保守、自私、殘忍、敷衍等惡劣國民性，這在一個充滿尖銳問題並需要解決這些問題的時代，自然是不合世用的，因而又會引起尖銳的批評。

另一方面，現代作家對老莊的心態是相當複雜的。不但不同的作家對莊子態度大相逕庭，即使同一個作家對老莊態度也有變化。有的作家批判老莊思想，卻稱讚老莊的藝術，如魯迅、郭沫若、聞一多等人；有的作家前期讚揚老莊思想，後期卻批判它，如郭沫若、聞一多等；有的前期批判，後期卻又回到老莊思想立場，如梁實秋；有的在理智上批判老莊，情感上卻對它放不下，如魯迅。真正對老莊持一種單純的立場的作家是很少的。大多數作家根據時代的需要和自身的狀況對老莊或取或捨，著眼處總在某一點發揮；而不論是贊同還是批判，老莊思想對現代作家無疑具有強大的吸引力。

第一章
晚清文學與老莊：
老莊思想向現代的過渡

老莊思想自魏晉以來，一直在中國的文學、藝術、思想、社會等領域發揮巨大的影響，深深影響民族性格。在一個幾千年來以封閉形態存在的大帝國裡，老莊思想穩定地支配了中國人的思想，甚至存在於民族的潛意識中。但是，遭遇了現代西方文化的中國人卻在一夜之間醒悟，民族憂患及西方的強勢文明使得中國人開始用懷疑的目光審視千百年來頂禮膜拜的傳統文化，中國人第一次意識到傳統文化之「非」，這當然是由西方文化之「是」比較而來。文化的反省在西方列強踐踏中華大地的鐵蹄聲和槍炮聲裡開始了。

當然，作為一種影響了中國人幾千年、對宇宙和人性有著深入觀察的思想，老莊哲學並沒有在與西方文化的較量中被批評得體無完膚，相反，它保持了自己旺盛的生命力。人們一方面批判老莊，一方面卻在思考和吸收老莊思想的有益營養，來解決現代人生和現代社會難以解決的痼疾。

這些就發生在晚清。當然，大規模的文化反省和文化批判還是在五四及以後，但是，「沒有晚清何來現代」，晚清作家在對國運和人生的審視中，已經對老莊展開了多向度的思考，這種思考儘管還沒有大規模展開，但它所到達的廣度和深度已經引人矚目。五四及以後，現代作家對老莊的反思、批判、接收及發展大都在晚清作家所思考的方向和基礎上進行。相對於傳統而言，晚清作家沒有沿襲傳統作家幾乎都是對老莊頂禮膜拜的思路，而是用另一種眼光重新打量老莊；即使是吸收老莊思想，他們也是結合了現代社會和現代人生，因而他們初步提出了老莊思想的現代命運問題；相對於現代作家而言，我們將會在接下來的章節中看到，在整個現代文學時期，老莊思想影響現代作家儘管表現了極為複雜的面貌，但總體上是沿著嚴復、王國維、早期魯迅、梁啟超所開創的思想道路來進行的。從這一意義上講，老莊思想影響現代作家的特點、老莊思想表現出的現代性，在晚清就已經萌發。晚清正是現代作家批判老莊思想的一個過渡期。

晚清作家對老莊的態度大體在三個向度上進行：一是批判老莊思想的落後、保守，這在嚴復、梁啟超和早期魯迅的著作中有鮮明的表現。嚴復依據其進化論思想，嘲諷了老莊企圖引導人們返回原始的自然生活。魯迅依據其「偉美強力」思想，批判了老莊妄圖使社會退回往古以求天下永久太平的理論及其「不攖人心」的保守。[1]梁啟超則依據其「動」的哲學觀，批判了老莊柔靜哲學在現代條件下的危機。他們的批判，所依據的思想觀念各有不同，但最終目的是為了警醒國人以挽救民族危亡。

二是老莊超然的思想可為現代社會和人生的清淨劑。嚴復在主張進化論時已經在反思西方文明的繁瑣和危機，指出道家哲學的純樸、清淨和知足可為解決現代文明的良藥。梁啟超也有類似的思路，他以為進化論思想與世界大戰之間有必然的聯繫，而老子的無為、無私、不有對解決這一問題提供了良好的思路。此外，梁啟超注意到現代西方文明注重感官刺激造成人的疲倦和神經衰弱，他也同樣以老子哲學的「日損」主義去解決。針對現代社會易於導致人生的功利化、悲觀、厭世，梁啟超提出人生哲學上的「趣味主義」，主張去除人生活動的功利性，讓一切人生活動包括成功和失敗均充滿趣味。這種人生哲學其實就是對老子「無為無不為」的運用。

1　魯迅早期的老莊批判將在下一章與他在五四後的老莊批判一起論述。

三是運用老莊思想安慰痛苦人生。這在王國維的思想有突出表現。王國維的人生充滿一種形而上的痛苦，他不但在解釋人生痛苦的性質時運用了老莊哲學，比如他說：「老子曰：人之大患，在我有身。莊子曰：大塊載我以形，勞我以生。憂患與勞苦之與生相對待也，久矣。夫生者人人之所欲，憂患與勞苦者，人人之所惡也。」[2]而且在思考如何解脫人生痛苦時也大量運用老莊思想，這在他的詩詞裡有突出表現，老莊思想的泯除是非、隱居逍遙、蟬蛻人間等在一定程度上安慰了王國維。

第一節　嚴復：會通中西，以為時用

一　進化論、民主、科學：嚴復會通中西的幾個關鍵概念

嚴復早年學習海軍和西方科學，後來去堪稱西方富強典範的英國留學，同時接觸西方的思想著作，這種經歷可能使得他思索強國之路比同時代的其它人走在前列。早在英國留學時期，他就認識到：「英國與諸歐之所以富強，公理日伸，其端在此一事。」[3]這就已經超過當時以器物為主的「自強」公式。嚴復回國後繼續關注西方思想，在一八八一年閱讀了影響他終生的著作——斯賓塞的《社會學研究》（嚴譯本名《群學肄言》）。甲午戰爭的失敗，直接刺激了這位愛國知識分子，使得他通過一系列學術活動將自己的觀點發表出來。一八九五年以後，他先後發表《論世變之亟》、《原強》、《辟韓》、《救亡決

2　王國維：〈《紅樓夢》評論〉，姚淦銘、王燕編：《王國維文集》第1卷（北京市：中國文史出版社，1997年），頁1。

3　〔美〕本傑明・史華茲，葉鳳美譯：《尋求富強：嚴復與西方》（南京市：江蘇人民出版社，1996年），頁26。

論》等重要政治論文，創辦《國聞報》，翻譯了《天演論》、《原富》、《群學肄言》、《名學》、《法意》等西方資產階級的社會科學著作，並對《老子》、《莊子》進行評點。

在《老子》、《莊子》的評語和對他的譯著《天演論》、《原富》、《群學肄言》、《名學》、《法意》等所加的一系列按語中，嚴復表現出一種傾向：即在老莊哲學中尋找西方民主、自由、科學、進化論等的類似思想；又用老莊思想範疇來解釋西方思想。嚴復所作的這種中西互釋的努力，表現出他溝通中西、瞭解世界、為時所用、為我所用的用世傾向。

針對當時大量存在的對西學敵視和懷疑的心態，嚴復站在更高的立場，指出中西思想根本是相通的，有區別的只是風俗：「中然而西否，或西然而中否，皆風俗之偶成，非其至矣。」他提醒人們注意，在中西不同的風俗中，卻往往有「不期然而合者。不期然而合，必其不可叛者矣。」這就是他所強調和要人們重視的中西文化的「公例」，因為，「夫公例者，無往而不信者也。」[4]他自己首先就企圖在中西思想最核心的部分——哲學的基本觀念——進行會通，指出：老子哲學的基本觀念「道」在西方和世界都有對應物：「老謂之道，《周易》謂之太極，佛謂之自在，西哲謂之第一因，佛又謂之不二法門。」[5]「眾甫者，一切父也，西哲謂之第一因。」[6]「老子之道紀，其形容處，大類釋之涅槃。『是謂無狀之狀，無象之象，是謂恍惚。』」[7]很難說「道」與「自在」、「第一因」、「不二法門」、「涅槃」等概念在嚴格的哲學意義上是等同的，但嚴復企圖將國人的眼光引向西方、注意西方的真理以至為我所用的願望，是有時代的合理性的，

---

4 嚴復：《老子評語》，王栻主編：《嚴復集》（北京市：中華書局，1986年），頁1093。

5 嚴復：《老子評語》，王栻主編：《嚴復集》（北京市：中華書局，1986年），頁1084。

6 嚴復：《老子評語》，王栻主編：《嚴復集》（北京市：中華書局，1986年），頁1077。

7 嚴復：《老子評語》，王栻主編：《嚴復集》（北京市：中華書局，1986年），頁1081。

這點也得到西方人的認可，如史華茲說：「嚴復努力尋求中西思想一致性的動機……通過揭示西方科學的高水平的倫理學基礎，以提高西學在絕大多數對西學持敵視態度的文人學士中的信譽。」[8]

在尋求中西文化中「公例」的思想的指導下，嚴復將他所關心的幾個重要概念「進化論」、「自由」、「民主」、「科學」等與老莊哲學進行了互釋。正是這幾個概念掀起了中國現代化的巨流。

進化論是嚴復的核心信念，他認為在老莊哲學中已經有豐富的進化論思想。《莊子・至樂》篇指出生物的演變狀況：物質得到水的滋養就生出了水𨿅，處在有水有土的地方就生出青苔，生在山嶺的上面便成為車前子，車前子放在糞上就生出烏足草，烏足草的根部生出土蠶，烏足草的葉子變成蝴蝶，蝴蝶又很快變成蟲子……「程生馬，馬生人，人又反入于機。萬物皆出于機，皆入于機。」[9]嚴復認為莊子不僅生動地敘述了植物—動物—人的變化次序，還精闢地歸納出萬物都是在進化中產生、發展和滅亡的。[10]他在對此段加以評述時說：「此章所言，可以之與晚近歐西生物學所發明者互證，特其名詞不易解，《釋文》所解析者，亦未必是。然有一言可以斷定者，莊子於生物功用變化，實已窺其大略，至其細瑣情形，雖不盡然，但生當二千餘歲之前，其腦力已臻此境，亦可謂至難能而可貴矣。」[11]明顯表示了自己的欽佩。胡適後來解釋這一段的時候也與嚴復持相同的觀點，卻認為是自己解開了「自古至今，無人能解」的地方，[12]顯然沒有注意到嚴復的研究。

8　〔美〕本傑明・史華茲《尋求富強：嚴復與西方》（北京市：中華書局，1986年），頁31。

9　莊子：《莊子・至樂》，曹礎基：《莊子淺注》（北京市：中華書局，2000年），頁263。

10　參見陳天林：〈嚴復進化論與老莊天道自然觀〉，《江西社會科學》2002年第5期，頁30。

11　嚴復：《莊子評語》，王栻主編：《嚴復集》（北京市：中華書局，1986年），頁1130。

12　參考本論文第二章第三節「陳獨秀、胡適對老莊的批判」。

嚴復還對天演的狀況和動力進行了說明。《老子》說：「天地不仁，以萬物為芻狗。」嚴復以為這句話「天演開宗語」[13]。王弼注《道德經》說：「天地任自然，無為無造，萬物自相治理，故不仁也。」[14]這實際指出萬物自相演變，演變是自為的，而不是來自外力，這是符合嚴復關於「天演」動力的認識的：「而萬類之所以底於如是者，咸其自己而已，無所謂創造者也。」[15]因此他稱讚「此四語括盡達爾文新理。至哉！王輔嗣。」[16]

相同的看法還有對〈齊物論〉中對「風」一段描寫的評點。〈齊物論〉描寫了各種風聲之後說：「吹萬不同，而使其自己也，咸其自取，怒者其誰邪！」嚴復抓住各種聲音的發生都是「咸其自取」，並非外力，正像郭象所注釋的那樣，「物各自生而無所出焉，此天道也」。[17]因而發揮說：「一氣之行，物自為變，此近世學者所謂天演，西人亦以莊子為古之天演家。」[18]

所有這些理論都在於說明，「天演」不是人為的，不是上帝造成的，而只是萬物變化發展的自然之理，「古者以人類首出庶物，肖人而生，與萬物絕異。自達爾文出，知人為天演中之一境，且演且進，來者方將。而宗教博士之說，必不可信。蓋自有哥白尼而後天學明，亦自有達爾文而後生理確也。」[19]嚴復從西方輸入「天演」觀念，卻將「天演」的終極動力扎根於民族老莊哲學中，這是饒有興味的。

---

13 嚴復：《老子評語》，王栻主編：《嚴復集》（北京市：中華書局，1986年），頁1077。

14 〔魏〕王弼：《老子道德經》（上海市：上海書店，1986年），頁3。

15 嚴復《〈天演論・察變〉按語》，王栻主編：《嚴復集》（北京市：中華書局，1986年），頁1325。

16 嚴復：《老子評語》，王栻主編：《嚴復集》（北京市：中華書局，1986年），頁1077。

17 郭象：《莊子南華經》，慕容真編：《道教三經合璧》（杭州市：浙江古籍出版社，1991年），頁64頁。

18 嚴復：《莊子評語》，王栻主編：《嚴復集》（北京市：中華書局，1986年），頁1106。

19 嚴復《〈天演論・察變〉按語》，王栻主編：《嚴復集》（北京市：中華書局，1986年），頁1325。

嚴復將老莊思想的某些成分與「天演」相比論，它的合理成分有多少，這不是我們在這兒討論的主題；重要的是，嚴復的這種比論雖不乏思想的深刻，但其目的不在形而上的探討，而著眼於社會改造的終極意圖。這一點從他的「社會達爾文主義」更易看出。

嚴復關注達爾文的生物進化論毋寧說是一個理論基礎，其實他更注意斯賓塞和赫胥黎用生物進化論解釋社會的觀點。他在《天演論》自序中稱頌斯賓塞「以天演自然言化，著書造論，貫天地人而一理」，是「晚近之絕作」。赫胥黎的《天演論》則「與吾古人有甚合者，且于自強保種之事，反覆三致意焉」，「最為有國者所難能。」[20]在生物界，「弱者常為強肉，愚者常為智役」，「物各競存，最宜者立，動植如是，政教亦如是也。」這就把生物進化的規律延伸到人類社會進化的領域；不僅如此，「使非爭存，則耳目心思之力皆不用。不用則體合無由，而人之能事不進」。[21]這更直接警告放棄生存競爭的嚴重後果，對國人的警醒意味是不言而喻的。

其實，就是斯賓塞本人，也「並未想要通過一位有識之士為社會行為制定出一副救世良方，而只認為自己是一個超然物外的、冷靜地闡述社會進化過程的公正的觀察者。」[22]「可是，在嚴復看來，這些原理卻不僅僅是在解釋社會，而且還能提供一個改造社會的方案。」[23]其基於社會改造的「誤讀」也昭然若明。

進化論是嚴復用來改造社會的理論基礎，他的具體目標則是在中

---

20 嚴復：《天演論・自序》，王栻主編：《嚴復集》（北京市：中華書局，1986年），頁1320-1321。

21 嚴復：《〈天演論・最旨〉按語》，王栻主編：《嚴復集》，中華書局，1986年），頁1351。

22 〔美〕本傑明・史華茲，葉鳳美譯：《尋求富強：嚴復與西方》（南京市：江蘇人民出版社，1996年），頁32。

23 〔美〕本傑明・史華茲，葉鳳美譯：《尋求富強：嚴復與西方》（南京市：江蘇人民出版社，1996年），頁33。

國倡導民主、自由和科學觀念，這也是他在撰寫《老子》和《莊子》評語時要達到的目的：「嚴復撰寫評語的要務之一，是要在《老子》中發現那種特別關於像他自己所理解的那種『民主』和『科學』的暗示。」[24]正是「民主」和「科學」成為後來「五四」思想家用來改變國運的兩把利器，嚴復儼然是「五四」運動當然的精神先驅。

嚴復盛讚老莊（尤其是老子）哲學的民主思想。在他看來，老子的「無為而治」可謂是自由民主的典範，他反覆稱讚「黃老為民主治道也。」[25]「取天下者，民主之政也。」[26]「夫黃老之道，民主之國之所用也，故能長而不宰，無為而無不為；君主之國，未有能用黃老者也。漢之黃老，貌襲而取之耳。君主之利器，其惟儒術乎！」[27]

在嚴復看來，「中國未嘗有民主之制也。雖老子亦不能為未見其物之思想。于是道德之治，亦于君主中求之；不能得，乃游心于黃、農以上，意以為太古有之。蓋太古君不甚尊，民不甚賤，事與民主本為近也。此所以下篇八十章，有小國寡民之說。夫甘食美服，安居樂俗，鄰國相望，雞犬相聞，民老死不相往來，如是之世，正孟德斯鳩《法意》篇中所指為民主之真相也。世有善讀二書者，必將以我為知言也。嗚呼！老子者，民主之治之所用也。」[28]嚴復此處並無以原始為民主理想之意，但對這種原始民主的欣賞是掩蓋不住的。

當嚴復設想以民主制為社會改造的藍圖時，他的思想的道家色彩就更明顯了：「郭注云，夫無心而任乎自化者，應為帝王也。此解與

24 〔美〕本傑明·史華茲，葉鳳美譯：《尋求富強：嚴復與西方》（南京市：江蘇人民出版社，1996年），頁184。

25 嚴復：《老子評語》，王栻主編：《嚴復集》（北京市：中華書局，1986年），頁1076。

26 嚴復：《老子評語》，王栻主編：《嚴復集》（北京市：中華書局，1986年），頁1097、1099。

27 嚴復：《老子評語》，王栻主編：《嚴復集》（北京市：中華書局，1986年），頁1079。

28 嚴復：《老子評語》，王栻主編：《嚴復集》（北京市：中華書局，1986年），頁1092。

挽近歐西言治者所主張合。凡國無論其為君主，為民主，其主治行政者，即帝王也。為帝王者，其主治行政，凡可以聽民自為自由者，應一切聽其自為自由，而後國民得各盡其天職，各自奮於義務，而民生始有進化之可期。」[29]這種自為自化的民主顯然與西方嚴格法治下的民主精神趨向大不相同，這顯示了嚴復西方夢中的中國圖畫。在評點《莊子・天道》篇裡，嚴復也發揮道：「上必無用而用天下者，凡一切可以聽民自為者，皆宜任其自由也。不必有為為天下用者，凡屬國民宜各盡其天職，各自奮于其應盡之義務也。」[30]同樣可以參證。

與對自由民主的呼喚相反，嚴復對專制政體進行了批判。他說：「自夫物競之烈，各求自存以厚生。以鳥鼠之微，尚知高飛深穴，以避有矰弋熏鑿之害。人類之智，過鳥鼠也遠矣！豈可束縛馳驟於經式儀度之中，令其不得自由、自化？故狂接輿謂其言為『欺德』，謂『其於治天下也，猶涉河鑿海而使蚊負山也。」[31]批判了束縛人性的「經式儀度」，嘲笑了以「經式儀度」束縛人性的愚蠢。在《辟韓》一文中，他還對君主制進行了抨擊：「老子之言曰：『竊鉤者誅，竊國者侯。』夫自秦以來，為中國之君者，皆其尤強梗者也，最能欺奪者也。竊嘗聞『道之大原出於天』矣。今韓子務尊其尤強梗，最能欺之一人，使安坐而出其唯所欲為之令，而使天下無數之民，各出其苦筋力、勞神慮者，以供其欲，少不如是焉則誅，天之意固如是乎？」[32]可以看出，他使用的批評武器仍是道家的自然之「天」。

值得說明的是，嚴復對民主的呼喚、對自由的強調並非出於對人性本身的關注，雖然他早在魯迅等人之前也提出了改造國民性的問

---

29 嚴復：《莊子評語》，王栻主編：《嚴復集》（北京市：中華書局，1986年），頁1118。

30 嚴復：《莊子評語》，王栻主編：《嚴復集》（北京市：中華書局，1986年），頁1129。

31 嚴復：《莊子評語》，王栻主編：《嚴復集》（北京市：中華書局，1986年），頁1119。

32 嚴復：《辟韓》，王栻主編：《嚴復集》（北京市：中華書局，1986年），頁34。

題，[33]但他不是把人作為本體意義來關懷的，而只是出於改善國民性以求富強的功利目的。他說：「故近日之治，莫貴乎崇尚自由。自由，則物質則各得其所自致，而天擇之用存其最宜，太平之盛可不期而自至。」[34]自由是達到「太平盛世」的手段；他又說：「夫所謂富強云者，質而言之，不外利民云爾。然政欲利民，必自民各能自利始，民各能自利，又必自皆得自由始，欲聽其皆得自由，尤必自其各能自治始，反是且亂。」[35]自由又成為「富強」的必然要求。這種個人自由及其功利目的之間的關係，路易斯・哈茨也看得非常透澈：「嚴復在歐洲思想中至少發現了兩方面秘密……一方面是必須充分發揮人的全部能力，另一方面則是必須培育把能力導向為集體目標服務的公益精神。」哈茨同時說明，這種以自由為用的近代觀念其實是不符合西方產生於古希臘時期具有超越精神的自由思想的。[36]

嚴復廣泛關注了老莊思想與近代科學的關係，他從老莊哲學發掘出近代各種科學思想的因子。

《莊子・則陽》篇有一則寓言：在蝸牛的左右角上分別有兩個國家觸氏和蠻氏，他們相互爭地，發動戰爭，伏尸百萬。莊子以此喻在無窮的宇宙中人間爭戰的渺小。對此，嚴復評論說：「今科學中有天文地質兩科，少年治之，乃有以實知宇宙之博大而悠久，回觀大地與夫歷史所著之數千年，真若一吷。莊未嘗治此兩學也，而所言如此，則其辛慮之超越常人，真萬萬也。所謂大人者非歟！」[37]這就把哲學寓言和現代天文地理學說聯繫起來了。類似的還有他關於「宇宙」的

---

33 嚴復在《辟韓》、《原強》、《莊子評語》等多處提出了民智、民力、民才、民德等問題，見《嚴復集》（北京市：中華書局，1986年），頁15、35、1129。

34 嚴復：《老子評語》，王栻主編：《嚴復集》（北京市：中華書局，1986年），頁1082。

35 嚴復：《原強》，王栻主編：《嚴復集》（北京市：中華書局，1986年），頁17。

36 〔美〕路易斯・哈茨：《尋求富強：嚴復與西方・序》，本傑明・史華茲，葉鳳美譯：《尋求富強：嚴復與西方》（南京市：江蘇人民出版社，1996年），頁2。

37 嚴復：《莊子評語》，王栻主編：《嚴復集》（北京市：中華書局，1986年），頁1143。

解釋。「宇宙，皆無形者也。宇之所以可言，以有形者列於其中，而後可以指似，使無一物，則所謂方向遠近皆亡；宙之所以可言，以有形者變於其際，而後可以歷數，使無一事，則所謂先後久暫亦亡。故莊生云爾。宇宙，即今西學所謂空間時間。空無盡處，但見其內容，故曰有實而無乎處；時不可以起訖言，故曰有長而本無剽。宇者，三前之物，故曰有實；宙者，一互之物，故曰有長。」[38]

嚴復又把莊子哲學中的「氣」與現代自然科學中的「力」結合起來，認為：「今世科學家所謂一氣常住，古所謂氣，今所謂力也」。[39]他把宇宙物質運動看成是「質力相推」的結果，質即物質，力即能量。質力的運動，採取「翕」和「辟」兩種形式：「翕以聚質，辟以散力」,「質力雜揉，相濟為變」。翕有收縮、閉合、靜止的意思，使能量聚集為質量，凝聚成物；辟有膨脹、張開、運動的意思，使質量散發為能量，質力互變。嚴復認為這也就是莊子所說的「合則成體，散則成始。」他說：「斯賓塞謂天演翕以合質，辟以出力，即同此例。翕以合質者，合則成體也，精氣為物也；辟以出力者，散則成始也，游魂為變也。」[40]而質力運動的狀況則是「兩間內質，無有成虧，六合中力，不經增減」,[41]「兩間」（天地間）和「六合」（上下四方）都是指空間,「質」指物質、質量,「力」指能量。宇宙間物質無所謂盈虧，能量也無所謂增減，表達了物質不滅和能量守恆的思想，既是對古代樸素唯物主義關於「氣有聚散而無生滅」思想的繼承和發展，也是對十九世紀最新科學成就的概括。[42]

在嚴復的闡釋中，老莊哲學尚有其它科學思想。比如，他說：

---

38 嚴復：《莊子評語》，王栻主編：《嚴復集》（北京市：中華書局，1986年），頁1139。
39 嚴復：《莊子評語》，王栻主編：《嚴復集》（北京市：中華書局，1986年），頁1136。
40 嚴復：《莊子評語》，王栻主編：《嚴復集》（北京市：中華書局，1986年），頁1131。
41 嚴復：《救亡決論》，王栻主編《嚴復集》（北京市：中華書局，1986年），頁50。
42 楊達榮：〈嚴復的天演哲學與老莊思想〉，《江西社會科學》1989年第1期，頁70。

「厲風濟，則眾竅為虛，非深察物理者不能道。凡有竅穴，其中含氣，有風過之，則穴中之氣隨之俱出，而成真空，醫家吸入器，即用此理為制。故曰：厲風過，則眾竅為虛。」[43]這是現代醫學和力學思想。「秋毫小矣，乃至其端，乃至其端之萬分未得處一焉，此算學家所謂第三等微分也。」（評「秋毫之端萬分未得處一焉。」[44]）這是數學。「曲，一部分也；舉一部分，則全體見矣。故《中庸》曰，其次致曲。天下惟知曲之為全者，乃可以得。故西人重分析之學，朱晦菴亦言大處不行，終由小處不理也。」[45]這又是邏輯學思想。「前以南冥為天池，今以北之冥海為天池，猶今之言南北兩冰洋也。」[46]這是地理學思想了。

二　嚴復對老莊和西方文化的反思

嚴復在將老莊思想與現代進化論、民主和科學思想進行比論時，他並沒有忘記老莊思想的原始和不合時用的性質，因而，對於老莊哲學中能鼓舞國民競爭和反專制、爭取民主自由的思想，他極力發揮；而對於老莊哲學中企圖引導人們返回原始的自然生活，他則極力嘲諷和批判。

他諷刺老子還歸淳樸的努力：「今之質之趨文，純之入雜，由乾坤而馴至於未濟，亦自然之勢也。老氏還淳返樸之義，猶驅江河之水而使之在山，必不逮矣。夫物質而強之以文，老氏訾之是也。而物文而返之使質，老氏之術非也。何則？雖前後二者之為術不同，而其違自然，拂道紀，則一而已矣。」[47]這是明顯不符合時代進化潮流的。

---

43 嚴復：《莊子評語》，王栻主編：《嚴復集》（北京市：中華書局，1986年），頁1106。
44 嚴復：《莊子評語》，王栻主編：《嚴復集》（北京市：中華書局，1986年），頁1137。
45 嚴復：《老子評語》，王栻主編：《嚴復集》（北京市：中華書局，1986年），頁1083。
46 嚴復：《莊子評語》，王栻主編：《嚴復集》（北京市：中華書局，1986年），頁1105。
47 嚴復：《老子評語》，王栻主編：《嚴復集》（北京市：中華書局，1986年），頁1082。

老子「絕聖棄智」的努力也是同樣不符合這種進化論：「且無論乎所言之離乎事實也，就令果然，其所謂絕聖棄智者，亦做不到。世運之降，如岷峨之水，已下三峽，滔滔而流入荊揚之江，乃欲逆而挽之，使之在山，雖有神禹，亦不能至。禹所能為，毋亦疏之瀹之，使之歸海而無為氾濫之患而已。此言治者所不可不知也。」[48]對於老子的「絕學無憂」，他則用一個比喻揭穿其欺騙的本質：「絕學固無憂，顧其憂非真無也；處憂不知，則其心等於無耳。非洲鴕鳥之被逐而無復之也，則埋其頭目于沙，以不見害己者為無害。老氏絕學之道，豈異此乎？」[49]無疑，嚴復在老子哲學的這些基本觀念裡發現了他反進化的反動性質，這是他深深擔心的，「在嚴復看來，這一段話所包含的不是別的，正是對整個人類文化事業的拋棄，而且首先拋棄的可以說正是整個人類進化的過程。」[50]因而，他對於老子的這類思想，不遺餘力地痛下針砭。

在老莊關於修身或處世的具體做法上，嚴復也常常諷刺其荒謬和難以實行。他說：「徒修其身者，必不足以動物，而且為好名之所摘。」[51]批判了莊子的逃世傾向。他在評點老子的「雖有舟輿，無所乘之；雖有甲兵，無有乘之；使人復結繩而用之」等理想的原始生活時說：「此古小國民主之治也，而非所論於今矣。」[52]而「一家之術，如神農之並耕，釋氏之忍辱，耶穌之信天，皆其說至高，而為人類所不可用，所謂識其一不知其二者也。」[53]「然而以為大盜所利用之故，謂斗斛權衡符璽不必設，設而於人事無所利焉，此又過激之論，

---

48 嚴復：《莊子評語》，王栻主編：《嚴復集》（北京市：中華書局，1986年），頁1124。

49 嚴復：《老子評語》，王栻主編：《嚴復集》（北京市：中華書局，1986年），頁1082。

50 〔美〕本傑明・史華茲，葉鳳美譯：《尋求富強：嚴復與西方》（南京市：江蘇人民出版社，1996年），頁189。

51 嚴復：《莊子評語》，王栻主編：《嚴復集》（北京市：中華書局，1986年），頁1110。

52 嚴復：《老子評語》，王栻主編：《嚴復集》（北京市：中華書局，1986年），頁1099。

53 嚴復：《莊子評語》，王栻主編：《嚴復集》（北京市：中華書局，1986年），頁1128。

而不得物理之平者矣。」[54]評點「不為福先」時說:「用此，則其弊將為懶放，而國以危。」[55]他強調的是，這些思想在現代的條件下都是不可能實現的。

嚴復同時又進一步指出，原始人雖有自由，但其實並沒有幸福安寧。在評點《莊子・馬蹄》時說:「此篇持論，極似法之盧梭，所著《民約》等書，即持此義，以初民為最樂，但以事實言之，乃最苦者，故其說盡破，醉心盧氏學說者，不可不知也。」[56]在評點《胠篋》時也說:「此說與盧梭正同，然而大謬。所謂至德之世，世間固無此物。而今日非、澳諸洲，內地未開化之民，其所當乃至苦，如是而曰至治，何足慕乎?」[57]原始並不是人類理想的生活，更不是在現代條件下所能實現的生活。

說到底，嚴復關注的還是生存、進化和發展，他一方面指斥老子思想的保守，一方面則極力強調要發揮人的主觀能動性。他說:「人欲圖存，必用才力心思，以與妨生者為鬥，負者日退，而勝者日昌」。[58]這樣，他就對老子的諸如「勝人者有力，自勝者強」、」「強行者有志」等思想大為欣賞，在發揮這類觀點時總會流露出他難抑的救亡熱情:「惟強行者為有志，亦惟有志者能強行，孔曰知其不可而為之，孟曰強恕而行，又曰強為善而已矣，德哲噶爾第亦曰，所謂豪傑者，其心目中常有一他人所謂斷做不到者，凡此，皆有志者也。中國之將亡坐無強行者耳。」[59]他甚至從莊子的哲學中讀出儒家的用世思想，如在評點《莊子・人間世》時說:「吾讀此篇，未嘗不廢書而嘆

---

54 嚴復:《莊子評語》，王栻主編:《嚴復集》(北京市:中華書局，1986年)，頁1123。
55 嚴復:《莊子評語》，王栻主編:《嚴復集》(北京市:中華書局，1986年)，頁1130。
56 嚴復:《莊子評語》，王栻主編:《嚴復集》(北京市:中華書局，1986年)，頁1121。
57 嚴復:《莊子評語》，王栻主編:《嚴復集》(北京市:中華書局，1986年)，頁1123。
58 嚴復:《〈天演論・最旨〉按語》，王栻主編:《嚴復集》(北京市:中華書局，1986年)，頁1352。
59 嚴復:《老子評語》，王栻主編:《嚴復集》(北京市:中華書局，1986年)，頁1089。

也。夫莊生〈人間世〉之論，固美亦。雖然，盡其究竟，則所言者，期於乘物而遊，托不得已以養中，終其天年而已。顧吾聞之，人之生於世也，俛仰上下，所受于天地父母者至多，非人類而莫與。則所以為萬物之靈者，固必有其應盡之天職，由是而殺身成仁，捨生取義之事興焉。此亦莊生所謂不可解於心，無所逃於天地之間者，豈但知無用之用，遠禍全生，遂為至人已乎？且生之為事，亦有待而後貴耳。使其禽視獸息，徒曰支離其德，亦何取焉。此吾所以終以老莊為楊朱之學，而溺於其說者，未必無其弊也。」[60]將人看成高於動物的生靈，因而要知恩圖報，甚至殺身成仁、捨生取義，而否定無用之用。這種發揮，從道家思想本身來看不免牽強，而其合理的一面則是其用世之意。

在這種用世思想的指導下，嚴復及他的同時代人對老莊進行了積極的解讀。《老子評語》出版時，夏曾佑曾熱情為之作序，稱老子「主宰前定之義，原於宗教，而達於政治，凡在皆然也。」「其所言也，乃古來政教之會通也。」稱「斯賓塞等生基督宗教之季，基督之教，稱天以為治，主宰前定之義，原於宗教，而達於政治，均與老子之時同。」[61]曾克耑也說讀了嚴復的《老子》評點後感覺「老子真南面君人之術，而非導引清談權謀之說也。」[62]他們對老子政治色彩的肯定固然可以說是不奇怪的，因為老子的政治權術色彩自其產生後一直受人注意；使人驚奇的是，嚴復卻從「中國出世之宗」莊子中讀出後者「非出世之學也。」[63]「莊生蓋憂世之深，用世之急，而思有以

60 嚴復：《莊子評語》，王栻主編：《嚴復集》（北京市：中華書局，1986年），頁1109。

61 夏曾佑：《老子評語・序》，王栻主編：《嚴復集》（北京市：中華書局，1986年），頁1100。

62 曾克耑：《老子評語・序》，王栻主編：《嚴復集》（北京市：中華書局，1986年），頁1103。

63 嚴復：《莊子評語》，王栻主編：《嚴復集》（北京市：中華書局，1986年），頁1104。

拯其弊，挽其危，其用心，視孔釋無二致也。」[64]曾克耑也持了相同的觀點「然則莊生非出世之學也，彼其睹禍亂之相尋，民生之多艱，蓋嘗蒿目而深痛之，撥亂反正，世以期倡仁義之聖人，然聖人之利天下也幾何？」[65]這就可以看出嚴復那一代人解讀傳統文化的主觀用意之所在。

所以在國難方殷的形勢下，嚴復從老莊思想中挖掘有利於「我」的因素，來堅強國民的信心。他提醒人們：「強梁者不得其死，公例之一，自古皆然，故可以為教父。」[66]正義在我，西方列強的勢力無論多麼強大都是不可怕的，他們的非正義的侵略遲早會落到失敗的結局，因為「不道之師，如族庖之刀，不折則缺，未有不早已者也。」[67]他舉例說：「中國古之以兵強者，蚩尤尚已。秦有白起，楚有項羽，歐洲有亞歷山大，有韓尼伯，有拿破崙，最精用兵者也。然有不早已者乎？曰好還，曰早已。老子之言，固不信耶！至有始有卒者，皆有果勿強而不得已也。今中國方欲起其民以尚武之精神矣。雖然，所望他日有果而已，勿以取強也。」[68]而在國際上，他又看到，「俄日之戰，俄之所以敗者，以強取也；日之所以勝者，不得已也。顧不得已前，尚有無數事在，非不知雄而守雌者所可藉口也。」[69]只要國人能像日本人那樣，不畏強暴，「不得已也」，最終可贏得民族的獨立和強大。這對於鼓舞國民的自信心無疑是有益的。

嚴復的反思不止於道家哲學本身；作為向國人介紹西學最重要的理論家、全盤西化的倡導者，嚴復已經開始用老莊思想來反思西方文明了。

---

64 嚴復：《莊子評語》，王栻主編：《嚴復集》（北京市：中華書局，1986年），頁1148。
65 曾克耑：《莊子評語・序》，王栻主編：《嚴復集》，中華書局，1986年，頁1148。
66 嚴復：《老子評語》，王栻主編：《嚴復集》（北京市：中華書局，1986年），頁1094。
67 嚴復：《老子評語》，王栻主編：《嚴復集》（北京市：中華書局，1986年），頁1088。
68 嚴復：《老子評語》，王栻主編：《嚴復集》（北京市：中華書局，1986年），頁1088。
69 嚴復：《老子評語》，王栻主編：《嚴復集》（北京市：中華書局，1986年），頁1088。

老子認為，「大道廢，有仁義。智慧出，有大偽。」[70]指出仁義智慧是禍亂的根本，是忘記「道」的結果。嚴復也認為「今世歐洲詐騙之局，皆未開化之前所無有者。」[71]嚴復當然不是主張歐洲應返回到往古社會，但他顯然意識到繁瑣的文明帶來的社會痼疾。在另一處評點中他也有這樣的看法：「今之所謂文明，自老子觀之，其不為盜夸者，亦少亦。此所以社會黨、虛無黨之所以日眾也。」[72]嚴復在社會的發展觀上無疑持的是進化論，但在思考社會的發展帶來的問題時，他不是主張在發展中解決問題之類的看法，而是想到道家哲學。他認為：「文明之進，民物熙熙，而文物聲名，皆大盛，此欲作之宜防也。老子之意，以為亦鎮之以樸而已。此皆與盧梭正同，而與他哲家作用稍異。」[73]他以為道家哲學的清靜、淳樸是解決文明進步所帶來問題的良藥。他提醒人們注意，「知足，知止，兩知字，大有事在。不然，亦未可以長久也。」[74]這既是對西方人的警惕，也可以說潛在地提醒國人在完成現代化的過程中需要注意的根本問題，顯示了嚴復作為一個思想家的冷靜和洞穿歷史的目光。

嚴復舉例說：「俄之所以見敗於日本者，坐不知足而欲得耳。」[75]而「今之西人，其利器亦眾矣。道德不進，而利器日多，此中國之所以大亂也。」[76]「彼之發明科學者，亦聖人也。嗟夫！科學昌明，汽電大興，而濟惡之具亦進，固亦人事之無可如何者耳。」[77]這顯示嚴復在很早就已經注意到「科學是雙刃劍」這一現代化難題；而他以道

70 王弼：《老子注》，《諸子集成》第3冊（北京市：中華書局，1954年），頁10。
71 嚴復：《老子評語》，王栻主編：《嚴復集》（北京市：中華書局，1986年），頁1082。
72 嚴復：《老子評語》，王栻主編：《嚴復集》（北京市：中華書局，1986年），頁1097。
73 嚴復：《老子評語》，王栻主編：《嚴復集》（北京市：中華書局，1986年），頁1091。
74 嚴復：《老子評語》，王栻主編：《嚴復集》（北京市：中華書局，1986年），頁1094。
75 嚴復：《老子評語》，王栻主編：《嚴復集》（北京市：中華書局，1986年），頁1095。
76 嚴復：《莊子評語》，王栻主編：《嚴復集》（北京市：中華書局，1986年），頁1123。
77 嚴復：《莊子評語》，王栻主編：《嚴復集》（北京市：中華書局，1986年），頁1122。

家哲學來解決這一難題的願望在今天也不無啟示意義。

在另一處評語裡，嚴復說：「『役人之役，適人之適，而不自適其適』，正是方內救世人心事。讀者於此處，不可遂作抑詞看，致或失其旨。」[78]莊子提出的這一命題表達的仍然是他的自然人性主題，嚴復提醒人們注意不要把它當作「抑詞」看，意在指出在現代化的過程中人們不能忘記自己的本性，要主動為保持自己的本性而努力。這其實是指出了現代化過程中人性異化的問題。作為中國現代化理論的先驅者之一，嚴復的思想是有深度的。他以道家哲學來解決現代化過程中的難題，已經是徐志摩、郭沫若、沈從文、林同濟等人的先導了。

第二節　王國維：解脫悲劇人生

一位評論家說：「當譚嗣同的頭顱在菜市口刑場落下的時候，也就象徵著清廷自上而下政治改革的夢幻破滅。晚清的知識分子對西方文化價值的認識因此而從政治層面遞進到哲學、社會人文科學層面。其代表人物一是嚴復，可以稱之為經驗派科學主義潮流的引進者。而另一位則是王國維，從大陸理性哲學中帶來了人文主義精神，並且進一步成為中國近代美學的奠基人。」[79]相對於此前的工具理性，嚴復是一次超越；而相對於嚴復在內的實用主義，王國維則以他的純哲學、純學術精神一起超越了工具理性和實用哲學。在現代化的潮流中，王國維是一個非常獨特卻又異常重要的存在，他異於時人的社會改造，卻由個體生命體驗走向純粹學術、純粹哲學，遠離時代硝煙而自成博大精深。王國維獨特的學術成就與他的悲劇人生、與他對悲劇人生的異常敏感的體驗分不開，從某種意義上說，前者是後者的延

78 嚴復：《莊子評語》，王栻主編：《嚴復集》（北京市：中華書局，1986年），頁1117。

79 錢競：〈王國維與晚清文學變革〉，孫敦恆、錢競編：《紀念王國維先生誕辰120周年學術論文集》（廣州市：廣東教育出版社，1999年），頁171。

伸。與一般學者和作家不同的是，王國維對純粹學術的追求、對自然詩學和悲劇美學的建構甚至他後來的國學研究，都是他解決人生問題的結果，是企圖解脫悲劇人生的結果。[80]叔本華、康德、尼采哲學是他精神觀照的主要思想工具，老莊（特別是莊子）的悲觀厭世的哲學也深深吸引了王國維。

一　純哲學、純學術追求

在中國古代以至近現代，學術一般附屬於政治，即使像莊子、李贄這樣與政治緊張對立的思想家，也要將自己的理論建立在批評政治、以政治為言說背景這樣一個框架中。文學要麼為政治服務，要麼是作家逃避政治、在政治上失敗的產物。王國維通過對西方哲學的鑽研，打破了這一格局，賦予學術以獨立的地位，使之與政治和社會功用無涉。王國維對學術的這種革命性的認識在此前的中國是幾乎找不到同例的，它更近於西方思想家對學術的態度。讓我們驚奇的是在國人接觸西方哲學之初即產生王國維這樣對哲學持純粹觀照的思想家，這種個例不僅如蔡元培所說，「他對哲學的觀察，也不是同時代人能及的。」[81]且在整個二十世紀也是罕見的。

王國維對哲學的這種純粹觀照首先是與他獨特的人生體驗有關。

王國維四歲喪母，父親又常年在外經商佐幕，與他相伴的只有一個比他大五歲的姐姐，由祖姑母共同照看，是在一個孤獨缺少母愛的家庭中成長的。在父親嚴厲督促和熱切期盼下，王國維屢屢參加應試，卻又變成失敗的恥辱。這種環境經歷和體弱多病養成了他內向憂鬱的性格。一九〇一年王國維在羅振玉的資助下去日本留學，但「留

---

80 王國維實際上指出了學術的終極使命，但遺憾的是，他的這種思想（形而上意義上的人生），並沒有得到後人的充分注意；在當今時代，則更是被遺忘了。

81 蔡元培：《蔡元培選集》（北京市：中華書局，1959年），頁223-224。

東京四、五月而病作，遂於是夏歸國。自是以後，遂為獨學之時代矣。體素羸弱，性復憂鬱。人生之問題，日往復於吾前，自是始決從事於哲學。」[82]羸弱的體質和憂鬱的性格使得王國維對於人生有了深刻的體驗，這是他從事哲學的直接原因。王國維的獨特之處是，他置時代的大潮於不顧，「日往復於吾前」的是「人生之問題」，而不是一般思想家所汲汲奔命的社會改造、救亡啟蒙。王國維說的「人生之問題」與後來「五四」時期「人的覺醒」有別，後者主要關心人在社會倫理中的解放，王國維所說的「人生之問題」則主要是形而上的，是超越社會功利的對宇宙人生的直覺體驗和懷疑精神，正如他所說：「宇宙之變化，人事之錯綜，日夜相迫於前，而要求吾人之解釋，不得其解，則心不寧。」[83]他的思考是內傾的，他是在宇宙的大處和人生的深處思考問題，他走的是西方思想家所走的純哲學之路，不是傳統的功利學術，也不是傳統的對抗功利的文學，而是超越於二者之上的純學術。

王國維在《靜庵文集．自序》說：「余之研究哲學始于辛壬之間（按：西元 1901-1902年），癸卯（按：西元1903年）春，始讀汗德（按：今譯康德）之《純理批評》（按：今譯《純粹理性批判》）苦其不解，讀幾半而輟。嗣讀叔本華之書，而大好之。自癸卯之夏以至甲辰（按：西元1904年）之冬，皆與叔本華之書為伴侶之時代也，其所尤愜心者，則在叔本華之知識論，汗德之說因得之以上窺。然其人生哲學觀，其觀察之精銳和議論之犀利，未嘗不心悅神釋也。」[84]康德哲學的艱深讓他不能卒讀，他對康德哲學的觀念首先是通過叔本華得到

82 王國維：《靜庵文集續編．自序一》，姚淦銘、王燕編：《王國維文集》第3卷（北京市：中國文史出版社，1997年），頁471。

83 王國維：《哲學辨惑》，姚淦銘、王燕編：《王國維文集》第3卷（北京市：中國文史出版社，1997年），頁4。

84 王國維：《靜庵文集．自序》，姚淦銘、王燕編：《王國維文集》第3卷（北京市：中國文史出版社，1997年），頁469。

的，儘管他後來又四次研讀康德。叔本華的文筆優美流暢，這當然是它吸引王國維的原因之一；但更重要的是，叔氏「觀察之精銳和議論之犀利」，讓他「心悅神釋」。叔本華本人憂鬱的天性和他的悲觀哲學才是吸引王國維真正的原因。值得注意的是，叔本華的悲觀哲學和他的解脫人生之道與莊子是類似的，叔氏哲學正是對東方佛、道哲學吸收的結果。[85]因而王國維一旦接觸到它，即與他思想中莊子的悲觀厭世思想一拍即合，使得他深深沉醉。

當王國維用他從叔本華、康德那裡得來的純哲學觀念來觀照中國學術的時候，中國學術的功利性在他看來就成為一個大問題了。他指出，中國「美術（按，即藝術）之無獨立之價值也久矣。此無怪歷代詩人，多托于忠君愛國勸善懲惡之意，以自解免，而純粹美術上之著述，往往受世之迫害而無人為之昭雪者也。此亦我國哲學美術不發達之一原因也。」[86]他以純哲學的敏銳感覺，察覺中國文學中哲學思想的欠缺，並因而造成文學的缺陷。而觀察當代的學術狀況，也是「其治藝者多，而治學者少。」[87]他看到「近數年之文學，亦不重文學自己之價值，而唯視為政治教育之手段，與哲學無異。」[88]有名的思想家如康有為、梁啟超等也是視學術「以之為政治上之手段」，「但有政治上之目的」[89]「其稍有哲學之興味如嚴復氏者，亦只以余力及之。」[90]

---

85 牛宏寶：〈以傳統藝術心性論會解西方美學——1949年以前中國學者接受西方美學影響的一個結構性傾向〉，《求是學刊》2001年第3期，頁73。

86 王國維：〈論哲學家與美術家之天職〉，姚淦銘、王燕編：《王國維文集》第3卷（北京市：中國文史出版社，1997年），頁7。

87 王國維：〈教育小言十則〉，姚淦銘、王燕編：《王國維文集》第3卷（北京市：中國文史出版社，1997年），頁87。

88 王國維：〈論近年之學術界〉，姚淦銘、王燕編：《王國維文集》第3卷（北京市：中國文史出版社，1997年），頁38。

89 王國維：〈論近年之學術界〉，姚淦銘、王燕編：《王國維文集》第3卷（北京市：中國文史出版社，1997年），頁37。

90 王國維：〈論近年之學術界〉，姚淦銘、王燕編：《王國維文集》第3卷（北京市：中國文史出版社，1997年），頁38。

且「顧嚴氏所奉者，英吉利之功利論及進化論之哲學耳，其興味之所存，不存於純粹哲學，而存於哲學之各分科，入經濟、社會之學，其所最好者也。故嚴氏之學風，非哲學的，而寧科學的也，此其所以不能感動吾國之思想界也。」[91]這種狀況讓王國維深深擔心，以為純學術的喪失是「褻瀆哲學與文學之神聖之罪」，所以呼籲「欲學術之發達，必視學術為目的，而不視為手段而後可。」並且引用康德《倫理學》中的格言說：「當視人人為一目的，不可視為手段。」[92]純學術的追求說到底是對人本身的價值的肯定。這已經是「五四」時期「為人」的思想有力的先聲了。

王國維有一篇專評老子思想的論文〈老子之學說〉。全文除引文外，不足千字。王國維沒有在文章中如大多數思想家那樣具體發揮老子的思想，而只是從宏觀著眼判斷老子思想的性質。全文共三章，除第一章「傳及著書」的介紹外，其核心內容的兩章中即用一章標題為「形而上學」來稱述老子哲學。「形而上學」可謂之純哲學的另一稱呼，可見他純哲學的敏銳。

王國維將老子和孔墨作了比較：「孔子於《論語》二十篇中，無一語及於形而上學者，其所謂『天』不過用通俗之語。墨子之稱『天志』，亦不過欲鞏固道德政治之根柢耳，其『天』與『鬼』之說，未足精密謂之形而上學也。其說宇宙根本為何物者，始於老子。」「於現在之宇宙外，進而求宇宙之根本，而謂之曰『道』。是乃孔墨二家之所無，而我中國真正之哲學，不可云不始於老子也。」[93]可以看出，王國維超越了對老子思想是是非非的評價（這正是現代文學對老

---

91 王國維：〈論近年之學術界〉，姚淦銘、王燕編：《王國維文集》第3卷（北京市：中國文史出版社，1997年），頁37。

92 王國維：〈論近年之學術界〉，姚淦銘、王燕編：《王國維文集》第3卷（北京市：中國文史出版社，1997年），頁38。

93 王國維：〈老子之學說〉，姚淦銘、王燕編：《王國維文集》第3卷（北京市：中國文史出版社，1997年），頁102。

莊糾纏不清的問題），只以異常簡潔清晰語言，斷定老子哲學的形而上學性質，從他的純哲學觀念肯定了老子思想的至高價值。這在近現代解釋老子的諸多思想家中，是極為獨特的。

王國維同樣稱讚老子「倫理政治論」，以為老子「道德政治上之理想，在超絕自然界及人事界之相對，而反於道之絕對。」[94]「其道德政治上之理論，不問其是否（非）如何，甚為高尚。」[95]同樣肯定老子的形上之思，立場之鮮明，判斷之清楚，都是少見的。老子哲學雖有極其寶貴的形而上學思想，但在後世儒家倫理學說支配社會思想的情況下，人們往往忽略了這一點，而大多關注其人生論、政治論等功利的一面。莊子的命運同樣如此。這一點朱光潛有敏銳的觀察：「老莊兩人自己所造雖深而承其教者卻有安於淺的傾向。」[96]王國維以其純粹的西方哲學觀念將老子哲學的形而上思想突出，凸顯了老子對終極意義的追求。這也只有在對終極追問保持純粹興趣的思想家那樣才能做得到，我們從這裡正可以窺見王國維悲劇人生的一個根源。

二　悲劇人生

當王國維在二十四歲到二十七歲完成對叔本華、康德和尼采哲學的閱讀時，他對人生的悲苦就獲得了一個哲學的觀照視角，並極力以哲學的方法超越痛苦。這主要來自叔本華哲學的啟示。

叔本華以「意志」為世界的終極本質。意志是一種原始的、無窮盡的、無形無象的衝動，表現在人身上就是無盡的欲望。意志的衝動

94 王國維：《老子之學說》，姚淦銘、王燕編：《王國維文集》第3卷（北京市：中國文史出版社，1997年），頁104。

95 王國維：《老子之學說》，姚淦銘、王燕編：《王國維文集》第3卷（北京市：中國文史出版社，1997年），頁105。

96 朱光潛：《詩論》（北京市：生活・讀書・新知三聯書店，1984年），頁77。

必遇障礙，障礙則造成痛苦。因而痛苦是世界人生的必然本質。人在追求過程中會遇到各種阻礙，因而痛苦不可免，即使一個目標追求成功，鬆懈下來的意志又會因無聊而產生新的痛苦，因而新的追求又會產生，無有窮盡。人生源源不斷的痛苦斷不可免。

當家境貧薄、體質孱弱而性情憂鬱的王國維接觸到叔本華的這套學說時，當即「心悅神釋」，他對叔本華「人生的本質是苦」的說教獲得精神上的高度契合和深深慰藉。「人有生矣，則不能無欲；有欲矣，則不能無求；有求矣，則不能無得無失；得則淫，失則戚，此人人之所同也。」[97]他的詩詞中，[98]充滿對人生苦的詠嘆：「側身天地苦拘攣」（〈雜感〉），「人間地獄真無間」（〈平生〉），「苦覺秋風欺病骨，不堪宵夢續塵勞。至今呵壁天無語，終古埋憂地不牢」（〈塵勞〉），「早知世界由心造，無奈悲觀觸緒來」（〈題友人三十小像〉二），「欲覓吾心已自難，更從何處把心安？詩緣病輟彌無賴，憂與生來詎有端？」（〈欲覓〉）這樣的身世之感在王國維的詩詞中比比皆是。

老莊哲學對人生的痛苦性質有深入的觀照。老子說：「吾之大患，在吾有身；及吾無身，吾有何患？」[99]將身體（欲望的象徵）當作痛苦的根本，這與叔本華以意志的衝動為痛苦的根本是類似的解釋。莊子更多詩意地描繪了人生痛苦的狀況：「人之生也，與憂俱生。」[100]「大塊載我以形，勞我以生，逸我以老，息我以死。」[101]王

---

97 王國維：《孔子之美育主義》，姚淦銘、王燕編：《王國維文集》第3卷（北京市：中國文史出版社，1997年），頁155。

98 本文王國維詩詞均引自姚淦銘、王燕編：《王國維文集》第1卷（北京市：中國文史出版社，1997年），下同，不再加注。

99 老子：《道德經》第13章，〔魏〕王弼：《老子道德經》（上海市：上海書店，1986年），頁7。

100 莊子：《莊子・至樂》，曹礎基：《莊子淺注》（北京市：中華書局，2000年），頁254。

101 莊子：《莊子・大宗師》，曹礎基：《莊子淺注》（北京市：中華書局，2000年），頁92。

國維的哲學在顯在的層面用的是叔本華哲學，最明顯的表現就是以叔氏的悲劇觀解釋《紅樓夢》；但是老莊哲學作為民族血脈在他身上的體現更內在、更根本。〈《紅樓夢》評論〉開卷即引老莊關於人生痛苦的格言：「老子曰：人之大患，在我有身。莊子曰：大塊載我以形，勞我以生。憂患與勞苦之與生相對待也，久矣。夫生者人人之所欲，憂患與勞苦者，人人之所惡也。」[102]他在表達對人生痛苦的體驗時，常常運用老莊哲學中的哲理、典故和人物。如「朝菌媚初日，容色非不腴。飄風夕以至，零落委塵塗」(〈偶成〉)。「迴野蟪蛄多切響，高樓腐草有游魂」(〈再酬巽齋老人〉)。「我身即我敵，外物非所虞。人生免襁褓，役物固有餘。網罟一朝作，魚鳥失寧居。」「眾庶馮生自足悲，真人口口何事困。家貧且貸河侯粟，行苦終思牧女糜。」(〈馮生〉)「人生一大夢，未覺審何時」(〈來日〉)。蟪蛄、朝菌是莊子哲學中生命短促的動物，以身為敵是老子「大患在吾身」的化用，網罟作而魚鳥失居是莊子批評過的，貸河侯粟也是莊子用過的典故，真人則是莊子哲學中得道的人物，夢也為莊子所愛。這位兩千多年前的思想家對人生的悲劇體驗獲得王國維的深深認同。

對人生痛苦的描寫在古代及近現代文學史上也是常常出現的主題，大約是所謂「永恆的主題」之一。不同的是，王國維對人生是苦不同於大多數作家僅限於文學上的傾訴性質，而是獲得形而上的觀照。中國古代以至近現代作家在觀照人生痛苦時大多運用的是佛道的「人生是苦」的說教，但在近現代的環境裡，這種說教在西學的光照下已顯現出它的缺陷。朱光潛以他比較詩學的眼光考察中國文學，認為中國文學存在的問題是哲學思想的平易和宗教情操的淡薄。雖然「老莊比儒家固較玄邃，比較西方哲學家，仍是偏重人事。它們很少離開人事

---

102 王國維：〈《紅樓夢》評論〉，姚淦銘、王燕編：《王國維文集》第1卷（北京市：中國文史出版社，1997年），頁1。

而窮究思想的本質和宇宙的來源。」[103]而「佛教只擴大了中國詩的情趣的根柢，並沒有擴大它的哲理的根柢。」[104]這種狀況也影響到詩人對人生是苦的看法，他們幾乎一例將人生苦歸結到佛道的哲理中，並以佛道的哲理安慰痛苦草草了事，而放棄了自己的探索，這也是朱光潛所說的中國人無西方人「堅持的努力」(sustained effort)。[105]近代以來，這種狀況出現轉變，龔自珍的詩歌即以「歌哭無端」著稱，[106]蘇曼殊也是類似的風格，其〈過若松町有感示仲兄〉云：「無端狂笑無端哭，縱有歡腸已似冰。」可以見之。這些詩歌即表現了人生不可捉摸的痛苦本質，帶有超人世的性質。王國維在這一方面走得更遠、更徹底，痛苦在他那裡不僅僅是痛苦，而帶有對人生本質、對世界本質探索的傾向。例如：

> 點滴空階疏雨，迢遞嚴城更鼓。睡淺夢初成，又被東風吹去。無據，無據，斜漢垂垂欲曙。——〈如夢令〉

> 萬頃蓬壺，夢中昨夜扁舟去，縈回島嶼，中有舟行路。波上樓臺，波底層層俯。何人住？斷崖如鋸，不見停橈處。——〈點絳唇〉

> 來日滔滔來，去日滔滔去，適然百年內，與此七尺遇。爾從何處來？行將徂何處！——〈來日〉二首之二

> 人生過處唯存悔，知識增時只益疑。——〈六月二十七日宿硤石〉

103 朱光潛：《詩論》(北京市：生活·讀書·新知三聯書店，1984年)，頁77。
104 朱光潛：《詩論》(北京市：生活·讀書·新知三聯書店，1984年)，頁83。
105 朱光潛：《詩論》(北京市：生活·讀書·新知三聯書店，1984年)，頁77。
106 龔自珍雖於一八四一年去世，但其詩歌已開近代之風。

> 宇宙何寥廓，吾知則有涯。面牆見人影，真面固難知，菌簵半在水，本末互參池。持刀剡作矢，勁直固無虧。耳目不足憑，何況胸所思？——〈來日〉二首之二

「無據」、「不見停橈處」、「爾從何處來，行將徂何處」、「益疑」、「真面固難知」、「耳目不足憑」之類的話觸目皆是，在王國維這裡，人生的痛苦已經表現出是一種深刻的懷疑精神，本質是通過人生問題來探索宇宙精神，人生是苦成為尋求真理的一種形式。這種追問在現代只有魯迅散文詩〈影的告別〉之類的彷徨情緒可與之類比。這種對痛苦的體驗已經超越了老莊，是受惠於現代西方哲學的結果。

三　人生是苦的解脫

以叔本華的哲學來看，既然意志的永不止息的衝動是人生痛苦的根本原因，那麼，只有取消意志的衝動，進入對宇宙人生的靜觀，方可徹底擺脫痛苦。而藝術就是這樣一個途徑。叔本華認為，萬物莫不與我們有利害的關係，而羈絆我們於生活之欲之中，唯有美術（按，即藝術）能超越利害關係，因為「美之對象，非特別之物，而此物之種類之形式，又觀之之我，非特別之我，而純粹無欲之我也。」「若不視此物為與我有利害之關係，而但觀其物，則此物已非特別之物，而代表其物之全種。叔氏謂之曰『實念』。故美之知識，實念之知識也。」[107]要之，藝術的對象只是純粹的形式，關於藝術的知識只是一種觀念的知識，與人的欲望無關，不會引發人的欲望，從而可以使人進入對形象的純粹直觀中，而忘記生活之欲，達到對人生痛苦的暫時解脫。

---

107 王國維：《叔本華之哲學及其教育學說》，姚淦銘、王燕編：《王國維文集》第3卷（北京市：中國文史出版社，1997年），頁321。

王國維是很沉醉這套學說的，他相信，「茲有一物焉，使吾人超然於利害之外，而忘記與我之關係。此時也，吾人之心無希望，無恐怖，非復欲之我，而但知之我也。……易言以明之，必其物非實物而後可。然則非美術（按，指藝術）何足以當之乎？」[108]他以此視《紅樓夢》為「一絕大著作」、「徹頭徹尾之悲劇」，以為男女之欲為人生諸欲中之最大者，而《紅樓夢》即示人男女之欲的真相和如何解脫之道。

王國維曾醉心過叔本華、康德、尼采哲學，卻獨對叔本華的解脫說感興趣。康德與尼采對人生的痛苦和解脫的看法與叔本華大異其趣。「康德在審美認知中從來沒有涉及否定生活、否定意志的解脫方式，即使他在面臨恐怖、否定與痛苦時，也未曾對人生失去信心，他通過『主觀的合目的性』的辨證轉換獲取了人的理性的偉大與無限之感。」[109]尼采是極端肯定意志、肯定欲望的哲學家，他以意志的克服障礙為幸福，與叔本華的倫理完全相反。王國維放棄康德、尼采等人解脫人生的途徑，而獨取叔本華取消意志的方法，這就與他思想中的老莊哲學背景大有關係。

其實，叔本華本人崇拜釋迦，其解脫說即有借鑒佛學的分子，「叔本華的解脫說正是從東方的道佛化來。」[110]這可謂王國維接受叔本華的「期待視域」。老子以「身體」為痛苦的根源，身體乃欲望的化身，這與叔本華以欲望為人生痛苦的根源是相通的。因而老子主張無欲：「無欲，以觀其妙。」要「見素抱樸」，「少私寡欲」。這是得道的途徑，同時也是解脫的途徑。將近道視為解脫的途徑，在莊子那兒

108 王國維：〈《紅樓夢》評論〉，姚淦銘、王燕編：《王國維文集》第3卷（北京市：中國文史出版社，1997年），頁3。

109 牛宏寶：〈以傳統藝術心性論會解西方美學——1949年以前中國學者接受西方美學影響的一個結構性傾向〉，《求是學刊》2001年第3期，頁74。

110 牛宏寶：〈以傳統藝術心性論會解西方美學——1949年以前中國學者接受西方美學影響的一個結構性傾向〉，《求是學刊》2001年第3期，頁73。

發揮得更加淋漓盡致。莊子有以死為解脫的傾向，[111]但由於莊子把生死看成是氣的聚散過程，[112]因而這種解脫方法也不能僅僅視為消極；或者人死後散而為氣更近於道。以死為解脫的方法畢竟要到萬不得已才為之，莊子更主張「去己」、「去功」、「去名」，觀天地大美，任性逍遙，而與宇宙大道同一。己、功、名又只是欲望的代名詞。在老莊哲學中，識道、與道同一的過程始終是一個逐漸淡化欲望的過程，也是一個解脫的過程。這與叔本華的解脫說是一致的。

王國維非常看重無欲對於人生的意義，他反覆強調無欲的好處：「無欲故無空乏，無希望，無恐怖。」[113]「此時也（按，指超越利害，無欲），吾人之心無希望，無恐怖，非復欲之我。」[114]這種反覆重複的話所包含的解脫精神痛苦的意味不言自明。他在「意境」理論上標明「有我之境」和「無我之境」，而更看重「無我之境」：「此在豪傑之士能自樹立耳。」[115]其精神深處的解脫意圖也隱約可見。

王國維欣賞文學的自然性質。他評價元雜劇：「往者讀元人雜劇而善之；以為能道人情，狀物態，詞采俊拔，而出乎自然，蓋古所未有，而後人所不能彷彿也。」[116]「元曲之佳處何在？一言以蔽之，曰:自然而已矣。古今之大文學，無不以自然勝，而莫著于元曲……彼以意興之所至為之，以自娛娛人，關目之拙劣，所不問也，思想之卑

111 莊子云：「息我以死」，曹礎基：《莊子淺注》（北京市：中華書局，2000年），頁92。

112 莊子云：「人之生，氣之聚也。聚則為生，散則為死。」曹礎基：《莊子淺注》（北京市：中華書局，2000年），頁318。

113 王國維：《孔子之美育主義》，姚淦銘、王燕編：《王國維文集》第3卷（北京市：中國文史出版社，1997年），頁156。

114 王國維：〈《紅樓夢》評論〉，姚淦銘、王燕編：《王國維文集》第3卷（北京市：中國文史出版社，1997年），頁3。

115 王國維：《人間詞話》，姚淦銘、王燕編：《王國維文集》第3卷（北京市：中國文史出版社，1997年），頁142。

116 王國維：《宋元戲曲考・序》，姚淦銘、王燕編：《王國維文集》第3卷（北京市：中國文史出版社，1997年），頁307。

陋，所不諱也，人物之矛盾，所不顧也；彼但但摹寫其胸中之感想，與時代之情狀，而真摯之理，與秀傑之氣，時時露於其間。」[117]重其自然。自然為老莊哲學範疇，王國維注意過這點：「老、莊主性善，故崇自然。」[118]在老莊哲學中，自然和道往往是同義詞，任自然即為得道的途徑，也是解脫人生的途徑。在〈孔子之美育主義〉裡，王國維注意到孔子與弟子論道，而獨賞曾點「莫春者，春服既成，冠者五六人，童子六七人，浴乎沂，風乎舞雩，詠而歸」之理想，他對此評價說：「且孔子之教人，于詩樂外，尤使人玩天然之美。……之人也，之境也，固將磅礴萬物以為一，我即宇宙，宇宙即我也。山光霽月不足以喻其明，泰山華岳不足以語其高，南溟渤澥不足以喻其大。」[119]稱讚孔子由天然而得道的境界。可以想見，在王國維暢想的「磅礴萬物以為一」的逍遙境界時，他個人的痛苦也必將同時消影於無蹤。

至於王國維直接以老莊哲學來超脫人生之苦的思想在他的詩詞中更為普遍。

側身天地共拘攣，姑射神人未可攀。——〈雜感〉

書成付與爐中火，了卻人間是與非。——〈書古書中故紙〉

……安得吾喪我，表裡洞澄瑩……聞道既未得，逐物又未能。——〈端居〉其二

117 王國維：《宋元戲曲考．序》，姚淦銘、王燕編：《王國維文集》第3卷（北京市：中國文史出版社，1997年），頁389。

118 王國維《論性》，姚淦銘、王燕編：《王國維文集》第3卷（北京市：中國文史出版社，1997年），頁246。

119 王國維：《孔子之美育主義》，姚淦銘、王燕編：《王國維文集》第3卷（北京市：中國文史出版社，1997年），頁157。

> 溟海巨鵬將徙日，雪山大道未成時。生平不索長生藥，但索丹方可忍饑。——〈馮生〉

> 擬隨桑戶游方外，未免楊朱泣路歧。聞道南山薇蕨美，膏車徑去莫遲疑。——〈病中即事〉

> 迴野蟪蛄多切響，高樓腐草有游魂。眼前凡楚存亡意，待與蒙莊子細論。——〈再酬巽齋老人〉

> 大患固在我，他求寧非謾，所以古達人，獨求心所安。……蟬蛻人間世，冗然入泥洹。——〈偶成二首〉其二

> ……遣愁何計頻商略，恨今宵，書城空擁，愁城難落。陋室風多青燈灺，中有千秋魂魄，似訴盡人間紛濁，七尺微軀百年裡，那能消今古閒哀樂。與蝴蝶，蘧然覺。——〈賀新郎·月落飛烏鴉〉

這裡有對《莊子》中得道的「姑射神人」的嚮往，有泯出是非的願望，有「吾喪我」的追求，有「溟海巨鵬」的幻想，有「擬隨桑戶游方外」的衝動，有「蟪蛄」之嘆而「待與蒙莊子細論」，有「大患固在我」之悟而渴慕「蟬蛻人間世」，「與蝴蝶，蘧然覺」。一般而言，哲學上有意識的思考多發生在主意識中，詩歌作為抒情言志的工具更體現了人內在的本能願望，從王國維詩詞引用的關於老莊的眾多典故中，可見出老莊在他解脫人生的意識中所占的分量。

但我們還是看到，老莊的哲理並沒有解脫王國維。「姑射神人」雖好但「未可攀」，要達到「吾喪我」的境界並不容易，他的實實在在的精神處境大概還是「聞道既未得，逐物又未能」的二難情境。如

果說王國維確確實實找到了暫時解脫人生痛苦的「美術」，則還應在他的「意境」理論的建構和實踐中。

早在一九〇五年王國維不到三十歲的時候，他就已經倦於哲學，《靜庵文集續編・自序》寫道：「哲學上之說，大即可愛者而不可信，可信者不可愛」，「知其可信而不能愛，覺其可愛而不能信」，「所以漸由哲學而移於文學。而欲於其中求直接之慰藉」。這說明他由哲學轉移到文學的原因還是求「慰藉」。不幾年，作為文學研究的結果，《人間詞話》發表。在這部詞話裡，王國維首標「境界」說，以為「詞以境界為上」，境界為「探其本」，是詩詞美的本質。境界即傳統詩學中的「意境」，其核心在「情」與「景」和諧、動態的統一而達到幽微玄妙的境界，其哲學根據在於道家「天人合一」、「萬物一體」的信念。在老莊將人視為宇宙萬物之一體、「我」與「道」同在時，已經內在地淡化了「個體」生命的苦惱；詩人在玩味意境的韻味時，個體的痛苦已在注意之外。

在王國維的詩詞中，不乏這種有意境美的佳作。當現代如沈從文所說已經不可阻擋地到來，我們發現在王國維的精神中還保留著一塊並不小的、非常純粹的古典天地：

女貞花白草迷離，江南梅雨時。陰陰簾幕萬家垂，穿簾燕雙飛。
朱閣外，碧窗西。行人一舸歸。清溪轉處柳陰低，當窗人畫眉。
——〈阮郎歸〉

波逐流雲，棹歌嫋嫋淩波去。數聲和櫓，遠入蒹葭浦。
落日中流，幾點閒鷗鷺。低飛處，菰蒲無數，瑟瑟風前語。
——〈點絳唇〉

我本江南人，能說江南美。家家門繫船，往往閣鄰水。興來即

> 命棹，歸去輒隱几。遠蒲見縈回，通川流浼瀰。春融弄駘蕩，秋爽呈清泚。微風葭鷺外，明月荇藻底。波暖散鳧鷺，淵深躍鰋鯉。枯槎漁網掛，別浦菱歌起。何處無此境，吳會三千里。——〈昔遊〉之二

這種古典意境在一個逍遙宇宙、玩賞自然的古典詩人那裡，也許是一件極為自然的事情；然而在一個充滿精神矛盾、具有哲學氣質的思想家兼詩人那裡，就不能僅僅視為逍遙，而含有解脫的意味了。

但王國維最終將文學連同哲學一起放棄了，中年以後的王國維徹底轉向國學研究。國學研究固然也是王國維的志趣之一，然而這種志趣的轉變卻是導源於他的精神矛盾的，是他絕望於哲學與文學解脫人生的結果。具體地說，王國維放棄哲學和文學而選擇歷史和考古，下列原因是不能忽視的：

一、對從事哲學和詩歌能力的不自信。王國維對自己有清醒的認識：「余之性質欲為哲學家則感情苦多而知力苦寡，欲為詩人則又苦感情寡而理性多。詩歌乎！哲學乎！他日以何者終吾身？」[120]「為哲學家，則不能；為哲學史，則又不喜。」但王國維通過對叔本華等人的鑽研已獲得純正的哲學意識，這使他又不屑於從事純哲學以下的學問。試看他對世界學術界的評論：「今日之哲學界，自赫爾德曼以後，未有敢立一家系統者也。……近二十年之哲學家，如德之芬德，英之斯賓塞爾，但搜索科學之結果，或古人之說而綜合之、修正之耳。此皆第二流之作者，……此外所謂哲學家，則實哲學史家耳。」[121]可以見出他的眼界。因為這種眼光，王國維自視甚高，曾說「以余之力，

120 王國維：《靜庵文集續編．自序二》，姚淦銘、王燕編：《王國維文集》第3卷（北京市：中國文史出版社，1997年），頁473。

121 王國維：《靜庵文集續編．自序二》，姚淦銘、王燕編：《王國維文集》第3卷（北京市：中國文史出版社，1997年），頁473。

加之以學問，以研究哲學史，或可操成功之券。」[122]這是他的過人之處，也是他的悲劇。

王國維在西學洶湧中國之初就以他的驚人的敏感直覺到哲學的本質，這已經是令人驚嘆了；但出於歷史的必然，他不可能在接觸西學之初就獨創出一門主要是西學意義上的哲學（這需要很多條件，不是幾句話就能說清楚的），這一點他自己也有清醒的認識，以為精神上的建設要千百年的時間和一、二天才才可成功。「居今日而欲自立一新系統，自創一新哲學，非愚則狂也。」[123]也許王國維已經意識到自己的殉道角色。

二、對哲學的不信任。他說：「哲學上之說，大即可愛者而不可信，可信者不可愛」、「知其可信而不能愛，覺其可愛而不能信」、「余知真理而余又愛其謬誤」，[124]這種「可愛」和「可信」的矛盾大概是纏繞他最深刻的精神矛盾之一。

王國維注重唯理論，康德的知識論對他影響較大，使得他固執地追問世界的確定的本質。他雖然信仰叔本華，但最後對叔本華解脫的可能性發生疑問，「旋悟叔氏之說，半出於其主觀的氣質，而無關於客觀的知識。」[125]他雖然崇拜尼采的天才氣質，但對他的浪漫也不滿意，嫌其野性和偏激。[126]他顯然也沒有注意到尼采激烈的反形而上立場，後者只將世界的本質視作藝術，變動不居才是世界的本相。王國

122 王國維：《靜庵文集續編．自序二》，姚淦銘、王燕編：《王國維文集》第3卷（北京市：中國文史出版社，1997年），頁473。

123 王國維：《靜庵文集續編．自序二》，姚淦銘、王燕編：《王國維文集》第3卷（北京市：中國文史出版社，1997年），頁473。

124 王國維：《靜庵文集續編．自序二》，姚淦銘、王燕編：《王國維文集》第3卷（北京市：中國文史出版社，1997年），頁473。

125 王國維《靜庵文集．自序》，姚淦銘、王燕編：《王國維文集》第3卷（北京市：中國文史出版社，1997年），頁469。

126 王國維：《尼采氏之教育觀》，姚淦銘、王燕編：《王國維文集》第3卷（北京市：中國文史出版社，1997年），頁473。

維的悲劇是尋求形而上學而不得的悲劇。

三、對哲學生存狀況的隱憂。他說：「且非常之說，黎民之所懼；難知之道，下士之所笑，此亦蘇格拉底之所以仰藥，婆魯諾之所以焚身，斯披諾若之所以破門，汗德之所以解職也。」[127]尤其是在中國這樣一個「實際的而非理論的」[128]民族，純哲學的生存更是艱危。曲高和寡之嘆在王國維的學術文章中時時隱約可見。

王國維最終以歷史和考古的研究為自己的學術生涯劃上句號，這應該是符合他的「可信」的追求，可是那些可信的、已死的往古生靈能給他提供終極生存根據嗎？叔本華沒有解脫王國維，莊子的真人也沒有使他獲得逍遙，歷史的研究更沒能使他獲得安寧。歷史留在這個轉型時期的學術鉅子身上的是一個巨大驚嘆號和疑問號。

第三節　梁啟超：無為無不為

梁啟超有著獨特的人生軌跡，他人生的大部分時間都在政海沉浮，晚年遠離政治，全身學術研究，但又不是一個不問社會的隱士；他曾是一個推動歷史前進的革新者，後來又成為落後於歷史大潮的保皇黨。在中國歷史、中國文化由近代向現代轉型的過程中，梁啟超明顯是一個過渡人物。當歷史進入一個新的時代——五四，梁啟超的政治理念已經落伍，他不再能在時代的舞臺上叱吒風雲。但是，從他個人生命和人生理想來說，這位曾經的時代驕子依然保持著新鮮的活力和旺盛的創造力，在學術、教育上發揮著重要影響。梁啟超的一生，雖經歷時代風雲，世事坎坷，其人生理念也發生重大變化，但終生活

---

127 王國維：《論近年之學術界》，姚淦銘、王燕編：《王國維文集》第3卷（北京市：中國文史出版社，1997年），頁39。

128 王國維：《論近年之學術界》，姚淦銘、王燕編：《王國維文集》第3卷（北京市：中國文史出版社，1997年），頁39。

力瀰漫，孜孜不倦，這與他運用老莊思想調節自己的人生有莫大的關係；他雖不能在政治上與時俱進，但他利用老莊思想批評社會、積極調節自己的人生卻與後來的五四諸人有諸多類似之處，一點也不輸給後來者；相反，後來五四諸人，無論是對老莊持批判態度，還是欣賞老莊，大多能從梁啟超那兒找到先聲。此外，梁啟超還立足於當代社會和當代世界的實際，嘗試用老莊哲學解決現代問題，思考老莊思想不適應現代的因素，以一個現代人的體驗，對傳統道家哲學進行了創造性解讀。從這個意義上講，梁啟超可謂是一個將傳統道家思想進行現代改造的先驅者。[129]

一　柔靜、不爭、不有、日損、無治、愚民

在梁啟超的時代，中國已經面臨西方強勢文化和民族危亡的現實，這迫使他們開始對民族文化展開反思，尋找病根，挽救民族的命運；但可喜的是，他們這一代人在反思民族文化的缺陷時並沒有忽視西方文化的缺陷，沒有「全盤西化」，而是對西方文化也進行了冷靜的反思。在此過程中，老莊作為民族文化的一種代表，其造成中國民族性格的不足和對現代的某種療治作用均受到關注。梁啟超正是在這方面進行辨證思考的一個典型。

（一）動的世界和柔靜哲學

早前的梁啟超，在西方文化的啟發和對國運的思考中，形成了他「動」的哲學觀：「蓋動則通，通則仁，仁則一切痛癢相關之事，自不能以秦越肥瘠處之，而必思所以震盪之，疏瀹之，以新新不已。此

129 梁啟超關於老莊思想的諸多觀點雖然大部分都是在五四前後提出，但這些思想主要是他對自己前期大半生人生經驗的總結；而梁啟超的人生活動主要在晚清，故而本文將梁啟超作為晚清作家論述。

動力之根原也。」[130]「夫日非動不能發光熱，地非動不能育萬類，人身之血輪，片刻不動，則全身凍且僵矣。故動萬有之根原也。」[131]

這種觀點所隱含了東西文化對比的意圖以及引用這種「動」的文化來改變國運的意圖。很多現代學者將中西方文化的不同，區別為中國文化是「靜」的文化而西方文化是「動」的文化，並將「靜」的文化看成是民族衰落的原因。比如《東方雜誌》的主編亞泉（傖父）在其名著《靜的文明與動的文明》中認為，西洋社會注重人為，中國社會注重自然；西方社會向外求競爭，中國社會向內求安分；西方視勝利高於道德，中國視道德高於勝利。因此他稱西洋文明為「動」的文明，中國文明是「靜的文明」。梁啟超是持這種觀點的前驅者，他引用譚嗣同的話批判傳統文化：「天下言學術則曰『寧靜』，言治術則曰『安靜』。處事不計是非，而首禁更張；躁妄喜事之名立，百端由是廢弛矣。用人不問賢不肖，而多方遏抑，少年意氣之論興，柄權則皆頹暮矣。陳言者，命之曰『希望恩澤』，程功者，命之曰『露才揚己』。……其朝夕孜孜不已者，不過曰制四萬萬人之動力，以成一定不移之鄉愿格式。悲夫！彼西人之哀我中國之亡於靜也……」[132]譚嗣同將這種文化的根源歸結為老子哲學：「痛乎，有老氏者出，言靜而戒動，言柔而戒剛！」[133]梁啟超則區別了兩種「靜」，一種是「即彼釋氏之為教，眾以佛、老並詆之。然其精意所在，曰威力，曰奮迅，曰勇猛，曰大無畏，曰大雄，括此數義，至取象於獅子；而於柔靜無為者，則斥為頑空，為斷滅，為九十六種外道。即其言靜之旨，不過以善其動，而遍度眾生，與《大學》之以靜生慮，大極之以靜根動，同一智慧勇力。而即靜即動，本無對待之可名。」一種是「楊氏術老氏者也，其意專

130 吳松等點校：《飲冰室文集點校》（昆明市：雲南教育出版社，2001年），頁212。
131 吳松等點校：《飲冰室文集點校》（昆明市：雲南教育出版社，2001年），頁679。
132 吳松等點校：《飲冰室文集點校》（昆明市：雲南教育出版社，2001年），頁212。
133 吳松等點校：《飲冰室文集點校》（昆明市：雲南教育出版社，2001年），頁212。

主於為我。夫孔氏戒我，而楊氏為我，此仁不仁之判也。乃今天下營營於科目，孳孳於權利，沁沁俔俔於豆剖瓜分之日，不過「我」之一字，橫梗胸臆。而於一二任俠之士，思合大群、聯大力，血淚孤心，議更庶政，以拯時艱，則必以喜事多事詆之，以曲利其守舊不變之私。此真楊、老之嫡派，孔、孟之蟊賊，釋氏之罪人，充其柔靜之禍，以戕種類毀世界有餘矣。其可為太息痛恨者，孰有過於斯乎？」[134]很明顯，前面一種「靜」是佛老之靜，靜的內在充滿威力，靜的特點是「善其動」，「即靜即動」，動靜相互相成，是積極的。後一種「靜」則為楊老之靜，是「柔靜」，目的是「為我」，「戕種類毀世界」，危害無窮。梁啟超所批判的，專在這一類「靜」。可見，梁啟超並不是不加分別地批判一切靜的哲學，其批判的目標專在於「柔靜」一脈。

面對西方文化咄咄逼人的「動」的文化，梁啟超深刻體會到這種「柔靜」文化的危機：「老、楊柔靜為我之徒，可以尸居養望，坐享老成持重之名。嗟夫！以全球之極熱極漲極速以新其動力，而吾士夫方面髹壁，坐漆室，喪靈魂，尸軀殼，悠忽終年。以正比例求之，孰生孰滅？孰存孰亡？不待智者知之。今夫鳥，大鵬摶九萬里，擊扶搖而上；鳳凰餐霞吸露，棲息雲霄之表；鷃雀則終生困藩籬，餌矰繳。今乎獸，麒麟騶虞，往來開化之國，以方仁者；獅象狻猊，縱橫萬壑，虎豹慴服；羊豕則終生豢圈苙，供刲縶。然則有動力與不有動力之存滅，可一言決矣。」[135]他看出「其柔靜無為，至老死不相往來；其去生理殄絕也幾何？則奈何忍以吾黨聰明秀特之士，日日靜之柔之愚之，不一毅然慈悲其願力，震盪其腦筋也？」[136]可見，梁啟超的思路還是如後來的亞泉等人，在中西比較中發掘民族文化的病根以拯救民族現實。

134 吳松等點校：《飲冰室文集點校》（昆明市：雲南教育出版社，2001年），頁213。
135 吳松等點校：《飲冰室文集點校》（昆明市：雲南教育出版社，2001年），頁213。
136 吳松等點校：《飲冰室文集點校》（昆明市：雲南教育出版社，2001年），頁214。

基於這一觀察，梁啟超對「無動」的民族文化提出強烈批判：「乃今世之持論者則有異焉，曰安靜也，曰持重也，曰老成也，皆譽人之詞也；曰喜事也，曰輕進也，曰紛更也，皆貶人之詞也。有其舉之莫敢廢，有其廢之莫敢舉，一則曰依成法，再則曰查舊例，務使全國之人如木偶，如枯骨，入於隤然不動之域然後已。」痛斥「老子有言曰：『無動為大。』此實千古之罪言也。」[137]「吾嘗遍讀二十四朝之政史，遍歷現今之政界，於參伍錯縱之中，而考得其要領之所在。蓋其治理之成績有三：曰愚其民，柔其民，渙其民是也。」[138]

（二）不有、不爭、日損主義與世界病象

老子哲學「不爭」的品格和「退一步」的邏輯使得它不站在社會的前沿，而當社會出現難以解決的痼疾的時候，人們往往想到老子。梁啟超在思考歷史大勢和民族命運的時候，對老子哲學的柔靜品格激烈批判，但當他看到種種社會痼疾和世界病象時他想到了老子哲學，尤其隨著他年齡日增，閱歷增長，他對老子哲學越來越親近。老子哲學的「不爭」、「不有」、「為道日損」對他充滿了吸引力，他用這種哲學對世界和社會的種種病象進行了反思。

梁啟超注意到「生存競爭，優勝劣敗」「應用在人類社會學上，成了思想的中堅，結果鬧出許多流弊。這回歐洲大戰，幾乎把人類文明都破壞了，雖然原因很多，達爾文學說，不能不說有很大的影響。就是中國近年，全國人爭權奪利，像發了狂，這些人雖然不懂什麼學問，口頭還常引嚴又陵譯的《天演論》來當護符呢。」[139]對於這個問題的解決，他想到了老子的無為、無私、不有：「老子提倡這無私主義，就是教人將『所有』的觀念打破，懂得『後其身』、『外其身』的

137 吳松等點校：《飲冰室文集點校》（昆明市：雲南教育出版社，2001年），頁679。
138 吳松等點校：《飲冰室文集點校》（昆明市：雲南教育出版社，2001年），頁680。
139 吳松等點校：《飲冰室文集點校》（昆明市：雲南教育出版社，2001年），頁3050。

道理，還有什麼好爭呢？老子所以教人破名除相，復歸於無名之樸，就是為此。」[140]梁啟超對當時正蓬勃著無限活力的進化論以及正火熱開展的五四運動進行批判，其保守姿態是明顯的，當時的中國無疑需要的是戰鬥的意志而不是清淨的哲學，但從學理上看，梁啟超的這些提醒無疑是一副清醒劑。

實際上，即使在梁啟超生命的後期，他對老莊哲學也不是完全接納的，他對老子的政治哲學就不贊成（見下文），但他確實對老子哲學的「無為」、「不爭」非常傾心，以為在個人修養和鎮定社會的過熱等問題上有獨到的思路。比如，他把老子的「為學日益，為道日損」解釋為「若是為求智識起見，應該一日一日的添些東西上去。若是為修養身心起見，應該把所有外緣逐漸減少」，[141]他把老子的「為道日損」與「修養身心」等同起來，是值得商榷的，但這反映了梁啟超運用老子哲學的一種心理趨向。他以此發揮，盛讚老子的「五色令人目盲；五音令人耳聾；無味令人口爽；馳騁田獵，令人心發狂；難得之貨，令人行妨」「完全是對的」，[142]他的感受就來自於這樣的觀察：「進來漸漸用起煤油燈，漸漸用起點燈，從十幾枝燭光的電燈加到幾十枝、幾百枝，漸漸大街上當招牌的上電燈，裝起五顏六色來，漸漸又忽燃忽滅的在那裡閃，這些都是我們視覺漸鈍的原因，又是我們視覺漸鈍的結果……若照樣鬧下去，經過幾代遺傳，非『令人目盲』不可。此外，五聲、無味，都同此理。進來歐美人患神經衰弱病的，年加一年；菸酒等類麻醉興奮之品，日用日廣，都是靠它的刺激作用。文學、美術、音樂，都是越帶刺激性的越流行，無非神經疲勞的反響。越刺激，疲勞越甚，像吃辣椒、吃鴉片的人，越吃量越大。所以有人說，這是病的社會狀態，這是文明破滅的徵兆。雖然說的太過，

---

140 吳松等點校：《飲冰室文集點校》（昆明市：雲南教育出版社，2001年），頁3050。

141 吳松等點校：《飲冰室文集點校》（昆明市：雲南教育出版社，2001年），頁3052。

142 吳松等點校：《飲冰室文集點校》（昆明市：雲南教育出版社，2001年），頁3052。

但不能不算含有一面道理。老子是要預防這種病的狀態，所以提倡『日損』主義。」[143]他顯然受到老子「五色令人目盲；五音令人耳聾；無味令人口爽；馳騁田獵，令人心發狂；難得之貨，令人行妨」的啟發。梁啟超還說「老子說：『去甚、去奢、去泰。』說：『見素抱樸，少私寡欲。』說：『致虛極，守靜篤。』都是教人要把精神用之於經濟的，節一分官體上的嗜欲，得一分心境上的清明。」[144]這些觀點在尚處於如火如荼的五四運動時不免消極（此文發表於一九二一年《哲學》五月和八月），但從長遠的歷史看，梁啟超的思路顯然是有價值的。

（三）無治主義與愚民政治

相對於在動的世界背景下對老子思想的批判和對老子思想對社會人生的清淨劑的欣賞，梁啟超對老子的政治哲學懷著較為複雜的態度。他把老子的政治理念歸結為「無治主義」，把老子的政術歸結為「愚民」。老子的「無治主義」在歷史上曾起到過一定的作用，也受到激烈的批評，其「愚民」政術幾乎受到激烈的批判。梁啟超則依據他對老子哲學的理解對之進行有所肯定又有所否定的分析。

梁啟超把老子的政治理念歸結為「無治主義」，認為老子的政治論「全在說明無治主義的理想和作用。」[145]而這種學理的依據，則是「民莫之令而自均」，梁啟超把它翻譯為「人民自己會做自己的事，只要隨他做去，自然恰到好處。」[146]他以此認定老子哲學主張絕對的放任的自由，和對一切干涉的反對，「夫代大匠斫者，希有不傷其手矣。」對於「大匠代斫，必傷其手」這種理念，梁啟超表示「我們不

143 吳松等點校：《飲冰室文集點校》（昆明市：雲南教育出版社，2001年），頁3052。
144 吳松等點校：《飲冰室文集點校》（昆明市：雲南教育出版社，2001年），頁3053。
145 吳松等點校：《飲冰室文集點校》（昆明市：雲南教育出版社，2001年），頁3073。
146 吳松等點校：《飲冰室文集點校》（昆明市：雲南教育出版社，2001年），頁3073。

能不承認為含有一面真理」，並將之與歐洲政治學者的觀點「英國王統而不治，法國總統治而不統」進行類比，明顯表示了他的欣賞，這可以看出梁啟超對老子基本政治理念的贊同態度。而對於歷代受到稱頌的老子的「小國寡民」的政治理想，梁啟超把它歸結為「不獨說人民不應該當被治者，並且說不應該當治者，因為他根本認『治』是罪惡，被治和自治，在他眼中原沒甚分別。」[147]梁啟超從「被治者」和「治者」兩個方面均否定了「治」的哲學，這相對於歷代把老子的哲學看成是陰謀、為統治階級治理老百姓提供依據顯然前進了一步，也合理得多，他對老子哲學的把握是到位的，接近老子思想的本來。這同時可以看出梁啟超對老子哲學的欣賞。

但梁啟超對老子哲學的理解不是單一的。他接著問：「老子、莊子心目中的『烏托邦』，要有什麼先決條件才能實現呢？」[148]這就在實踐上對老子的政治哲學提出疑問了。老子政治哲學的先決條件是「不尚賢，使民不爭。不貴難得之貨，使民不為盜。不見可欲，使民心不亂。」「見素抱樸，少私寡欲。」在梁啟超看來，這個先決條件如果能夠實現，老子的政治哲學自然是理想的；但能不能實現呢？梁啟超提出了三條反駁意見：「你說不尚賢，使民不爭，他們自己會『尚』起來呀。你說不見可欲，使民心不亂，拿可欲的給他見，固然是干涉，一定不許他見，還不是干涉嗎？況且他自然會見，自然會欲，你又從何禁起呢？」因此，他最後的結論是：「老子所希望的不爭不亂，萬萬辦不到。……老子之徒若不能反駁，那麼，無治主義算是受了致命傷了。」[149]可見，與對老子政治哲學理念的肯定不同，梁啟超在實踐上否定了老子的政治哲學。

梁啟超認為老子的治術是愚昧政治，這與歷代很多學者對老子的

147 吳松等點校：《飲冰室文集點校》（昆明市：雲南教育出版社，2001年），頁3073。
148 吳松等點校：《飲冰室文集點校》（昆明市：雲南教育出版社，2001年），頁3073。
149 吳松等點校：《飲冰室文集點校》（昆明市：雲南教育出版社，2001年），頁3074。

政治哲學的看法是一致的，依據是：「古之善為道者，非以明民，將以愚之。民之難治，以其智多。故以智治國，國之賊；不以智治國，國之福。」梁啟超並將老子的政治理想歸結為「小國寡民」：「小國寡民，使有什伯之器而不用。使民重死而不遠徙。雖有舟輿，無所乘之。雖有甲兵，無所陳之。使人復結繩而用之，甘其食，美其服，安其居，樂其俗。鄰國向望，雞犬之聲相聞，民至老死，不相往來。」

老子的愚民政治歷代受到批判，梁啟超卻沒有盲從這種觀點，他更為冷靜和理性：「非『以明民，將以愚之』這兩句，很為後人所詬病……他並不是光要愚人，連自己也愚在裡頭。他不說的『我獨頑似鄙』、『我獨如嬰兒之未孩』嗎？他以為，從分別心生出來的智識總是害多利少，不如捐除他。所以說：『以智治國，國之賊；不以智治國，國之福。』這分明說，不獨被治的人應該愚，連治的人也應該愚了。」[150]他不是從效果史上來理解老子，而是回到老子思想的本來。要之，老子的愚，是一種哲學智慧，是針對所有的人，而不僅僅是一種政治策略，不是高高在上的統治者拿來對付老百姓的思想工具。梁啟超是含有肯定老子思想的意思的。但他對這個問題的思考並不如此簡單；他進一步思考的是，「然則他這話對不對呢？我說，對不對暫且不論，先要問做得到、做不到？」這顯示了他的現實主義的態度。由此他認為：「小孩子可以變成大人，大人卻不會再變成小孩子。想人類由愚變智有辦法，想人類由智變愚沒有辦法。……老子卻要把智識封鎖起來，這不是違反自然嗎？……須知所謂『泊然如嬰兒』這種境界，只有像老子這樣偉大人物才能做到，如何能責望於一般人呢？像『小國寡民』那一段，算得老子理想上之『烏托邦』。這種烏托邦好不好，是別問題。但問有什麼方法能令他出現，則必以人民皆愚為第一條件，這是辦得到的事嗎？……老子的政術論所以失敗，根本就

150 吳松等點校：《飲冰室文集點校》（昆明市：雲南教育出版社，2001年），頁3051。

在這一點。失敗還不算，倒反叫後人盜竊他的文句，做專制的護符，這卻是老子意料不到的了。」以為老子政治哲學「是『術』的錯誤，不是『理』的錯誤。像『不有』、『不爭』這種道理，總是有益社會的，總是應該推行的，但推行的方法，應該拿智識做基礎，智識愈擴充，愈精密，真理自然會實踐。老子要人滅了智識，冥合真理，結果恐怕適得其反哩。」[151]這可見，與對老子「無治主義」政治哲學在理論上肯定、在實踐上否定一樣，梁啟超也從實踐上否定老子的「愚民政治」。

二　趣味主義

梁啟超的趣味主義最初可理解為「尋找有趣的生活」、「讓生活和工作充滿趣味」等含義，他說：「我是個主張趣味主義的人，倘若用化學化分『梁啟超』這件東西，把裡頭所含一種元素名叫『趣味』的抽出來，只怕所剩下僅有個〇了。……我一天到頭不肯歇息，問我忙什麼？忙的是我的趣味。我以為，這便是人生最合理的生活。」[152]這與一般人所理解的「趣味」沒有什麼不同，但在梁啟超，「趣味主義」的含義顯然不止於此，它事實上是梁啟超某種人生哲學的體現。他這樣說：「假如有人問我：『你信仰的是什麼主義？』我便答道：『我信仰的是趣味主義。』有人問我：『你的人生觀拿什麼做根柢？』我便答道：『拿趣味做根柢。』我生平對於自己所做的事，總是做得津津有味，而且興會淋漓，什麼悲觀咧，厭世咧，這種字面，我所用的字典裡頭，可以說完全沒有。……我不但在成功裡頭感覺趣味，就在失敗裡頭也感覺趣味。」[153]這就說明，趣味對於他，不只是

151 吳松等點校：《飲冰室文集點校》（昆明市：雲南教育出版社，2001年），頁3052。
152 吳松等點校：《飲冰室文集點校》（昆明市：雲南教育出版社，2001年），頁3324。
153 吳松等點校：《飲冰室文集點校》（昆明市：雲南教育出版社，2001年），頁3316。

在繁重的工作之餘找一兩件有趣的事情來消遣（儘管這種消遣也是他所謂「趣味」），以使人生得到休息，而是說，他已經把趣味擴展到整個人生活動中，成為他的人生觀。不但如此，他還說：「問人類生活於什麼？我便一點不遲疑答道：『生活於趣味』。這句話雖然不敢說把生活全內容包舉無遺，至少也算把生活根芽道出。人若活得無趣，恐怕不活著還好些，而且勉強活也活不下去。人怎樣會活得無趣呢？第一種，我叫他做石縫的生活：擠得緊緊的，沒有絲毫開拓餘地，又好像披枷帶鎖，永遠走不出監牢一步。第二種，我叫他做沙漠的生活：乾透了，沒有一毫潤澤，板死了，沒有一毫變化，又好像蠟人一般，沒有一點血色，又好像一株枯樹，庾子山說的『此樹婆娑，生意盡矣』。這種生活是否還能叫做生活，實屬一個問題。所以，我雖不敢說趣味便是生活，然而敢說沒趣便不成生活。」[154]這說明，趣味不光是他對自己人生的總結，還是他對人類生活的一般觀察，是普遍意義上的人生哲學。

「趣味主義」為梁啟超遠離政治從事學術後提出，它很容易與「消極」掛鉤。它是不是消極？暫且不說，但與傳統退隱文人相同的是，梁啟超的思想確實在其後期打上了明顯的老莊思想的烙印，「趣味主義」典型說明了這一點。梁啟超明確說他的趣味主義的依據是：「（一）孔子說的『知其不可而為之』和（二）老子的『為而不有』」。[155]其中的依據之一便是老子的思想；其實，另一依據孔子的「知其不可而為之」也未嘗不與道家思想有關。

梁啟超對「知不可而為」含義的解釋是，「我們做一件事，明白知道他不能得著預料的效果，甚至於一無效果，但認為應該做的，便熱心做去。換一句話說，就是做事的時候，把成功和失敗的念頭都撇

---

154 吳松等點校：《飲冰室文集點校》（昆明市：雲南教育出版社，2001年），頁3327。

155 吳松等點校：《飲冰室文集點校》（昆明市：雲南教育出版社，2001年），頁3307。

在一邊，一味埋頭埋腦的去做。」[156]他在此抓住常人所無法避免的對成敗的態度，他本人則採取了不在意成敗的立場，這是如何做到的？他這樣說：「成功與失敗本來不過是相對的名詞。一般人所說的成功，不見得便是成功；一般人所說的失敗，不見得便是失敗。天下事有許多從此一方面看，說是成功，從別一方面看，也可說是失敗；從目前看，可說是成功，從將來看，也可說是失敗。……照這樣看來，成敗既無定形，這『可』與『不可』不同的根本，先自不能存在了。孔子說：『我則異於是，無可無不可。』他這句話似乎是很滑頭，其實，他是看出天下事無絕對的『可』與『不可』，即無絕對的成功與失敗。別人心目中有『不可』這兩個字，孔子卻完全沒有。」[157]很明顯，梁啟超在此對成敗採取了「無可無不可」的相對主義的觀點，這是典型的道家哲學觀點，他引用孔子的話實際上是表明他對成敗的超然態度。

梁啟超進一步解釋成功與失敗、可與不可的關係時說：「可以說宇宙間的事，絕對沒有成功，只有失敗。成功這個詞，是表示圓滿的觀念……圓滿就是宇宙進化的終點……到底宇宙有圓滿之期沒有，到底進化有終止的一天沒有？……此種問題，和『上帝之有無』是一樣不容易解決的……所以談成功的人，不是騙別人，簡直是騙自己。」[158]這可見得，他運用了現代科學的觀點解釋了莊子的思想，這種解釋，未必符合莊子的原意，但梁啟超在現代宇宙論的意義上看待成功與失敗，體現了他的眼光和心胸，他實際上藉此達於無限的自由之境：「『知不可而為』主義，是使人將做事的自由大大的解放，不要作無為之打算，自己捆綁自己。……他們常把精神放在安樂的地方。……他將人生觀立在『知不可而為』上，所以事事都變成不亦樂乎，不亦

156 吳松等點校：《飲冰室文集點校》（昆明市：雲南教育出版社，2001年），頁3307。
157 吳松等點校：《飲冰室文集點校》（昆明市：雲南教育出版社，2001年），頁3308。
158 吳松等點校：《飲冰室文集點校》（昆明市：雲南教育出版社，2001年），頁3308。

悅乎。這種最高尚、最圓滿的人生，可以說是從『知不可而為』主義發生出來。」[159]這裡，相對主義給予梁啟超的不是模稜兩可的敷衍態度，而是闊大的人生境界。

關於老子的「為而不有」，梁啟超的解釋是：

> 作而不辭，生而不有，為而不恃，長而不宰，即衣養萬物而不為主，功成而不居……這幾句話的精意在哪裡呢？諸位知道，現在北京城裡請來一位英國大哲羅素先生天天在那裡講學嗎？羅素最佩服老子這幾句話，拿他自己研究所得的哲理來證明，他說：「人類的本能，有兩種衝動，一種是占有的衝動，一種是創造的衝動。占有的衝動，是要把某種事物據為己有。這些事物的性質，是有限的，是不能相容的。例如經濟上的利益，甲多得一部分，乙、丙、丁就減少得一部分。政治上的權力，甲多占一部分，乙、丙、丁就喪失了一部分。這種衝動發達起來，人類便日日在爭奪相殺中，所以這是不好的衝動，應該裁抑的。創造的衝動正好和他相反，是要某種事物創造出來，公之於人。這些事物的性質是無限的，是能相容的。例如哲學、科學、文學、美術、音樂，任憑各人有各人的創造，愈多愈好，絕不相妨。創造的人，並不是為自己打算什麼好處，只是將自己所得者傳給眾人，就覺得是無上快樂。許多人得了他的好處，還是莫名其妙，連他自己也莫名其妙。這種衝動發達起來，人類便日日進步，所以這是好的衝動，應該提倡的。」羅素拿這種哲理做根據，說老子的「生而不有，為而不恃，長而不宰」，是專提倡創造的衝動，所以老子的哲學，是最高尚而且最有益的哲學。

159 吳松等點校：《飲冰室文集點校》（昆明市：雲南教育出版社，2001年），頁3310。

> 我想羅素的解釋是很對，老子還說：
> 「天之道，損有餘以補不足。人之道則不然，損不足以奉有餘。孰能有餘以奉天下？唯有道者。是以聖人為而不恃，功成而不處。」
>
> 損有餘而補不足，說的是創造的衝動，是把自己所有的來幫助人。損不足以奉有餘，說的是占有的衝動，是搶了別人所有的歸自己。[160]
>
> 諸君若畫出一幅好畫給公眾看，譜出一套好音樂給公眾聽，許多人得了你的好處，你的學問還因此進步，而且自己也快活得很，這不是「既以為人己愈有，既以與人己愈多」嗎？老子講的「無不為」就是指這一類。[161]

將哲學、科學、文學、美術、音樂等「創造的衝動」拿來解釋老子的「為而不有」，未必是老子的原意。老子的「為而不有」作為一種世界觀顯然是處理普遍的人生和社會問題，並不是僅僅拿來處理某些特定領域的問題。梁啟超將人的本能分為「占有的衝動」和「創造的衝動」，將前者對應於「經濟上利益」和「政治上的權力」等領域，將後者對應於「哲學、科學、文學、美術、音樂」等領域，認為老子的「為而不有」只適用於後者，不適用於前者，這在事實上是縮小了老子的原意——老子的「為而不有」同樣是應對人的「占有的衝動」的。同樣「損有餘而補不足，說的是創造的衝動，是把自己所有的來幫助人。損不足以奉有餘，說的是占有的衝動，是搶了別人所有

160 吳松等點校：《飲冰室文集點校》（昆明市：雲南教育出版社，2001年），頁3049。
161 吳松等點校：《飲冰室文集點校》（昆明市：雲南教育出版社，2001年），頁3050。

的歸自己。」將「損有餘而補不足」和「損不足以奉有餘」並列為兩種不同性質的活動，也曲解了老子的意思。老子本意將「損有餘而補不足」看為「天」即自然現象，而將「損不足以奉有餘」看做喪失自然本性的「人」的現象，從而提醒人們要改變這一傾向，向自然看齊，最終達到「天人合一」的境界。要之，「損有餘而補不足」和「損不足以奉有餘」是兩種不同境界的活動，而不是兩種不同性質的活動。梁啟超的這一曲解也許透露出他上世紀二十年代後遠離政治、投身學術教育的潛在心理動機，因為按照梁啟超的意思，政治體現的是「占有的衝動」，是「損不足以奉有餘」；而學術教育史「創造的衝動」，是「損有餘而補不足」。

「知其不可而為之」和「為而不有」構成了梁啟超「趣味主義」的哲學依據，表面上看包括了儒家和道家的觀念，但進一步看，梁啟超是把孔子與老子的觀念當做有某種內在關聯的、具有一致性的哲理來引用的。比如他說：「『為而不有』主義與『知不可而為』主義，可以說是一個主義的兩面，『知不可而為』主義，可以說是『破妄返真』；『為而不有』主義，可以說是『認真去妄』。『知不可而為』主義，可使世界從煩悶到清涼；『為而不有』主義，可使世界從極平淡上顯出燦爛。」[162]這兩種主義內在相通，梁啟超還說：「『知不可而為』主義與『為而不有』主義，都是要把人類無聊的計較一掃而空，喜歡做便做，不必瞻前顧後。所以歸併起來，可以說，這兩種主義就是「無所為而為」主義，也可以說是生活的藝術化，把人類的計較利害的觀念，變為藝術的、情感的。」[163]「無所為而為」主義正是道家的「無目的」哲學。可以說，梁啟超在這裡把儒家做了某種道家化的處理。

162 吳松等點校：《飲冰室文集點校》（昆明市：雲南教育出版社，2001年），頁3310。
163 吳松等點校：《飲冰室文集點校》（昆明市：雲南教育出版社，2001年），頁3312。

事實上，道家才是趣味主義的核心理念，梁啟超最終傾心的還是道家的觀念：「趣味主義的最重要的條件是『無所為而為』。凡有所為而為的事，都是以別一件事為目的，而以這件事為手段；……你問我『為什麼做學問？』我便答道：『不為什麼。』再問，我便答道：『為學問而學問。』或者答道：『為我的趣味。』[164]很明顯，這是用老子思想來支撐自己的信念的，他反覆強調的是這一點：「我只是為學問而學問，為勞動而勞動，並不是拿學問、勞動等等做手段，來達某種目的——可以為我們『所得』的。所以老子說：『生而不有，為而不恃。』『既以為人，己愈有；既以與人，己愈多。』」[165]「在老子眼中，無論為一身有，為一家有，為一國有，都算是為而有，都不是勞動的真目的。人生勞動，應該不求報酬。你如果問他『為什麼而勞動？』他便答道：『不為什麼。』再問：『不為什麼為什麼勞動？』他便老老實實說：『為勞動而勞動，為生活而生活。』」[166]

三　無為無不為

晚年的梁啟超大談趣味主義，一味強調個人趣味，這看似消極，但假如把他與後來的梁實秋、林語堂等人相比較，我們可以看出，他無論在理論上還是在實踐上都是與後者不同的。

不可忘記，梁啟超的趣味是與另一種明確的積極思想相關，二者不可分，統一起來才是梁啟超完整的人生哲學：「諸君讀我近二十年來的文章，便知道我自己的人生觀是拿兩件事情做基礎：（一）『責任心』，（二）『興味』。」[167]這裡的興味即趣味，而「責任心」則為一種

---

164 吳松等點校：《飲冰室文集點校》（昆明市：雲南教育出版社，2001年），頁3325。
165 吳松等點校：《飲冰室文集點校》（昆明市：雲南教育出版社，2001年），頁3335。
166 吳松等點校：《飲冰室文集點校》（昆明市：雲南教育出版社，2001年），頁3311。
167 吳松等點校：《飲冰室文集點校》（昆明市：雲南教育出版社，2001年），頁3307。

明確的積極人生哲學。事實上，梁啟超幾乎是在不停地強調人要努力做事，不可消極無為，強調人不是吃飯的機械。

把「興味」和「責任心」統一成一種完整的哲學就是「無為無不為」，這一點才是完整理解梁啟超的道家哲學觀。表面看起來，梁啟超特別欣賞「為而不有」、「為而不恃」、「知不可而為」、「無所為而為」這些道家哲學觀念，它們常常因為消極而遭人詬病，連梁啟超自己也說：「這兩種主義（按：指「知不可而為」主義與「為而不有」主義），或者是中國物質文明進步之障礙也未可知。」[168]但是，不可忘記，梁啟超在強調這種哲學的非功利和自由精神的同時，更強調它的理論前提，就是「為」。他反覆強調：「老子說：『無為而無不為』。我們卻只記得他的上半截的『無為』，把下半截的『無不為』忘掉了。這的確是大錯。他的主義是不為什麼，而什麼都做了，並不是說什麼都不做；要是說什麼都不做，那他又何必講五千言的《道德經》呢？」[169]「老子喜歡講無為，是人人知道的，可惜往往把無不為這句話忘卻，便弄成一種跛腳的學說，失掉老子的精神了。」[170]他針對當代易致消極的「無為」說解釋道：

> 為什麼要無為呢？老子說：
>
> 「三十輻共一轂，當其無，有車之用也。埏埴以為器，當其無，有器之用。鑿戶牖以為室，當其無，有室之用。故有之以為利，無之以為用。」
>
> ……
>
> 老子主張無為，那根本的原理就在此。[171]

168 吳松等點校：《飲冰室文集點校》（昆明市：雲南教育出版社，2001年），頁3307。
169 吳松等點校：《飲冰室文集點校》（昆明市：雲南教育出版社，2001年），頁3311。
170 吳松等點校：《飲冰室文集點校》（昆明市：雲南教育出版社，2001年），頁3048。
171 吳松等點校：《飲冰室文集點校》（昆明市：雲南教育出版社，2001年），頁3048。

這可見得，「無」並不是什麼也沒有，並不是消極，而是有用，甚至是大用。梁啟超只是強調，在「為」的時候不要帶上目的性、功利性，因為功利會給人帶來壓力和煩惱，而消除功利的「為」則給人帶來自由。後來郭沫若有類似的解釋。郭沫若認為，此處「無為」之「為」讀去聲，是介詞，表目的，「無為」即不帶目的性；他並認為道的特性是「作用」，是「為」，這是根本的；而「道」起作用的特點是「無目的」的。「道是無目的地在作用著。試看天空！他在司掌一切生物之發育與成長，沒有什麼目的。我們做人的也應當這樣！我們要不懷什麼目的去做一切的事！……我們要無所為（去聲）而為一切！我們要如赤子，為活動本身而活動！要這樣我們的精神才自然恬淡而清淨。……老子的『無為說』對於我們是這樣的聲響。」[172]「欲消除人類的苦厄則在效法白然，於自然的沉默之中聽出雷鳴般的說教。自然界中，天旋地轉，雲行雨施，漫無目的之可言，而活用永遠不絕。自然界中，草木榛榛，禽獸狉狉，亦漫無目的之可言，而活機永遠不息。然而自然界中之秩序永保著數學的謹嚴，那又是何等清寧的狀態！人能泯卻一切的欲望而純任自然，則人類精神自能澄然清明，而人類的創造本能自由發揮而含和光大。」[173]可以見出，郭沫若的這些話目的在於追求一種積極又清明的人生境界，郭沫若利用的正是道家思想，但顯然沒有任何消極因素，而且，由於他這種思想積極又超然的色彩，顯示了巨大的理論魅力。

在一種更高的境界上，梁啟超將這種積極又超然的思想解釋為一種自然行為。他利用《易經》解釋自己的思想時說：「《易經》第一個卦，孔子做的象辭說：『天行健，君子以自強不息。』你看他，只是

172 郭沫若：《郭沫若全集》歷史編第3卷（北京市：人民出版社，1984年），頁256-257。

173 郭沫若：《郭沫若全集》文學編第15卷（北京市：人民文學出版社，1990年），頁150。

教人對於自己的職業忠實做去，不要厭倦。要像天體運行一般，片刻不停。為什麼如此說呢？因為依孔子的觀察，生命即是活動，活動即是生命。活動停止，便是生命停止。」[174]同樣，他還利用韓非子解釋老子思想的話來表達自己的思想：「老子說：『上人為之而無以為。』韓非子給他解釋得很好：『生於其心之所不能已，非求其為報也。』簡單說來，便是無所為而為，既無所為，所以只好說為勞動而勞動，為生活而生活，也可以說是勞動的藝術化，生活的藝術化。」[175]這裡，人生的行為像自然運動，出於自然的生生不已的生機，沒有目的，因而無所謂厭倦。這可以說在更高層面上回應了道家哲學和傳統文化。

綜上所述，是不應該將梁啟超的思想看成是消極的，他後期雖離開政治，投身教育和學術，原因是因為他看到教育和學術在改造人心方面更加重要的作用，這固然與直接的政治活動有所區別，但仍不失為積極的社會行為，是「為」。這種行為與在後期寫小品文、甚而隱居的林語堂、梁實秋相比，其人生態度的差別是顯然的。

174 吳松等點校：《飲冰室文集點校》（昆明市：雲南教育出版社，2001年），頁3320。
175 吳松等點校：《飲冰室文集點校》（昆明市：雲南教育出版社，2001年），頁3311。

第二章
啟蒙救亡與老莊批判：
老莊與現代作家思想之一

現代是悠遠久長的中華文化史上又一個波瀾壯闊的歷史時期，這段歷史與歷史上任何一個動盪不安的時期一樣，社會動盪與思想動盪並存，精神痛苦與思想幸福共生。但與春秋戰國和魏晉南北朝不同，這一段動盪的歷史主要的不是民族內部的矛盾，而主要是外部敵對勢力和強勢文化的入侵導致的整個種族的生存危機。生存危機、民族救亡及夾雜在其中並與前兩者密切相關的啟蒙是整個現代文化的主色調。在生存危機的重壓下，現代作家苦思民族的出路，他們反思的終極結論，是認為應當學習西方文化，而公認民族傳統文化有大的問題，尤其是帶有濃重消極色彩的老莊思想成為眾矢之的。正是在這一背景上，老莊思想被推上歷史的審判台。

以現實為標準對老莊進行批判成為老莊思想現代批判的鮮明特點。這種批評大體上在四個方面展開：

一是批判老莊思想的保守無為。除了早期魯迅批判了道家妄圖把社會退回往古以求天下永久太平外，對老莊退讓的思想持激烈批判的是陳獨秀。深深的憂患意識使得陳獨秀痛斥「老尚雌退」、「知雄守雌，知榮守辱」是「專務鑄造奴隸的模範」；老莊「安命知足，事事聽其自然，不去強求」，造成中國人的退化和學術文化不發達。

二是老莊思想逃避現實的傾向。魯迅在其文藝理論名著《中國小說史略》中就認定莊子的思想為出世，「中國出世之說，至此乃始圓備。」胡適與魯迅的意見極為相似，他說「莊子的學說，只是一個

『出世主義』。……中國古代的出世派哲學至莊子始完全成立。」[1]郭沫若在上世紀二十年代接收了以現實實踐性為特徵的馬克思主義哲學後，就對莊子的出世思想進行了批判，小說《柱下史入關》、《漆園吏游梁》旨趣在此。三、四十年代，隨著郭沫若在政治上的成熟，他對老莊的非實踐性、非現實性認識得更為徹底，激烈批判老莊「厭世」、「玩世」、「幻想」等反現實特徵，指出逃避反抗而不得的莊子最後必定陷入「油滑」。聞一多在對傳統文化各派思想的比較中批判了老莊的逃避色彩。比如，他歸納出封建社會的四種家臣，第一種是絕對效忠主子的儒家，第二種是法家、第三種是墨家、莊子是第四種，是拒小惠而要徹底的拆臺的，由反抗現實而逃到象牙塔中。說到現實，他說第四種人在塔外住不慣，又回到塔裡面去了！這實際上影射的是創作小品文的周作人、林語堂等人，現實性極強。再如，他把儒家、道家、墨家比喻為偷兒、騙子、土匪，以為前兩者是巧取，道家則是豪奪，「無為而無不為」也就等於說：無所不取，無所不奪，而看去又像是一無所取，一無所奪，這即是騙子。

三是「無是非」觀的批判。上世紀二、三十年代，魯迅在結合現代的鬥爭中，深入批判了知識分子中存在的這種思想，他並用小說《起死》和《出關》等批判了這種思想的空疏。胡適同樣批判了莊子的「達觀」，「不譴是非，以與世俗處」，指出「不譴是非」的達觀主義，即是極端的守舊主義。

四是批判老子的「詐術」、「愚民」。三、四十年代後，隨著郭沫若在政治上逐漸成熟，他的人民本位觀念逐漸形成，強烈批判老子哲學的「詐術」和「愚民」。

可以看出，現代作家對老莊的批判主要是政治和社會批判，批判的目標著眼於老莊不適合時代，民族危機是現代作家批判老莊思想的

1 胡適：《中國哲學史大綱》（上海市：東方出版社，1996年），頁195。

契機，他們抓住老莊思想的某一些導致民族性格弊端的特點進行批評，是效果史批判，不在於純哲學意義上的本體論批判。即使認同老莊某些觀念的作家也批評了老莊，現實關懷是現代作家去之不了的責任。

但這樣說並不等於現代作家的老莊批判在哲學文化上沒有意義。實際上，作家們批判老莊的顯在目的是拯救民族危亡，但在潛在的層面，一種新的哲學文化在對作家們起作用，現代作家的老莊批判也同時是這種新的哲學作用的結果，這種哲學就是主張積極進取的生命哲學，典型的是現代意志哲學，代表者是尼采。這種哲學與帶有消極色彩的老莊哲學對立的色彩較強，吸收了意志哲學的現代作家自然趨向於批判老莊。典型的是魯迅，〈摩羅詩力說〉中對帶有尼采意志色彩的摩羅詩人的稱頌與對老莊的批判同時進行，比較展開，兩種哲學尖銳對立。其它作家或許在對西方哲學的修養上趕不上魯迅，對老莊批判的決絕不如魯迅強烈，但吸收意志哲學已成為時代潮流，這種潮流業已成為現代性的核心內容之一，作家們對老莊的批判或隱或顯地帶有意志哲學的色彩。從某種意義上說，這種對意志的肯定和對老莊的批判標誌了中國現代文化的轉型。

第一節　魯迅：意志哲學和時代要求的雙重變奏

一　意志哲學：魯迅批判老莊的理論準備

魯迅以鮮明的戰鬥精神活躍在現代文壇，成為現代文學的代表和現代文化的旗手，他對老莊的批判也表現出同時代人少有的決絕。魯迅對老莊的激烈批判固然是啟蒙救亡時代主題的需要，但在魯迅卻不僅僅是權宜之計，更與他年輕時期就傾心過、並影響他一生的尼采哲學息息相關。

郁達夫曾說「『五四』運動的最大的成功第一要算『個人』的發

現。以前的人，是為君而存在，為道而存在，為父母而存在的，現在的人才曉得為自我而存在了。」[2]這一論斷可謂切中五四精神的實質。其實，這種對個人的肯定不僅僅是倫理的，更是哲學上的，唯其如此，現代中國對人的重視才會獲得一種根基，這使得五四時期的人的覺醒不僅僅是傳統意義上的對儒家強大的正統力量的反撥，或把個人依附於天道後獲得的自由和意義。因為，這種對個人的肯定不僅僅是直接肯定個人的欲望、感情、意志等等，更重要的是，個人在此時有了本體的意義，它不再附屬於倫理或自然之道。這種全異於傳統的個人主義思想顯然不是縱的繼承，而是來自於橫的借鑒。無疑，魯迅在這一具有歷史意義的文化活動中扮演了主要角色。魯迅的思想，主要是來自西方的新神思宗，尤其是尼采的思想。這是為中國眾多的研究者所公認的。[3]尼采哲學的核心思想是「權力意志」，尼采從叔本華的哲學中借用了「意志」這一概念，將它改造為「權力意志」，意在強調意志的「強力」、意志的支配性、創造性：「這個世界是：一個力的怪物，無始無終，一個鋼鐵般堅實的力。」「這就是我的永恆自我創造、永恆自我毀滅的狄俄尼索斯世界，這個雙料快樂的神秘世界。」尼采認為，「權力意志」是世界的終極事實，是支配世界的最根本的力量，「這是權力意志的世界——此外一切皆無！你們自身也就是權力意志——此外一切皆無！」[4]魯迅顯然接受了尼采的這一觀點，在《文化偏至論》中，他再三稱頌「意力軼眾」、「意力絕世，幾近神明之超人」、「具有絕大意力之士」，即是對強力意志的稱許。〈摩

---

2 郁達夫：《中國新文學大系導論集．現代散文導論下》（上海市：上海書店影印本，1982年），頁205。

3 重要的論文有：樂黛雲〈尼采和中國現代文學〉，《北京大學學報》1980年第3期。錢弼湘〈魯迅和尼采哲學〉，《中國社會科學》1982年第2期。陸耀東、唐達輝〈論魯迅和尼采〉，《魯迅研究》1981年第5期。殷克琪著，洪天富譯：《尼采與中國現代文學》，南京市：南京大學出版社，2000年。

4 尼采：《尼采遺稿選》（上海市：上海譯文出版社，2005年），頁117。

羅詩力說〉考察人類史實，認為和平只是暫時的，社會卻充滿戰事：「平和為物，不見於人間。其強謂之平和者，不過戰事方已或未始之時，外狀若寧，暗流仍伏，時刧一會，動作始矣。」因而倡導「美偉強力高尚發揚」。以這種「權力意志」為核心，尼采同時表現出激烈的歷史批評和社會批評意識，破壞傳統，打倒偶像，以強力與社會抗爭，推崇個人，呼喚超人。這些思想不言而喻對青年魯迅具有極大的吸引力。他肯定尼采是「個人主義之至雄桀」。(《文化偏至論》)〈摩羅詩力說〉的寫作即是頌揚那些「立意在反抗，指歸在動作」的「摩羅詩人」。在《熱風．隨感錄．四十六》裡又說「舊像愈破壞，人類便愈進步。」並稱讚「那達爾文易卜生托爾斯泰尼采諸人，便都是近來偶像破壞的大人物。」[5]由此可見，魯迅早在新文化運動以前，就已經通過對西方文化的鑽研而獲得自己的世界觀和人生觀，那就是肯定生命意志，肯定個人，肯定進取，反抗傳統，打倒偶像，以期「將來總有尤為高尚尤近圓滿的人類出現」。[6]魯迅幸運的是，他從西方獲得的這一哲學思想與五四時期「重估一切價值」、破除偶像、要求科學、要求民主的時代思潮正相吻合，這使他不僅成為五四思潮傑出的弄潮兒，而且也使他在與五四諸人一道從事反傳統的同時又保持了自己獨特的個性和哲學的徹底性。也正是由於魯迅的這一成熟的哲學思想，我們就有理由質疑：魯迅對老莊的批判難道只是像「五四」時大多數思想家那樣、僅僅出於時代需要的實用立場，而不是對老莊的一種帶有本體意義的反撥？

老莊哲學的核心觀念是「道」。「道」是世界的根本，產生萬物：「有物混成，先天地生，淵兮，似萬物之宗。」[7]「道生一，一生二，二生三，三生萬物。」「道」的根本特點是自然：「道法自然」。

5　魯迅：〈隨感錄．四十六〉，《熱風》（北京市：人民文學出版社，1973年），頁37。

6　魯迅：〈隨感錄．四十一〉，《熱風》（北京市：人民文學出版社，1973年），頁30。

7　王弼：《老子注》，《諸子集成》第3冊（北京市：中華書局，1954年），頁10。

自然即反對人為，要做到「無為」。老莊將「人為」與「自然」亦即與「道」對立，從而將「人為」排除在自然之外，也排除在他的哲學之外。老莊之道反「人為」帶有極大的保守性，它在否定人的違犯自然之道的「妄為」時，也否定了人的積極進取精神，因而老莊哲學根本上是反意志的，這與尼采哲學根本對立，因而構成了尼采的信奉者魯迅從本體上反老莊思想的可能性和理論根基。同時，莊子哲學的那種「此亦一是非，彼亦一是非」、「無可無不可」的無是非觀根本上也是「反選擇、反進化」的，這不但與五四時期那種普遍接受的進化論思潮相左，同時它與肯定強力生命意志的尼采哲學也是對立的。這對於從思想的深處接受了尼采強力意志哲學的魯迅而言，反對「無是非」觀不僅僅是時代的權宜之計，更是一種哲學立場。

二　嚮往往古：保守哲學的批判

魯迅對老莊思想的批判貫穿了他的一生。他很早就接觸了道家思想。魯迅作於一九〇七年的〈摩羅詩力說〉中就已經開始了對老莊的批判，郭沫若列舉的魯迅在寫作中大量引用借用莊子的詞彙主要是指魯迅發表於一九〇七年的系列論文。

在〈摩羅詩力說〉中，有如下一段：

> 吾中國愛智之士，獨不與西方同，心神所注，遼遠在於唐虞，或逕入古初，游於人獸雜居之世；謂其時萬禍不作，人安其天，不如斯世之惡濁阽危，無以生活。其說照之人類進化史實，事正背馳。蓋古民曼衍播遷，其為爭抗劬勞，縱不屬於今，而視今必無所減；特歷時既永，史乘無存，汗跡血腥，泯滅都盡，則追而思之，似其時為至足樂耳。儻使置身當時，與古民同其憂患，則頹唐鎊傺，復遠念盤古未生，斧鑿未經之

> 世，又事之所必有者已。故作此念者，為無希望，為無上征，為無努力，較以西方思理，猶水火然；非自殺以從古人，將終其身更無可希冀經營，致人我於所儀之主的，束手浩嘆，神質同隳焉而已。且更為忖度其言，又將見古之思士，決不以華土為可樂，如今人所張皇；惟自知良懦無可為，乃獨圖脫屣塵埃，惝恍古國，任人群墮於蟲獸，而已身以隱逸終。思士如是，社會善之，咸謂之高蹈之人，而自云我蟲獸我蟲獸也。

這種「愛智之士」顯然指先秦道家一派。魯迅在論述西方文化注重戰爭、和平只是暫時的特色後，將道家學派與之對比，批判了他們這種不主進取、妄圖把社會退回往古以求天下永久太平的理論。魯迅指出，往古社會並不像老莊所說的「萬禍不作，人安其天」，事實是「古民曼衍播遷，其為爭抗劬勞，縱不厲於今，而視今必無所減。」因而老子等人對古代社會的描繪只是一種不得已的妄想，因為「作此念者，為無希望，為無上徵，為無努力」，只好「脫屣塵埃，惝恍古國，任人群墮於蟲獸，而已身以隱逸終」。

魯迅吸收了尼采的意志哲學，故而對老莊的保守理論看得異常清楚，謂之思想「較以西方思想，猶水火然」。假如將這句話翻譯一下，我們可以說，老莊的保守理論與吸收了西方思想的魯迅的對立「猶水火然」，其背後是兩套對立分明的哲學：進取的和保守的哲學的對立。

魯迅同時指出老子思想的實質：

> 老子之輩，蓋其梟雄。老子書五千語，要在不攖人心；以不攖人心故，則必先自致槁木之心，立無為之治；以無為之為化社會，而世即于太平。

可見老子思想的特色在於「不攖人心」、「無為」，但是世界已經進化，現實再也不可能回到往古，故而魯迅雖肯定老子「其術善也」，但難以適應現代「不幸進化如飛矢」的社會。在批判了老子的這種「不攖人心」的思想後，魯迅又進一步分析中國社會何以如此迷戀這種思想：

> 中國之治，理想在不攖，而意異於前說。有人攖人，或有人得攖者，為帝大禁，其意在保位，使子孫王千萬世，無有底止，故性解（Genius）之出，必竭全力死之；有人攖我，或有能攖人者，為民大禁，其意在安生，寧蜷伏墮落而惡進取，故性解之出，亦必竭全力死之。

這說明，在上者害怕攖人，是因為「其意在保位，使子孫王千萬世，無有底止」。在下者害怕攖人，是因為「其意在安生，寧蜷伏墮落而惡進取」。攖人思想的根柢在於國人保守、怯懦的思想，根本是「為利」。這種思想的長期發展，必然造成國人對內則「陋劣不足道，則馴至卑懦儉嗇，退讓畏葸，無古民之樸野，有末世之澆漓」。對外則「不爭之民，其遭遇戰事，常較好爭之民多，而畏死之民，其苓落殤亡，亦視強項敢死之民眾」。這種論述，有明顯的學理色彩，卻切中中國歷史實際。在國難方殷的二十世紀初，它所表現的現實關切不言而喻，而其理論邏輯所體現的意志哲學色彩，也鮮明可睹。

在寫於一九二六年的《漢文學史綱要》裡，魯迅稱道家為顯學，並將它置於儒墨之前，顯示魯迅對道家的重視。他稱讚道家「文辭美富」，評說莊子「著書十餘萬言，大抵寓言，人物土地，皆空言無事實，而其文則汪洋辟闔，儀態萬方，晚周諸子之作，莫能先也」。同樣肯定莊子的文學色彩。而在思想上，同樣對老莊「無為」說提出批判，認為老子「言清淨之始」；而莊子「且以『天下為沉濁不可與莊語』，自無為而入於虛無」。他比較了老子和莊子，認為「然老子尚欲言有無，別修短，知白黑，而措意於天下；周則欲並有無修短白黑而一之，以大歸於『混沌』，其『不譴是非』，『外死生』，『無終始』，胥此意也」。可見莊子比老子更消極，「中國出世之說，至此乃始圓備。」

《摩羅詩力說》和《漢文學史綱要》是魯迅在其學術著作中對老莊所做的兩處比較集中的批判，儘管其中（尤其是〈摩羅詩力說〉）不乏現實意義，但重在學理上批判老莊的消極保守。這種學理的辯駁是可以見出魯迅精神哲學的基本趨向的：進取的意志哲學與老莊「無為」哲學的對立。明白這一點，我們就可以進一步明白，在二、三十年代思想界和文壇出現復古的潮流時，魯迅為什麼始終以鮮明的批判立場與之鬥爭。

三　「無是非」觀：敷衍哲學的批判

二十世紀中後期，魯迅針對現實論爭發表多篇雜文（主要有〈十四年的「讀經」〉、〈說不出〉、〈烽話五則〉、〈我的「籍」與「系」〉、〈報〈奇哉所謂……〉〉、〈有趣的消息〉、〈我的態度氣量年紀〉、〈寫在〈墳〉後面〉等），在各種論戰中，魯迅注意到發生在當下的文化現象與老莊思想內在的精神聯繫並予以揭露諷刺。在發表於一九二五年的〈十四年的「讀經」〉裡，魯迅指出中國的「闊人」、「聰明人」與「孔二先生的先生老聃的大著作」有內在的精神聯繫，正是這些古書教會中國人「怎樣敷衍，偷生，獻媚，弄權，自私，然而能夠假借大義，竊取美名……怎樣言行不符，名實不副，前後矛盾，撒誑造謠，蠅營狗苟。」他諷刺批評家周靈君作詩盡是「說不出」之類的廢話，指出它與老子「道可道非常道」一樣的敷衍態度；[8]諷刺「處於

8　魯迅：《十四年的「讀經」》，《華蓋集》（北京市：人民文學出版社，1973年），頁101。

才與不才之間」的「入世妙法」為「不死不活」，並表示自己「不願意照辦」；[9]諷刺批判家「將欲取之必先與之」老子式的戰術。這些批判顯示魯迅將現實與文化聯繫起來的深入觀察能力。

其實，魯迅對老莊思想的批判絕不僅僅是針對民族社會的，更重要、更深刻的首先是清算批判者自我與莊子的關係，這顯示了魯迅一貫的自我解剖精神。一九二六年作〈寫在《墳》後面〉的時候，他深有感慨地說：「別人我不論，若是自己，則曾經看過許多舊書，是的確的，為了教書，至今也還在看。因此耳濡目染，影響到所做的白話上，常不免流露出它的字句，體格來，自己卻正苦於背了這些古老的鬼魂，擺脫不開，時常感到一種使人氣悶的沉重。就是思想上，也何嘗不中些莊周韓非的毒，時而很隨便，時而很峻急。孔孟的書，我讀得最早，最熟，然而倒似乎和我不相干。」[10]這裡的「峻急」是指受韓非的影響，而「隨便」則顯然是莊子「無可無不可」思想影響的結果。用語「中毒」顯示魯迅受莊子影響之深。在魯迅看來，這種影響並不是僅僅是幾次批評就能夠解除的，它往往與批評者的思想糾纏在一起：「我以為我倘十分努力，大概也還能夠博采口語，來改革我的文章，但因為懶而且忙，至今沒有做，我常疑心這和讀了古書很有些關係，因為我覺得古人寫在書上的可惡的思想，我的心裡也常有，能否忽而奮勉，是毫無把握的，我常常詛咒我的思想，也希望不再見後於後來的青年。」[11]魯迅深知，這些「古人寫在書上的可惡的思想」，會化為自己的思想，「我的心裡也常有」，敵人變成了自己，這是難於反抗的。這樣，魯迅在莊子思想面前的猶豫和不自信及其導致的憤怒也就可以理解了：「能否忽而奮勉，是毫無把握的，我常常詛咒我的

9　魯迅：〈報〈奇哉所謂……〉〉，《集外集拾遺》（北京市：人民文學出版社，1973年），頁115。

10　魯迅：《魯迅全集》第1卷（北京市：人民文學出版社，1981年），頁285。

11　魯迅：《魯迅全集》第1卷（北京市：人民文學出版社，1981年），頁285。

思想……」但這種猶豫和不自信不能看作魯迅思想上的缺點。從個人來說，它毋寧說是對工作難度深巨的一種反應，因而魯迅毫不留情地「詛咒自己的思想」；從時代來說，它是文化轉型期所出現的必然精神現象，顯示了一個民族在文化裂變中的精神陣痛。由於這種深刻的反思，魯迅因而對莊子思想保持了高度警惕，他的思想也因而保持了純粹，這是他在現實的論戰中採取異常決絕、徹底的態度的精神之源。

二、三十年代以來，隨著社會矛盾的尖銳和政治鬥爭的日益殘酷，作家陣營迅速分化，一股復古主義思潮瀰漫文壇。一九二八年，胡適在《白話文學史中》將五四新文學視為傳統文學的一種自然發展，一反自己過去主張的新文學與傳統文學尖銳對立的觀點。周作人在其《中國新文學的源流中》，認定明代公安、竟陵派提倡「性靈」言志小品為五四新文學的源頭。林語堂在三十年代初創辦《論語》、《人間世》等雜誌，倡導幽默小品，大力提倡道家式的超脫、閒適與性靈。這正是在殘酷的現實鬥爭下，一部分知識分子逃避壓力的表現。在這時，老莊式的超脫、閒適、無可無不可的古老鬼魂就在這些知識分子身上悄然還魂。如果說在五四時期，借著時代的大潮和個人覺醒的熱情，胡適、劉半農、錢玄同和周作人等人與魯迅還站在同一戰壕，共同向傳統文化開戰，但是，一旦現實變得殘酷，意志不堅者就會避開濃濃的硝煙而尋求躲避。這其中的奧秘，魯迅在其早期的〈文化偏至論〉中已道明：「內部之生活強，則人生之意義亦愈邃，個人尊嚴之旨趣亦愈明，二十世紀之新精神，殆將立狂風怒浪之間，恃意力以闢生路者也。」這顯示出魯迅現實改造熱情是其強大的「內部生活」外射的結果，這緣於尼采哲學的良好修養，它使得魯迅在變幻的時代中始終保持其一貫的立場，不為所動，向著自己所認定的時代和個人的方向繼續前進。

魯迅反思到，老莊思想「最足以代表知識階級的思想」，[12]是復古

12　魯迅：《魯迅全集》第7卷（北京市：人民文學出版社，1981年），頁187。

反動的現代文人的「祖墳」。「我們雖掛孔子的門徒招牌，卻是莊生的私淑弟子。『彼亦一是非，此亦一是非』，是與非不想辨；『不知周之夢為蝴蝶歟，蝴蝶之夢為周歟？』夢與覺也分不清。生活要混沌。如果鑿起七竅來呢？莊子曰：『七日而混沌死。』」[13]這種深刻的剖析使得他在一系列的論爭中對知識分子的思想根柢洞若觀火，辯論每擊中要害。

一九三三年，施蟄存在回應上海《大晚報》「介紹給青年看的書」時推薦了《莊子》和《文選》，並加注腳「為青年文學修養之助」。後魯迅化名「豐之餘」在《申報・自由談》上發表雜文〈重三感舊〉嘲諷「勸人看《莊子》《文選》」的現象。施蟄存於是寫了《莊子與文選》予以答辯：「我以為從這兩本書中可以參悟一點做文章的方法，同時也可以擴大一點字彙（雖然其中有許多字是死了的）。」並以魯迅為例，借「新瓶裝舊酒」的比喻強調作家應注意對古代文學的吸收：「像魯迅先生那樣的新文學家，似乎可以算是十足的新瓶了。但他的酒呢？純粹的白蘭地嗎？我就不能相信。沒有經過古文學的修養，魯迅先生的新文章決不會寫到現在那樣好。所以，我敢說：在魯迅先生那樣的瓶子裡，也免不了有許多五加皮或紹興老酒的成分。」這引起了魯迅等人的反覆辯駁。這就是著名的「《莊子》與《文選》之爭」，又稱「施、魯公案」。

魯迅敏銳地覺察到，「這雖為書目所引起，問題是不專在個人的，這是時代思潮的一部。」[14]正是復古主義的一個表現，因而魯迅連續寫了〈重三感舊〉、〈「感舊」以後〉、〈答「兼示」〉、〈反芻〉、〈撲空〉、〈難得糊塗〉等文章予以徹底批駁。施蟄存最後以「此亦一是

---

13 魯迅：《南腔北調集・論語一年》，《魯迅全集》（北京市：人民文學出版社，1973年），頁167。

14 魯迅：《南腔北調集・撲空》，《魯迅全集》（北京市：人民文學出版社，1973年），頁397。

非，彼亦一是非，唯無是非觀，庶幾免是非」高掛免戰牌。魯迅抓住施蟄存的這句「現成偈語」寫道：「糊塗主義，唯無是非觀等等——本是中國人的高尚道德。你說他是解脫，達觀罷，也未必。他其實在固執著，堅持著什麼，例如道德上的正統，文學上的正宗之類。……對於人生的倦怠並不糊塗！」「……人生卻不在拼湊，而在創造。幾千百萬的活人在創造。可恨的是人生那麼騷擾忙亂，使一些人『不得其地以竄』，想要逃到字和詞裡去，以求『庶免是非』，然而又不可得。」[15]這種批判是鞭辟入裡的，其要害正在於揭穿了莊子思想的逃避現實和模稜兩可。

一兩年後，魯迅還說：「我們如果到《莊子》裡去找詞彙，大概又可以遇到兩句寶貝的教訓：『彼亦一是非，此亦一是非』，記住了來作危急之際的護身符，似乎也不失為漂亮。然而這是只可暫時口說。難以永遠實行的。喜歡引用這種格言的人。那精神的相距之遠。更甚于叭兒之與老聃。這裡不必說它了。說是莊生自己，不也在〈天下篇〉裡。歷舉了別人的缺失，以他的『無是非』輕了一切『有所是非』的言行嗎？要不然，一部《莊子》，只要『今天天氣哈哈哈……』七個字就寫完了。」[16]莊子的信奉者和莊子一樣，首先自己就做不到「無是非」。這正如尼采的深刻觀察：意志是不可否定的，叔本華寂滅意志的努力也是一種意志。在批判老莊消極無為、模糊敷衍的思想中，魯迅採取了與尼采相同的思路；也與尼采一樣站在肯定生命意志的立場上。

除以論戰形式外，魯迅還以文藝形式對這種「無是非」觀進行批判，這就是作於三十年代的取材於歷史的小說《起死》和《出關》。《起死》的題材來自於《莊子・至樂》裡「莊子之楚，見空髑髏」的

---

15 魯迅：《南腔北調集・難得糊塗》，《魯迅全集》（北京市：人民文學出版社，1973年），頁426。

16 魯迅：《魯迅全集》第6卷（北京市：人民文學出版社，1981年），頁298。

寓言故事。小說運用怪誕的手法，寫莊子請來司命大神，把已死五百年的骷髏恢復生命，但骷髏起死回生後卻向莊子索要被強盜搶走的行李衣服，莊子沒法，只好大發「齊物之論」:「你不要專想衣服罷，衣服是可有可無的，也許是有衣服對，也許是沒有衣服對。鳥有羽，獸有毛，然而王瓜茄子赤條條。此所謂『彼亦一是非，此亦一是非』你固然不能說沒有衣服對，然而你又怎麼能說有衣服對呢？……」但這種理論並不能說服對方，莊子沒法，只好吹警笛招來巡士，把起死回生的漢子帶走了事。小說以幽默的諷刺揭示了魯迅曾批評過的「無是非觀」只可暫時口說、而「永遠難以實行」的悖論。魯迅以他的實踐性的精神品格批判了莊子「無是非觀」的空疏。

做《起死》後，魯迅接著做了《出關》，描寫形如槁木、心如死灰的老子，西出函谷關，為關尹講授「道可道，非常道」，賺取五十個餑餑作為「走流沙」的乾糧。對於此篇，作者交代他對老子的態度：「老子的西出函谷，為了孔子的幾句話，並非我的發見或創造，是三十年前，在東京從太炎先生口頭聽來的，後來他寫在《諸子學略說》中，但我也並不信為一定的事實。至於孔老相爭，孔勝老敗，卻是我的意見：老，是尚柔的；『儒者，柔也』，孔也尚柔，但孔以柔進取，而老卻以柔退走。這關鍵，即在孔子為『知其不可為而為之』的事無大小，均不放鬆的實行者，老子則是『無為而無不為』的一事不做，徒作大言的空談家。要無所不為，就只好一無所為，因為一有所為，就有了界限，不能算是『無不為』了。我同意關尹子的嘲笑：他是連老婆也娶不成的。於是加以漫畫化，送他出了關，毫無愛惜。」[17]五四時期的魯迅，雖也是激烈批判儒家文化，但在此處卻肯定孔子的「『知其不可為而為之』的事無大小，均不放鬆的實行者」的人格，並將之與老子的「徒作大言的空談家」人格進行對照，其意在突出老子「無為而無不為」的空疏無為。

---

17 魯迅：《魯迅全集》第6卷（北京市：人民文學出版社，1973年），頁520。

四　無信的宗教：道教批判

與魯迅對老莊的批判同時進行的，還有他對道教的批判，這同為魯迅國民性思想改造的一部分。嚴格說來，道家與道教並不是一回事，道家是哲學，是一種純思辨體系；道教是宗教，有自己的教義、組織、活動場所和儀式，以通過個人的修煉而成仙為最終目的。但道教思想主要來源於道家。道家的核心哲學思想「道」同樣是道教的根本思想，道教尊奉老子為「太上老君」，為道教的最高神。《老子》被尊為《道德經》，《莊子》被尊為《南華經》，均為道教的經典。任繼愈先生認為，中國古代的巫術以及秦漢時期的神仙方術，還只能說是世俗的迷信，是道教產生的淵源，只有在它們依附於道家理論，形成一套獨特而系統的道教神學理論，才使自己一躍成為與儒、佛鼎足而立的大型宗教[18]。這可見道教之所以稱為道教，根本原因在於它主要來源於或依託於道家學說。由於道教和道家這種深刻的精神聯繫，和它們同樣造成中國人自私、巧滑、保守、空虛的國民性，我們在分析魯迅對道家的批判時不能忽略他對道教的批判。

早在一九一八年魯迅寫給許紹裳的信中，魯迅就認為：「前曾言中國根柢全在道教，此說近頗廣行。以此讀史，有多種問題可以迎刃而解。」[19]一九二七年又說「人往往憎和尚，憎尼姑，憎回教徒，憎耶教徒，而不憎道士，懂得此理者，懂得中國大半。」[20]可見他對道教問題的重視和認識之深。當然，對道教的這種認識可以說是五四諸人的共識。比如，錢玄同在一九一八年五月十五日《新青年》第四卷第五號發表的〈隨感錄・八〉稱道教為「最野蠻的宗教」，認為「二千年來民智日衰，道德日壞，雖由於民賊利用儒學以愚民；而大多數

18 任繼愈：《中國道教史》（上海市：上海人民出版社，1991年），頁1。

19 魯迅：《魯迅全集》第11卷（北京市：人民文學出版社，1981年），頁253。

20 魯迅：《魯迅全集》第3卷（北京市：人民文學出版社，1981年），頁532。

之心理舉不出道教之範圍，實為一大原因。」[21]陳獨秀在一九一八年七月十五日發表於《新青年》的〈隨感錄・陰陽家〉也認為：「故吾人最近之感想，古說最為害於中國者，非儒家乃陰陽家也（儒家公羊一派，亦陰陽家之假託也）；一變而為海上方士，再變而為東漢、北魏之道士，今之風水，算命，卜卦，畫咒，扶乩，煉丹，運氣，望氣，求雨，祈晴，迎神，說鬼，種種邪僻之事，横行國中，實學卜興，民智日僿，皆此一系學說之為害也，去邪說正人心，必自此始。」[22]周作人於一九二〇年七月撰文〈鄉村與道教思想〉也認為：「改革鄉村的最大阻力，便是鄉下人們自身的舊思想，這舊思想的主力是道教思想。」「平常講中國宗教的人，總說有儒釋道三教，其實儒教的綱常早已破壞，佛教也只剩了輪迴因果幾件和道教同化了的信仰還流行民間，支配國民思想的已經完全是道教的勢力了。我們不滿意於『儒教』，說它貽害中國，這話雖非全無理由，但照事實看來，中國人的確都是道教徒了。幾個『業儒』的士類還是子曰詩云的亂說，他的守護神實在已非孔孟，卻是梓潼帝君伏魔大帝這些東西了。在沒有士類來支撐門面的鄉村，這個情形自然更為顯著。」[23]這些觀點都指出道教對中國人的影響之大以及儒教不敵道教的現實。

魯迅關注的問題是，中國人究竟要從道教那裡得到什麼？作為一種本土宗教，它與西方宗教的區別何在？它的教義要將人們引向何方？魯迅以他一貫深入解剖的精神指出，中國人的最高理想只是「威福、子女、玉帛」，而且「現在的人，還被這理想支配著」，[24]一種深深的現代憂患意識使他對此發出了憤怒的斥責：這「只是純粹獸性方

---

21 錢玄同：《錢玄同文集》第2卷（北京市：中國人民大學出版社，1994年），頁10、11。

22 陳獨秀：《陳獨秀著作選》第1卷（上海市：上海人民出版社，1993年4月），頁389-390。

23 周作人：〈鄉村與道教思想〉，《新生活》第39期。

24 魯迅：《魯迅全集》第1卷（北京市：人民文學出版社，1981年），頁355。

面的欲望的滿足」！道教的最高理想是通過個人的修養成仙成道，道教的扶乩、畫符等都是獲得物質利益的手段，因而，道教並不存在西方及印度宗教意義上的對超驗的追求，中國道教並不是純粹的精神追求，對鬼神的信仰只是達到現實利益的手段。由於受現實利益的左右，道教信仰先天的具有不堅定性，故而「中國人自然有迷信，也有信，但好像很少堅信。」[25]「他們的對於神、宗教……是『信』和『從』呢，還是『怕』和『利用』？只要看他們的善於變化，毫無幫操，是什麼也不信從的，但總要擺出和內心兩樣的架子來。」[26]「畏神明，而又燒紙錢作賄賂……風水、符咒、拜禱……偌大的『運命』，只要化一批錢或磕幾個頭，就改換得和注定的一筆大不相同了。」[27]魯迅尖銳地諷刺他們為「做戲的虛無黨」。由於沒有真正的主義或信仰，凡事以現實利益為準，這決定了中國人在對待信仰問題上的隨意性、虛假性、人格上的無操守、思想上的混亂。「中國自南北朝以來，……文人學士，道士和尚，大抵以『無操守』為特色。」這其中的典型又是道士：「佛教東來時有幾個佛徒譯經傳道，則道士們一面亂偷了佛經造道經，而這道經就來罵佛經，而一面又用了下流不堪的方法害和尚。」[28]這種混亂和荒唐的情形根源在無真正的信仰。

至於道教信仰中的「房中術」、「命運」等觀念，魯迅更是給予無情揭露和辛辣諷刺。「無論古今，誰都知道，一個男人有許多女人，一味縱欲，後來不但是天天喝三鞭酒也無效，簡直非『壽終正寢』不可。」[29]並尖銳指出，道教的房中養生術不僅不能為男人「養生」，對女性更是一種性奴役、性掠奪，房中術理論實際上是統治階層追求肉體享樂、荒淫墮落的藉口，最終導致縱欲主義。對於命運，他更是無

25 魯迅：《魯迅全集》第1卷（北京市：人民文學出版社，1981年），頁131。
26 魯迅：《魯迅全集》第1卷（北京市：人民文學出版社，1981年），頁328。
27 魯迅：《魯迅全集》第1卷（北京市：人民文學出版社，1981年），頁131。
28 魯迅：《魯迅全集》第8卷（北京市：人民文學出版社，1981年），頁111。
29 魯迅：《魯迅全集》第1卷（北京市：人民文學出版社，1981年），頁239。

不調侃又痛心地指出：「命運並不是中國人的事前的指導，乃是事後的一種不費心思的解釋」。[30]

針對社會上目前仍在繼續信仰和施行的祈雨燒香拜龍扶乩等活動，魯迅一面給與辛辣的諷刺，一面針鋒相對指出解決的方法：「要救治這『幾至國亡種滅』的中國，那種『孔聖人張天師傳言由山東來』的方法，是全不對症的，只有這鬼話的對頭的科學！——不是皮毛的真正的科學！」[31]一九三五年他仍憧憬著：「以後倘能用正當的道理和實行——科學來替換了這迷信，那麼，定命論的思想，也就和中國人離開了。」「假如真有這一日，則和尚，道士，巫師，星相家，風水先生……的寶座，就都讓給了科學家，我們也不必整年地見神見鬼了。」[32]其間閃爍著科學理性的光輝，表達了剷除道教迷信，健全國民性格的熱切期盼。

第二節　郭沫若：時代旗幟下的讚揚和批判

不同於魯迅對老莊的決絕的批判態度，郭沫若對老莊的立場有前後的變化：五四時期，郭沫若極力歌頌莊子的泛神論思想；讚揚老莊思想對三代有神論的否定，肯定其巨大的歷史進步意義；並從本體意義上創造性的肯定了「無為無不為」的哲學思想。二十年代中後期以後，尤其是四十年代，郭沫若一轉而為嚴厲批判老子思想的利己和「愚民」，批判莊子的出世、玩世、厭世和油滑及其不良的歷史影響。郭沫若前期對老莊的浪漫肯定與五四高揚自我的精神是一致的，而後期對老莊的批判也體現了現實鬥爭的需要。郭沫若一直走在時代的最前列，他對老莊前後的不同態度即是時代主題的一部分。

30 魯迅：《魯迅全集》第6卷（北京市：人民文學出版社，1981年），頁131。
31 魯迅：《魯迅全集》第1卷（北京市：人民文學出版社，1981年），頁301-302。
32 魯迅：《魯迅全集》第1卷（北京市：人民文學出版社，1981年），頁131。

一　前期呼應時代的老莊頌歌

郭沫若在五四時期的思想很典型地體現了那個時代的特點和要求。五四是一個狂飆突進的時代，需要狂飆突進的精神。詩集《女神》喊出了這個時代的心聲。其實，不光他的創作，他對傳統文化的態度也體現了這一點。在五四一片聲討傳統文化的呼聲中，郭沫若保持了對傳統文化的冷靜和客觀態度。他一反一般學者對老莊嚴厲的批判，而從中總結出可供時代利用的反傳統和個性解放的思想資源。這種理路雖大異於魯迅、陳獨秀等人，卻同樣體現了時代的要求。

《鳳凰涅槃》其實就是莊子泛神論式的思想影響的產物。郭沫若很早就接觸到莊子。他少年時期即喜歡莊子，起初是被莊子優美而瑰麗的言詞所吸引，但思想和言詞很難決然分開，他那時雖然還不能理解莊子優美的言詞中所包含的思想，但這些思想作為種子已經儲存在他的潛意識中，只等條件成熟，即如春花開放。後來郭沫若在日本留學期間，接觸到泰戈爾、歌德、惠特曼等具有泛神論色彩的詩人的作品，他的頭腦中潛藏的莊子思想的種子即萌發出來，與國外詩人、思想家的思想交接而貫通：「因為喜歡太戈爾，又因為喜歡歌德，便和哲學上的泛神論（Pantheism）的思想接近了。——或者可以說我本來是有些泛神論的傾向的詩人的……我又從歌德認識了斯賓諾莎……和國外的泛神論思想一接近，便又把少年時期所喜歡的《莊子》再發現了。我在中學的時候就喜歡讀《莊子》，但只喜歡文章的汪洋恣肆，那裡面所包含的思想，是很茫昧的。待到一和國外的思想參證起來，便真是到了『一旦豁然而貫通』的程度。」[33]

泛神論是存在於歐洲的一種哲學思想，這種思想認為萬物都是神，都是神的表現；世界上不存在主宰一切的、唯一的神。這種思想

33 郭沫若：《郭沫若全集》文學編第12卷（北京市：人民文學出版社，1982年），頁67。

對於反抗一神論的權威、發揚個性和民主起到巨大的作用。泛神論的反抗精神和它的泛生命意識曾吸引過許多詩人，如泰戈爾、歌德、惠特曼等。郭沫若對泛神論的理解應該說直接來自歌德、泰戈爾、惠特曼等人的啟示，但那種子卻在莊子思想，他後來說：「萬物都是『道』，也就是說萬物都是神，莊子的思想在我們中國古代本是一種泛神論的思想。這種思想和印度的古代和希臘的古代某些形而上學家的想法是共通的，在反對神，反對宗教，反對建立在教權上的統治方式上，很有足以使人迷戀的地方……我自己在年輕的時候也就是極端崇拜莊子的一個人。」[34]表明他的泛神論思想與莊子的聯繫。

莊子繼承了老子「道」的觀念而加以發揮，他認為「道」創造萬物，又貫穿萬物，萬物都是「道」的體現，那麼，以「道」觀物，萬物等無差別。莊子提出「齊生死，等萬物」的觀念，既體現了反權威的平等觀念，又有一種往來於天地萬物的磅礴氣勢，這對於多血質的郭沫若無疑具有巨大的吸引力。他在五四時期創作的詩歌，很典型地體現了這樣一種往來於天地之間、渴望沖決一切、渴望全新創造的精神。如鳳凰的集香木自焚以更生，天狗的渴望吞噬宇宙、渴望爆炸等。〈女神之再生〉發出「姊妹們，新造的葡萄酒漿／不能盛在那舊了的皮囊。／為容受你們的新熱、新光，／我要去創造個新鮮的太陽！」[35]〈立在地球邊上放號〉呼喚「不斷的毀壞，不斷的創造，不斷的努力」，[36]〈晨安〉歌唱「海洋一樣的惠特曼」[37]無不充滿這種大宇宙意識和破除舊世界、渴望新生的巨大精神力量；對泛神論的直接謳歌也如迎風旗幟，飄揚在他的詩歌中：「一切的一，芬芳。／一的一切，芬芳。」「一切的一，和諧。／一的一切，和諧。」「一切的

34 郭沫若：《聞一多全集・序》（北京市：生活・讀書・新知三聯書店，1982年），頁8-9。

35 郭沫若：《郭沫若全集》文學編第1卷（北京市：人民文學出版社，1982年），頁8。

36 郭沫若：《郭沫若全集》文學編第1卷（北京市：人民文學出版社，1982年），頁72。

37 郭沫若：《郭沫若全集》文學編第1卷（北京市：人民文學出版社，1982年），頁64。

一，悠久。／一的一切，悠久。」「一切的一，常在歡暢。／一的一切，常在歡暢。」[38]「我愛我國的莊子，／因為我愛他的 Pantheism」，「我愛荷蘭的 Spinoza，／因為我愛他的 Pantheism。」「我愛印度的 Kabir，／因為我愛他的 Pantheism。」[39]五四時期的郭沫若，泛神論思想不僅在藝術上給他插上了無所不往的幻想和想像的翅膀，更在思想上為他衝破封建藩籬、呼喚一個新世界的誕生帶來洪水般的破壞力，和發自生命內部的不竭創造活力，這使他的詩歌成為五四的最強音。

其實，莊子的思想並不完全等同於「泛神論」。「道」不等同於「神」，並沒有人格化，它只是一種造成我們這個世界存在的原初的非人性存在，是一種客觀化的理性精神，並不會造成宗教式的頂禮膜拜的效果。但「道」的貫穿於一切存在的特性、造成萬物齊一的特性與泛神論在精神上有一種高度的契合，它們同樣能造成主體在世界上存在的自我充沛價值感。也許郭沫若並不需要在學理上細辨「道」和泛神論的區別，他只需要利用這種萬物一體的精神為我所用，喊出他自己和時代的心聲。這是他的邏輯，也是時代的邏輯。因此，他一邊神往於西方式的「泛神便是無神。一切的自然只是神的表現，自我也只是神的表現。我即是神，一切自然都是自我的表現。」[40]一邊讚頌莊子：「在那個時期（按：指郭沫若在日本留學時期）我在思想上是傾向著泛神論（Pantheism）的，在少年時所愛讀的《莊子》裡面發現出了洞辟一切的光輝。」[41]他需要的是「道」和「泛神論」共有的破除傳統、擴張自我人格的精神。

---

38 郭沫若：《郭沫若全集》文學編第1卷（北京市：人民文學出版社，1982年），頁44-45。

39 郭沫若：《郭沫若全集》文學編第1卷（北京市：人民文學出版社，1982年），頁73。

40 郭沫若：《郭沫若全集》文學編第15卷（北京市：人民文學出版社，1982年），頁311。

41 郭沫若：《郭沫若全集》文學編第16卷（北京市：人民文學出版社，1989年），頁212-213。

假如說莊子的泛神論給了文學家的郭沫若以熱烈的情緒，那麼在稍後的一九二三年，郭沫若又從學術的立場考察了老莊的思想。結果他得出了與五四思想界甚至幾千年來相反的結論：老莊並非消極避世，相反，他們是積極的。郭沫若從史學的角度和老莊哲學本體論的角度分別做出論證。

郭沫若認為，三代以前存在我國思想史上一個黃金時代。那時候，我們的祖先已經考察過宇宙的本體，已經有了「易」這個觀念；思想是自由的，「一切的山川草木都被認為神的化身，人亦被認為與神同體。」[42]但到了三代，這種原始樸素的本體觀全然改變，三代為有神論思想主宰，個人自由喪失。到了周代，由於政治思想上的劇烈變動，神的存在受到質疑，「雄渾的雞鳴之後，革命思想家老子便如太陽一樣升起。他把三代的迷信思想全盤破壞，極端詛咒他律的倫理說，把人格神的觀念連根都拔出來，而代之以『道』的觀念。」而「道是無目的地在作用著」，[43]那麼有意志、有目的的神就徹底喪失了它存在的地盤，人的價值得以彰顯。這種狀況有似於歐洲的文藝復興，「我們在老子的時代發現中國思想史上的一個 Renaissance（按：詞意為「文藝復興」），一個反抗宗教的、迷信的、他律的三代思想，解放個性，喚醒沉睡著的民族精神而復歸於三代以前的自由思想，更使發展起來的再生運動。」[44]郭沫若的考察思路顯然要異於五四諸人，批判傳統文化的五四健將們大都著眼於老莊思想在後世的流弊，郭沫若卻別出心裁，將之與前代的思想對比，使得老莊思想的進步意義一目了然。這一點郭沫若顯然關注甚重：「周秦之際的學者，承受三代的黑暗時期之後，而蔚成思想革命的潮流。老子最激烈，他要把

---

42 郭沫若：《郭沫若全集》歷史編第3卷（北京市：人民出版社，1984年），頁256。

43 郭沫若：《郭沫若全集》歷史編第3卷（北京市：人民出版社，1984年），頁256-257。

44 郭沫若：《郭沫若全集》歷史編第3卷（北京市：人民出版社，1984年），頁257。

神鬼龜卜的陰魂一齊消滅。」[45]「老子的最大發明便是取消了殷周以來的人格神的天之至上權威，而建立了一個超絕時空的形而上學的本體。」[46]「老子對於殷周的傳統思想的確是起了一個天大的革命。帝和鬼神沒有道的存在是不能存在的；有了道，在智者看來，鬼神也就失其威嚴。」[47]郭沫若的這種觀察雖出之以客觀，但他的思想也顯然被新的時代情緒點燃——他必定注意到五四與春秋戰國這兩個時代的共同性：傳統價值崩潰，舊的思想觀念受到懷疑和否定，時代呼喚新的思想；同時他也必定注意到老莊思想的積極意義：反抗權威，主張個性和自由。相同的背景、相同的呼聲，使得郭沫若將老莊引為知音。因而，在五四思想界反傳統、反道學的氛圍下，郭沫若另闢蹊徑，從與大多數人相反的道路，卻走向共同的時代主題。

郭沫若當然不是僅僅肯定老莊哲學顛覆前代思想這一意義，老莊思想的本身也是他所肯定的。他認為，把老子思想看作消極是誤解的結果：「中國古代的思想大抵被秦以後的學者誤解了。他們把老子的『無為』說完全解作出世間的，如佛教思想一般。」[48]郭沫若則把周、秦時期的中國文化看作純粹的中國文化，後來佛教文化滲透進中國文化以後，中國文化已不純粹。他比較說，「印度思想與希伯來思想同為出世的，而中國的固有精神與希臘思想則同為入世的。」[49]這就肯定了包括老莊思想在內的中國文化是積極入世的文化。老莊的入世精神已經內在包含在它們「道論」中：「道是無目的地在作用著。試看天空！他在司掌一切生物之發育與成長，沒有什麼目的。我們做人的也應當這樣！我們要不懷什麼目的去做一切的事！人類的精神為

---

45 郭沫若：《郭沫若全集》歷史編第3卷（北京市：人民出版社，1984年），頁266。
46 郭沫若：《郭沫若全集》歷史編第1卷（北京市：人民文學出版社，1982年），頁351。
47 郭沫若：《郭沫若全集》歷史編第1卷（北京市：人民文學出版社，1982年），頁352。
48 郭沫若：《郭沫若全集》歷史編第3卷（北京市：人民文學出版社，1982年），頁257。
49 郭沫若：《郭沫若全集》文學編第15卷（北京市：人民文學出版社，1992年），頁149。

種種的目的所攪亂了。人世苦由這種種的『為』（讀去聲）而發生。我們要無所為（讀去聲）而為一切！我們要如赤子，為活動本身而活動！要這樣我們的精神才自然恬淡而清淨。……老子的『無為說』對於我們是這樣的聲響。」[50]

這種解釋是新穎有力的：他一反傳統包括時人將老莊的「無為」看作消極的說法，而首先肯定「無為」說的前提是積極的，「道」的特性是「作用」，是「為」，這是根本的；而「道」起作用的特點是「無目的」的。他將老子的「無為」之「為」解讀為去聲，作為介詞，表示目的。所以，「無為」之意當為「不要懷有目的」；但前提是「為（做）」，是不帶目的地去做一切事。這充分說明老子哲學是積極入世的；而不帶目的性不但不是老子哲學的缺點，相反正是老子哲學具有革命性的地方。

為什麼如此？郭沫若解釋道：「人類的精神為種種功利的目的，占有的欲望所擾，人類的一切煩亂爭奪盡都從此誕生。」因而他認為，「欲消除人類的苦厄則在效法白然，於自然的沉默之中聽出雷鳴般的說教。自然界中，天旋地轉，雲行雨施，漫無目的之可言，而活用永遠不絕。自然界中，草木榛榛，禽獸狉狉，亦漫無目的之可言，而活機永遠不息。然而自然界中之秩序永保著數學的謹嚴，那又是何等清寧的狀態！人能泯卻一切的欲望而純任自然，則人類精神自能澄然清明，而人類的創造本能自由發揮而含和光大。」[51]在他看來，效法自然，可使人類在「活機永遠不息」的同時，又能保持精神「澄然清明」，這真是一個理想的境界！他所暗示的理想是，進取的精神是好的，但會帶來精神和社會的混亂。如何在進取的同時又保有精神和

---

50 郭沫若：《郭沫若全集》歷史編第3卷（北京市：人民出版社，1984年），頁256-257。

51 郭沫若：《郭沫若全集》文學編第15卷（北京市：人民文學出版社，1992年），頁150。

社會的秩序？老子的「無為」說恰是一副良方。郭沫若實際是在吸收西方文化的同時已先於時人反思西方文化的缺陷，並以老莊哲學補救之。在東西文化交匯之初即產生這種思想是可貴的，如果說嚴復此前已有此朦朧的想法，郭沫若則更加明確深刻了。它反映出郭沫若在注重進取的西方精神的影響下、在時代精神感召下，對老莊哲學的一種創造性解讀。後來林同濟、沈從文等人都主張將西方的意志哲學與本民族老莊超然淳樸的思想相結合，打造出全新的民族精神，這種理路，郭沫若當是前驅者。

對老子思想這種「不帶目的性而為」的精神的肯定，還可從郭沫若在老子與佛家思想的比較中看出：「據我看來，老子的無為說應該是這樣的意思，老子的恬靜說是由這種思想所產生出來的活靜。活靜與死靜不同，活靜是群力合作的平靜狀態，而死靜則是佛家的枯槁寂滅，道家思想與佛學根本不同。」[52]郭沫若又在此否定了佛家而肯定了道家：他肯定老子的「恬靜」是消除目的而為的「活靜」，根本不同於佛家「徹底不為」的「枯槁寂滅」。郭沫若本人非常看重這種思想，他三、四十年代後雖然拋棄了「五四」時期的許多思想（如泛神論等），但這一想法卻一以貫之。在四十年代，他還同樣肯定莊子哲學不帶目的而為的精神：「要人去體念本體的大公無私與其不斷的活動，而效法它，忘卻世界上的一切相對的是非得失。要恬淡無為而無不為。恬淡無為者是毫無私心，毫無打算，而無不為者便是不斷地活動。所以說『大塊載我以形，勞我以生，逸我以老，息我以死』。只有死才是休息的時候，人的一生是應該勞動，不過這勞動是應該純無打算，純無私欲。不是為己，也不必就是為人，但同時也就是為己，就是為人」。肯定莊子「是一個觀念論者，但並不是一個虛無主義者。」[53]他不斷肯定了老莊哲學「為」的精神和不帶目的的「為」的

52 郭沫若：《郭沫若全集》文學編第15卷（北京市：人民出版社，1992年），頁150。
53 郭沫若：《郭沫若全集》文學編第19卷（北京市：人民出版社，1992年），頁66。

品性，這實際上突出了中國道家哲學的獨特品質，自然也就糾正了那種認為道家哲學是消極的說法：「便是道家思想也不是不進取。老莊思想流而為申不害、韓非，是人所盡知的。老子的無為清淨說為後人所誤解，誤認為與佛教思想同科，實則『無為』二字並不是寂滅無所事事，是『生而不有，為而不恃』的積極精神。」[54]可以看出，郭沫若對老莊的解讀與效果史上的老莊是大相逕庭的，與「五四」思想界的看法也大異。它是否是原教旨主義的老莊，我們暫且不論；但他的解讀無疑是在時代精神的激發下對老莊思想的創造性發揮，這是極為可貴的，即使今天看來，這種理想人格的暢想也是那麼激動人心。

二　後期基於現實的老莊批評

但幾乎就在頌揚老莊的同時，郭沫若已經開始了對他們的反思。一九二四年前後。郭沫若創作了一批以歷史人物為題材的寓言小說，計有一九二三年寫的《漆園吏游梁》和《柱下史入關》，有一九二五年寫的《孔夫子吃飯》和《孟夫子出妻》等。這批小說呈現批判諷刺的色彩，批判了老子的利己、莊子的出世、孔子的缺乏真誠、孟子的箝制人性，這迥異於他之前對先秦思想的讚美。這種轉變其實是郭沫若思想轉變的一個標誌，一九二四年，郭沫若接觸到馬克思的著作，此後不久，他的思想迅速轉到馬克思主義的立場上來了。發表在一九二五年的《馬克思進文廟》裡他借用馬克思的嘴說：「我是站在這個世間說這個世間的話。這一點我和許多宗教家，或者玄學家不同。」清楚地表明了立足於現世改造社會的思想立場。這與他以前說的「無所為而為一切」的抽象說法可以說是一次跨越。一九二三年時，他還在說：「我們反抗不以個性為根柢的既成道德。」[55]到了一九二六年，

---

54 郭沫若：《郭沫若全集》文學編第15卷（北京市：人民出版社，1992年），頁150。

55 郭沫若：《郭沫若全集》文學編第16卷（北京市：人民文學出版社，1989年），頁5。

他的說法完全改變：「在現代的社會沒有什麼個性，沒有什麼自由好講。講什麼個性，講什麼自由的人，可以說就是在替第三階級說話。……你要主張你的個性，你要主張你的自由，那請你先把阻礙你的個性、阻礙你的自由的人打倒。而且你同時也要不阻礙別人的個性、不阻礙別人的自由，不然你就要被人打倒。像這樣要人人能夠徹底主張自己個性、人人都能夠徹底主張自己的自由，這在有產的社會裡面是不能辦到的。我們只得暫時犧牲了自己的個性和自由去為大眾人的個性和自由請命了。」[56]此時，郭沫若意識到世界上沒有離開社會現實的抽象自由，人的本質在於社會性，這正是典型的馬克思主義觀點，「一個人生在世間上，只要他不是離群索居……那他的種種的精神活動，無論如何是不能不受社會的影響的。」[57]到四十年代，他仍然這樣強調：「游離了社會背景而專談邏輯……我是不滿意這種方法的。無論是怎樣的詭辯，必然有它的社會屬性，一定要把它向社會還原，尋求得造此詭辯者的基本立場或用意，然後這一學說或詭辯的價值才能判斷，不然，我們只好受著古人的愚弄，弄不出他的真象的。」[58]

立足於這樣改造現實的立場，郭沫若在《柱下史入關》、《漆園吏游梁》裡批評了老莊的出世思想。《柱下史入關》寫老子西走大漠，結果為炎熱和饑餓所困，差點丟了性命，最後靠割牛的血管喝牛血才勉強逃回。他悟道：「人間終是離不得的，離去了人間便會沒有生命。與其高談道德跑到沙漠裡來，倒不如走向民間去種一莖一穗。」[59]「我現在要回到中原去了，回到人間去了，我從前說的話幾乎句句都是狂妄。我說的道與德是不能兩立的，我說的道是全無打算的活動的

---

56 郭沫若：《郭沫若全集》文學編第16卷（北京市：人民出版社，1992年），頁31。

57 郭沫若：《郭沫若全集》文學編第16卷（北京市：人民出版社，1992年），頁24。

58 郭沫若：《郭沫若全集》歷史編第2卷（北京市：人民文學出版社，1982年），頁484。

59 郭沫若：《沫若文集》（北京市：人民出版社，1957年），頁550。

本體，我說的德卻是全是打算的死滅的石棺。我現在懺悔了，我要回到人間去，認真地過一番人的生活來。」[60]這種懺悔意識其實反映了郭沫若要改變五四時期抽象吶喊的做法，而向更實際的現實鬥爭靠近，「我高興做個『標語人』，『口號人』，而不必一定要做『詩人』。我尤其不相信，只有楊柳才是樹子，而木棉卻是動物。」[61]

《漆園吏游梁》筆法更為曲折些。郭沫若以同情的心情描寫了莊子靠織麻鞋卻無以為生的生活困境，寫他向朋友借米遭冷遇的尷尬，和他走投無路時向知己惠施求助卻被當成騙子的悲哀處境。郭沫若雖諷刺了世態炎涼，卻也寫盡了莊子在隔絕人世的寂寞中倍求人世的溫暖的心情：「他想起他夫人在生的時候，他待她真是太淡漠了，他總以為是受了她的拖累。……如今呢？他只對著孤影嚼麻屑了。」在無盡的寂寞中，莊子甚至抱起河邊的髑髏，「熱烈烈地接了好幾個吻」。他反覆感嘆：「啊啊，我是饑渴著人的鮮味，我是饑渴著人的鮮味！」[62]莊子在這種難耐的寂寞中反思自己，把自己與惠施對比：「他和我不同的地方，便是他事事都腳踏實地，而我只是在無何有鄉中盤旋。我只是在自己的腦袋子中打圈子，宇宙中的事物我知道了些什麼？啊啊，我是什麼也不曾知道！」[63]郭沫若借此批判了莊子耽於形而上的空想而於現實無補，這跟他在《惠施的性格與思想》研究結果是一致的：「他（按：指惠施）是一個『人』，而莊子則幾乎脫掉了人的趣味。」[64]

郭沫若在二十年代對老莊的反思和批判只是他批判老莊思想的一個序幕，他真正對老莊展開全面、徹底、深刻的批判是在四十年代。

---

60 郭沫若：《沫若文集》（北京市：人民出版社，1957年），頁553。

61 郭沫若：《郭沫若全集》文學編第16卷（北京市：人民文學出版社，1989年），頁221。

62 郭沫若《沫若文集》（北京市：人民出版社，1957年），頁540。

63 郭沫若《沫若文集》（北京市：人民出版社，1957年），頁542。

64 郭沫若：《郭沫若全集》歷史編第3卷（北京市：人民出版社，1984年），頁278。

那時，隨著他在政治上的成熟，郭沫若對老莊思想的非實踐性、非現實性認識得更為徹底；而他四十年代初從領導崗位的暫時退出，使得他有充裕的時間對包括老莊在內的先秦思想史進行清算，這便是以《莊子與魯迅》、《莊子的批判》、《稷下黃老學派的批判》為代表的一批歷史思想著作。

莊子哲學在純精神的思辨領域達到了我國哲學的最高水平，其以「心齋」、「坐忘」等一套獨特的修養方法，使得個人思想達到神通天外的境界，顯示了一種純粹哲學的可貴魅力。但應該說，其哲學指歸在天，而否定人在現世的積極努力。因而，莊子哲學對個人純粹精神修養極富啟示，但對個人如何處世乃至改造現實，它表現得猶疑、敷衍、力不從心。就是莊子本人對現實也是無可奈何，「他本有執政的可能，但他很明白他的理想很難於實現，因此多少是採取了一種玩世的態度。」[65]而改造現實、創造一個更加理想的社會是一切時代都不能迴避的課題。因而，在民族解放的大時代背景下，郭沫若對他早年心儀的大哲學家表現出激烈批判的態度，也是自然而然的了。郭沫若對莊子的批判首先就瞄準了他的「厭世」、「玩世」、「幻想」等反現實的思想傾向，「莊子是一位厭世的思想家，他把現實的人生看得毫無意義……人生只是一場夢，這已經是說舊了的話，但在古時是從莊子開始的。不僅只是一場夢，而且是一場惡夢。更說具體一點，甚至比之為贅疣，為疔瘡，為疽，為癰。因而死也就是『大覺』，死也就是『決疣潰癰』了。真是把人生說得一錢不值。」[66]「但無疑他們實在都是一些厭世派，所謂『以天下為沉濁，不可與莊語』，便只好『獨與天地精神往來』[67]

莊子對人生的這種極端的否定態度固然包含對現實的強烈批判，

65 郭沫若：《郭沫若全集》文學編第19卷（北京市：人民出版社，1992年），頁71。
66 郭沫若：《郭沫若全集》歷史編第2卷（北京市：人民文學出版社，1982年），頁193。
67 郭沫若：《郭沫若全集》歷史編第2卷（北京市：人民文學出版社，1982年），頁205。

但在莊子個人，也未嘗不是他不能應對現實困境、從而逃往幻想的世界的結果，「這種可以『乘雲氣，御飛龍而游乎四海之外』，純全是厭世的莊子幻想出來的東西，他的文學式的幻想實在是太豐富了。……他自己也陶醉在這種幻想裡面似乎得到了超脫一樣。」[68]但顯然幻想只能得到一時的滿足，而現實卻無時不在、無處不在，逃避反抗而不得的莊子最後必定陷入「油滑」:「『方今之世，僅免刑焉』，抗又無法去抗，順又昧不過良心，只好閉著眼睛一切不管，芒乎昧乎，恍乎惚乎，以苟全性命於亂世而遊戲人間。這本來是悲憤的極端，然而卻也成為了油滑的開始。所謂『知其不可奈何而安之若命』,『乘物以遊心，托不得已以養中』，莊子自己便已經道穿了。因此，他的處世哲學結果是一套滑頭主義，隨便到底——『彼且為嬰兒，亦與之為嬰兒；彼且為無町畦，亦與之為無町畦；彼且為無涯，亦與之為無涯。』『支離其形，支離其德』，而達到他的『無用之用』。」[69]郭沫若以「現實」為標準，將莊子思想的空疏暴露無遺。這種批判的立場與魯迅是大致相同的。

老子思想的革命性是五四時期的郭沫若所津津樂道的，然而，在四十年代，郭沫若卻猛烈批評老子的「詐術」、「愚民」，前後的不同直可判若兩人。「老聃之術傳於世者二千餘年，經過關尹、申不害、韓非等人的推闡，在中國形成為一種特殊的權變法門，養出了大大小小不知其數的權謀詭詐的好漢。」[70]他列舉了《韓非子・喻老》中的三個例子：

> 越王入宦于吳，而勸之劃齊以弊吳。吳兵既勝齊人于艾陵，張之于江、濟，強之于黃池，故可制於五湖。故曰：「將欲翕

68 郭沫若：《郭沫若全集》歷史編第2卷（北京市：人民文學出版社，1982年），頁200。
69 郭沫若：《郭沫若全集》歷史編第2卷（北京市：人民文學出版社，1982年），頁204。
70 郭沫若：《郭沫若全集》歷史編第2卷（北京市：人民文學出版社，1982年），頁186。

之，必固張之；將欲弱之，必固強之」。

晉獻公將欲襲虞，遺之以璧馬，智伯將襲仇由，遺之以廣車。故曰：『將欲取之，必固與之」。

起事于無形而要功於天下，是謂「微明」。處小弱而重自卑，謂「損弱勝強」也。

他指出：「這一章在《道德經》中是最為人所詬病的文字，因為它完全講的是詐術。」[71]韓非子是道家學派的繼承人，這三個例子正是現身說法，表明老子思想是為統治階級所用的「權變法門」。

早在一九三五年，郭沫若就指出，「在政治思想上老子是主張『愚民』的人。」[72]四十年代後，他又提出了更加尖銳的批評：「現存《道德經》裡面已經很露骨地在主張著愚民政策。」他列舉了老子的話：

古之善為道者，非以明民，將以愚之。民之難治以其智多。故以智治國，國之賊；不以智治國，國之福。

欲上民必以言下之，欲先民必以身後之。

憤怒指出：「這種為政的態度，簡直在把人民當成玩具。」[73]

應當說，老子思想的「詐術」、「愚民」色彩，並不是郭沫若獨自的發現，但郭沫若在他的著作中引用並詳加論證、批評，卻是體現了他的主張。

---

71 郭沫若：《郭沫若全集》歷史編第2卷（北京市：人民文學出版社，1982年），頁184。

72 郭沫若：《郭沫若全集》歷史編第1卷（北京市：人民文學出版社，1982年），頁353。

73 郭沫若：《郭沫若全集》歷史編第2卷（北京市：人民文學出版社，1982年），頁185。

郭沫若對老莊的批判並不僅僅著眼於他們思想的本身，更著眼於他們的思想對後世的影響。在郭沫若看來，老莊思想的本體也許不乏合理的因素，然而它們卻被後世的統治階級利用，作了他們統治的武器。「他所理想的『真人』，不一二便成為陰陽方士之流的神仙，連秦始皇帝都盜竊了他的『真人』徽號。他理想的恬淡無為，也被盜竊了成為兩千多年來的統治階級的武器。上級統治者用以禦下，使天下人消滅了悲憤抗命的雄心；下級統治者用以自衛，使自已收到持盈保泰的實惠。兩千多年來的滑頭主義哲學，封建地主階級的無上法寶，事實上卻是莊老夫子這一派所培植出來的。」[74]這種同樣為魯迅所批判過的「無可無不可」滑頭哲學正是中國人用來保存自我、對抗現實改革的法寶。唯其著眼點在保存自我利益，因而兩千年來得到歷代統治者的厚愛，成為暗中支配他們思想的秘密武器。「道家思想直可以說壟斷了二千年來的中國學術界；墨家店早被吞併了，孔家店僅存了一個招牌。禮教固然吃人，運用或縱使禮教以吃人的所謂道術，事實上才是一個更加神通廣大的嗜血大魔王呀。」[75]顯示道家的危害更甚於儒墨。這種從比較中得來的對道家（教）思想的批判，與周作人的思路是極為接近的。[76]

如果說二十年代郭沫若對老莊思想的轉變是由於他接觸到馬克思主義，以現實實踐性的品格對照老莊思想，從而對他們的出世思想進行批判；那麼，在四十年代，隨著郭沫若在政治上和思想上的成熟，以人民為本位的思想則顯然成為他這一時期批判老莊思想的武器。

早在一九二三年，郭沫若就聲稱「我素來是站在民眾方面說話的人，不過我從前的思想不大鮮明，現在更鮮明了些，從前的思想不大統一，現在更統一一些罷了。」[77]這說明他思想上逐漸靠近人民立

74 郭沫若：《郭沫若全集》歷史編第2卷（北京市：人民文學出版社，1982年），頁206。
75 郭沫若：《郭沫若全集》歷史編第2卷（北京市：人民文學出版社，1982年），頁187。
76 見本論文第二章第一節：「魯迅：意志哲學和時代要求的雙重變奏」。
77 郭沫若：《郭沫若全集》文學編第16卷（北京市：人民出版社，1989年），頁23。

場。思想立場的轉變也同時體現在文藝上：「我們現在所需要的文藝是站在第四階級說話的文藝，這種文藝在形式上是現實主義的，在內容上是社會主義的。除此以外的文藝都已經是過去的了。」[78]到了四十年代，這種人民立場意識更加明確和突出，他直言自己批判的思想基礎，「便是以人民為本位的這種思想。合乎這種道理的便是善，反之便是惡。」[79]因而對老子斥其為「本質上並沒有多大的發展前途，因為他沒有大眾的基礎。」[80]他分析老子政治思想何以有愚民意識，即在於老子學說是「不以人民為本位的個人主義，必然要發展成為這樣的。更進一步，便否認一切文化的效用而大開倒車。」[81]同樣，他諷刺老子的「絕聖棄智」：「他棄絕的是什麼呢？人民的聖智而已。聲色犬馬也好，做人君的最有經驗，他們知道目不會因之而盲，耳不會因之耳聾，心也不會因之而發狂。」[82]郭沫若這種強烈的人民意識，有時不免以今人的思想勉強古人的意味，但這種角度也給了他深入而獨到的觀察；而重要的還是他的論述體現了時代的需要，他的老莊是時代精神的風向標。

第三節　陳獨秀、胡適對老莊的批判

一　陳獨秀：對老莊墮落哲學的批判

在「五四」文壇和思想界，陳獨秀也許是除魯迅之外對老莊持最決絕批判態度的思想家。青年陳獨秀目睹了戊戌變法的失敗、沙俄的

78 郭沫若：《郭沫若全集》文學編第16卷（北京市：人民出版社，1989年），頁30。
79 郭沫若：《郭沫若全集》歷史編第2卷（北京市：人民文學出版社，1982年），頁482。
80 郭沫若：《郭沫若全集》歷史編第2卷（北京市：人民文學出版社，1982年），頁162。
81 郭沫若：《郭沫若全集》歷史編第2卷（北京市：人民文學出版社，1982年），頁185。
82 郭沫若：《郭沫若全集》歷史編第2卷（北京市：人民文學出版社，1982年），頁186。

入侵東北、八國聯軍的入侵和〈辛丑條約〉的簽訂，他很早就開始思考國家貧弱的原因，「可憐我們中國，也算是世界上一個自古有名的大國。」[83]可是，事到如今，「我們中國何以不如外國，要被外國欺負，其中必有緣故。」[84]他認為中國落後的根本原因在於「陳腐朽敗之細胞充塞人身。」[85]這種「陳腐朽敗」的細胞即是以儒釋道為代表的傳統文化，「老尚雌退，儒崇禮讓，佛說空無」，遂導致我國精神界「強梁敢進之思、冒險敢為之風」從根斷矣。[86]在陳獨秀看來，正是傳統文化造成國民懦弱、保守、自欺，要改變中國民族命運，必首先改造國民性，因而，從辛亥革命前到五四運動時期，陳獨秀將改造國民性當作救國方案之一。陳獨秀的老莊批判正是在這一思想背景中展開。

早在一九〇三年，陳獨秀就在《民國日日報》著文〈箴奴隸〉和〈革天〉[87]批判老子思想。他把老子稱為「奴隸販子」，老子主張「知雄守雌，知榮守辱」，是「專務鑄造奴隸的模範」。他又分析儒家的「聖人之道」為何「不益於世用」，就是因為「宋儒以來之談孔派者無不逃入於老派乎，靜也、虛也、柔也、無為也、無動也，老派之玄妙也，即奴隸之教授法也；鄙夫也、鄉愿也、學究也、偽君子也、老派之健將也，即奴隸之志願地也」。統治階級正是表面上利用孔子作幌子，背地裡卻「以老氏之暗毒吸人血而涸人腦」，使天下人逆來順受，甘願為奴隸。故而，愈推尊孔派，吾族之奴隸就愈發不可自拔。[88]〈革天〉則對天命觀提出批評，「而可聽天以治天下也，則又何以顏淵死而盜跖生也」，「論其當然，則當然者非天也，理也」。斥責老子「純

83 陳獨秀：《陳獨秀著作選》第1卷（上海市：上海人民出版社，1993年），頁57。

84 陳獨秀：《陳獨秀著作選》第1卷（上海市：上海人民出版社，1993年），頁55。

85 陳獨秀：《陳獨秀著作選》第1卷（上海市：上海人民出版社，1993年），頁129。

86 陳獨秀：《陳獨秀著作選》第1卷（上海市：上海人民出版社，1993年），頁416、414。

87 沈寂：《陳獨秀研究》第2輯（合肥市：安徽大學出版社，2003年），頁21。

88 《中華民國史料彙編》（臺北市：中央文物供應社，1983年），頁16-36。

乎主任天之說」,「天網恢恢，疏而不漏，老氏之明言自然，言在宥」,「吁！吾見後來志士之墮落于老氏藩籬之下者何多也！造無為之死語，定知辱之奴戒，致釀成疲軟無氣之人類者，皆老氏言天之罪也。」這兩篇文章，前者直批評老子的奴隸哲學，後者批判老子的天道觀，但落腳點都在於批評老子哲學造成的中國人的奴隸人格。可見，陳獨秀在魯迅等人之先已看出國民性改造中的核心問題：傳統文化造成的奴隸人格。

針對這種狀況，他提出積極的人性改造主張（這原是一個問題的兩個方面）。一九一五年九月十五日，他在《青年雜誌》上發表〈敬告青年〉的發刊詞，寄希望于青年「勇於奮鬥，敏於自覺」，提出六項主張：「自主的而非奴隸的」、「進步的而非保守的」、「進取的而非退隱的」、「世界的而非鎖國的」、「實利的而非虛文的」、「科學的而非想像的」。不難看出，這六項主張正與包括老莊哲學在內的傳統文化造成的國民奴隸人格針鋒相對。五四那一代人，文化批判決不僅僅在文化本身，文化批評是改造人生的手段，是改造現實的手段。

在〈敬告青年〉發表後不久，一九一八年二月十五日，陳獨秀又發表〈人生真義〉，探討宗教家、科學家、哲學家的人生觀。在論及老莊哲學時，他這樣說，「那老、莊的意見以為萬事萬物都應當順應自然；人生知足，便可常樂，萬萬不可強求。」老莊的意見自然使人快活得很，但「人生一世，安命知足，事事聽其自然，不去強求，自然是快活得很。但是這種快活的幸福，高等動物反不如下等動物，文明社會反不如野蠻社會。我們中國人受了老莊的教訓，所以退化到這等地步。」[89]他反覆批判：「我們中國學術文化不發達，就壞在老子以來虛無的個人主義及任自然主義。」「虛無主義及任自然主義，都是叫我們空想，頹唐，紊亂，墮落，反古。」[90]陳氏在反對專制主義

---

89 陳獨秀：《獨秀文存》（合肥市：安徽人民出版社，1987年），頁125。
90 陳獨秀：《獨秀文存》（合肥市：安徽人民出版社，1987年），頁602。

時，鬥爭的矛頭集中對準孔子、孔教；而在討論國民性時，批判老莊最為激烈。當時中國的問題雖重重疊疊，但根本歸結為國民的懦弱人格，因而，他對這一問題批判最力，並針鋒相對地提出「我們應該把『愛世努力的改造主義』當作社會中個人普遍的唯一信仰。」[91]

陳獨秀的批判同樣不限於老莊思想本身，更是結合現實的鬥爭和流行的思潮進行。二十世紀早期，中國盛行無政府主義，主張絕對的自由和民主，這一思潮很快就與具有自由、平等精神的老莊學說會通起來。中國的無政府主義者甚至把老莊看成自己的始祖，如劉師培夫婦在日本創辦的《天義報》，在創刊號上把老莊視作無政府主義者，在第五卷之首刊上老子像，稱之為「中國無政府主義的發明家」。在無政府主義者看來，老莊的「無為」、「不攖人心」的主張和極端自由主義的追求正和他們對強權的反抗、對極端自由的追求在理論上是相通的。陳獨秀此時已接受列寧式的社會主義，主張「從政治上教育上施行嚴格的干涉主義」，「早日造成一個名稱其實的『開明專制』之局面」，即勞農專政，中華民族的腐敗墮落方可救治。[92]因而對無政府主義的毒害看得很清楚，他要批判這種思想，就不能不刨一刨這一思想在中國的根。在〈中國式的無政府主義〉一文中他表示：「近來青年頗流行的無政府主義，並不完全是西洋的安那其，我始終認定是固有的老、莊主義的復活，是中國式的無政府主義，所以他們還不滿於無政府主義，更進而虛無主義而出家而發狂自殺；意志薄弱不能自殺的，恐怕還要一轉而順世墮落，所以我深惡痛絕老、莊底虛無思想放任主義，以為是青年的大毒。」[93]他深知無政府主義、老莊的絕對自由思想看起來很美，但實際於世無補，要靠它們在虎狼橫行、民族命運岌岌可危的二十世紀初的國際環境下拯救民族命運於水火，無異於

---

91 陳獨秀：《陳獨秀著作選》第1卷（上海市：上海人民出版社，1993年），頁524。
92 陳獨秀：《陳獨秀著作選》第2卷（上海市：上海人民出版社，1993年），頁283。
93 陳獨秀：《陳獨秀著作選》第2卷（合肥市：安徽人民出版社，1987年），頁283。

癡人說夢。這也與他的勞農專制的理想大相逕庭，「施行這嚴格的專制主義之最大障礙，就是我們國民性中所含的墮落放縱不法的自由思想；鑄成這腐敗墮落的國民性之最大原因，就是老、莊以來之虛無主義放任思想。」[94]隨著陳獨秀越來越靠近社會主義思想，他對老莊的批判更加激烈。

陳獨秀對老莊主要是持激烈的批判態度，相對於胡適的揚莊抑老、郭沫若和聞一多等人前後對老莊的不同態度，陳獨秀的立場是鮮明決絕的。當然，對老莊的絕世之思，他並不是毫無認同。一九一四年十一月十日《甲寅雜誌》上他第一次用「獨秀」的筆名發表〈愛國心與自覺心〉，稱讚「智之盛者，莫如老聃，了達世諦，騎牛而逝。」後來又說：「墨氏兼愛，莊子在宥，許行並耕，此三者誠人類最高之理想，而吾國之國粹也，奈何為孔孟所不容何。」[95]這種評價是很高了，但是，在民族危亡的時代背景下，這種學理上的辨析是不可能深入下去的；作為文化策略，他也不可能沿著這一思路去發揮老莊思想，時代的需求是最高「真理」，因而，他與同時代人一樣，只能在老莊豐富的思想中選取與時代相關的一部分進行闡釋，而關於老莊「智之盛者」、「國粹」云云等的讚賞，則點到為止。陳獨秀對老莊的批判走在同時代前面，問題看得準確深入，態度明確堅決，既有思想家的深刻，又體現了政治家的策略和堅定性。

二　胡適：揚老抑莊，批達觀，析進化

陳獨秀對老莊都是否定，胡適則揚老抑莊。胡適對老子有一個基本的判斷，稱之為「革命家」，這主要是針對老子的政治哲學的，同時也兼及他的天道觀和人生哲學。

---

94 陳獨秀：《陳獨秀著作選》第2卷（合肥市：安徽人民出版社，1987年），頁283。

95 陳獨秀：《陳獨秀著作選》第1卷（上海市：上海人民出版社，1993年），頁315。

胡適認為，老子對那個時代的政治進行了嚴厲的批判，「完全是那個時代的反動」；反對有為的政治，主張無為無事的政治，因為「老子的無為主義，依我看來，也是因為當時的政府太腐敗不配有為，偏要有為；不配干涉，偏要干涉，所以弄得『天下多忌諱，而民彌貧；民多利器，國家滋昏；法令滋彰，盜賊多有』。」所以，「老子對於那種時勢，發生激烈的反響，創為一種革命的政治哲學」，老子主張「極端破壞主義，他對於國家政治，便主張極端的放任。」[96]胡適對於老子的「無為」政治觀念一直欣賞有加。

胡適對於老子的人生哲學與他的政治哲學基本持相同的看法。「老子的人生哲學和他的政治哲學相同，也只是要人無知無欲。」這種觀念，也是時勢的反動，「知識愈高，欲望愈難滿足，又眼見許多不合意的事，心生無限煩惱，倒不如無知的草木，無思慮的初民，反可以混混沌沌，自尋樂趣。」老子所以在人生哲學中主張「不爭主義」，是因為「那個時代是一個兵禍連年的時代。小國不能自保，大國又爭霸權不肯相下。老子生於這個時代，深知無力的競爭，以暴禦暴，只有更烈，決沒有止境。只有消極的軟功夫，可以抵禦強暴。」[97]「我們盡可以逆來順受，且看天道的自然因果罷。」[98]在救亡圖存的五四思想界，在反傳統、學西方的吶喊聲中，在對國民軟弱奴性人格的聲討中，作為五四思想界代表的胡適發出這種論調是令人困惑的，它一方面說明老子思想對胡適影響之深，另一方面說明了五四思想的多聲部；但需要提醒的是，胡適的這一思想看似消極，它的出發點卻是積極的，也是尋求政治解決中國問題之一途。

胡適同時肯定老子的天道觀。老子以前的天道觀念，都是把天看作一個有意志、能作威作福的主宰，而老子打破了這一觀念（「天地

---

96 胡適：《中國哲學史大綱》（上海市：東方出版社，1996年），頁35-36。

97 胡適：《中國哲學史大綱》（上海市：東方出版社，1996年），頁48。

98 胡適：《中國哲學史大綱》（上海市：東方出版社，1996年），頁49。

不仁，以萬物為芻狗。」）立下後來自然哲學的基礎。「老子的最大功勞，在於超天地萬物之外，別設一個『道』」，「道的作用，並不是有意志的作用，只是一個『自然』。自是自己，然是如此，『自然』只是自己如此。」打破有意志的天道，發明自然之道，郭沫若後來正是在這一意義上稱讚了老子思想的革命性。

胡適論老子哲學先說老子的政治哲學，這固然顯示了他積極的用世意念；但在方法上，他主張「最初的哲學思想，全是當時社會政治現狀所喚起的反動。」把哲學思想看作純是社會的反動，「我的意思要人知道哲學思想不是懸空發生的。」不信「哲學起於人類驚疑之念。」認為「人類的驚疑心可以產生迷信與宗教，但未必能產生哲學。」[99]這是值得商榷的。

哲學思想會帶有時代的色彩，某種特定的時代氛圍也會影響哲學思想的產生，但哲學的根斷不在時代。假如哲學只是應對時代問題的策略，則哲學與政治學何異？哲學產生於某些特異之士的特異心靈。胡適說「即如希臘古代的宇宙論，又何嘗是驚疑的結果？」恰恰無視古希臘的智慧，亞里士多德總結古希臘哲學家的產生時說「人們是由於詫異才開始研究哲學；過去就是這樣，現在也是這樣。」並認為哲學的研究並不是為了實用。[100]直到現代，西方最著名的哲學家之一尼采還說：「驚奇是人類的瑰寶。」這種觀點，莊子也是贊同的，〈大宗師〉記載南伯子葵向女偊問道：

> 南伯子葵曰：「子獨惡乎聞之？」
> 曰：「聞諸副墨之子，副墨之子聞諸洛誦之孫，洛誦之孫聞之瞻明，瞻明聞之聶許，聶許聞之需役，需役聞之于謳，于謳聞

99　胡適：《中國哲學史大綱》（上海市：東方出版社，1996年），頁37。

100　北京大學哲學系外國哲學史教研室編譯：《西方哲學原著選讀》上卷（北京市：商務印書館，2004年），頁119。

之玄冥，玄冥聞之參寥，參寥聞之疑始。」[101]

可見，「道」最終來自於「疑始」是疑惑之念；南伯子葵說女偊對於「道」是「獨聞之」，可見哲學思想來自於少數人。胡適以他的實驗哲學和實證科學的頭腦來理解哲學，顯然不懂得真正的哲學精神。哲學可以實用，但實用不是哲學的本性；某種哲學是特定時代的產物，但哲學遠遠超越了時代。叔本華曾說，哲學家是把整副宇宙之畫掛在眼前。這種境界深深吸引尼采，他說：「哲學家如果不能面對全部世代就將一無所有。哲學家思索的本質就是忽視眼前和暫時的東西。」[102]老莊也用他們時代的話語和社會狀況暗示出「道」的永恆真理。

胡適也不懂得哲學的「神思」本質。哲學用概念和邏輯講話，但超越了邏輯，叔本華說，在科學止步的地方，開始了哲學，這肯定了哲學的形而上本質；尼采也持同樣的看法：「所有哲學的真正目的是神秘直覺。」[103]哲學源於人類對世界的吃驚感，是個人的、神秘的、形而上的。不承認莊子的直覺智慧和神秘思想是錯誤的。

胡適給老子一個「革命家」的稱號，卻給莊子戴了一頂「出世主義」的帽子，可見他對老莊態度的大相逕庭。他說：「莊子的學說，只是一個『出世主義』。……中國古代的出世派哲學至莊子始完全成立。」[104]魯迅於一九二六年在寫《漢文學史綱要》時贊同了這個意見。

胡適探討了莊子的名學。他說，惠施喜歡和人爭辯，墨家也認為爭辯可以定是非，莊子卻站在一切爭辯之外，否定爭辯的價值，以為「辯也者有不見也」，因而是和非都不重要，「以是其所非而非其所

---

101 莊子：《莊子・大宗師》，曹礎基：《莊子淺注》（北京市：中華書局，2000年），頁97。

102 尼采：《哲學和真理——尼采1872-1876年筆記選》（上海市：上海社會科學院出版社，1993年），頁3。

103 尼采，虞龍發譯：《尼采遺稿選》（上海市：上海譯文出版社），頁94。

104 胡適：《中國哲學史大綱》（上海市：東方出版社，1996年），頁195。

是」，「是亦一無窮，非亦一無窮也。」[105]這本是真理，但是莊子把這學說推到極致，便生出不良的效果。「既然一切區別都歸無用，又何必要改良呢？又何必要維新呢？莊子因為能『達觀』一切，所以不反對固有社會，所以要『不譴是非，以與世俗處』。」[106]這種「不譴是非」的達觀主義，即是極端的守舊主義。

莊子的人生哲學同樣是達觀主義，「莊子對於一切人生壽夭、生死、禍福，也一概達觀，一概歸到命定。這種達觀主義的根據，都在他的天道觀念。……《養生主篇》說庖丁解牛的秘訣只是『依乎天理，因其自然』八個字。莊子的人生哲學，也只是這八個字。」他由此批判「這種人生哲學的流弊，重的可以養成一種阿諛依違，苟且媚世的無恥小人；輕的也會造成一種不關社會痛癢，不問民生痛苦，樂天安命，聽其自然的廢物。」[107]「若依莊子的話，把一切是非同異的區別都看破了，說泰山不算大，秋毫之末不算小；堯未必是，桀未必非：這種思想，見地固是『高超』，其實可使社會國家的制度習慣思想永遠沒有進步，永遠沒有革新改良的希望。……莊子的學說實在是社會進步和學術進步的大阻力。」[108]胡適用現代進化論的眼光對莊子哲學的流弊的批評是深刻的。在《中國哲學史大綱》裡，他專門對《莊子》裡的「進化論」思想進行了研究，這雖屬中西附會，但也從一個獨特的視角看出莊子的缺陷。他說，「自化」是莊子生物進化論的大旨，萬物進化，都是自生自化，並無主宰，他以此否定西方宗教家的上帝主宰之說。這與嚴復的觀點是一致的。他又將進化分為「被動的適合」和「自動的適合」，批判「《莊子》的進化論只認得被動的

---

105 莊子：《莊子・齊物論》，曹礎基：《莊子淺注》（北京市：中華書局，2000年），頁22。

106 胡適：《中國哲學史大綱》（上海市：東方出版社，1996年），頁210。

107 胡適：《中國哲學史大綱》（上海市：東方出版社，1996年），頁212。

108 胡適：《中國哲學史大綱》（上海市：東方出版社，1996年），頁214。

適合，卻不理會那更重要的自動的適合。」[109]同樣批判了莊子的保守，這是一個有力的、有見解的發揮。

值得注意的是，老子和莊子在胡適的思想中並不是一家。他並不把老子和莊子都看成同一家——道家，在一九三〇年完成的《中國中古思想史長編》裡，他系統探討了道家的源流，認為「『道家』一個名詞，不見於秦以前的古書。」「秦以前沒有『道家』之名，『道家』只是指那戰國末年以至秦漢之間新起來的黃老之學。」[110]這是有助於我們認識歷史的真實的。但胡適過於區分老莊，對他們思想的一致性則關注不夠。他稱讚老子的「不爭」「無為」，卻批判莊子的流弊，「重的可以養成一種阿諛依違，苟且媚世的無恥小人；輕的也會造成一種不關社會痛癢，不問民生痛苦，樂天安命，聽其自然的廢物。」其實老子的「不爭」「無為」同樣可以造成莊子哲學所造成的那些流弊，在消極保守方面，老莊哲學造成的流弊是一樣的，這一點很多五四學人都指出過，胡適似乎忽略了這些。

至於胡適用現代西方進化論來解釋《莊子》，更受到當時和後來學人的批評。《莊子・寓言篇》有「萬物皆種也，以不同形相禪」一語，胡適認為「這十一個字竟是一篇『物種由來』。他說萬物本來同是一類，後來才漸漸的變成各種『不同形』的物類。卻又並不是一起首就同時變成了各種物類。這些物類都是一代一代的進化出來的，所以說『以不同形相禪』。」[111]《莊子・至樂篇》有「種有幾」一段，他把它解釋成這是由下等生物「一層一層的進化，一直進到最高等的人類」的過程，而且「萬物進化，都是自生自化」的。胡適自稱這是解開了「自古至今，無人能解」的地方。楊義先生指出，「其實康有

109 胡適：《中國哲學史大綱》（上海市：東方出版社，1996年），頁202。

110 胡適《中國中古思想史長編》（上海市：華東師範大學出版社，1996年），頁35、103。

111 胡適：《中國哲學史大綱》（上海市：東方出版社，1996年），頁199。

為和嚴復在他之前對此早有言之。當西方某一思潮（比如進化論）在中國走俏時，就急於把古籍中的某些說法與之相比附，雖然能夠啟發思路，甚至令人耳目一新。但其沒有返回中國古老文化學派的原點，採用的純乎西方標準，是難以充分地揭示這一學派在人類智慧和人類文化史上的真正價值的。胡適對《莊子》的這一番關於「物種由來」的誤讀，應作如是觀。」[112]其實這種比附的不恰當，魯迅此前早已指出過。

第四節　聞一多：書齋裡的頌歌，硝煙裡的批判

在現代作家當中，喜愛莊子的不乏其人，但像聞一多那樣為莊子傾注如此多的心血的還是少見，他不僅著有《莊子內篇校釋》、《莊子章句》、《莊子校補》和《莊子義疏》，還寫有探討莊子思想的論文《莊子》和《道教的精神》；不僅有對莊子哲學本體意義的發揮，還有對莊子思想流弊的深刻批判。當然，作為對道家哲學的批判，聞一多同時也批判了老子，只是他在情感上更親近莊子。

朱自清把聞一多的一生分為三個時期：一九二五～一九二九年為詩人時期，一九二九～一九四四年為學者時期，一九四四～一九四六年為鬥士時期。[113]聞一多對老莊（尤其是莊子）思想在前後期表現了鮮明的不同態度，大致說來，詩人學者時期的聞一多對莊子哲學的本體意義和《莊子》的文學性倍加稱頌，鬥士時期的聞一多基於現實，更注重老莊思想流弊的批判。這與許多現代作家對老莊的複雜態度類似，而聞一多表現得更為典型。

112 楊義：〈道家文化與中國現代文學〉，《中國社會科學》1997年第2期，頁151。

113 聞一多：《聞一多全集》第1卷（北京市：生活·讀書·新知三聯書店，1982年），頁13。

一　莊子的頌歌：詩人學者眼中的莊子

從二十年代到四十年代上半期，聞一多在長達二十多年的時間裡對莊子表現了少有的傾心，他不僅以一個詩人的身份在創作中實踐莊子「以醜為美」、對「道」的追尋等思想，更以一個學者的身份對莊子進行了相當全面和深刻的研究，他欽佩莊子的人格，稱頌莊子對「道」的追尋，讚揚《莊子》的文學色彩，並深入挖掘《莊子》與原始宗教的關係。

（一）對莊子人格的稱頌

發表於一九二九年的論文〈莊子〉是一篇對莊子的頌歌，在這篇主要探討莊子文學性的論文裡，聞一多首先表達了對莊子人格的稱頌。

對於一個「其學無所不窺」的哲學家，生活在重士的戰國時期，「莊周只管窮困了一生，寂寞了一生。」[114]對這樣一個「窮措大」，聞一多是感慨的，他在分析這個原因時說，莊子的貧困並不是他才智弱於人，也不是沒有人請教他，「奈何他脾氣太古怪，不會和他們混，不願和他們混。」[115]按照莊子自己的學說，做事是不應當的，這不只是一個人肯不肯的問題。聞一多卻認為，那是憤激的遁詞，他的實心話業已在他對莊王的使者的講述中體現出來：

> 子獨不見郊祭之犧牛乎？養食之數歲，衣以文繡，以入太廟，當是之時，雖欲為孤豚，豈可得乎？

114 聞一多：《聞一多全集》第2卷（北京市：生活‧讀書‧新知三聯書店，1982年），頁275。

115 聞一多：《聞一多全集》第2卷（北京市：生活‧讀書‧新知三聯書店，1982年），頁276。

這可見聞一多表示了對莊子的理解：對自由的追求。又有一次宋國有個人叫曹商，他為宋王出使到秦國，初去時，得了幾乘車的俸祿，秦王高興了，又加到百乘。這人回來，碰見莊子，大誇他的本領，莊子以這樣的話回答他：

> 秦王有病，召醫。破癰潰痔者得車一乘，舐痔者得車五乘，所治愈下，得車愈多。子豈治其痔耶？何車之多也？子行矣！

對此，聞一多評價說：「話是太挖苦了，可是當時宦途的風氣也就可想而知。在那種情況之下，即使莊子想要做事，叫他如何做去？」[116]這可算得是莊子拒絕仕宦的第二個理由：宦途的卑劣。所以聞一多猜測莊子大概就是過著〈刻意〉篇裡描寫的「就藪澤，處閒曠，釣魚閒處，無為而已矣」生活的那種人物。

聞一多說「惠子屢次攻擊莊子『無用』。那真是全不懂莊子而又懂透了莊子。」[117]這種看法是辨證的。一方面，莊子堅決拒絕仕宦，寧願像一隻烏龜那樣，「曳尾于塗中」，也不願入廟堂之高。另一方面，惠子不懂得莊子的「無用」，並不是真的沒有作用，「無用」本身就是一種作用，甚至是一種「大用」，用莊子的話說，就是：「山木自寇也；膏火自煎也；桂可食，故伐之；漆可用，故割之。人皆知有用之用，而莫知無用之用也。」[118]莊子的理想人物，例如支離疏，其醜無比，「以惡駭天下」，但就是因為他的身體的醜陋殘疾使得他免除徭役、得到救濟，得以在亂世存活，這就是「無用之用」。

---

116 聞一多：《聞一多全集》第2卷（北京市：生活·讀書·新知三聯書店，1982年），頁276。

117 聞一多：《聞一多全集》第2卷（北京市：生活·讀書·新知三聯書店，1982年），頁277。

118 莊子：《莊子·人間世》，曹礎基：《莊子淺注》（北京市：中華書局，2000年），頁68。

這樣看來，莊子的學說其實是一種大用，「王公大人不能器用莊子，正合莊子的心願。」莊子用這種不為世用的辦法「以求自救」。但這也決定了莊子的寂寞。聞一多引用朱熹的話說：「莊子當時無人宗之，他只在僻靜處自說。」[119]莊子不但當時不被人注意，甚至在黃老之學興盛的漢代也沒有人注意到莊子。「莊子也要逃名；暫時的名可算給他逃過了，可是暫時的沉寂畢竟只為那永久的赫烜坐了張本。」[120]莊子的時代還是不可阻擋地來臨了，莊子的精神畢竟淹沒不了，這就是在魏晉玄學興盛的背景下，莊子一下被推到文化的前沿。聞一多以詩人的熱情描繪了這一盛況：

> 一到魏晉之間，莊子的聲勢忽然浩大起來……像魔術似的，莊子忽然佔據了那全時代的身心，他們的生活，思想，文藝，——整個文明的核心是莊子。他們說「三日不讀老莊，則舌本間強。」尤其是莊子，竟是清談家的靈感的泉源。從此以後，中國人的文化上永遠留著莊子的烙印。他的書成了經典，他屢次榮膺帝王的尊封，至於歷代文人學者對他的崇拜，更不用提。[121]

他禁不住感嘆：「別的聖哲，我們也崇拜，但那像對莊子那樣傾倒、醉心、發狂？」[122]這是聞一多個人的體驗，卻也是文學史的事

---

119 聞一多：《聞一多全集》第2卷（北京市：生活．讀書．新知三聯書店，1982年），頁277。

120 聞一多：《聞一多全集》第2卷（北京市：生活．讀書．新知三聯書店，1982年），頁279。

121 聞一多：《聞一多全集》第2卷（北京市：生活．讀書．新知三聯書店，1982年），頁280。

122 聞一多：《聞一多全集》第2卷（北京市：生活．讀書．新知三聯書店，1982年），頁280。

實，魏晉以後的大詩人對莊子情感上的依戀，確實沒有哪個思想家能與之匹敵。

聞一多又以一個詩人的直覺，撩開《莊子》撲朔迷離的寓言的面紗，指出這些寓言「雖不好坐實為莊子的信史，卻滿足以代表他的性格與思想；那起碼都算得畫家所謂『得其神似』。如〈齊物論〉裡『莊周夢為蝴蝶』的談話，恰好反映著一個瀟灑的莊子；〈至樂〉篇稱『莊子妻死，惠子吊之，莊子則方箕踞鼓盆而歌』，又分明影射著一個放達的莊子。」[123]聞一多以撇開形象、直探本質的直覺能力，從這些寓言中挖掘出莊子的性情之真，事實卻正反映了作者本人對莊子人格的激賞。

聞一多對莊子人格的欣賞與他自己的經歷是不無關係的。他從美國回國後，在五四精神的感召下，熱血沸騰，投入到現實的鬥爭中，「我要修葺這歷史的舞臺，預備排演歷史的將來」(《我是中國人》)，表示要以自己的努力為「新詩闢第二紀元」。[124]但回應他的卻是嚴酷的現實。二十年代的中國，軍閥混戰，社會混亂；文藝界也是淆然雜亂，《詩鐫》出版十一期即宣告停刊，新月派愈來愈蒼白無聊；同時愛女立瑛、立燕的夭亡給了他沉重的打擊，謀求職業時的艱難也讓他感受到世態炎涼。時代的混亂、事業的挫折、身世的悲哀使得聞一多內心憤激悲涼。在這種心境中，他對莊子的耽於貧困、憤世嫉俗的心態，對他達觀瀟灑的風度自然從心底產生同情，並以此慰藉自己。

（二）高度評價莊子對「道」的追尋

論文《莊子》的寫作，聞一多雖說過，「莊子的哲學，不是本篇討論的範圍，我們單講文學家莊子。」[125]但在實際上，這篇論文對莊

123 聞一多：《聞一多全集》第2卷（北京市：生活．讀書．新知三聯書店，1982年），頁278。

124 朱自清等：《聞一多全集．書信》（上海市：開明書店，1948年），頁41。

125 聞一多：《聞一多全集》第2卷（北京市：生活．讀書．新知三聯書店，1982年），頁280。

子的思想給予了相當的關注。這點郭沫若也承認，說聞一多「不僅陶醉於莊子的汪洋恣肆的文章，而且還同情於他的思想。」[126]

「一壁認定現實全是幻覺，是虛無，一壁以為那真正的虛無才是實有，莊子的議論，反來覆去，不外這兩個觀點。那虛無，或稱太極，或稱涅槃，或稱本體，莊子稱之為『道』。」[127]指出莊子哲學的根本在於「道」，這並不是新鮮的，早在兩千年前司馬遷就在《史記・老子韓非列傳》指出過莊子「其要本於老子之言」，亦即本於老子之道。聞一多驚奇的是莊子對「道」的癡迷：「有大智慧的人們都會認識道的存在，信仰道的實有，卻不像莊子那樣熱忱的愛慕它。」[128]尤其突出的是，聞一多以他詩人的幻想和對哲學的同情把莊子哲學看成是遊子思家：「莊子的著述，與其說是哲學，毋寧說是客中思家的哀呼；他運用思想，與其說是尋求真理，毋寧說是眺望故鄉，咀嚼舊夢。」「『無』處便是我們的故鄉。他苦的是不能忘情於他的故鄉。」「舊國舊都，望之悵然。」[129]這裡的「無」即是「道」，所謂「道體虛無」。「舊國舊都」也比喻「道」。在二、三十年代，作家中對哲學關注的不乏其人，如郭沫若、徐志摩、林語堂等，但那多半是智性的，像聞一多這樣，以如此惆悵的情緒，帶著強烈的體驗色彩，將對「道」的追尋解釋為遊子對故鄉的嚮往、將「道」看成是人生根本歸宿的還是少見。他的這種強烈的哲學意識不但與其它作家區別開來，也與他早期不同。泰戈爾訪華之時，聞一多著文反對前者的以哲理入

---

126 聞一多：《聞一多全集》第1卷（北京市：生活・讀書・新知三聯書店，1982年），頁7。

127 聞一多：《聞一多全集》第2卷（北京市：生活・讀書・新知三聯書店，1982年），頁280。

128 聞一多：《聞一多全集》第2卷（北京市：生活・讀書・新知三聯書店，1982年），頁281。

129 聞一多：《聞一多全集》第2卷（北京市：生活・讀書・新知三聯書店，1982年），頁281-282。

詩：「哲理本不宜入詩，哲理詩之難於成為上等的文藝正因為這個緣故。……詩人理智中的一些概念，還不曾經過情感的覺識。這裡頭似乎沒有詩。誰能夠把這些格言看懂了，他所得的不過是猜中了燈謎底勝利的歡樂，決非審美的愉快。」[130]與他在《莊子》中的態度相比，可謂大相逕庭：「文學是要和哲學不分彼此，才莊嚴，才偉大。哲學的起點便是文學的核心。」「向來一切偉大的文學和偉大的哲學是不分彼此的。」[131]「有人更要把說理文根本排除文章的範圍外，那真是和狐狸吃不著葡萄，說葡萄酸一樣的可笑。要反駁那種謬論，最好是拿莊子給他讀。」[132]對哲理入詩的否定似乎是他早期詩學觀不成熟的表現。

對哲學的強調在聞一多的文學活動中也體現出來。在〈宮體詩的自贖〉中，他認為，詩人「悟得宇宙意識」，才能創作出最佳的作品。[133]而所謂「宇宙意識」，也就是「從美的暫促性中認識了那玄學家所謂的『永恆』」。他以為，〈春江花月夜〉為什麼是「詩中的詩，頂峰上的頂峰」？就在於它「有的是強烈的宇宙意識，被宇宙意識昇華過的純潔的愛情」。這種意識在他的創作中同樣體現出來。〈奇跡〉一詩最後一節寫道：「因為那——那便是我的一剎那，一剎那的永恆：——一陣異香，最神秘的肅靜，（日，月，一切星球的旋轉早被喝住，時間也止住了，）最渾圓的和平……我聽見閶闔的戶樞砉然一響，紫霄上傳來一片衣裙的綷縩——那便是奇跡——半啟的金扉中，一個戴著圓光的你！」這本是寫愛情的詩，但其中曠渺的時空意識

---

130 聞一多：《聞一多全集》第3卷（北京市：生活．讀書．新知三聯書店，1982年），頁441。

131 聞一多：《聞一多全集》第2卷（北京市：生活．讀書．新知三聯書店，1982年），頁282-283。

132 聞一多：《聞一多全集》第2卷（北京市：生活．讀書．新知三聯書店，1982年），頁285。

133 聞一多：《聞一多全集》第6卷（武漢市：湖北人民出版社，1993年），頁26。

和神秘氣息撲面可感。類似的精神在〈李白之死〉、〈劍匣〉等詩也有體現。

（三）誇美《莊子》的文學色彩

聞一多對《莊子》的文學性有充分的關注。戰國諸子，文章雖各臻其妙，但難有匹敵莊子文章華美的。這是受到魯迅、郭沫若等大量作家注意並高度評價的。聞一多對這一點作了更細緻的研究。他比較了莊子和其它諸子的文章：「戰國時縱橫家以及孟軻荀卿韓非李斯等人的文章也夠好了，但充其量只算得辭令的極致，一種純熟的工具，工具的本身難得有獨立的價值。莊子可不然，到他手裡，辭令正式蛻化成文學了。他的文字不僅是表現思想的工具，似乎也是一種目的。」[134]聞一多將其它諸子的文章排除在「文學」之外，這與現在的觀念有些出入，但指出《莊子》擺脫了工具性、本身也是目的、辭令正式蛻化成文學這些特點無疑是中肯的。

《莊子》雖有極強的文學性，但首先是哲學無疑，因而《莊子》的美就表現為文學和哲學相交織的美，聞一多對這種奇妙的效果至為讚嘆：「讀莊子，本分不出那是思想的美，那是文字的美。那思想與文字，外形與本質的極端調和，那種不可捉摸的渾圓的機體，便是文章家的極致。」「讀莊子的人，定知道那是多層的愉快。你正在驚異那思想的奇警，在那躊躇的當兒，忽然又發現一件事，你問那精微奧妙的思想何以竟有那樣湊巧的，曲達圓妙的詞句來表達它，你更驚異；再定神一看，又不知道那是思想那是文字了，也許什麼也不是，而是經過化合作用的第三種東西，於是你尤其驚異。這應接不暇的驚異，便使你加倍的愉快，樂不可及。這境界，無論如何，在莊子以

134 聞一多：《聞一多全集》第2卷（北京市：生活·讀書·新知三聯書店，1982年），頁283。

前，絕對找不到，以後，遇著的機會確實也不多。」[135]

不僅如此，聞一多還看到，即使從純文學的角度，《莊子》的文學色彩也是突出的。「在莊子那素淨的說理文的背景上，也有你看不完的花團錦簇的的點綴——斷素，零紈，珠光，劍氣，鳥語，花香——詩賦，傳奇，小說，種種的原料，盡夠你欣賞的，采擷的。」[136]聞一多眼中的這種「花團錦簇的點綴」可歸結為三個方面。

第一，抒情的天才。他稱「送君者皆自崖而返，君自此遠矣！」果然是讀了「令人蕭寥有遺世之意」。而〈則陽〉篇裡的「舊國舊都，望之悵然」一句，「果然是一首妙絕的詩」。[137]

第二，寫生的妙手。聞一多讚揚了莊子的刻物之妙，說他知道「生物之以息相吹」，他形容馬「喜則交頸相靡，怒則分背相踶」；又看見「澤雉十步一啄，百步一飲」。他能感受到春天槐葉的生長，「槐之生也，入季春五日而兔目，十日而鼠耳，更旬而始規，二旬而葉成。」稱讚「一部莊子中這類零星的珍玩，搜羅不盡」。[138]

第三，諧趣，想像，寓言等修辭之美。聞一多很看重這些修辭手法，認為是《莊子》文學性的主要特點：「最緊要的例如他的諧趣，他的想像；而想像中，又有怪誕的，幽渺的，新奇的，穠麗的各種方向，有所謂『建設的想像』，有幻想；就諧趣講，也有幽默，詼諧，諷刺，諧弄等等類別。」[139]他重點關注了寓言，寓言在《莊子》中用

135 聞一多：《聞一多全集》第2卷（北京市：生活．讀書．新知三聯書店，1982年），頁284-285。

136 聞一多：《聞一多全集》第2卷（北京市：生活．讀書．新知三聯書店，1982年），頁285。

137 聞一多：《聞一多全集》第2卷（北京市：生活．讀書．新知三聯書店，1982年），頁286。

138 聞一多：《聞一多全集》第2卷（北京市：生活．讀書．新知三聯書店，1982年），頁287。

139 聞一多：《聞一多全集》第2卷（北京市：生活．讀書．新知三聯書店，1982年），頁288。

得最多，所謂「寓言十九」。司馬遷也說過，莊子「其著書十餘萬言，大抵皆寓言也」。[140]魯迅同樣認為，莊子「著書十餘萬言，大抵寓言，人物土地，皆空言無事實。」[141]對於先秦諸子普遍喜好的這種修辭，聞一多同樣指出莊子的寓言「用得最多，也最精；寓言成為一種文藝，是從莊子起的。」[142]這在於莊子的寓言充滿諧趣與想像，這使莊子的寓言成為文藝：「若不是充滿了他那雋永的諧趣，奇肆的幻想，莊子的寓言當然和晏子，孟子以及一般游士說客的寓言沒有區別，諧趣和想像打成了一片，設想愈奇幻，趣味愈滑稽，結果便是愈能發人深省——這才是莊子的寓言。」[143]

不僅如此，莊子的寓言如庖丁解牛、藐姑射山的神人等，「故事的本身——結構，描寫，人物的分析，『氛圍』的布置，……他未嘗不感覺興味。」[144]而這些人物也都是極有個性的。這使得莊子的寓言快變成唐宋人的傳奇了。

聞一多特別注意到莊子寓言中支離疏等這類奇醜人物所體現出來的美：

> 文中的支離疏，畫中的達摩，是中國藝術裡最特色的兩個產品……文中有一種「清醜人圖畫，視之如古鏡古玉」的人物，都代表中國藝術中極高古、極純粹的境界，而文學中這種境界的開創者則推莊子。雖然《易經》的「載鬼一車」，《詩經》的

---

140 司馬遷：《史記》下冊（哈爾濱市：黑龍江人民出版社，2004年），頁289。

141 魯迅：《魯迅全集》第8卷（北京市：人民文學出版社，1956年），頁270。

142 聞一多：《聞一多全集》第2卷（北京市：生活・讀書・新知三聯書店，1982年），頁288。

143 聞一多：《聞一多全集》第2卷（北京市：生活・讀書・新知三聯書店，1982年），頁288。

144 聞一多：《聞一多全集》第2卷（北京市：生活・讀書・新知三聯書店，1982年），頁289。

> 「牂羊墳首」早已開創了一種荒怪醜惡的趣味，但沒有莊子用得多而且精。這種以醜為美的興趣，多到莊子那程度，也許近於病態；可是誰知道，文學不根本犯著那嫌疑呢！並且莊子也有健全的時候。[145]

這就是《莊子》中「以醜為美」的手法。這種手法也受到現代其它學者的注意。胡適以一個哲學家的眼光發揮了這種思想，他說：「莊子的哲學總而言之只是一個出世主義……眼光見地處處要超出世俗之上，要超出「形骸之外」，故〈人間世〉和〈德充符〉兩篇所說的那些支離疏、兀者王駘、兀者申徒嘉、兀者叔山無趾、哀駘它、闉趾支離無脣、甕㼜大癭，或是天生，或由人刑，都是極其醜惡殘廢的人，卻都能自己不覺得殘醜，別人也都不覺得他們的殘醜，都和他們往來，愛敬他們。這便是能超出『形骸之外』。」[146]這種看法是接近莊子原意的。林語堂則認為，「在中國文化上我們看見一種稀奇的現象，就是一個大智對自己發生懷疑，因而產生（據我所知）惟一的愚者的福音和潛隱的理論，而認為是人生鬥爭的最佳武器。由莊子的創說「棄智」，到尊崇愚者的觀念，其中只是一個短短的過程；在中國的繪畫中和文章中，有著不少的乞丐，不朽的隱逸者、癲僧，或如〈冥寥子游〉中的奇隱士等等，在那上面，我們都可以看出這種尊崇愚者觀念的反映。當這個可憐的襤褸癲僧，變成了我們心目中最高智慧和崇高性格的象徵時，智人即從人生的迷戀中清醒過來，接受一些浪漫的或宗教潤色，而進入詩意的幻想境界。」[147]他根據自己特有的生存哲學的觀點，將「醜」作為一種生存智慧的象徵。

---

145 聞一多：《聞一多全集》第2卷（北京市：生活・讀書・新知三聯書店，1982年），頁289。

146 胡適：《中國哲學史大綱》（上海市：東方出版社，1996年），頁213。

147 林語堂：《生活的藝術》（香港：世界文化出版社，1948年），頁126。

相對於胡適、林語堂等人的哲學觀點，聞一多明顯傾向於文學角度，他將中國傳統的這種「以醜為美」的手法的源頭歸結為莊子；不僅如此，聞一多還在創作中實踐這種手法，如他的代表作《死水》即是典型的這種手法，郭沫若就注意到他的研究和創作上的這種特點：「你看它那陶醉於莊子的『樂不可支』的神情！他在迷戀著『超人』，迷戀著『高古』、『神聖』、『古銅古玉』、『以醜為美』(死水的主要傾向在於此)。」[148]吳組緗認為，聞一多「有些詩，是很有點法國波特萊爾的《惡之花》的味道的」。但這只是外表的類似，事實上，《死水》的精神不是波特萊爾式的以「醜」為理想本身，而是借醜來表現美，正如同他對莊子的理解：「我們講的是形體，他注重的是精神。」「莊子的病態中帶有幾分詼諧的，因此可以稱病態，卻不好算作墮落。」[149]朱自清也注意到這種差異，他評價《死水》說：「這不是『惡之花』的讚頌，而是索性讓『醜惡』早些『惡貫滿盈』，『絕望』裡才有希望。」[150]聞一多「以醜為美」手法的精神內涵是民族的，而非來自異域。

(四) 發揮道家與原始宗教的關係

按照聞一多的看法，老莊思想是發展到較高階段的文化現象；而任何較高階段的文化現象必有來歷，「我常疑心這哲學或玄學的道家思想必有一個前身，而這個前身很可能是某種富有神秘思想的原始宗教，或更具體點講，一種巫教。」[151]這種原始宗教他稱之為「古道

---

148 聞一多：《聞一多全集》第1卷（北京市：生活・讀書・新知三聯書店，1982年），頁8。

149 聞一多：《聞一多全集》第2卷（北京市：生活・讀書・新知三聯書店，1982年），頁290。

150 聞一多：《聞一多全集》第1卷（北京市：生活・讀書・新知三聯書店，1982年），頁14。

151 聞一多：《聞一多全集》第1卷（北京市：生活・讀書・新知三聯書店，1982年），頁28。

教」，其核心思想是靈魂不死的信念。他認為《莊子》比《老子》更明顯地接近這種古道教精神：「後世的新道教雖奉老子為祖師，但真正接近道教的宗教精神的還是莊子。《莊子》書裡實在充滿了神秘思想，這種思想很明顯的是一種古宗教的反影。《老子》書中雖也帶著很濃的神秘色彩，但比起《莊子》似乎還淡得多。」[152]聞一多持這種看法在於他對《莊子》中寓言的分析：

> 藐姑射之山有神人居焉，肌膚若冰雪，淖約若處子，不食五穀，吸風飲露，乘雲氣，御飛龍，而游乎四海之外；其神凝，使物不疵癘，而年穀熟。……之人也，物莫之傷，大浸稽天而不溺，大旱金石流，土山焦而不熱。——〈逍遙遊〉

> 夫道有情有信，無為無形，可傳而不可受，可得而不可見，自本自根，未有天地，自古以固存，神鬼神帝，生天生地，在太極之先而不為高，在六極之下而不為深，先天地生而不為久，長於上古而不為老。豨韋氏得之，以挈天地，伏戲氏得之，以襲氣母，維鬥得之，終古不忒，日月得之，終古不息，堪壞得之，以襲昆侖，馮夷得之，以游大川，肩吾得之，以處大山，黃帝得之，以登雲天，顓頊得之，以處玄宮，禺強得之，立乎北極，西王母得之，坐乎少廣，莫知其始，莫知其終，彭祖得之，上及有虞，下及五伯，傅說得之，以相武丁奄有天下，乘東維，騎箕尾而比於列星。——〈大宗師〉

> 至人神矣，大澤焚而不能熱，河漢冱而不能寒，疾雷破山，飄

152　聞一多：《聞一多全集》第1卷（北京市：生活·讀書·新知三聯書店，1982年），頁29。

> 風振海而不能驚。若然者，乘雲氣，騎日月，而游乎四海之外，死生無變於己。——〈齊物論〉

對於這些寓言，聞一多的看法是：「這些決不能說是寓言（莊子所謂『寓言』有它特殊的涵義，這裡暫時不討論），即是寓言，作者自己必先對於其中的可能性及其真實性毫不懷疑，然後才有信任它有闡明或證實一個真理的效用。你是決不會用『假』以證明『真』或用『不可能』以證明『可能』的，莊子想也不會採用這樣的辨證法。其實莊子所謂『神人』、『真人』之類，在它自己是真心相信確有其『人』的。他並且相信本然的『人』就是那樣具有超越性，現在的人之所以不能那樣，乃是被後天的道德仁義之類所斲喪的結果。他稱這本然的『人』為『真人』或『神人』或『天』，理由便在於此。」[153]

在聞一多看來，莊子會將這些寓言中的人物看成真實可信的，因為他「決不會用『假』以證明『真』或用『不可能』以證明『可能』的」。其實寓言中的故事一般不必為真實，如我國先秦大量寓言故事揠苗助長、鄭人買履、守株待兔、刻舟求劍、畫蛇添足、葉公好龍、杞人憂天等都不可能是真實的，至於歐洲許多寓言故事的主人公為會說話的動物，更不可能為真實的了。寓言故事在於它傳達的道理而不在於它本身是否真實可信。聞一多把寓言當成可以相信的事實是值得商榷的。這一點我們姑且不論。聞一多借此發揮的，是莊子對古道教中「靈魂不死」觀念的繼承，並以此肯定《莊子》的價值：「我們只要記得靈魂不死的信念，是宗教的一個最基本的出發點，對莊子這套思想，便不覺得離奇了。他所謂『神人』或『真人』，實即人格化了的靈魂。所謂『道』或『天』實即『靈魂』的代替字。靈魂是不生不

---

153 聞一多：《聞一多全集》第1卷（北京市：生活·讀書·新知三聯書店，1982年），頁146。

滅的，是生命的本體，所以是真的，因之，反過來這肉體的存在便是假的。真的是『天』，假的是『人』。全套的莊子思想可說從這點出發。」[154]

聞一多還從比較中見出《莊子》靈魂觀念的可貴。他以為儒家對「不死」的信念和道家是不一樣的，「儒家所謂死人不死是形骸不死，道家則是靈魂不死。」[155]「道家是重視靈魂的，以為活時生命暫寓於形骸中，一旦形骸死去，靈魂便被解放出來，而得到這種絕對自由的存在，那才是真的生命。這對於靈魂的承認與否，便是產生儒道二家思想的兩個宗教的分水嶺。」[156]揚道抑儒的傾向是明顯的。

不僅如此，在道家直至道教神仙系統內，聞一多也按照對靈魂的信仰程度將道家、道教和神仙方術區別開來，「古道教到新道教是一個系統的發展，所以應排在一條線上。哲學中的道家是從古道教中分泌出來的一種質素。精華既已分泌出來了，那所遺下的渣滓，不管它起什麼發酵作用，精華是不能負責的。」[157]他以為道家繼承了古道教「靈魂不死」的觀念，是古道教的精華；而神仙方術和後來的道教則因為遠離這一觀念，是古道教的糟粕了。「我們可以發現神秘色彩愈淺，愈切近實際，陳義也愈低了。低到一個極端，便是神仙家，房中術（此依漢志分類）等低級的，變態的養形技術了。」[158]「莊和老是養神，楊朱可謂養生，神仙家中一派是養形，另一派是變形——這樣

154 聞一多：《聞一多全集》第1卷（北京市：生活・讀書・新知三聯書店，1982年），頁146。

155 聞一多：《聞一多全集》第1卷（北京市：生活・讀書・新知三聯書店，1982年），頁149。

156 聞一多：《聞一多全集》第1卷（北京市：生活・讀書・新知三聯書店，1982年），頁150。

157 聞一多：《聞一多全集》第1卷（北京市：生活・讀書・新知三聯書店，1982年），頁144。

158 聞一多：《聞一多全集》第1卷（北京市：生活・讀書・新知三聯書店，1982年），頁146。

由求靈魂不死變到求肉體不死，其手段由內功變到外功。」[159]對道家的推崇不言而喻。

聞一多在一九四一年發表的這部《道教的精神》與發表在一九二九年的《莊子》在思想上是一脈相承的。此處他極為稱頌的道家（特別是莊子）對靈魂不死的信念，與他在《莊子》中讚揚的莊子對「道」的追尋，實質一樣，聞一多是將靈魂當成了生命的歸宿，是為文學甚至人尋找一個終極家園的嘗試。《道教的精神》是純學者的特色，比《莊子》中洋溢的詩性顯得冷靜，但立場相同；而在這種冷靜的外表下，我們也不難感受到內在的詩情。

二　老莊的批判：鬥士眼中的老莊

四十年代後，國際國內形勢發生迅速變化。隨著抗戰的深入，國統區的矛盾日益尖銳，在昆明，物價飛漲，農民和一般市民生活困苦不堪，就是作為大學教授的知識分子也是入不敷出；與此相反，解放區的形勢卻蒸蒸日上。聞一多目睹這一切，對蔣介石政權逐漸失望厭惡。在青年學生和進步力量的影響和指導下，他的思想迅速發生轉變，學術研究也相應改變立場，「由莊子禮贊而為屈原頌揚。」[160]「他自己也就由極端個人主義的玄學思想蛻變出來，切實地獲得人民的意識。」「新月詩人的聞一多成為了人民詩人聞一多。」[161]

聞一多走出了書齋，將目光轉向了現實，轉向了進步力量，轉向

159 聞一多：《聞一多全集》第1卷（北京市：生活．讀書．新知三聯書店，1982年），頁147。

160 聞一多：《聞一多全集》第1卷（北京市：生活．讀書．新知三聯書店，1982年），頁9。

161 聞一多：《聞一多全集》第1卷（北京市：生活．讀書．新知三聯書店，1982年），頁10。

了人民。「今天只有『人民至上』才是正確的口號。」[162]他表示「五四的任務沒有完成，我們還要幹！我們還要科學，要民主，要打倒孔家店和封建勢力！」熱情歡呼「這是一個需要鼓手的時代，讓我們期待著更多的『時代的鼓手』出現。」[163]

隨著他在政治上的變化，聞一多對老莊道家的態度一變前期的頌揚而為激烈的批判。聞一多在這時對老莊的批判雖仍不失學者的縝密和冷靜，但明顯是現實政治影響的產物，並為他的政治觀點服務。

首先，作為文學家，聞一多從文學史的角度對老莊思想進行了清算。他認為：「本來文學藝術以及哲學就有逃避現實的趨勢，而中國的文學藝術與哲學尤其如此。」[164]「逃避」是聞一多對中國文學的基本定性，這顯然是與老莊道家有關的。對於這樣的逃避，聞一多並沒有像一般作家那樣將它一棒子打死，而是承認了它的部分作用：「中國人現實方面的痛苦，這時正好利用它們（按：指中國文學和藝術的逃避趨勢）來補償。一想到至少在這些方面我們不弱於人，於是便有了安慰。說壞了，這是『魚處於陸，相濡以濕，相噓以沫』的自慰的辦法。說好了，人就全靠這點不肯絕望的剛強性，才能夠活下去，活著奮鬥下去。這是緊急關頭的一帖定心劑。雖不徹底，卻也有些暫時的效用。代表這種心理的人，雖不太強，也不太弱。惟其自知是弱，所以要設法『自衛』，但也沒有弱到連「自衛」的意志都沒有，所以還算相當的強。平心而論，這一類型的復古傾向，是未可厚非的。」[165]這顯示他作為一個學者的客觀態度，但是，對道家逃避作用的肯定遠

---

162 聞一多：《聞一多全集》第2卷（武漢市：湖北人民出版社，1993年），頁407。

163 聞一多：《聞一多全集》第2卷（北京市：生活．讀書．新知三聯書店，1982年），頁201。

164 聞一多：《聞一多全集》第2卷（北京市：生活．讀書．新知三聯書店，1982年），頁351。

165 聞一多：《聞一多全集》第2卷（北京市：生活．讀書．新知三聯書店，1982年），頁352。

不是聞一多的意圖，他主要的還在於對這種逃避的批判。

在〈新文藝和文學遺產〉的演講裡，聞一多歸納出封建社會的四種家臣：「第一種是絕對效忠主子的，是儒家，第二種次之，是法家，第三種更次之，是墨家，而莊子是第四種，是拒小惠而要徹底的拆臺的，但是因為有前三種人的支持，所以沒有效果，後來，由反抗現實而逃到象牙塔中。」莊子居其一，特徵是逃避。「在五四，第四種人出塔了，他們要自己管理自己。」這顯然是由於時代精神的感召。但「可惜第四種人在塔外住不慣，又回到塔裡面去了！」這影射了創作小品文的周作人、林語堂諸人，聞一多批判了他們在新文藝的外表下的復古本質：「他們拚命搬舊塔的磚瓦來造新塔，就如有人在提倡晚明小品，表面上是新文藝，其實是舊的。」「至於文學遺產，就是國粹，就是桐城妖孽，就是骸骨，就是山林文學。」他則針鋒相對提出：「現在感到破壞的工作不能停止，講到破壞，第一當然仍舊要打倒孔家店，第二要摧毀山林文學。」[166]鮮明地表現了對具有逃避傾向的道家山林文學的批判。

在〈戰後的文藝道路〉裡，他對道家（尤其是莊子）這種逃避批判得更深入、更徹底。在此，聞一多將中國社會分為奴隸社會、自由人和主人等三個階段，指出，從封建時代奴隸的解放，就有了自由人，而自由人的實際地位是自己選擇自己的道路，願不願意做奴隸。儒家願意做奴隸，道家不願意做奴隸，所以就出現以下幾種情形：

> 一、楚狂避世，怕惹禍。
> 二、楊朱不合作，為我，先顧自己，不管他人是非。你是你，我是我，我不惹你，你莫管我，但承認人家的勢力。

---

166 聞一多：《聞一多全集》第2卷（北京市：生活・讀書・新知三聯書店，1982年），頁216。

三、程明道，程伊川一個對妓女坐、一個背妓女坐，人家批評他倆一個是目中有妓，心中無妓，一個是目中無妓，心中有妓。這種是忘了你我，逃避在觀念社會裡，我不見妓女，就沒有妓女。

四、莊周夢為蝴蝶，但莊周並不能為蝴蝶。

聞一多其實是要指出，這幾種人都是逃避的，「前三種是逃避他人，莊周卻逃避自己。」但逃避自己就意味著已經先前逃避了他人，這種逃避更深刻。除了這四種以外，尚有以下四種情形：

五、東方朔避世朝廷；小隱山林，大隱朝廷，只要我心裡沒有官，作了官也等於不作官。

六、唐司馬承禎居長安終南山，為作官的終南捷徑，後來就作官。

七、先作官而後歸隱。

八、可憐主人而去幫忙。

這幾種人無疑仍是逃避的，相對於他們，聞一多雖然肯定前四種人態度誠懇，是自己求解放，而後面幾種人都是自己騙自己；但是，包括莊子在內的前四種人也「只是主觀的解放，自己在麻醉自己。自己麻醉不外飲酒，看花，看月，聽鳥說甚，對人的社會裝聾，表現在藝術作品中的麻醉性那就更高。魏晉藝術的發展是將藝術作麻醉的工具，阮籍怕腦袋掉是超然，陶潛也是逃避自己而結廬在人境，是積極的為自己。阮是消極的為人，阮對著的是壓迫他的敵人，是有反抗性的；陶沒有反抗性，他對面沒有敵人，故阮比陶高。阮是無言的反抗，陶是無言而不反抗，能在那裡聽鳥說甚，他更可以要幹什麼便幹什麼。」這就是對整個道家思想影響下的逃避傳統的批判了。聞一多尖銳指出，雖然這些人象徵著思想的解放，但自由人仍是被解放了的奴隸，「到了近一百年，除了作自己人的奴隸外，還要作外國人的奴隸。」這些奴隸，「有怠工的奴隸，有開小差的奴隸・有以罷工抬高價錢的奴隸。各種奴隸都有，但沒有想作主人的。」[167]那麼，「戰後之文藝的道路是要作主人的文藝。」[168]這就把文藝與政治緊密聯繫起來了。

如果說聞一多從文學史的角度對道家的清算還保留著一些對他們的同情，那麼對於他們在文化上的批判就尖銳得多了。

早在一九四三年，聞一多就指出：「經過十餘年故紙堆中的生活，我有了把握，看清了我們這民族，這文化的病症，我敢於開方了。單方的形式是什麼——一部文學史（詩的史），或一首詩（史的詩）」。[169]中華民族文化的病症是什麼？他明確指出：封建傳統思想儒墨道是「中國文化的病」。基於這一認識，他對英國人韋爾斯的觀察表示了欽佩：「向來是『旁觀者清』，無怪乎這回最卓越的斷案來自一位英國人。這是韋爾斯先生觀察所得：『在大部分中國人的靈魂裡，鬥爭著一個儒家，一個道家，一個土匪。』」以為是這位外國人，「他給我們查出了病源」。[170]只是他將韋爾斯的「儒家，道家，土匪」，改為了「儒家，道家，墨家」，或「偷兒，騙子，土匪」，以使韋爾斯的原意更加強化。

聞一多解釋為何把儒家、道家、墨家稱為偷兒、騙子、土匪？他這樣解釋：

---

167 聞一多：《聞一多全集》第2卷（北京市：生活・讀書・新知三聯書店，1982年），頁239。

168 聞一多：《聞一多全集》第2卷（北京市：生活・讀書・新知三聯書店，1982年），頁240。

169 聞一多《聞一多全集・書信》（上海市：開明書店，1948年），頁54。

170 聞一多：《聞一多全集》第2卷（北京市：生活・讀書・新知三聯書店，1982年），頁377。

> 先講偷兒和土匪，這兩種人作風的不同，只在前者是巧取，後者是豪奪罷了。「巧取豪奪」這成語，不正好用韓非的名言「儒以文亂法，俠以武犯禁」來說明嗎？而所謂俠者不又是墮落了的墨家嗎？至於以「騙子」代表道家，起初我頗懷疑那徽號的適當性，但終於還是用了它。「無為而無不為」也就等於說：無所不取，無所不奪，而看去又像是一無所取，一無所奪，這不是騙子是什麼？偷兒，騙子，土匪是代表三種不同行為的人物，儒家，道家，墨家是代表三種不同的行為理論的人物。儘管行為產生了理論，理論又產生了行為，如同雞生蛋，蛋生雞一樣·但你既不能說雞就是蛋，你也就不權將理論與行為混為一談。[171]

這說明，儒家在巧取，故是偷兒；墨家在豪奪，故是土匪；道家手段更狡猾，雖「無所不取，無所不奪，而看去又像是一無所取，一無所奪」，故是騙子。這種對文化積弊的分析是通俗的，也是尖銳獨到的。聞一多又深入分析儒道墨為什麼會成為中國文化的病。他說：「墨家本意是要實現一個以平均為原則的秩序，結果走向自由行動的路，是破壞秩序。只看見破壞舊秩序，而沒有看見建設新秩序的具體辦法，這是人們所痛惡的。」[172]這實際上指出，墨家由一個良好的出發點滑向做土匪的結局：破壞社會秩序。這是墨家之所以失敗的地方，也是儒家成功的地方：後者正是利用了社會秩序在其中過活。至於道家，聞一多分析道：「至於道家因根本否認秩序而逃掉，這對於儒家，倒因為減少了一個掣肘的而更覺方便，所以道家的遁世實際是

---

171 聞一多：《聞一多全集》第2卷（北京市：生活·讀書·新知三聯書店，1982年），頁378。

172 聞一多：《聞一多全集》第2卷（北京市：生活·讀書·新知三聯書店，1982年），頁380。

幫助了儒家的成功。」[173]這種分析確實一針見血，將道家逃避的危害揭露得入木三分：逃避不僅無益於社會的改進，反而作了統治者的幫兇！這正是聞一多對知識分子（包括他本人）逃避現實深入反省的結果。這種意識同樣貫注到他的學術活動中，在《龍鳳》裡，他指出：「在我們今天的記憶中，龍鳳只是『帝德』與『天威』的標記而已……我只能看見一位『申申如也夭夭如也』而諂上驕下的司寇，和一位以『大巧若拙』的手段『助紂為虐』的柱下史，(五千言本也是『君人南面之術』）……『見首不見尾』的陰謀家。」[174]在〈在魯迅逝世八周年紀念會上的講話〉的演講裡，他更是痛心地指出：「罵過魯迅或者看不起魯迅的人，應該好好想想，我們自命清高，實際上是做了幫閒幫凶！如今，把國家弄到這步田地，實在感到痛心！」[175]

墨家因為反抗秩序而不為儒家所容，道家表面和儒家對立實質暗中幫忙，這就是儒道墨之間的微妙關係：「因為道家消極的幫了儒家的忙，所以儒家之反對道家，只是口頭的，表面的，不像他對於墨家那樣的真心的深惡痛絕。因為儒家的得勢，和他對於墨道兩家態度的不同，所以在上層階級的士大夫中，道家還能存在，而墨家卻絕對不能存在。墨家不能存在於士大夫中，遂一變為游俠，再變為土匪．愈沈愈下了。」[176]

對於儒道之間的合作關係，聞一多同樣用一個巧妙的比喻將他們道破：「這裡恕我曲解一句古書，《易經》說『肥遁，無不利』，我們

173 聞一多：《聞一多全集》第2卷（北京市：生活・讀書・新知三聯書店，1982年），頁380。

174 聞一多：《聞一多全集》第1卷（北京市：生活・讀書・新知三聯書店，1982年），頁72頁。

175 聞一多：《聞一多全集》第2卷（北京市：生活・讀書・新知三聯書店，1982年），頁392。

176 聞一多：《聞一多全集》第2卷（北京市：生活・讀書・新知三聯書店，1982年），頁380。

不妨讀肥為本字，而把『肥遁』解為肥了之後再遁。那便是說一個儒家做了幾任『官』，撈得肥肥的，然後撒開腿就跑，跑到一所別墅或山莊裡，變成一個什麼居士，便是道家了。——這當然是對己最有利的辦法了。甚至還用不著什麼實際的『遁』，只要心理上念頭一轉，就身在宦海中也還是遁，所謂『身在魏闕，心在江湖』和『大隱隱朝市』者，是儒道合作中更高一層的境界。在這種合作中，權利來了，他以儒的名分來承受，義務來了，他又以道的資格說，本來我是什麼也不管的。儒道交融的妙用，真不是筆墨所能形容的，在這種情形之下，稱他們為偷兒和騙子，能算冤曲嗎？」這種觀察和諷刺是深刻的。不難看出，在儒道的這種合作中，聞一多對道家的批判更尖銳，因為道家更隱蔽，因而也更險惡。「『成者為王，敗者為寇』，『竊鉤者誅，竊國者侯』，這些古語中所謂王侯如果也包括了『不事王侯，高尚其事』的道家，便更能代表中國的文化精神。事實上成語中沒有罵到道家，正表示道家手段的高妙。講起窮凶極惡的程度來，土匪不如偷兒，偷兒不如騙子，那便是說墨不如儒，儒不如道。」[177]這的確是把道家當成中國文化最深刻的病因來批判了，所以郭沫若說他「把道家思想的清算得很痛快的」。[178]

177 聞一多：《聞一多全集》第2卷（北京市：生活·讀書·新知三聯書店，1982年），頁381。

178 聞一多：《聞一多全集》第1卷（北京市：生活·讀書·新知三聯書店，1982年），頁9。

第三章
文化再造與老莊回歸：
老莊與現代作家思想之二

文化的發展是複雜的。近現代作家幾乎在呼籲學習西方文化、批判傳統文化的同時，已經開始了對西方的反思和對老莊重新審視。這種審視自嚴復、梁啟超已經開始，在郭沫若、胡適、聞一多、徐志摩、沈從文、林語堂、林同濟等作家的思想中不絕如縷地存在。在他們看來，西方強勢文明雖然相對於民族文化有獨到的優勢，但也有其本身難以克服的痼疾，而中國道家哲學的超然、無目的、清淨、和平的哲學正是應對西方文化的一劑良藥。因而他們積極嘗試運用老莊解決現代人生和現代社會發展中的一些深層次矛盾，甚至嘗試將老莊思想與西方哲學相結合，創造新的哲學。這事實上是在新的時代條件下發展老莊思想。

這種發展在三個層面展開。一是利用老莊思想解決現代社會發展中的問題。現代社會日趨繁瑣，在物質繁榮的同時也給人的精神自由提出挑戰，科學給人類帶來便捷的同時也給人類帶來傷害，現代高科技下的戰爭嚴重威脅著人類的生存。如何應對這些問題？作家們運用老莊思想給予了回答。比如，嚴復很敏感地提出「科學昌明，汽電大興，而濟惡之具亦進」這樣類似「科學是雙刃劍」的思想，[1]梁啟超提出西洋物質文明造成感官刺激的問題，林語堂批判了西方人耽於勞作，不懂得生活享受，梁啟超和林語堂批判了西方文明直接造成了現代世界大戰，而提出以老子的無為、不爭、不有來解決之。

1　嚴復：《莊子評語》，王栻主編：《嚴復集》（北京市：中華書局，1986年），頁1122。

二是運用老莊思想解決現代人的生存困境。現在複雜的社會給人性帶來的壓迫和不自由是每一個現代作家不能逃避的問題，在複雜社會條件下如何保持人性的單純與自由是擺在他們面前的一個難題。郭沫若提出不要懷著目的做一切事，徐志摩提出在大自然中回復人的本性，沈從文提出無論社會怎樣發展，都要把湘西那樣的自然人性保留一些在人們的血液裡，都是富有價值的思考。

三是在哲學層面上將老莊思想與現代西方哲學相結合，對於雙方各取利去弊，形成新的哲學思想，既保持傳統老莊思想的精華，為現代人所有，又規避老莊思想的缺陷；既吸收西方哲學的精髓，建設現代人生哲學，又迴避其不適合民族性的方面，形成積極又超脫自由的現代人生哲學。這以林同濟的思考最為典型。林語堂批判西方哲學沉入形而上的空想而忘記了生活本身是什麼的觀點也是有啟迪的。

當然，相對於現代作家對老莊的批判和接收，發展老莊思想遠未形成時代潮流，大多處於零星的感想狀態。作家們大多關心現實，甚至直接參與現實，他們很少有相對安靜的空間進行深入的哲學思考。但是，這並不等於說現代作家沒有對發展老莊思想的系統和成熟思考。實際上，有些作家由於時代和個人的機遇，已經能比較深入系統地反思道家學說，並得出了有說服力的結論，比如林語堂和林同濟。

第一節　林語堂：生存哲學——老莊哲學的現代轉化

三十年代，林語堂改變其早期尤其是「語絲」時期的戰鬥姿態，由「文藝必談政治」轉變到「不談政治」、「超政治」、「近人生」，建立「幽默」、「閒適」、「性靈」文藝觀，他通過辦刊物、寫小品文、創作《吾國與吾民》、《生活的藝術》等文化著作以及《京華煙雲》、《賴伯英》等「文化小說」，大力宣傳道家文化。細緻研究，我們發現，林語堂的這種宣傳並非以闡發老莊哲學的要義、宣傳民族文化為最終目的，他是利用道家哲學中的某些因素，意圖解決現代西方世界在生存當中的困境。也就是說，生存而不是學理是林語堂關注的中心，正是在這個意義上，我們認為林語堂筆下的老莊思想是一種「生存哲學」。

一 道家的信徒

林語堂走向道家文化並不是偶然。像一般傾向道家思想的作家一樣，他對自然的愛好很早就表現出來，他在自傳裡寫道：「童年之早期對我影響最大的，一是山景，二是家父，那位使人無法忍受的理想家，三是嚴格的基督教家庭。」[2]「山景」是首要的。童年時期，家鄉閩南優美的山景滋養了他熱愛自然的童心。比這一點更令人驚奇的是他童年幼稚的思想裡所表現的老子「不爭」思想，這表現在他八歲時寫的一首詩：「人自高／終必敗／／持戰甲／靠弓矢／／而不知／他人強／／他人力／千百倍／／」[3]這種近乎本能的思想愛好潛伏在他的意識深處，最終到他人近中年之時噴湧而出，是一點也不奇怪的。

二、三十年代之交，林語堂遭遇一系列的打擊。先是一九二五年女師大學潮事件，林語堂由於攻擊軍閥政府的文章與魯迅等五十四人受到通緝，後林語堂南下廈門大學任文科主任，不久被排擠而出；一九二七年春，林語堂受武漢革命政府外交部長陳友仁的邀請，出任外交部英文秘書，但「幾個月的『衙門』工作，他見到了各種各樣的政治投機分子。前一刻稱兄道弟，後一刻大棒相加，為了自己的利益，可以向政敵搖尾乞憐，可以出賣盟友、親人。比起這個渾濁的泥潭，他欲逃之而後快的廈大實在是太乾淨了！」[4]林語堂又來到上海，寫

---

2 林語堂：《林語堂自傳》（石家莊市：河北人民出版社，1991年），頁47。

3 林語堂：《林語堂自傳》（石家莊市：河北人民出版社，1991年），頁54。

4 朱豔麗：《幽默大師林語堂》（武漢市：湖北人民出版社，2005年），頁89。

作，並與魯迅等人組織「中國民權保障同盟」，但他的思想已流露消極情緒，特別是一九三三年，同盟社成員楊杏佛被「藍衣社」特務暗殺後，本來就進退維艱、還在歧路觀望的林語堂，發出了「近來更覺得與其鑽入牛角尖之政治，不如談社會與人生。學漢朝太學生清議，不如學魏晉人的清談，只不要有人來將亡國責任掛在清談者之身上。由是決心從此脫離清議派，走入清談派，並書『只求許我掃門雪，不管他媽瓦上霜』之句。」（《說女人》）由「清談」而「清議」，表明他要結束自己如漢朝太學士一樣議論政治的習慣，轉而學習深受老莊思想影響的魏晉人談玄論道、遠離政治。一九三二年，林語堂辦《論語》，之後又辦《人間世》、《宇宙風》，倡導「幽默」、「閒適」、「性靈」，並創作大量閒適小品文，他在理論和實踐上均向老莊思想靠近。

但此時的林語堂還不能稱為道家的信徒，他並沒有很多直接的老莊思想宣傳，主要目的只是取道晚明公安、竟陵以及清人金聖歎、李漁等人注重性靈的思想，開創一種注重性靈的閒適、幽默文風。他真正全面推介包括老莊在內的中國傳統思想主要是在他去美國以後，陸續用英文寫出《吾國與吾民》、《生活的藝術》、《孔子的智慧》和《老子的智慧》等文化著作。他在介紹自己寫這些著作的初衷時說：「除了將中國人觀念中的人類最高文化理想表現出來之外，除了將那個中國人理想中的聽天由命的，逍遙自在的放浪者，流浪者，和漂泊者表現出來之外，我還有什麼更便當的取勝良策呢？」[5]「放浪者」、「流浪者」、「漂泊者」是林語堂在他的著作中屢屢稱道的道家信徒，可見這些著作是以道家思想為中心的。

除了直接的介紹，林語堂還用藝術的形勢，創作了《京華煙雲》、《賴伯英》、《紅牡丹》、《朱門》等小說，這些小說因為含有明顯的文化意味和宣傳傾向被稱之為「文化小說」，道家思想是其中的重

5 林語堂：《生活的藝術》（哈爾濱市：北方文藝出版社，1987年），頁97。

頭戲，這在《京華煙雲》這部諾貝爾文學獎提名的小說中表現得分外明顯。林語堂的女兒林如斯介紹這部小說的主要特點時說：「此書的最大的優點不在性格描寫得生動，不在風景形容得宛然如在目前，不在心理描繪的巧妙，而是在其哲學意義。全書受莊子的影響。」[6]道家思想在全書結構和人物形象上很清楚地體現出來。全書共分三卷，每一卷都以莊子的話為題詞，表明文旨。卷上云：「大道，在太極之上而不為高，在六極之下而不為深。先天地而不為久，長於太古而不為老。」[7]卷中云：「夢飲酒者，旦而哭泣；夢哭泣者，旦而田獵。……是其言也，其名為弔詭；萬世之後，而一遇大聖知其解者，是旦暮遇之也。」[8]卷下云：「故萬物一也，是其所美者為神奇，其所惡者為臭腐，臭腐化為神奇，神奇復化為臭腐。」[9]這些引言暗示，全書人物命運無一不在「道」的支配之下，而世事的變幻往往不能和人的主觀願望相符合，人無法把握自己的命運；但面對嚴酷的現實不必擔憂，未來何嘗沒有希望。

小說塑造了兩個典型的道家人物：姚思安和姚木蘭。現代的莊子姚思安的兩大愛好是「道教精義和科學」，他超脫通達、無為而治。他是富商，擁有很多店鋪，但並不親自經營，而是委託給馮舅爺管理。對家裡的事，也全遵照道家哲學，採取無為而治的辦法，並已覺十分滿意。姚思安超脫世俗之外，沉潛於黃老之術的修養，賞玩古董，修心養性，視富貴如浮雲。他在兒女成婚、妻子亡故之後，隻身雲遊四方，長達十年之久。姚思安成了林語堂心目中的理想人物了；另一理想人物是被稱為「道家的女兒」的姚木蘭，他受父親的影響，「心浮氣躁對心神有害」，遇事鎮定，從不心浮氣躁。當北京變亂，

6 林語堂著，郁飛譯：《瞬息京華》（長沙市：湖南文藝出版社，1991年），頁797。
7 莊子：《莊子・大宗師》，曹礎基：《莊子淺注》（北京市：中華書局，2000年），頁94。
8 莊子：《莊子・齊物論》，曹礎基：《莊子淺注》（北京市：中華書局，2000年），頁37。
9 莊子：《莊子・知北游》，曹礎基：《莊子淺注》（北京市：中華書局，2000年），頁318。

舉家到故鄉杭州去避難時，她冷靜異常，從容準備，處變不驚，方寸泰然。「裂著大嘴微笑」的蓀亞給木蘭的印象並不好，但她後來還是依父命與之結婚。她「相信個人的婚姻大事，是命裡注定的」，從而放棄與之兩情相悅的情人孔立夫。姚木蘭是寄託林語堂道家思想的另一主要人物：「若為女兒身，必做木蘭也。」[10]

二　生存哲學：幽默、閒適、和諧的哲學

林語堂對道家哲學有自己獨特的觀察視角，他不是像魯迅那樣批判老莊造成中國人的巧滑、保守等國民性，也不是像郭沫若那樣欣賞老莊在思想史上的意義；他選擇了「生存」這一視角，發揮老莊的生存思想，探討老莊思想應對現代西方世界生存困境的意義。他總結中國哲學時說：「一切中國的哲學家在不知不覺中認為唯一重要的問題是：我們要怎樣享受人生？誰最會享受人生？我們不追求十全十美的理想，我們不尋找那些得不到的東西。我們不要求知道那些不得而知的東西；我們只認識不完美的，會死的人類的本性：在這種觀念之下，我們要怎樣調整我們的人生，使我們可以和平地工作著，曠達地忍耐著，幸福地生活著呢？[11]由此看來，中國哲學關注的最重要問題是生存問題，而不是空幻的西方形而上學：這正是他觀察中國哲學的視角。當然，林語堂的這個結論是由對儒家哲學和道家哲學的共同觀察而來的，他是把儒家和道家看成中國傳統文化的一體向西方介紹的；但他在具體論述時對道家的偏好是明顯的，對儒家則頗有微詞。

林語堂欣賞莊子對人的本性的關注，他把這種本性翻譯為現代的「自我」：「我們在生活的追求中常常忘掉了真正的自我，像莊子在一

10 林如斯：〈關於《瞬息京華》〉，林語堂：《瞬息京華》（長沙市：湖南文藝出版社，1991年），頁797。

11 林語堂：《生活的藝術》（哈爾濱市：北方文藝出版社，1987年），頁74。

個美妙的譬喻裡所講的那隻鳥那樣，為了要捕捉一隻螳螂而忘掉自身的危險，而那隻螳螂又為了要捕捉一隻蟬而忘掉自身的危險。」[12]但林語堂更欣賞莊子幽默的人生態度：「到第一等頭腦如莊生出現，遂有縱橫議論捭闔人世之幽默思想及幽默文章，所以莊生可稱為中國之幽默始祖。」[13]「自從有了莊子和他的著作，一切中國政治家和盜賊都變成了幽默家了，因為他們都直接間接地接受了莊子人生觀的影響。」[14]

對於老子哲學，林語堂則下了這樣的評判：「這一部著作是全世界文壇上最光輝燦爛的自保的陰謀哲學」，[15]「世界上收集一切人生的俏皮哲學，沒有第二部像那短短的《道德經》那樣的著作。」[16]他把老子哲學看作「陰謀」哲學、「俏皮」哲學，但同時認為，正是這種「刁慈的『老猾』哲學卻產生了和平、容忍、簡樸和知足的崇高理想。」[17]這種哲學「相信在天地萬物的體系中，在大自然依動力和反動力的規律而運行的情勢之下，沒有一個人能永遠占著便宜，也沒有一個人始終做『傻瓜』。」[18]因為這種「近情的微妙的智慧」，從而在中國產生一種「老猾的和平主義」。

林語堂對於莊子看重其幽默，對於老子看重其和平思想，而不是他們思想嚴格的學理辨析，甚至忽略這種哲學的核心，這正是典型的生存論立場。

但林語堂也認識到，老莊哲學的消極保守對於人類是沒有什麼益

12 林語堂：《生活的藝術》（哈爾濱市：北方文藝出版社，1987年），頁74。
13 林語堂：《自傳拾遺．關於幽默》，《林語堂自傳》（南京市：江蘇文藝出版社，1995年），頁212。
14 林語堂：《吾國與吾民》（北京市：寶文堂書店，1988年），頁61。
15 林語堂：《吾國與吾民》（北京市：寶文堂書店，1988年），頁108。
16 林語堂：《吾國與吾民》（北京市：寶文堂書店，1988年），頁50。
17 林語堂：《生活的藝術》（哈爾濱市：北方文藝出版社，1987年），頁81。
18 林語堂：《生活的藝術》（哈爾濱市：北方文藝出版社，1987年），頁81。

處的：「要叫我們完全逃避人類社會的哲學，終究是拙劣的。」[19]「道教的先知老子確是一位傑出教師，可是它那回復自然和拒絕進步的本質對於解決現代人的問題不會有什麼貢獻。」[20]這時候他就借助了儒家的中庸哲學。他意識到：「生活的最高類型終究應屬子思所倡導的中庸生活，他即是中庸的作者，孔子的孫兒。與人類生活問題有關的古今哲學，還不曾發現一個比這種學說更深奧的真理，這種學說，就是一種介於兩個極端之間的那一種有條不紊的生活——酌乎其中的學說。這種中庸精神，在動作與靜止之間找到了一種完全的均衡，所以理想人物，應屬一半有名，一半無名。」[21]但是，林語堂的所謂「中庸」與儒家的原教旨主義的「中庸」並不是一回事，孔子肯定中庸是一種美德：「中庸之謂德也」，[22]這種美德就是倫理行為上的中間路線，所謂「過猶不及」。它是屬儒家倫理範疇；林語堂的「中庸」是指調和儒道後所得到的一種生活態度，「我們如把道家的現世主義和儒家的積極觀念配合起來，便成中庸的哲學。」[23]「孟子那種比較積極的觀念和老子那種比較圓滑的和平觀念，調和起來而成為中庸的哲學。」[24]林語堂要用儒家的積極的生活態度來糾正道家的消極保守；而更重要的是，他要用道家的超脫來糾正儒家文明對人性的壓抑。

林語堂認為，中國國民性的根本在於儒道的相反相成。「世界上收集一切人生的俏皮哲學者，沒有第二部像那短短的《道德經》那樣精深的著作。道家哲學在理論上和實際上即為一種俏皮圓滑的冷淡，是一種深奧而腐敗的懷疑主義，它是在譏諷人類衝突爭奪的枉費心

19 林語堂：《生活的藝術》（哈爾濱市：北方文藝出版社，1987年），頁89。

20 林語堂：〈自傳拾遺．我的信仰〉，《林語堂自傳》（南京市：江蘇文藝出版社，1995年），頁198。

21 林語堂：《生活的藝術》（哈爾濱市：北方文藝出版社，1987年），頁90。

22 孔子：《論語．雍也》，〔宋〕朱熹《四書章句集注》（上海市：上海古籍出版社，合肥市：安徽教育出版社，2001年），頁105。

23 林語堂：《生活的藝術》（哈爾濱市：北方文藝出版社，1987年），頁90。

24 林語堂：《生活的藝術》（哈爾濱市：北方文藝出版社，1987年），頁73。

機，以及一切制度、法律、政府、婚姻之失敗的嘲笑，加以少許對於理想主義之不信心，此不信心之由來，與其謂由於缺乏毅力，毋寧說由於缺乏信任心。它是一種與孔子實驗主義相對立的哲學，同時亦為所以補救孔教社會之缺點的工具。因為孔子之對待人生的眼光是積極的，而道學家的眼光則是消極的，由於這兩種基本不同的元素的鍛冶，產生一種永生不滅的所謂中國民族德性。[25]在他看來，道家的「冷淡」、「懷疑」、「對理想主義之不信心」的消極，與孔子「實驗主義」的積極這兩種相對立的人生態度共同作用於中國人，形成中國民族的特性。這種民族特性在於，「當順利發皇的時候，中國人人都是孔子主義者；失敗的時候，人人都是道教主義者。孔子主義者在吾們之間努力建設而勤勞，道教主義者則袖手旁觀而微笑。」[26]在道家的「俏皮圓滑」、「懷疑主義」、「袖手旁觀」的遊戲態度中，中國人也就消解了儒家文明帶來的嚴肅沉重，一種幽默閒適的人生從而產生。林語堂稱這種民族特性是「永生不滅」的，這當中也暗示了他中西比較視野下對於這種民族品性的看重。

儘管「道家精神和孔子精神是中國思想的陰陽兩極」，[27]但林語堂並不是同等地看待儒道哲學對中國國民性所起的作用。他說：「每一個中國人的心頭，常隱藏有內心的浮浪特性和愛好浮浪生活的癖性。生活於孔子禮教之下倘無此感情下的救濟，將是不能忍受的痛苦。所以道教是中國人民的遊戲姿態，而孔教是工作姿態。這使你明白每一個中國人當他成功發達而得意的時候，都是孔教徒，失敗的時候都是道教徒。道家的自然主義是服鎮痛劑，所以撫慰創傷了的中國人之靈魂者。」[28]林語堂論人性每每重視人的天性，這使他自覺不自覺地傾

---

25 林語堂：《吾國與吾民》（北京市：寶文堂書店，1988年），頁51。
26 林語堂：《吾國與吾民》（北京市：寶文堂書店，1988年），頁51。
27 林語堂：《吾國與吾民》（北京市：寶文堂書店，1988年），頁51。
28 林語堂：《吾國與吾民》（北京市：寶文堂書店，1988年），頁107。

向於道家，而對儒家則在肯定當中包含了批判。他曾說所有的動物中只有人類在辛苦地工作[29]，這可見他對作為中國人「工作姿態」的儒教的潛在的批判意識；則相應地，道家思想也就是他的理想了。他在三十年代所倡導的「幽默」、「閒適」的小品文也是他道家思想的體現。

我們也同時看到，林語堂對儒道互補的批判更有深刻的哲學意識，他看出孔子「過於崇尚現實而太缺乏空想的意象成分。……道教代表神奇幻異的天真世界，這個世界在孔教思想中則付闕如。」[30]「道家學說總而言之是中國人想揭露自然界秘密的一種嘗試。」[31]但形而上的玄思始終不是他發揮的重點，生存哲學才是他關心的中心。

三　走向現代、面向世界

林語堂文學活動和學術活動最活躍的三、四十年代，正是第二次世界大戰爆發，文明世界陷入戰爭的海洋。戰爭宣告了西方科學物質文明的破產，傳統的形而上學陷入危機。林語堂的生存哲學正是在西方社會面臨最嚴重的生存問題時提出，它力圖用東方的古老智慧揭示出西方形而上學和物質文明的弊端，從而為世界的和平作出努力。林語堂的這些思考是富有啟迪的。他不僅對困擾當時西方世界緊迫的戰爭和勞動問題提出批判，更把批判的鋒芒伸向到西方傳統的形而上學。

林語堂比較了中國哲學和西方傳統形而上哲學的區別。他說：「簡單講來，中國的哲學，可說是注重人生的知識而不注重真理的知識。中國哲學家把一切的抽象理論撇開不談，認為和生活問題不發生關係，以為這些東西是我們理智上所產生的淺薄感想。他們只把握人生，提出一個最簡單的問題：『我們怎樣地生活？』」「西洋哲學在中

29 林語堂：《生活的藝術》（哈爾濱市：北方文藝出版社，1987年），頁126。

30 林語堂：《吾國與吾民》（北京市：寶文堂書店，1988年），頁106。

31 林語堂：《吾國與吾民》（北京市：寶文堂書店，1988年），頁112。

國人看來是很無聊的。西洋哲學以論理或邏輯為基點，著重研究知識方法的獲得，以認識論為基點，提出知識可能性的問題，但最後關於生活本身的知識卻忘記。」[32]這種分析是切中西方形而上學的要害的：與中國的生存哲學相比照，西方哲學在邏輯的無限推衍中忘記了生活，走向迷失。因而，他針對這種迷失開出了藥方：「人生真義這個問題，久為西洋哲學宗教家的懸案，中國人以只講求實際的頭腦，卻解決得十分明暢。其答案就在於享受淳樸生活，尤其是家庭生活的快樂，及在於五倫的和睦。暮從碧山下，山月隨人歸。或是雲淡風輕近午天，傍花隨柳過前川。這樣淡樸的快樂，自中國人看來，不僅是代表含有詩意之片刻心境，乃為人生追求幸福的目標。得達此境，一切泰然。」[33]這種比較是籠統的，但他以和諧的生活為哲學的指歸這一思想表達得很鮮明。

事實上，林語堂對於西方哲學的根本理念並不感興趣，他甚至說過，「我素不愛好哲學上無聊的理論；哲學名詞，如柏拉圖的『意象』，斯賓諾莎的『本質』『本體』『屬性』，康德的『無上命令』等等，總使我懷疑哲學家的念頭已經轉到牛角尖裡去了。」[34]如同對中國哲學一樣，他對西方哲學只取生存論的視角，而不是形而上的考察。正是這樣，宣告「上帝已死」、主張大地的意義的反形而上學哲學家尼采引起了他的極大的興趣。在《生活的藝術》中，林語堂曾用很大的篇幅來探討人類的「動物性」，探討塵世的意義。他說：「有時我們太富於野心，看不起這個卑低的，但也是寬大的塵世。可是我們如要獲得精神的和諧，我們對於這麼一個孕育萬物的天地，必須有一種感情，對於這個身心的寄託處所，必須有一種依戀之感。」[35]這是

---

32 林語堂：《生活的藝術》（哈爾濱市：北方文藝出版社，1987年），頁137。

33 林語堂：《林語堂散文》第2卷（石家莊市：河北人民出版社，1991年），頁142。

34 林語堂：〈自傳拾遺．我的信仰〉，《林語堂自傳》（南京市：江蘇文藝出版社，1995年），頁188。

35 林語堂：《生活的藝術》（哈爾濱市：北方文藝出版社，1987年），頁41。

尼采的「生活在大地上」的教導。他又說：「凡是一種良好的、實用的哲學理論，必須承認我們都有這麼一個身體。現在已是我們應該坦白地承認「我們是動物」的適當時機。自從達爾文進化論的真理成立以後，自從生物學，尤其是生物化學，獲得極大的進展之後，這種承認是必然的。不幸我們的教師和哲學家都是屬所謂智識階級，都對於智能有著一種特殊的、專門家式的自負。」「以我個人的意思，人類也許已經達到崇高的階段，但是從社會集團這方面說來，人類還受著原始時代的情欲所支配。」[36]這些吸取了進化論、現代科學的因素，但主要的是尼采主張的人類的生物本能和反形而上思想，藉以肯定人類的生存本能。

林語堂稱莊子是「中國的尼采」，他看出尼采的思想和中國道家哲學有著內在的關聯。尼采主張生活在大地上、主張人類的動物性本能與中國哲學的現實性特點是一致的。莊子說：「六合之外，聖人存而不論。」[37]即是不主張空洞的玄思，這與孔子的「未知生，焉知死」的現實人生態度是一致的；道家的「道」雖玄妙，但混同自然，是實實在在的東西。林語堂雖贊同尼采，但毋寧說他是用道家的自然哲學觀來解讀了尼采。因為，他雖然對尼采的大地、生物性、本能、情欲等概念津津樂道，但對尼采哲學的核心概念「權力意志」、「超人」卻隻字不提。事實上，林語堂是反對西方文化中那種過於強大的意志衝動的，而這恰好是尼采哲學的核心。林語堂明確意識到這點，他說：「尼采把偉人的造就當成世界歷史的唯一目的，莊子則把萬物自性的追求懸作世界的最高真理。」[38]他對尼采哲學的根本趨向是警惕的，強大的意志衝動必造成和諧生活的破壞，這正是林語堂擔心

---

36 林語堂：《生活的藝術》（哈爾濱市：北方文藝出版社，1987年），頁56。

37 莊子：《莊子・齊物論》，曹礎基：《莊子淺注》（北京市：中華書局，2000年），頁31。

38 林語堂：《生活的藝術》（哈爾濱市：北方文藝出版社，1987年），頁246。

的。他反覆強調，「哲學家的任務應該是使身心協調起來。」「哲學的結論和它的最高理想，即必須對自然完全理解，以及必須和自然和諧。」這種目標只有老莊的自然哲學才能實現。其實，林語堂只是吸取尼采哲學中現實性的因素以建立切實的人生，只是在這一意義上，他才將尼采與中國哲學同稱之為「快樂哲學」。總的看來，林語堂利用尼采來反對西方傳統的形而上學思想，但捨棄了他的強力意志學說而代之以中國哲學的和諧自然，從而努力使西方哲學從縹緲空洞的形而上學返回到現實的、和諧的人生。

當林語堂用這種哲學去觀察西方文化帶來的現實難題時，他顯然提供了解決這一問題的富有啟示的思路。這種現實難題一是戰爭，一是社會經濟領域裡的激烈競爭。關於戰爭，林語堂認為是西方人的「固執己見與不安定」[39]和「武力崇拜」造成，而中國道家的理想即是一種典型的和平主義，這無疑是應對西方「不安定」精神的良方。「中國人是世界上最低能的戰士，因為他們是理性的民族。她的教育背景是道家的出世思想揉合以孔教的積極鼓勵，養成一種和諧的人生理想。」[40]林語堂特別注意道家思想當中的和平因素，他對老子思想有一個根本性看法：「老子刁慈的『老猾』哲學卻產生了和平、容忍、簡樸和知足的崇高理想。」[41]他認為「中國和平主義的根源就是情願忍受暫時的失敗，靜候時機，相信在天地萬物的體系中，在大自然依動力和反動力的規律而運行的情勢之下，沒有一個人能永遠占著便宜，也沒有一個人始終做『傻瓜』。」[42]這是根源於老子的。在這種思想支配下，「其結論是：競爭是徒勞的。老子曰：智者，『夫唯不爭，故天下莫能與之爭』。又曰：『強梁者不得其死，吾將以為教

39 林語堂：《吾國與吾民》（北京市：寶文堂書店，1988年），頁54。
40 林語堂：《吾國與吾民》（北京市：寶文堂書店，1988年），頁55。
41 林語堂：《生活的藝術》（哈爾濱市：北方文藝出版社，1987年），頁81。
42 林語堂：《生活的藝術》（哈爾濱市：北方文藝出版社，1987年），頁81。

父。』」[43]同樣，莊子也用一個寓言講述了「不爭」的道理：有一種叫「意怠」的鳥，「進不敢為前；退不敢為後。食不敢先嘗；必取其緒。是故其行列不斥，而外人卒不得害，是以免於禍。」把中國道家哲學的這種「不爭」思想運用於解決西方的戰爭問題，林語堂很有信心，他說：「只因克雷孟梭（Clemencean）沒有讀過《道德經》，希特勒亦然，致令兩方鬥爭不息，而老莊之徒，徒手作壁上觀，莞爾而笑。」[44]「凡爾賽會議如果請老子去做主席，我想今日一定不會有這麼一個希特勒。」[45]

戰爭是西方社會激烈的競爭在軍事領域的表現，這種競爭在經濟和社會生活領域就表現為對效率的追求和對事業的過度重視，林語堂批評「講求效率，講求準時，及希望成功，似乎是美國的三個惡習。」[46]「人們為了生活而勞苦地工作，憂慮到頭髮發白，甚至忘掉遊玩，真是不可思議的文明。」[47]為此，他一針見血地指出：「觀之現代歐洲之景象，吾們有時覺得她所感受於繁榮不足之煩惱，不如感受於圓熟智慧不足之甚。」[48]正如西方哲學為了理念而忘記了生活本身，西方人為了經濟的繁榮、為了活下去而拚命忙碌，忘記了悠閒地生活。他針鋒相對地提出中國人的生活觀念：中國人愛悠閒，「它是由於酷愛人生而產生，並受了歷代浪漫文學潛流的激蕩，最後又由一種人生哲學——可稱它為道家哲學——承認它為合理的態度。」[49]因為「文化本來就是空閒的產物。……智慧的人絕不勞碌，過於勞碌的人絕不

---

43 林語堂：《生活的藝術》（哈爾濱市：北方文藝出版社，1987年），頁81。
44 林語堂：《吾國與吾民》（北京市：寶文堂書店，1988年），頁55。
45 林語堂：《生活的藝術》（哈爾濱市：北方文藝出版社，1987年），頁83。
46 林語堂：《生活的藝術》（哈爾濱市：北方文藝出版社，1987年），頁140。
47 林語堂：《生活的藝術》（哈爾濱市：北方文藝出版社，1987年），頁129。
48 林語堂：《吾國與吾民》（北京市：寶文堂書店，1988年），頁54。
49 林語堂：《生活的藝術》（哈爾濱市：北方文藝出版社，1987年），頁133。

是智慧的，善於優遊歲月的人才是真正有智慧的。」[50]

但對資本主義世界激烈殘酷的競爭現象，林語堂並沒有表現出悲觀，相反，他依據道家哲學理念大膽作出預測，認為西方人必定會改變態度，學習東方哲學的容忍精神，因為，「態度之變遷，不緣於燦爛之學理，而緣於自存本能而實現。」所以「歐美方面也許會減弱其固執之自信心，而增高其容忍。因為世界既已緊密聯繫起來，就免不了相互容忍，故西方人營營不息的進取欲將為之稍減，而瞭解人生之企望漸增。騎了青牛行出函谷關的老子之論行宏見擴傳益廣。」[51]這種預測是有前瞻性的，無論是從海德格爾對道家哲學的親睞還是二戰後世界的相對和平都說明了這一點。

在二十世紀上半期，國人重在反傳統、全面學習西方，借用西方積極進取的哲學科學思想來「打掉古老文明的暮氣」（胡適語），林語堂反其道而行之，看出西方哲學科學的流弊，而救之以道家文化為主的中國傳統文化。今天，當我們反思洶湧的物質主義和競爭帶來的人性異化等問題，林語堂的思路仍然具有深刻的啟示：無論文明走向何處，人的生存狀態總是文化關注的核心。

當然，現代作家中，把道家哲學進行現代轉化、以解決現代生存問題的並不僅僅是林語堂一人，胡適、宗白華、許地山、林同濟都表達了這種願望，但林語堂的思考有自己獨到的價值：

第一，許地山在小說中寫了一系列隨遇而安、順物自化的人物，但僅僅解決的是個人的生存問題，林語堂針對的是世界範圍內的生存難題，體現了開闊的理論視野。

第二，胡適極力推崇老子的無為政治，宗白華從藝術上探討了現代人生問題，林語堂的討論則涉及哲學、政治、軍事、社會生活等各個領域，體現了一種全方位的視角。

---

50 林語堂：《生活的藝術》（哈爾濱市：北方文藝出版社，1987年），頁127。

51 林語堂：《吾國與吾民》（北京市：寶文堂書店，1988年），頁54。

第三，林同濟從理論上探討了道家人格的幾種類型，但較少實踐的分析；林語堂則處處聯繫現實問題剖析，實踐性極強。

第四，尤其可貴的是，林語堂在對中西哲學的比較中，讓我們看到了西方哲學的缺陷和道家哲學的魅力，表達了用中國哲學去補救西方哲學之弊的願望，體現了宏大的理論氣魄和深邃的歷史眼光。儘管這種比較還欠深入，但他基於現代生活，顯然抓住了問題的關鍵，並走在時代的前列。

第二節　林同濟：回歸之路——從尼采到老莊

「五四」是以大量吸收西方文化、激烈的反傳統姿態出現在我國文學史、思想史上的，但隨著「五四」高潮的退潮，國人在吸收西方文化的同時加強了對傳統文化的關注，回歸傳統成為一種傾向。但傳統的回歸並不意味著歷史的倒退，相反，它往往把西方文化的某些要素注入到傳統中，同時又用傳統來克服西方文化的缺憾。這樣，傳統文化在與西方文化的撞擊下煥發出勃勃生機，一種新的人格範式在這種文化撞擊中呼之欲出。本文是就現代作家的一個典型個案——「戰國策派」代表人物之一林同濟來思考這一現象。

林同濟受尼采思想影響，在三、四十年代之交極力倡導「力」的學說，以此改造國人、服務抗戰；四十年代以後，隨著國內外形勢和他自身狀況的變化，他的思想逐漸回到民族的老莊哲學。但林同濟的回歸不同於傳統文人的消極避世，而更顯示了他為中國人尋找一種完美人生哲學的努力。

一　力的哲學

「力」的思想是林同濟在「戰國策」活動時期的核心思想。林同濟是「戰國策派」核心人物之一，「戰國策派」是抗戰時期在大後方昆明組織的一個文化學術派別，他們針對中國的抗戰需要、抗戰時暴露的文化積弊以及世界大戰的國際形勢，從史學、文化、哲學、文學等各方面提出自己的主張，其關注的要點是如何清理傳統文化的積弊，重新煥發民族活力，爭取民族解放和應對世界大戰的國際形勢，進行戰時文化重建。在此時期，林同濟極力鼓吹「力」的思想，倡導「形態歷史觀」，他的思想可以說是以中國抗戰和世界大戰的國際形勢為出發點，以形態歷史觀為視角，以「力」的思想為核心，以尼采的權力意志學說為哲學基礎，形成一種極富個性的學說。

「力」的思想在林同濟留學美國的時候就開始形成。林同濟富於政治敏感，二十年代末他在美國留學的時候就預言了日本的侵華野心。[52]「九・一八」事變爆發，極富愛國心的林同濟在美國到處講公理，求制裁，但一切落空。他意識到「唯國聯無能；英美自私；九國公約、非戰公約整個垮臺。」而跟他來往最密切的兩位美國教授好幾次對他說：「日本有組織，有力量；我們美國人同情中國，卻是佩服日本的。」[53]對政治感興趣、並修政治專業的林同濟一直注意國際關係，在種種事實面前，他經過反思，最後得到一個以「力」的思想為核心的堅定的認識：「（一）西方人的人生觀是力的人生觀；（二）西方文化是力的文化；（三）而力的組織，自文藝復興以來，就愈演愈顯著地以民族為單位，國家為單位；（四）到了二十世紀，國與國間『力的大拼』已成為時代的中心現實；（五）在日本全面侵略急轉直下的關頭，中國唯一的出路是『組織國力，搶救自己』。」[54]

---

52 許紀霖、李瓊：《天地之間——林同濟文集》（上海市：復旦大學出版社，2004年），頁364。

53 許紀霖、李瓊：《天地之間——林同濟文集》（上海市：復旦大學出版社，2004年），頁305。

54 許紀霖、李瓊：《天地之間——林同濟文集》（上海市：復旦大學出版社，2004年），頁305。

林同濟的這種「力」的思想是在日本侵略中國、民族危機日益加深的背景下形成，用以尋求民族自保。後來這種思想滲透到他的意識深處，成為他後來在戰國策時期乃至終生提出的一系列思想的底色，著名的「形態歷史學」正是以「力」的思想為基礎。

形態歷史學是來源於德國哲學家斯賓格勒（Oswald Spenglar），林同濟據此提出「戰國時代的重演」理論。他認為每一種自成體系的文化，只要不受外力的摧殘而能充分發展，都必經歷三個階段：（一）封建階段，（二）列國階段，（三）大一統帝國階段，每一種文化都要經歷這三個階段最後走向滅亡。[55]在這三個階段中，列國階段（也叫「戰國階段」）是「任何文化體系中最活躍、最燦爛、最緊張而最富創作的階段。」[56]目前的歐西文化，正處於其列國階段的最高峰，其特點在「活力亂蹦」；而中國早已過了它的列國階段，目前正處於大一統皇權制度的末期，特點在「活力頹萎」。因而，要想在這個殘酷無情的戰國時代生存下去，中國就不能再以「大一統」的眼光來看待「大戰國」的現實，而要勇於吸收「列國酵素」以「救大一統文化之窮」，[57]將「大一統」文化變為剛健有力的「戰國型」文化。由此可見，林同濟「歷史形態學」的落腳點也是在「力」，他將中國「力」的萎弱的事實納入自己的理論體系之中；相應地，他解決問題的方案就是從「活力亂蹦」的戰國吸收新鮮的因素，改變國民在二千年皇權制度下形成的因循、保守、懦弱、自私的性格，重新煥發民族活力。這其實就是晚清以來改造國民性主題的繼續。應當說，這是從一個獨特的視角看待中國的問題並提供解決問題的思路，是有其理論

55 許紀霖、李瓊：《天地之間——林同濟文集》（上海市：復旦大學出版社，2004年），頁7。

56 許紀霖、李瓊：《天地之間——林同濟文集》（上海市：復旦大學出版社，2004年），頁10。

57 許紀霖、李瓊：《天地之間——林同濟文集》（上海市：復旦大學出版社，2004年），頁3。

貢獻的，尤其是他運用這套理論來分析二千年來封建皇權制度的積弊時，更顯示出他的理論個性。

林同濟把中國皇權制度的積弊歸結為幾個命題：士的蛻變、官僚傳統、忠孝觀念。他把古代的「士」分為「大夫士」和「士大夫」兩種類型，大夫士「以義為基本感覺而發揮為忠、敬、勇、死四位一體的人生觀，來貫徹他們世業的抱負、守職的恆心。」因而是一幅「剛道的人格型」。[58]士大夫即「文人官僚」，他們是在大一統皇權制度下由「大夫士」蛻變而來，在他們那裡，「義」流產為面子，「禮」流產為應酬，「忠敬勇死」變成「孝愛智生」四德中心論，因而湊成一種「柔道的人格型」。在林同濟看來，由「大夫士」變為「士大夫」的過程，「便是由技術到宦術，便是由做事到做官」[59]的過程，因而目前最重要的是培養「大夫士」剛道的人格。

與這種「士的蛻變」相一致的是官僚傳統的腐化過程，其根源都在於大一統皇權制度。林同濟指出，列國階段和大一統階段的官僚傳統是兩種截然不同的類型，前者是戰國間「大政治」下的外向型，以「富國強兵」為口號，一切為了對外，保持著外向的警覺性；而後者是大一統朝廷上「小政治」的內向型，一切為了安內，只求在「宇內」保太平，官僚們為功名利祿而明爭暗鬥。這種大一統專制下的官僚傳統有四種毒質：「皇權毒」、「文人毒」、「宗法毒」和「錢神毒」，這些都是兩千年中國製造出來的「自亡單方」，使中國一步步走向衰亡。在當前四面洪流的戰國局面，當務之急是要把內向的官僚傳統轉變成徹底的外向型，使得做官「盡忠竭力，做得精彩絕世，使國家得以光耀馳驅於國際之場。」

---

58 許紀霖、李瓊：《天地之間——林同濟文集》（上海市：復旦大學出版社，2004年），頁66。

59 許紀霖、李瓊：《天地之間——林同濟文集》（上海市：復旦大學出版社，2004年），頁70。

在進行官僚批評的同時，林同濟還對傳統的「忠」和「孝」的觀念進行了剖析。他針對傳統的「孝為百行先」提出「忠為百行先」。「孝」是傳統宗法制度的產物，重國而輕家，使得中華民族人心渙散，缺乏凝聚力。而在國力競爭的大政治時代，最重要的是每個國民都成為國家有機體的一部分，即要公德重於私德，忠為第一，唯其如此，才能化個個國民之力而為全體化的國力。

林同濟等人提出的歷史形態學，其目的在於在列強爭戰和民族危亡的背景下，通過對民族弊病的分析，進行民族性格自審，力圖改變民族萎弱的性格，培養剛健的「力」的人格。其核心還在於「立人」，這是魯迅等人開創的傳統的繼續；但林同濟等人與魯迅等人的立足點不同：後者立足點在於個人，力圖將個人從封建傳統下解放出來，重獲自由；前者的立足點在於民族，他力圖通過轉變個人觀念，培養剛健的個人並將個人之力匯聚為國家之力，從而實現「國家之上，民族之上」的理想。「力」的思想始終是林同濟關注的核心。

林同濟雖然是在民族危亡的背景下提倡這種「力」的學說，但這種學說對於林同濟來說並不是一種權宜之計，而是他早年思想的哲學基礎。早在美國留學時期，林同濟就接觸到尼采學說並為之深深吸引。他那時已經同時接觸到包括形態歷史學在內的西方各種著作，這些著作顯然統一在他那對哲學和政治學愛好的天性之下，而尼采思想也就做了他思想的根基，對於他顯然具有世界觀的意義，這在他解放後的思想檢討報告中有明確表述：「大大小小的資產階級作家，點點滴滴地供給了我以各種各樣的法西斯因素。而不是偶然的，我發現了尼采這個法西斯鼻祖的著作，最適合我的要求，我開始把他捧作為我的思想基調的依據。」[60]他又說：「由於自己的哲理嗜好，就更把這法

60 許紀霖、李瓊：《天地之間——林同濟文集》（上海市：復旦大學出版社，2004年），頁305。

西斯傾向明確化而系統化了。」[61]可見，他在美國留學期間已經形成了以尼采學說為核心的系統思想，他在回國後有關歷史形態學的一系列學說只是這一思想的發揮。

尼采借用了叔本華的「意志」本體論，卻走向叔本華對意志否定的反面——肯定意志，並把生存意志改造為「權力意志」。尼采的「權力意志」的本質即是「力」，「一個力的怪物，無始無終」，這個世界「作為力無處不在，是力和力浪的嬉戲……這是權力意志的世界。」[62]林同濟接受了這套「力」本體思想，認為「無窮的空間，充滿了無數的力的單位，在力的相對關係下，不斷地動，不斷地變」。[63]「自然界，人事界，一切的一切都是力的表現，力的關係。」[64]簡單地說，「『我即是力！』」[65]「我」當然是「泛我」，是生命，因而「力者非他，乃一切生命的表徵，一切生物的本體。力即是生，生即是力。天地間沒有『無力』之生：無力便是死。」[66]可以說，林同濟對力的呼喊，既是現實的迫切需要，也是生命的至深渴望。

但是，尼采的「力」主要強調的是個人之力，是個性思想的張揚，是對超人的呼喚；林同濟的著眼點在民族國家的利益，是要造成國家的強力以改變在列國爭戰的形勢下民族的厄運。不過，林同濟並不是一個絕對的國家主義者，他在強調國家民族利益之上的同時並沒有放棄個人主義，這點是他與「戰國策派」另一作家陳銓不同的地方。實際上，具有哲人氣質的林同濟的思想中一直存在著個人與國

---

61 許紀霖、李瓊：《天地之間——林同濟文集》（上海市：復旦大學出版社，2004年），頁306。

62 尼采，虞龍發譯：《尼采遺稿選》（上海市：上海譯文出版社，2005年），頁177。

63 溫儒敏、丁曉萍：《時代之波》（北京市：中國廣播電視出版社，1995年），頁215。

64 溫儒敏、丁曉萍：《時代之波》（北京市：中國廣播電視出版社，1995年），頁217。

65 溫儒敏、丁曉萍：《時代之波》（北京市：中國廣播電視出版社，1995年），頁218。

66 溫儒敏、丁曉萍：《時代之波》（北京市：中國廣播電視出版社，1995年），頁177。

家、現世與超越、宗教與世俗之間的矛盾，[67]這導致後來他對民族老莊思想的回歸。

二　回到老莊

由主要來自西方的「力」的思想回歸到民族靜觀無我的老莊哲學，其間的跨度可想而知；值得注意的是，林同濟不是徹底拋開西方思想回到純民族立場，也不是用民族哲學改造西方思想，而是匯合中西思想又有一個質變的過程，其間有他對現實的思索，更有他形而上的智慧和靈感。

這種轉變在一九四二年《戰國副刊》停刊不久就開始了。由於他本人罹患胃病、肺病，婚姻生活又以悲劇收場，個人生活的不幸使他深感人生多變。而四十年代上半期國內外形勢的急劇變化引起了他對「力」的學說的反思。羅斯福提倡的四大自由與聯合國的偽民主偽和平，也引起了他的幻想，影響到他對「力」與「戰」的看法，「覺得力與戰或非必須，在學理上也畢竟有毛病。」[68]而世界反法西斯戰爭的勝利發展，導致如何建立戰後國際新秩序、建立一個民主的世界，成為時代最響亮的呼聲。[69]在國內，蔣介石政權愈加腐化，引起林同濟的失望與不滿，他曾為吳晗寫的《明太祖傳》寫序，以「以解放民族始，以蹂躪國人終」寄意。[70]種種形勢的變化使得他的「戰」與「力」的思想逐漸退熱。

---

67 許紀霖、李瓊：《天地之間——林同濟文集》（上海市：復旦大學出版社，2004年），頁2。

68 許紀霖、李瓊：《天地之間——林同濟文集》（上海市：復旦大學出版社，2004年），頁308。

69 許紀霖、李瓊：《天地之間——林同濟文集》（上海市：復旦大學出版社，2004年），頁308。

70 引自許紀霖、李瓊：《天地之間——林同濟文集》（上海市：復旦大學出版社，2004年），頁308。

除了現實因素外，林同濟的轉變與他的信念有更深入的關係。林同濟本有做純粹思想家的志向，幼年時，祖父經常對他談「三不朽」之說，認為「立言」最高，因為立言最可傳久，影響最大。這給他以深刻的印象。[71]留美期間，受「求知之上論」的影響，迷戀「思想家是偉大的政治家，因為他控制著人們的靈魂」的說法。[72]回國後，林同濟曾一度想仿效費希特（Fichte）的《告德意志人民書》的風格，寫一本書，批判中國文人的性格，以貫徹他做個「思想家」的信念，並擬就大綱，但因抗戰發生而中止。然而他做個「思想家」的信念並未放棄。

事實上，就在林同濟服務抗戰的時候，他也不是一個徹底的現實主義者，林同濟是以知識者而不是政治家的身份參與現實的，他關心政治，但對實際的政治生活並不感興趣（一九三七年夏，蔣介石在廬山召開由全國有影響的知識分子參加的高級座談會，與會代表被邀請加入國民黨，林同濟並不輕鬆地拒絕了邀請，並表示「我無意混跡官場」、要「以耕讀為生」。）。[73]他關心的，是要替中國人的現實活動尋找一個終極的依據，他擔心中國人「救天下而失了自己的靈魂」，[74]所以，他強調在戰時要「一面趕造強有力的個人，一面趕造強有力的社會與國家」。[75]在人格建設中，他主張內省，即由個人「『行為』的檢

---

71 許紀霖、李瓊：《天地之間——林同濟文集》（上海市：復旦大學出版社，2004年），頁306。

72 許紀霖、李瓊：《天地之間——林同濟文集》（上海市：復旦大學出版社，2004年），頁306。

73 許紀霖、李瓊：《天地之間——林同濟文集》（上海市：復旦大學出版社，2004年），頁339。

74 許紀霖、李瓊：《天地之間——林同濟文集》（上海市：復旦大學出版社，2004年），頁176。

75 許紀霖、李瓊：《天地之間——林同濟文集》（上海市：復旦大學出版社，2004年），頁137。

查而進到自己整個的『生命本體』的估量。」[76]他意識到我國宗教、哲理傳統的薄弱，設想進行民族宗教生活的草創，以純淨的宗教意義改造古代的祭天制度，使中國人的思想達到他所構想的「『自我』對『無窮』的一種整體互契或合一」的純宗教境界。[77]說穿了，人格建設仍是他激烈現實姿態下的隱秘初衷，後來他把這種人格定義為「人性和超人性的綜合」，[78]思想家的信念一直在他的精神世界裡秘密地發揮作用。

正因為這樣，當四十年代上半期國內外形勢和他個人的生活發生一系列變化後，他的「力」的學說也受到中共作家的嚴厲批判，他開始反思自己的學說，以為「沒有實學，吶喊下去，不是辦法。」[79]此後注重緩慢持續的思想滲透，把精力「由『力』的學說轉到『價值論（道德倫）』的強調，由戰國主義轉到人文主義。」[80]轉變後的林同濟，更注意基礎思想工作的建設。一九四五年，他開始著手創建一座國內最大的西方思想圖書館——海光西方思想圖書館；同年五月，他應邀赴美進行學術交流，在斯坦福大學講授「中國：心靈高於政治」，後來，美國的《觀念史雜誌》發表了他的〈中國心靈：道家的潛在層〉一文（1947年6月，第3卷第3期），這篇論文是他道家觀念的集中表現，也是他思想轉變後的代表作之一。

我們考察林同濟前後思想的轉變，其中的跨度之大是明顯的。轉

76 許紀霖、李瓊：《天地之間——林同濟文集》（上海市：復旦大學出版社，2004年），頁177。

77 許紀霖、李瓊：《天地之間——林同濟文集》（上海市：復旦大學出版社，2004年），頁170-173。

78 許紀霖、李瓊：《天地之間——林同濟文集》（上海市：復旦大學出版社，2004年），頁205。

79 許紀霖、李瓊：《天地之間——林同濟文集》（上海市：復旦大學出版社，2004年），頁308。

80 許紀霖、李瓊：《天地之間——林同濟文集》（上海市：復旦大學出版社，2004年），頁308。

變前，無論是「力」的吶喊，還是為中國人的現實活動尋找一個終極依據，他的思想主要是西方的。儘管儒家思想給了他一個入世的精神，道家思想給了他超然的態度，但在具體思想理路上，他依據的主要是西方的歷史學和宗教哲學。轉變後的林同濟回到中國傳統文化，而以道家思想為基礎。他在解放後把「中國思想的精髓」界定為「人格」，這種人格「不僅要與社會融為一體，也要與宇宙融為一體。最根本的東西是宇宙。人格是人性與超人性的綜合。」[81]也就是說，他同時肯定儒道對中國人人格建設的意義；但是，我們可以看出他發揮儒家的思想只是在它的宇宙論這一部分，而對它的現實倫理綱常則不置一詞，他關注的「最根本的東西是宇宙」，而恰恰是儒家的這一部分內容接近道家，這可見出他的旨趣。他在綜合考察中國文化後認為：「我們關心的是……我們身上都顯示出作為人的終極的東西。如果有必要的話，我們可以告訴全世界我們信奉的是道家。」[82]標誌著他的這一思想的是他的傑出的論文〈中國心靈：道家的潛在層〉。

在這篇論文裡，林同濟把道家思想與中外不同的思想和文化進行了對比，凸顯了道家的思想個性，並將道家思想所造就的人格歸納為四種類型，體現了他以道家思想為基礎創造新的人格範式的思路。

林同濟比較了道家與儒家、道家與西方的自由思想、道家與佛教的與世無爭思想。他以為，與儒家思想的比較而言，標題「道家的潛在層」是有意味的。他承認每一個中國人都是同時信奉儒家和道家思想的，儒道的區別就在於「我們從社會而言尊崇儒家，而在個人而言則信奉道家。……我們作為個體，卻是不折不扣的道教徒。」[83]林同

---

81 許紀霖、李瓊：《天地之間——林同濟文集》（上海市：復旦大學出版社，2004年），頁205。

82 許紀霖、李瓊：《天地之間——林同濟文集》（上海市：復旦大學出版社，2004年），頁205。

83 許紀霖、李瓊：《天地之間——林同濟文集》（上海市：復旦大學出版社，2004年），頁180。

濟在此明顯強調了個體的價值，事實上，他對道家的回歸即是對個體的回歸，「群」的理念不再是第一位的。儘管他也承認儒家思想對中國人的重要性，但他注意的是，儒家思想和道家「一陰一陽，互為補充……中國人沒有成為偏執狂」。[84]這也是個人角度。

與西方的自由主義相比，「道家的自由是一個先於社會存在或脫離社會的個體的自由，而西方的自由意志是一個意識到社會存在的個體的自由。」因而，「西方的個人主義是一種信念，道家思想是一種傑出的懷疑論。」道家信徒「視信念如浮雲」，[85]這就造成道家思想不同於西方自由主義那種與某種社會信念相聯繫的自由觀：「自由並不是把自我從具體的人事中解脫出來，而是讓所有人從所有人事中解脫出來。」[86]這種由傑出的懷疑論導致的超越一切具體社會形式的自由顯然極大地超越西方的自由，林同濟對道家的傾心不言而喻。

與西方的自由主義相比，佛教的與世無爭可能更接近中國道家的退隱，但林同濟還是肯定了它們本質的不同：「佛教徒之所以與世無爭，是因為他們憐憫人世的困難；他們心情沉重。道家信徒之所以退隱，是因為他們藐視一切。」[87]與西方的自由主義一樣，佛教也是有信念的，「佛陀把涅槃當作最後的希望和最終的信念，而真正的道家弟子什麼也不期盼，什麼也不相信。」[88]在林同濟看來，信念必導致壓力，他推導說，「世界知名的各種宗教用諸如轉世或救贖之類的概

---

84 許紀霖、李瓊：《天地之間——林同濟文集》（上海市：復旦大學出版社，2004年），頁181。

85 許紀霖、李瓊：《天地之間——林同濟文集》（上海市：復旦大學出版社，2004年），頁184。

86 許紀霖、李瓊：《天地之間——林同濟文集》（上海市：復旦大學出版社，2004年），頁182。

87 許紀霖、李瓊：《天地之間——林同濟文集》（上海市：復旦大學出版社，2004年），頁186。

88 許紀霖、李瓊：《天地之間——林同濟文集》（上海市：復旦大學出版社，2004年），頁186。

念來超度靈魂，但時空仍然沉甸甸地壓在人的心頭。只有道家弟子才能獲得那種奇特縹緲的、似乎包容了時空的靈性。」[89]這雖是從效果史來理解作為宗教的佛教和作為哲學的道家的區別，但它涉及到宗教哲學的核心問題，顯示了道家在與世界宗教哲學的平等比較中所顯示出來的思想魅力。這可能是中國人從純哲學的角度彰顯民族哲學的最早的嘗試之一，他與他的福建老鄉林語堂的思路是接近的，但思想更純粹、更接近純哲學立場。

林同濟把受道家思想影響所形成的人格類型歸結為四種，這四種類型包含有一種遞進的關係，按一種否定之否定的精神演變。首先是「道家叛徒」，他始於一種強烈的社會批判精神，精神上遺世獨立，情感上自我放縱，藝術上表現為一種醉酒的唯美的精神恍惚狀態，典型的代表是一邊喝酒一邊無情嘲弄世俗的「竹林七賢」和李白的詩篇。當「叛徒」酒醒之後開始對自己發生懷疑，知道自己的一切行為毫無價值，於是，「狂暴的叛徒變成謙卑的隱士」，這就是第二種——「道家隱士」。道家隱士與佛教的與世無爭不同，已如上述，他是一種懷疑一切、藐視一切後的退隱，沒有信念，高高興興，「不知塵世為何物」。這是中國山水畫的境界，「這種藝術給人的最大滿足在於它的泛神論式的寧靜。但「叛徒」和「隱士」是尋求逃避的，道家信徒的第三種類型「道家流氓」則活在人群中。這種信徒認為，「一個人的內心體驗可以同他的外部行為區別開來。一個人的行為可以入鄉隨俗，但他的內心不必如此。從眾並不意味著內心的贊同。」[90]因而，「儘管每一個中國人都繼承了儒家的無數繁文縟節，他的心靈仍像空

89 許紀霖、李瓊：《天地之間——林同濟文集》（上海市：復旦大學出版社，2004年），頁187。

90 許紀霖、李瓊：《天地之間——林同濟文集》（上海市：復旦大學出版社，2004年），頁189。

中的飛鳥一樣自由。」[91]叛徒和隱士逃避社會，流氓在社會上隨波逐流，林同濟認為，這些都不是道家思想的最高境界，最高境界乃是第四種——道家回歸主義者，他們「在斷然出世之後又決定重返社會」，「欣然接受社會並且試圖指引或塑造社會」。[92]「他身為道家卻為儒家思想而奮鬥，是最偉大的政治家。」[93]林同濟認為，這種人格在中國歷史中寥若晨星，最恰當的例子是諸葛亮。

林同濟歸納的這四種人格類型包含有他對中國人受道家思想影響的深入分析，也有他個人經歷的複雜體驗；值得注意的是，他的這四種人格類型不是平行劃分的，其中否定之否定的層遞關係是明顯的，這體現了他為中國人探尋最高人格的價值追求，他的思想也體現為一種典型的人生哲學。在現代作家中，從哲學的角度，為中國人，甚而為人類尋求一種最高的價值，林同濟是走在前列的。

三　新的人格

從對「力」的哲學的否定到走向老莊的超然哲學，林同濟並沒有如傳統文人那樣否定現實後就逃向老莊式的避世逍遙；他在走向老莊時並沒有放鬆對老莊消極因素的警惕，在停止「力」的吶喊後也沒有放棄這朵「希臘之花」。事實上，他進入了更深入的思索，他要為中國人甚至人類尋找一種理想的生活，這種生活終於在他對尼采和老莊的雙重超越中尋找到，這就是他在〈中國心靈：道家的潛在層〉中描述的道家人格最高層——道家回歸主義者：

---

91 許紀霖、李瓊：《天地之間——林同濟文集》（上海市：復旦大學出版社，2004年），頁190。

92 許紀霖、李瓊：《天地之間——林同濟文集》（上海市：復旦大學出版社，2004年），頁191。

93 許紀霖、李瓊：《天地之間——林同濟文集》（上海市：復旦大學出版社，2004年），頁191。

> 這種道家信徒在斷然出世之後又決定重返社會。他曾經批判自我和所有形式，帶著火燃盡後的餘灰退隱山間；現在又像虔誠的鬥士一樣高舉形式的火把衝進山谷。經過大膽的否定之否定，這位道家信徒用意志力使自己成為最積極的人。回歸主義道家信徒是中國文化所能產生的最高層次的人格。在中國人眼裡，他身為道家卻為儒家理想而奮鬥，是最偉大的政治家。[94]

林同濟稱這種人格「是中國文化所能產生的最高層次的人格」，包含有他對前三種人格的揚棄。他當然是認同前三種人格的基本精神的，如他的詩意描述：道家藝術的「泛神論式的寧靜」、「像飛鳥一樣自由」的心靈等等。但我們不禁要問，這種道家人格已經使中國人自由了，為何還要積極入世？這種積極的入世與傳統道家的超脫自由是否矛盾？可否形成一種統一的、甚至更高級的人格？

林同濟對傳統道家人格不滿，已如上述：「叛逆者和隱士逃避社會，流氓在社會上隨波逐流」；但這種不滿沒有導致他對道家的徹底放棄而走向儒家。筆者以為，林同濟的目的是要以意志哲學來補足民族哲學尤其是老莊哲學。考察老莊哲學，可以看出他們在對「無我」的強調中邏輯地包含了對強力意志的否定；而根據尼采的見解，意志是不可否定的，即使如叔本華那種寂滅意志的努力也是一種意志。我們也可據此類推，老莊主張自然人性、強調「無我」也未嘗不是另一種形式的強烈的「我」之意志的體現！林同濟的努力是，他要將意志哲學活躍的生命力注入到老莊「無我」的機體中，從而成就一種既有強大生命力又超脫自由的人格。這是一幅迷人的生命圖景！

當然，這樣的人格只有通過入世來實現，如此看來，林同濟的理

---

94 許紀霖、李瓊：《天地之間——林同濟文集》（上海市：復旦大學出版社，2004年），頁191。

想人格與傳統的儒家思想不無聯繫，他也承認道家回歸主義者「身為道家卻為儒家理想而奮鬥」；但是，林同濟的這種理想人格與傳統儒家仍具有某種實質性的區別。首先，傳統儒家的理想是為眾的，主張在倫理中尋求幸福；林同濟的理想人格根本上是個人主義的，帶有超人色彩。道家回歸主義者首先是一位個人主義者，他看重的是個人自由，而不是社會福利，道家信徒「毫不貪圖儒家式的豪華」，[95]他深入社會是為了實現個人自由。再者，傳統儒家思想和道家思想很難同時在一個人身上共存，中國人往往得意時是儒家，失意時是道家；或者工作時是儒家，休息時是道家。而道家回歸主義者的人格本質上的二重——積極入世又超然自由——是水乳交融的，而傳統中國人身上的儒道成分總含有某種對立色彩。

事實上，考察道家回歸主義者，他的入世精神外在看是儒家的，內在的卻是意志哲學。儒家的社會理想對於他只是「形式的火把」，他要借助這個火把實現個人意志的最大滿足。林同濟對尼采哲學的吸收是內在、深入的，這明顯區別於他顯在的儒家社會理想形式。也許我們可以說道家回歸主義者是儒其形，尼其骨，道其神。

道家回歸主義者同尼采哲學至少有三點聯繫：第一，最明顯的聯繫是，道家回歸主義者受到查拉斯圖拉出山的啟發。查拉斯圖拉隱居山中十年，後來在一天早晨面對太陽悟出：「你偉大的明星喲！假使你沒有你所照耀的那些人們，你的幸福是什麼呢？」[96]這位尼采的準超人將幸福定義在人世，否定了避世。回歸主義者同樣「在斷然出世之後又決定重返社會」。第二，回歸主義者是「『下凡』的仙人，自願到人間指引人們」，「儘管世界需要他，但他不需要從世界得到什麼」，這位「仙人」同於倡導「施與的道德」的超人。尼采的超人因

95 許紀霖、李瓊：《天地之間——林同濟文集》（上海市：復旦大學出版社，2004年），頁192。

96 尼采：《尼采文集》（北京市：改革出版社，1995年），頁124。

為自身生命力的豐富而贈與凡眾，林同濟將之等同於道家的仙人：「超絕。／自由。／大力之泉。／創以為予。／予而非憐。／斯宙斯勃發之神歟？／亦回乎道氏之仙人！」[97]他們的共同特徵是具有強大的生命力和「贈與的」而非「憐憫的」道德。第三，道家的仙人和尼采的超人都有一種偉大的悲劇精神。尼采認定古希臘人是由於看穿生命的虛無後轉而用一種太陽神一樣明亮的光輝賦予世間萬物以美的形象並以此使人生值得一過；道家的仙人在出世以後又斷然入世，「用意志力使自己成為最積極的人」，「孜孜不倦執行既定責任」而使自己獲得新的自由。在這裡，我們看到林同濟同尼采一樣用一種偉大的辨證精神來拯救人生的深刻思想。

但道家回歸主義者的基本身份是道家而非意志哲學，超然的哲學觀才是林同濟的思想基礎。尼采終生最大的功績之一便是打破西方形而上學傳統，抨擊真理，推倒偶像，殺死上帝，但他的超人仍然是有信念的，他在不斷尋找提升人類的良方；尼采把世界的終極本質看作「意志」，但意志又來自何處？他還是感到茫然：「意志自身也還是一個囚徒」，傳統形而上學思維仍然牢牢俘虜著他，信念仍然沉甸甸地壓在他的心頭。而道家的信徒沒有任何信念，「什麼也不期盼，什麼也不相信」，[98]「既不在意成功也不在意失敗」，[99]超然於一切之上，因而也「沒有什麼能讓他絕望」。林同濟顯然抓住了道家哲學的最迷人之處，我們也許可以把這一點看作中西比較哲學中的最燦爛的火花。晚年的尼采走向瘋狂，他痛苦地否定自己：「我所有的思想只是宇宙命運之風中的轂殼。」[100]這樣，林同濟用尼采補足了莊子，又最

---

97 溫儒敏、丁曉萍：《時代之波》（北京市：中國廣播電視出版社，1995年），頁247。

98 許紀霖、李瓊：《天地之間——林同濟文集》（上海市：復旦大學出版社，2004年），頁186。

99 許紀霖、李瓊：《天地之間——林同濟文集》（上海市：復旦大學出版社，2004年），頁193。

100 尼采：《我妹妹和我》（北京市：文化藝術出版社，2003年），頁60。

終用老莊超越了尼采。林同濟的道家回歸主義者實際是以道家的超然為基點，融合傳統儒家的入世與查拉斯圖拉的出山，將個人意志、為世的責任、個人的超脫有機地凝為一體。它顯然不是普通人的理想，而是傳統儒家大聖大賢人格在新的歷史條件下的發展和超越，是儒家的聖賢、道家的真人和尼采超人的融合。

諸葛亮被林同濟視作這種人格的典型，作為道家信徒，諸葛亮「在一條確立已久的儒家準則毫無實現希望的情況下為之殫精竭慮」。[101]實際上，我們還可以舉出一個更切近、更典型的例子：毛澤東。毛澤東那種擔當天下大任、救民族於水火之中的胸懷無疑是儒家精神的傑出體現，但毛澤東自由獨立的人格卻更閃爍著傳統道家哲學和近代西方文化的光輝。

毛澤東早年對尼采非常感興趣，主張「主觀之道德律」和「精神之個人主義」。他尤重精神上的「大本大源」的探求，以為「欲動天下者，當動天下之心，而不徒在顯見之跡。動其心者，當具有大本大源。……夫本源者，宇宙之真理。天下之生民，各為宇宙之一體，即宇宙之真理，各具于人人之心中，雖有偏全之不同，而總有幾分之存在。今吾以大本大源為號召，天下之心其有不動乎？天下之心皆動，天下之事有不能為者乎？天下之事可為，國家有不富強幸福者乎？」[102]可以看出，這種本源的探討目的在儒家的致國家之富強幸福，依據在道家萬物一體之道，而又含有超人的聲音。毛澤東的詩詞是他哲學精神的準確反映，在他的詩詞中，一方面，我們看到他改天換地恢宏的英雄氣魄，另一方面，他的詩歌意境往往在某種起興中入於宇宙之寥廓。試看：「天高雲淡，望斷南飛雁」(〈清平樂・六盤山〉)，「秋風渡

101 許紀霖、李瓊：《天地之間——林同濟文集》(上海市：復旦大學出版社，2004年)，頁191。

102 引自張育仁：《鯤鵬之戀——毛澤東詩化哲學評傳》(瀋陽市：瀋陽出版社，2003年)，頁49。

河上，大野入蒼穹」(〈五律・喜聞捷報〉)，「朝霧彌瓊宇，征馬嘶北風」(〈五律・張冠道中〉)，「從頭越，蒼山如海，殘陽如血」(〈憶秦娥・婁山關〉)，「天若有情天亦老，人間正道是滄桑」(〈七律・人民解放軍占領南京〉)，這些詩句都摘錄於毛澤東寫於激烈戰鬥生活中的詩篇，[103]但格調悠閒，似無所用心。毛澤東正是這樣，無論現實鬥爭多麼激烈，他的精神並不能被現實全部占據，而時時游離於現實之外來看待這個現實：一切都是天，一切的發生都可以理解，無論在何種境況下都只是在洪大宇宙中的悠遊。這正是典型的道家人格。毛澤東是成功的英雄，諸葛亮是失敗的英雄，但對道家信徒來說，入世的成敗對於他們沒有任何意義，他們的心靈仍像空中的飛鳥一樣自由。

103 本論文所有毛澤東詩詞都引自劉漢民、舒欣：《毛澤東詩詞對聯書法集觀》(武漢市：長江文藝出版社，1997年)，下同，不再加注。

第四章
自然人性，本真生命：
老莊與現代文學創作之一

從本章開始，將探討老莊思想對現代作家創作的影響，本文將這種影響歸結為三個方面：自然人性，本真生命；隱逸情調，平淡性情；宇宙之境，天地大美。

魏晉之際，老莊思想復歸，影響於中國文人對自然的愛好，形成中國文學史、藝術史上蔚為壯觀的山水詩、山水畫傳統，這個傳統為現代作家所繼承。在現代新詩、小說和散文裡，大批作家都表現出對自然山水的愛好，他們注重在作品中描寫自然，將他們所傾心的人物置於優美的自然裡，表現在自然中的自然人性、本真生命。而在蘇軾等詩哲那裡，道家思想還用來作為探究人生真理的手段，這個傳統也為現代作家所繼承。廢名、徐志摩、冰心、許地山、沈從文、艾蕪、郁達夫、蕭紅、孫犁、汪曾祺等大批作家發展了傳統道家的這些傳統。本章選取廢名、沈從文、徐志摩、許地山為代表，來表現現代中國文學的這一自然概貌。

生命的理想形態是什麼？這是中外不同民族，在不同歷史時期，不同境遇下都在思考的問題。中國傳統文化中儒道釋都對這個問題進行了回答。道家的回答即人應當保持自己的自然狀態，不為外在的道德、功名等扭曲自然人性。在現代條件下，人們迫於民族生存危機的壓力，對老莊思想提出批判，目的是使得中國人的生活向現代和西方看齊，以尋找民族生存的出路。這種思考雖更為積極，但人們還是找不到自己的生存之根。於是，大量作家把思考的方向轉向民族老莊，民族老莊思想給現代作家提供了某種拯救的意義。

「自然」這一最具民族思想形態的終極概念再次引起作家們的關注和沉思。對自然人性和人的自然本真存在的探尋成為一部分作家關心的問題，這種思考是通過兩種方式展開的，一種是民族無意識的抒寫，一種是特定個人命運的思考。

對於前者而言，通過對一種特定區域的人性的觀察來表達自己的人性觀念是現代文學中的一股潮流，其中，廢名的湖北黃梅農村，沈從文的湘西世界在運用道家觀念觀照自然人性方面是做得突出的。這種人性與作家本人的生存觀念既有聯繫但也存在很大的區別。作家創作這些特定區域裡的人物主要不是為了給自己的生存尋求支撐，而是為民族的生存提出思考，固然，這種民族的生存也包含了作家個人的生存。因而，這些特定區域裡的人性有一種客觀性，它們是經過千百年的歷史文化涵育而成，具有穩定性，體現了民族無意識，一定程度上甚至有對抗現代的力量。

他們的作品對自然環境和在這種環境中生存的自然人性以及二者的內在關聯進行了充分的表現。一方面，環境的自然、古樸本身就是「自然」的完美形態，另一方面，作為自然人性存在的環境，這種環境也成為自然人性的依據。環境和人之間有必然的聯繫，這種聯繫的內在依據是「天人合一」思想。廢名、沈從文創作這類小說有對照現代的意味，他們藉此暗示讀者現代缺失什麼，迷失了什麼，批判性不言而喻。當然，廢名、沈從文的側重點是有不同的。廢名的自然人性是一種沉迷於往古的形態，亙古寧靜，拒絕現代；沈從文的自然則是活生生的，充滿生機。沈從文希望湘西的自然人性能保留一些在年輕人的血液裡，不管社會發展到什麼地步，人性的自然本性不要迷失。沈從文的創作有潛在的拯救意圖，而不僅僅是為了保留一個即將消逝的自然生存形態。

對於後者而言，與關心民族的集體無意識不同，某種特定的個人的自由和命運是作家們關注的中心，這種個人可以是漂泊人世中的普通人，也可以是複雜現代生活中的作家自己，前者如許地山，後者如徐志摩。在這些作家那裡，老莊的哲理直接被作品裡的主人公或作家自己拿來作為人生自由或解脫人生痛苦的依據，這些作家的終極理想還是過一種自然的生活。詩人徐志摩張揚自我性靈，小說家、散文家許地山則苦思人生之謎，但他們都以道家之真作為人生的理想，都把道家的哲理作為解脫人生痛苦的方式。對於徐志摩來說，他依據道家超越人生的痛苦，把痛苦化為一種精神飛揚的力量。許地山則對人生的苦思和沉思帶有徹底追問的性質，這使得他具有哲人的品質。在許地山以老莊思想解釋人生和超脫人生痛苦的作品中，我們可以聽到王國維的回音。

第一節　廢名：天大於人

在現代作家中，廢名的作品有一種特殊的古典美，這不僅僅在於他以古詩意境創作小說的獨特手法，更在於他在思想上以極為原始素樸的觀念觀照了他理想中的湖北黃梅農村中的自然寧靜的環境和自然純樸的人性。可以說，即使歷史再倒退一千年，廢名作品中的這些人物還是在那樣生活，一千年前與一千年後沒有差別。廢名塑造的是一種在歷史中幾乎沒有發展的原始人性。一種極端寧靜自然的古老觀念主宰了廢名，這使得在閱讀這些作品深深窺探時也被他們所體現的深厚意蘊所打動。

一　廢名小說中的自然觀念問題

在廢名的觀念裡，佛教、儒家似乎比道家占有更重要的地位。他的理論文章談儒家、佛家的多，幾乎不談道家。而就他生活和求學的經歷看，他接觸佛家、儒家也顯然比道家多。廢名的故鄉黃梅是佛家聖地，禪宗五祖弘忍是黃梅本地人，黃梅有著名的佛寺四祖寺和五祖寺，廢名小時候因為身體不好與祖母、母親一起頻繁出入寺廟。後來到北大求學時，漸漸對禪宗發生濃厚興趣，篤信禪宗，身體力行，打坐入定。抗戰期間，廢名回到故鄉黃梅，在鄉間陋屋寫下其佛學名著《阿賴耶識論》。他與儒家的關係也是同樣，他很小就讀了《四書》，成年後，他以日見豐富的人生經驗逐漸激活他小時候尚在朦朧中的儒家哲理，對儒家發生濃厚興趣，他並將自己對儒家的興趣由先秦擴展到宋明諸子。

但這樣說並不意味著廢名對道家不感興趣。事實上，道家的自然觀念對廢名的影響也是巨大的。一方面，中國的儒家和佛學很難與道家的自然觀念截然分開，儒家的最高理想其實也是「自然」，而來自印度靜修林傳統的佛教傳到中國也是「天下名山僧占多」，佛教不僅在修養環境，向且在人性的基本觀念等方面都與自然哲學交織在一起。儒道佛在中國文化和中國文學中往往形成連帶關係，一個作家在受到其中之一的思想影響時也往往同時受到另外兩種思想的影響，作家們在談道的同時也涉及佛、儒的觀念。廢名也是如此，他的作品中，人物的形象意蘊很難絕對分為純粹的佛、儒或道，往往幾種思想成分並存。另一方面，道家的觀念還是很明顯地影響了廢名。

廢名回憶他小時候的生活時說：「只有『自然』對於我是好的，家在城市，外家在距城二里的鄉村，十歲以前，乃合於陶淵明的『懷良辰以孤往』，而成就了二十年後的文學事業。在北平時有友人結婚，命諸人題一小冊作紀念，我所寫者為：

> 小橋城外走沙灘　至今猶當畫稿看
> 最喜高低河過堰　一里半路岳家灣[1]

1　廢名：《廢名集》（北京市：北京大學出版社，2009年），頁1416。

他對故鄉的回憶是一種親切的「自然」感。他還說：「我個人做小孩時的生活是很有趣味的，因為良辰美景獨往獨來耳聞目見而且還『默而識之』的經驗，乃懂得陶淵明『懷良辰以孤往』這句話真是寫得有懷抱。即是說『自然』是我做小孩時的好學校也。……我好讀書而不求甚解，對於鳥獸草木都是忘年交，每每沒有問他們的姓名了。」[2]這些都說明，廢名不但在實際上受到了大自然的影響和薰陶，而且他本人還十分愛好自然，對自然良有覺悟。他又說：「因為我總喜歡在外面走路，無論山上，無論泉邊，無論僧珈藍，都有我的足跡，合乎陶淵明的『懷良辰以孤往』，或是『良辰入奇懷』，不在家裡伏案，而心裡總是有所得了。」[3]可見他對自然的感情。

他後來到北讀大學時，又受到周作人的影響，讀了《莊子》。[4]廢名小說裡的人物，不但體現了儒家的人性，佛家的慈悲，也有道家的自然，它們自然是以交渾的形式出現的；但比較純粹地體現廢名道家觀念的作品，在廢名的文集中並非沒有。比如〈少年阮仁的失蹤〉即比較典型地體現了廢名的避世、自然的道家生存觀。

少年阮仁本是一個在家吃飯穿衣不用愁的少年，但為了尋找一個最自然最合理的活在這世間的方法，他來到北京讀書。然而到北京後發現這裡沒有他想要的生活，「在那裡，仍然只有癡呆的笑，仍然只有令人看著發抖的臉，我所渴望的，一點也不給找，給我的只是些沒有人味的怪物。住京以來沒有一天快樂，越住越驕傲，越住越憔悴；越讀書越與世人不相容，越與世人不相容越沒有飯吃。」他對這樣的生活產生懷疑：「我為什麼還同你們一樣，莫名其妙的聽課堂的鐘聲一次一次地響下去呢？」「我可憐的是你們，你們這些用了自己的耳朵聽那與自己不相干的話，自己的眼睛看那與自己不相干的事，鐘一

---

2 廢名：《廢名集》（北京市：北京大學出版社，2009年），頁1434。

3 廢名：《廢名集》（北京市：北京大學出版社，2009年），頁1469。

4 廢名：《廢名集》（北京市：北京大學出版社，2009年），頁1435。

次一次響著，生活的簿子上便一次次的替你們刻著『死』的痕跡的大多數啊！」可是，阮仁想要的生活是什麼樣子的呢？這最終取決於他的性情，他大約四五歲的時候看見門口樹上的鴉雀，便也想做一個鴉雀，要飛就飛，能夠飛幾高就飛幾高。要站在樹枝上唱歌，沒有人能夠迫著我做別人吩咐的工作。這可見他的自己性格。有一天，他「在茶館門口看見一個蓬頭垢面的乞丐，他站著沒有人招呼，卻看見門角雀籠裡一隻畫眉鳥唧唧的鬧了起來，他把頭搖了搖，隨即笑著大踏步走了，嘴裡還不住的唱著歌調，好像在說：『我到茶館，你到飯館：我翹尾巴，你翹下巴。』我看得出神，滿肚子的悶氣被悠悠一陣風吹跑了。」他受到啟發，覺得像關在籠子的鳥一樣的生活，儘管吃喝不愁是沒有自由的，於是決定逃走。但要逃到什麼地方去？逃走以後幹什麼？他一概不知，只是「期待自己遇見種種形狀的婦女，尤其是鄉村的婦女，我平素暴躁的時候見了她們便平釋，驕傲的時候見了她們便和易。我將遇見種種悲哀的情境，這時我就哭；我將遇見種種幸福的情境，這時我就笑。夏天來了，我將睡在路旁的大樹蔭下，讓涼風吹過，我在鄉村看見挑柴的農夫這樣做的時候，我總是羨慕。」可以見出，他所期待的，只是一種自然的生活，凡事要「依著自己的興趣」。阮仁的形象很典型的體現了一種避世和自然的道家人格，這樣的文章儘管在廢名的作品中不占多數，但它從一個側曲體現了廢名的生活理想。道家的自然思想在他的大腦中是存在的。

二　天大於人

在大多數的創作中，廢名並不是特意創造一種與社會疏離的個人，他的理想不在於批判社會和發展他的極端個人主義思想，而是把目光投向古老的農村，為古老農村中千年不變的自然環境及生活在其中的自然純樸的人性所吸引，直至把它們上升為一種高尚的理想。

在對自然的膜拜和表現上，廢名比他的弟子沈從文有過之而不及。在沈從文的小說中，我們可以體會到那種自然和人同等優美的境界，「天與人不相勝」的朗然景致，這些景致在廢名的作品裡儘管也有表現，比如他寫農村的女孩子洗衣服：「洗衣在他們是一種遊戲，好像久在樊籠，突然飛進樹林的雀子。」[5]他寫農村傍晚的景象：「傍晚，河的對岸及寬闊的橋柱（石）上，可以看出三五成群的少年，有剛從教室的羈絆下逃脫的，有趕早做完了工作修飾得勝過一切念書相公的。橋下滿是偷閒出來洗衣的婦人，（倘若以洗衣為職業，那也同別的工作一樣是在上午。）有帶孩子的，讓他們坐在沙灘上；有的還很年青。一呼一笑，忽上忽下，彷彿是夕陽快要不見了，林鳥更是歌囀得熱鬧。」[6]他寫久別重逢的夫妻夜語：「天上的星，我越看越叢密，覺得很是不可思議。我們的話，比蟋蟀的叫聲還低，芹的聲音的清脆以及流水一般的說了又說，也是在趕得上蟋摔。」[7]寫田野勞動景象：「吃過早飯，祖母上街去了，琴子跟著『燒火的』王媽在家。全個村裡靜悄悄的，村外稻田則點點的是人，響亮的相呼應。」[8]都能讓我們體會到自然與人和諧一致的美。但在廢名的小說中，更重要的是自然相對於人占據了優勢的地位，沈從文的創作理想「把人縮小到極不重要的一點上，聽其逐漸全部消失于自然中」，在廢名的小說中倒得到更充分的表現。沈從文的小說中，人物雖與自然一致，但他們有自己的哀樂，有意志的衝動，作品也充滿朝氣和生氣；而廢名小說中的人物很難看到他們明顯的意志活動，他那些處在原始鄉村中的人物有的只是淹沒在習俗當中的微小的生存願望。在他的作品中，準確的說，看到的只是自然、習俗，而不是性格鮮明的人物的活動，人

5　廢名：《廢名集》（北京市：北京大學出版社，2009年），頁55。
6　廢名：《廢名集》（北京市：北京大學出版社，2009年），頁56。
7　廢名：《廢名集》（北京市：北京大學出版社，2009年），頁114。
8　廢名：《廢名集》（北京市：北京大學出版社，2009年），頁364。

物的存在似乎只是作為習俗的符號和象徵。這樣的習俗和人物彷彿只是自然的一部分，而不是自己的獨特存在。

《菱蕩》這樣描寫陶家村的環境：

> 一條線排著：十來重瓦屋，泥牆，石灰畫得磚塊分明，太陽底下更有一種光澤，表示陶家村總是興旺的。屋後竹林，綠葉堆成了臺階的樣子，傾斜至河岸，河水沿竹子打一個灣，潺潺流過。這裡離城才是真近，中間就只有河，城牆的一段正對了竹子鄰水而立。竹林裡一條小路，城上也窺得見，不當心河邊忽然站了一個人——陶家村人出來挑水。落山的太陽射不過陶家村的時候（這時遊城的很多）少不了有人攀了城垛子探首望水，但結果城上人望城下人，彷彿不會說水清竹葉綠，城下人亦望城上。

這裡，不僅瓦屋、泥牆與小河、竹林等自然景致渾然一體，就連陶家村的人出來挑水也給人以驚奇的「忽然」之感，似乎人的出現、人的存在對於自然是不可思議的。作者以這樣的描寫表達極近原始的自然理念。

在這樣的自然裡，人是消失於自然之中，而不是凸顯於自然之外。

> 壩上的樹叫菱蕩圩的天比地更來得小，除了陶家村以及陶家村對面的一個小廟，走路是在樹林裡走了一圈。有時聽得斧頭斫樹響，一直聽到不再響了還是一無所見。[9]

這是「古木無人徑，深山何處鐘」的意境。廢名以古詩意境作小說的寫法不但給他的小說帶來了詩的意境，也把古詩的自然理念移植

9 廢名：《廢名集》（北京市：北京大學出版社，2009年），頁207。

在他的小說裡，聽任自己小說裡的人物消失在自然裡。這樣的描寫在廢名的小說中是很多的，比如：「壩上也很少行人，吱唔吱唔的蟬的聲音，正同樹葉子一樣，那麼密，把這小小一個人兒藏起來了。」[10]「太陽當頂時，林茂無鳥聲。」[11]特別是《菱蕩》這樣描寫聾子摘菱角；

> 菱蕩滿菱角的時候，菱蕩裡不時有一個小划子，（這划子一個人背得起，）坐划子菱葉上打迴旋的常是陳聾子。聾子到哪裡去了，二老爹也不知道，二老爹或者在壩腳下看他的牛吃草，沒有留心他的聾子進菱蕩。聾子挑了菱角回家——聾子是在菱蕩摘菱角！

作為常年為二老爹做長工的聾子，二老爹卻不知聾子的去向，自然是由於完全的放心，這固然一方面表現了主僕之間的自然純樸的關係，但另一方面，就在壩下放牛的二老爹卻竟然不知聾子就在他旁邊的菱蕩裡摘菱角！廢名的小說就是這樣，人物的活動淹沒在自然之中，化為自然的一部分，「聾子總是這樣地去摘菱角，恰如菱蕩在菱蕩圩不現其水。」這大概是廢名理想的極致了。

廢名的時代，現代已經來臨，但他並不如沈從文一樣懷著沉重的危機感，他寧願沉迷在自己的往古之夢中，與現代文明保持距離，甚至對現代文明採取了拒斥的態度。陳聾子生活的菱蕩，周圍盡皆草木池塘，即使有人在這裡，也往往被前者遮沒。廢名敏感於「打火石打得火噴，——這一點是陳聾子替菱蕩圩添的。」[12]「打火石」這樣微不足道的小小的「現代」，他也認為不協調於菱蕩，實際上以為它外在於自己心目中的原始自然。他的自然是不沾染現代的，是亙古寧靜的。

---

10 廢名：《廢名集》（北京市：北京大學出版社，2009年），頁344。

11 廢名：《廢名集》（北京市：北京大學出版社，2009年），頁208。

12 廢名：《廢名集》（北京市：北京大學出版社，2009年），頁1416。

三 貼著泥土的人性

自然哲學的另一說法是「天人合一」，這一概念中，「天人」並不是兩個不同的概念，實質為一。「天」並不是指宇宙的最高權威，不是指我們頭頂上那個蒼青色的無限存在，而是指萬物的本性，所謂「天然」與「自然」（自己本來的樣子）含義等同。在廢名的觀念裡，天人合一正是此意，他說：「『人不能勝天』，這個觀念是錯的，人就是天，天不是現代思想所謂『自然』，天反合乎俗情所謂『天理』……」[13]我們說廢名小說體現的思想「天大於人」其實只是強調人物的極端純樸，人的欲望處於極端節制的狀態，因而天性在人物的身上是突出的。這正是莊子理想的人物——白心。

在廢名的自然裡，人物養成一種原始的純樸本性。聾子幫二老爹賣東西，「回來一文一文的錢向二老爹手上數」，全無機心。《莊子·天地》篇中澆園老人批判「有機械者必有機事，有機事者必有機心。機心存於胸中，則純白不備。」[14]聾子可以看作莊子所嚮往的「純白」之人了。當洗衣女人問他討蘿蔔吃——好比他正在蘿蔔田裡，他也連忙拔起一個大的，連葉子給她。不過問蘿蔔他就答應一個蘿蔔，再說他的蘿蔔不好，他無話回，笑是笑的。作者感嘆，「菱蕩圩的蘿蔔吃在口裡實在甜。」這不是對蘿蔔、而是對他理想中純樸人性的由衷讚美！聾子這樣的人性就似這蘿蔔，似乎看得見黏在這人性上的泥土的痕跡！黃昏時候，洗完衣的張大嫂同王大媽的女兒坐在菱蕩邊歇息，王大媽解開她的汗濕的褂子兜風，並沒有意識到旁邊澆菜間隙的聾子坐在橫在水桶扁擔山上吸菸的聾子，因為茂林遮擋了他們。但當聾子的水桶丟進菱蕩發出響聲，張大嫂驚慌了，但定睛一看，又釋然

13 廢名：《廢名集》（北京市：北京大學出版社，2009年），頁1472。

14 〔清〕郭慶藩：《莊子集釋》（北京市：中華書局，1961年），頁433。

了：「我當是誰——聾子。」聾子眼睛望著水，笑著自語——「聾子！」一個男人能讓一個敞開衣襟，赤露出身體的婦女撞見他也毫無緊張和戒心，這是怎樣淳樸的人性！聾子的淳樸使得他周圍的人一律對他放心，比如，二老爹的菜園交給他種，菜也是他挑到街上賣；聾子抽菸很厲害，要是換了別人，二老爹不知道一天要囉嗦多少遍，但惟獨對聾子不以為然。可以說，發生在菱蕩黃昏的這一幕是世外桃源的理想在當代的一種表現，那裡有純樸的人性。

廢名小說中的主人公大多純樸得接近泥土，他們只知道滿足別人的願望，而一貫忽略或壓抑自己的欲望，聾子、三啞叔都是一些走路也不發出響聲的人物。即使一些極平常的、微弱的願望，他們的表達也是曲折隱約的，彷彿做錯了事一般。《竹林的故事》中，老程家的只是為了要我們幫她念一下籤上的字句，「捏著香紙走我們的前面過去，不一刻又望見她轉來，——不筆直的循走原路，勉強帶笑的彎近我們：『先生！替我看看這籤。』」這樣一個小小的要求，她卻遲疑再三：明明想問卻「走過去」，再「轉來」，又「不筆直循原路」，還「勉強帶笑」，「彎近」我們。表達這樣一個小小的、只稍稍讓別人動動口的願望，卻是如此的曲折！在這種曲折的行動後面是小說主人公對個人欲望的極度削弱。當她的丈夫不意網到一條大魚，她只輕輕說，鹽缽裡的鹽怕還夠不了一餐飯。她只用這樣毫無喜悅的話表達了自己的喜悅（當然還有對貧困生活的一貫隱憂）。這些直可讓讀者心疼得難忘的平淡細節顯示了廢名自然哲學的驚人魅力。

最典型的還是三姑娘。她很小就懂得歡歡喜喜為家裡做事情，當媽媽做好飯拿筷子時，她就替爸爸拿酒杯，放在桌子上，儘管她還小，只能放在桌沿上，還需要爸爸再往桌子中間挪一挪。三姑娘八歲的時候，就能夠代替媽媽洗衣。爸爸不幸死後，三姑娘同媽媽更加勤敏，保持了家事的興旺。當二月裡賽龍燈，大街小巷，人山人海，各村的女人旋風一樣沖到街上，「鑼鼓喧天，驚不了她母女兩個，正如驚不了棲在竹林的雀子。」嫂子們順路邀請她去，媽媽也極力鼓勵她一路去，她總以微笑拒絕。但少女愛熱鬧的天性並沒有失去，她在家裡回憶小時候在爸爸背上看龍燈的情景，並依靠城外傳來的鑼聲想像街上的情景。——她要陪著媽媽，而放棄自己一切的愛好！

三姑娘永遠是這樣淑靜，以至於她「愈走近我們，我們的熱鬧便愈是消滅下去」，而「等到我們從她的籃裡揀起菜來（按，三姑娘常常賣菜補貼家用），又從自己的荷包裡掏出了銅子，簡直是犯了罪孽似的覺得這太對不起三姑娘了。而三姑娘始終是很習慣的，接下銅子又把菜籃肩上。」三姑娘周圍的人顯然被三姑娘所感化。這是一種聖潔的美！作有受到佛家人世皆苦、要節制自己的欲望以脫離苦海的觀念的影響，但這種純樸的人性又何嘗不是道家樸素觀念的體現！又與原始、寧靜、優美的農村自然風光融為和諧的一體。

與沈從文、汪曾祺等人一樣，廢名作品中的人性也表現的是某一特定地域的自然人性，具有寧靜、自然、善良等品質，但廢名又與前者不同，沈從文、汪曾祺作品的人性是有欲望的，作者甚至有意渲染了這種人性的美，這種美帶有誇美色彩，廢名作品中的人物則是原始樸素的，作品極力展現給我們的，是一種原生態的人性，不加點染，是素樸的山水人物畫，而不是豔麗的水彩。不僅如此，沈從文、汪曾祺作品中的人物是有欲望的，甚至表現了強烈的生命意志，廢名作品中的人物則極端地節制欲望，達到無意識的程度。在這種人物身上，你看不見人物自己的願望和意志衝動，他們遇事似乎只知從他人的立場考慮，以他人的快樂為快樂，以他人願望的滿足為目的。這種人性寧靜靜止，樸素原始，和諧安寧，消除了人際和社會的紛擾。他們交混著道家的自然觀念、儒家人性善的觀念以及佛家的慈悲觀念，浮現中華民族遠古的聖人理想，積澱著深厚的理想，令人浮想聯翩，凝望不盡。

第二節　沈從文：契合自然的人性

沈從文表述其文學理想時說：「我只想建希臘小廟。選山地作基礎，用堅硬石頭堆砌它。精緻、結實、勻稱，形體雖小而不纖巧，是我理想的建築。這神廟供奉的是人性。」[15]「人性」是沈從文文學理想的內核，這種人性是健康、純樸、自然的，是湘西特定的地理歷史環境孕育出來的，「貼近泥土」，契合自然。沈從文全部作品即在於對這種健康自然人性的追尋、描畫和讚美，以及對與之相反的都市被扭曲的人性的批判。沈從文出生於湘西原始的自然環境之中，修得自然性情，形成自然哲學觀，並以之觀照湘西自然山水、風俗和人情，老莊的自然哲學在這兒得到極為融洽的表現。

一　自然之子

沈從文以表現湘西而聞名。與現代一般作家不同的是，沈從文的整個童年到青年生活沒有離開自己的故鄉——湘西，在他二十歲離開家鄉去北京前，沈從文沒有受過正式的教育，在他時間不長的小學教育裡，很多時間都是在逃學中度過的；之後六年的當兵生活，他大都隨部隊流浪在沅水流域上下一千多公里的區域。在為人生奠定最初的記憶、進而影響一個人一生生活走向的童年、青少年直至青年時期，沈從文一直生活在家鄉的山山水水裡、生活在這些山水化育的習俗和這些山水習俗化育的純樸自然人性裡。在一種近於原始的自然裡充分浸潤、與文化教育保持相當距離可以說是沈從文獨特的創作準備。

沈從文出生在一個不得意的軍人家庭，有苗人血統[16]，母親土家

15 沈從文：《〈從文小說習作選〉代序》，劉一友、向成國、沈虎雛選編：《沈從文別集．邊城集》（長沙市：岳麓書社，1992年），頁29。

16 沈從文的親祖母是苗人，因當時苗人子女不能參加文武科舉，她在沈家生下兩個兒子後就被遠遠嫁去。

族人，沈從文先天的血緣關係使得他和這片土地根連在一起。他六歲開始上私塾，沈從文大概先天的就不喜歡受約束，在他上學之初，就開始逃學，學會向家裡撒謊，跟較大的孩子學習「頑劣孩子抵抗頑固塾師的方法，逃避那些書本枯燥文句去同一切自然相親近。」[17]他的逃學成為習慣，「除了想方設法逃學，什麼也不再關心。」[18]他感興趣的是看人在洄水裡扳罾，巴掌大的活鯽魚在網中蹦跳。四月裡落點小雨，山地裡田塍上各處蟋蟀的聲音使他心花怒放。假如從殺人處走過，他就要走過去看看那糜碎的屍首，或者撿起一塊石頭，在那個污穢的頭顱上敲打一下，或者用一根木棍去戳戳，看看會不會動。他可能在鐵匠鋪前一蹲就是半天，看一個小孩子如何用兩隻手拉風箱橫柄，整個身子前傾後倒，風箱於是就連續發出一種吼聲，火爐上便發出一股臭煙同紅光。他永遠想弄明白的，不是書本上的知識，而是為什麼騾子推磨時把眼睛遮上？為什麼刀得燒紅時在鹽水裡一淬方能堅硬？為什麼雕佛像的會把木頭雕成人形，所貼的金那麼薄又用什麼方法作成？為什麼小銅匠會在一塊銅板上鑽那麼一個圓眼，刻花時刻得整整齊齊？整個小學階段沈從文就是這樣在逃學中度過，沉浸在自然、人事和習俗中。假如我們承認這是一種教育的話，沈從文所受的不折不扣是一種自然教育，這深刻地影響了他的氣質和思想。沈從文多次談到自己不明白道理、思想、觀念，只對「現象」感興趣，這也許是一種徹底的自然人格，他小時候的生活經歷無疑地起了關鍵作用；更深入地看，只傾心於自然現象，甚至形成了沈從文的世界觀和他獨特地認知世界的視角：「二十歲後我『不安於當前事務，卻傾心于現世光色，對於一切成例與觀念皆十分懷疑，卻常常為人生遠景而凝眸』，這份性格的形成，便應當溯源於小時在私塾中的逃學習慣。」[19]

---

17 沈從文著，淩宇編：《沈從文散文選》（北京市：人民文學出版社，1982年），頁9。

18 沈從文著，淩宇編：《沈從文散文選》（北京市：人民文學出版社，1982年），頁11。

19 沈從文著，淩宇編：《沈從文散文選》（北京市：人民文學出版社，1982年），頁11。

這種逃避書本知識、卻對自然和實際生活的興趣在他十四歲後進入軍隊繼續延續。在六年的軍人生涯中，沈從文並沒有學到職務上的什麼知識，他印象深刻的，就是頻繁的殺人場景、軍隊生活中諸如燉狗肉之類的鮮明的生活細節、一些雄強的充滿原始生命力的獨特人物。殺人似乎是沈從文在他的自傳裡所津津樂道的事。早在他九歲時，辛亥革命在鳳凰起事失敗，他曾親見持續一月的殺戮，幾千無辜農民遭殺，河灘常常躺著四、五百個屍首。進入部隊後，軍隊殺人更是常事，在一次清鄉活動中，僅懷化小鎮就殺人近七百。部隊除了殺人就無事可做，士兵除了看殺人也無事可做，他們所作為談資的，是那些被殺的在死前的種種表現：或招供時十分爽快，或臨刑時顏色不變，或癡癡呆呆不知事故，或死後還不倒地。殺人時，軍法長常常馬馬虎虎宣判一下罪人的罪狀，在預先寫好的斬條上，勒一筆朱紅，一見人犯被兵士簇擁著出了大門，便急急忙忙提了長衫衣角拿起光亮的白銅水煙袋，從後門菜園跑去，趕先走捷徑到離橋頭不遠一個較高點的土墩上，看人犯到橋頭大路上跪下時挨那麼一刀。且作為茶餘酒後談笑的主題。沈從文在敘述這類故事時照例是他那種「藝術家」的、充滿趣味的語氣，儘管他後來回憶這類殘忍的事件時痛心不已，但他的態度根本上是超倫理的；湘西作為沈從文的審美世界是二元對立的：既純樸自然又原始落後，作為一種自然主義的態度，沈從文展現這類事件是必然而又必須的，這是湘西人性的一部分。而被他稱之為「一個真真實實的男子」的，則是一個「弁目」，他曾是一個土匪，一個大王，曾用兩支槍殺過兩百個左右的敵人，曾經擁有十七位壓寨夫人。這位大王曾被司令救過一次，從此不再幹大王，而做了司令的親信，對司令如奴才一樣忠誠。在與他們臨近的川軍裡，捉得一位女匪首，驚豔絕人，引得年輕軍官全為她發瘋，以至於互相殺死兩個小軍官，卻誰也不能占到便宜。這位弁目卻夜探牢房，與女匪首相好，並相約逃出，挖出各自埋在地下的槍支，重新占山為王。事情敗露後，女匪首第二天即被砍首。弁目躺在床上，不吃不喝，七天後方起。他後來又愛上一位當地洗衣婦，未獲允許後，發誓離開軍隊，回家重新占山為王，終於被司令恨殺。作者深深驚嘆於這個「堅實強悍的靈魂」，並從那種「爽直」的性格中發現了他「行為背後所隱伏的生命意識」。[20]

沅水流域的軍旅生活擴寬了沈從文的視界。在行蹤不定的生涯中，沈從文不但飽覽了沅水流域的自然風景，而且更深入地接觸到實際的人生。這裡的人是在本地獨特的自然習俗環境中形成的，有著獨特的自然特性。湘西地理環境險惡，武陵山和雪峰山成為它和外界的天然屏障。幾千年來，由於歷代統治者的民族歧視政策，湘西土著被視為蠻人，形成漢族和當地苗族、土家族嚴重對立的歷史傳統。這種歷史地理上的特點形成使湘西成為一個封閉的區域，與外界接觸極少，中原文化對這個地區影響也極為有限。雖然自雍正、乾隆以來清朝統治者實行「改土歸流」政策，從此中央政府加強對這一地區的統治，但也沒有根本改變這一地區原始純樸的面貌，「神尚未完全解體」[21]。封閉的歷史地理環境不僅使得這一地區的「自然」面貌極為逼近本來意義上的「自然」，也使得生活在這一片土地上的人們具有獨特的自然風貌。沈從文筆下的自然不是徐志摩、郁達夫、魯迅、周作人等人筆下江浙優美的山水，不是廢名靜如止水的農村，卻有著自己獨特的自然、純樸、健康、雄強特性。他生長在這兒，血管裡流淌著先民的血液，飽覽了這裡的自然和風俗人情，充分體驗了他們的悲歡。他身上浸著這個區域民族的性情，而又用在這種自然裡孕育的性情去欣賞那同一的性情。他取材於此，又用同一的聲調（而不是外來者好奇的目光），揭示這個區域民族的靈魂，體現了嚴格意義上的自然精神。在他的作品中，環境和人，題材和作者，思想內容和文體形

20 沈從文著，淩宇編：《沈從文散文選》（北京市：人民文學出版社，1982年），頁98。
21 沈從文著，淩宇編：《沈從文散文選》（北京市：人民文學出版社，1982年），頁29。

式都浸透在同一的自然精神中，「和光同塵」，這不能不歸結於沈從文二十年童年生活與鄉土的相摩相親。

二　契合自然的人性

在關於湘西的系列散文和小說裡，沈從文的理想是展現「生命另一種形式的表現，即人與自然契合，彼此不分的表現。」[22]自然和人性在這裡得到水乳交融的表現，如同莊子的天人觀：「天與人不相勝也」，[23]天人源於同一的「道」，表現同一的「道」。「天人合一」，一者，道也。

沈從文的自然人性大致可分為兩類，一類是如《邊城》式的優美、自然、健康、純樸的人性，一類是大王、豹子、多情水手、柏子等自然雄強的人性。在沈從文的小說和散文中，描繪了一系列自然、健康、純樸的人物形象，如阿黑、三三、夭夭、翠翠、老船夫等，其中最典型的還是《邊城》裡的翠翠和她的爺爺老船夫。翠翠純樸美麗，老船夫善良淳樸，連他們的大黃狗也善解人意。翠翠「一對眸子清明如水晶，自然長養她且教育她。為人天真活潑，處處儼然如一隻小獸物。人又那麼乖，如山頭黃麂一樣，從不想到殘忍事情，從不發愁，從不動氣。平時在渡船上遇陌生人對她有所注意時，便把光光的眼睛瞅著那陌生人，作成隨時都可舉步逃入深山的神氣，但明白了面前的人無機心後，就又從從容容的在水邊玩耍了。」這種美麗即是本地自然化育的結果，是「在風日裡長養」、「觸目為青山綠水」的結果。翠翠見了陌生人作隨時舉步逃入深山的神氣美麗單純如一隻動

22 沈從文著，淩宇編：《沈從文散文選》（北京市：人民文學出版社，1982年），頁255。

23 莊子：《莊子・大宗師》，曹礎基：《莊子淺注》（北京市：中華書局，2000年），頁89。

物，這是向自然回歸的美。我們試看「邊城」的風光後就不難理解翠翠令人心醉的美麗：「深潭中為白日所映照，河底小小白石子、有花紋的瑪瑙石子，全看得明明白白。水中游魚來去，全如浮在空氣裡，兩岸多高山，山中多可以造紙的細竹，常年作深翠顏色，逼人眼目。」夜晚，「月光如銀子，無處不可照及，山上篁竹在月光下皆成為黑色。身邊草叢中蟲聲繁密如落雨。間或不知道從什麼地方，忽然會有一隻黃鶯『咯、咯、咯、咯、噓』，轉著它的喉嚨，不久之問，這小鳥似乎又好像明白了這是半夜，不應當那麼吵鬧，便仍然閉著那小小的眼兒睡了。」[24]在這樣的環境裡如何不養育出自然美麗純樸的人性？再聽老船夫的話：「渡頭屬公家所有，過渡人本不必出錢；有人心中不安，抓了一把錢擲到船板上時，管渡船的必為一一撿起，儼然吵架時的認真神氣：『我有了口糧，三斗米，七百錢，夠了！誰要你這個！』」如果「管船人卻情不過，便把這些錢托人到茶峒去買茶葉和草煙，將茶峒出產的上等草煙，一扎一扎掛在自己腰帶邊，過渡的誰需要這東西必慷慨奉贈。」就是他們的黃狗，在「船將近岸邊，祖父正向客人招呼『慢點，慢點』時」，它「便口銜繩子，最先一躍而上，且儼然懂得如何方盡職似的，把船繩緊銜著拖船攏岸。」在這裡，由於風俗淳樸，便是作妓女，也永遠那麼渾厚。小伙子得到自己的戀人，靠的不是錢，不是貌，不是門第，「只有熱情真實的歌。」[25]這片土地是原始自然美麗的，習俗和人性在這塊土地上長出，就如同這裡的植物，無不美麗自然質樸。沈從文謂之「近乎貼近土地生長農民的本性。」[26]自然的精神從土地通過習俗貫通於人，「這裡一切是諧

---

24 沈從文：《邊城》，劉一友、向成國、沈虎雛選編：《沈從文別集・邊城集》（長沙市：岳麓書社，1992年），頁181。

25 淩宇：《沈從文傳》（北京市：十月文藝出版社，1988年），頁342。

26 沈從文：《沈從文文集》第11卷（廣州市：花城出版社；香港：生活・讀書・新知三聯書店香港分店，1984年），頁58。

和，光與影的配置，什麼樣人生活在什麼樣空氣裡，一件藝術作品，正要人看不出是藝術的。一切準乎自然，而我們明白，在這種自然的氣勢之下，藏著一個藝術家的心力。」[27]無疑，這種「藝術家的心力」也是一種自覺的自然精神，是應和自然的歌唱。

湘西不但有這樣純樸寧靜健康的人性，還有自然雄強的人性，正如同湘西的景色，有寧靜優美的一面，也有險峻惡劣的一面。貫穿湘西的是沅水流域：沅水及其五條支流——酉、巫、武、辰、沅，即屢見於史籍中的「五溪」，不乏險惡的自然。這裡，亂石密布，險灘迭起，惡浪咆哮，亙古長流。群山夾江而立，危峰礙日，密樹蒙煙，怪石猙獰，雲霧晦冥，林中時有毒蛇，夜半虎嘯狼嚎。這種環境造就的楚人，「其俗剽輕，易發怒」，（司馬遷《史記》）漢代王逸也注意到這個地方獨特的民俗：「昔楚國南郢之邑，沅湘之間，其俗信鬼而好祠，其祠必作歌舞以樂諸神。」（《楚辭章句》）朱熹在《楚辭集注．九歌》中也說到這裡：「其俗信鬼，而好祀。其祀必使巫覡作樂，歌舞以娛神。蠻荊陋俗，詞既鄙俚，而其陰陽人鬼之間，又或不能無褻慢淫荒之雜。」「楚俗祠祭之歌，不可得而聞矣，然計其間，或以陰下陽神，或以陽主接陰鬼，則其辭之褻慢荒淫，當有不可道者。」湘西地理環境既惡劣，在一代一代湘西先民與惡劣的自然環境搏鬥中，強悍的民風得以形成；而當地人民為了捍衛民族尊嚴，在歷次的抗擊戰爭中，那種源於人類遠古祖先的野蠻人性也得以淋漓盡致的發揮。湘西民族所形成的好祀祭鬼、歌舞娛神的習俗本質上也是應對惡劣地理環境的結果，其中不無崇尚狂歡、強力和野鬥。一九二五年，沈從文在給江紹原的信中提到家鄉的械鬥習俗：「湘西地方，……有種極惡風俗，是每到五月五（是十五）划龍船時候，一些划手，必有所爭鬥尋仇生

---

27 劉西渭：《咀華集》（廣州市：花城出版社，1984年），頁58。

事」。[28]沈從文在《晨報副刊・詩鐫》中發表了〈還願〉一詩，記錄了當時湘西民間儺巫風俗的盛行，以及儺事活動狂歡化的熱鬧場景：

> 鑼鼓喧闐苗子老庚酬儺神，
> 代帕阿妹花衣花裙正年青：
> 舞若凌風一對奶子微微翹，
> 唱罷苗歌背人獨自微微笑。
> 儺公儺母座前琐吶嗚嗚哭，
> 在座百人舉著一吃兩肥豬。
> 師傅白衣紅衣綠帽刺公牛，
> 大缸小缸舀來舀去包穀酒。

這種狂歡場景儼然一幅古希臘酒神祭祀畫面。在《漁》等小說中，沈從文還記錄了兩人或族群之間的械鬥場面，如《漁》中兩個族群之間的「械鬥」:「……兩方約集了相等人數，在田坪中極天真地互相流血為樂。男子上前作戰，女人則站到山上吶喊助威。交鋒了，棍棒齊下，金鼓齊鳴，軟弱者皆踣於重擊下，勝利者用紅血所染的巾纏於頭上，矛尖穿著人頭，唱歌回家。」[29]無疑這種場面是殘忍野蠻的，但一種原始雄強的人性的產生與這種環境息息相關。沈從文筆下，不乏這種雄強有力的個人。如「大王」用一支槍殺死兩百個敵人，敢冒著生命危險夜探防守嚴密的牢房與美麗的女匪首相好；多情水手夜晚與吊腳樓妓女恩愛纏綿，白天漂流於惡浪險灘的沅水之上；虎雛上海灘殺人，千里奔湘西；豹子二十五歲時已經親過四十個女人的白淨胸脯……這些人物無論在什麼環境皆天不怕，地不怕，敢作敢為，渾身

---

28 轉引自張永〈「酒神」：沈從文小說的民俗審美情緒〉，《中國文學研究》2003年第3期，頁85。

29 沈從文：《沈從文全集》第5卷（太原市：北岳文藝出版社，2002年），頁271。

洋溢使用不盡的活力，漂流惡水之上，行走危峰之間，與這裡的林莽、虎嘯、惡溪、險灘渾然一體，相得益彰；也只有在這樣的環境裡，他們的天性才能成長和發展，虎雛的經歷說明了這一點。虎雛是來自湘西的自然之子，而軍旅生活又把他鍛鍊得「靈魂野蠻粗糙」，其生機全得自自然和那份生活。但到了上海後他不能適應城市的生活，在一次殺人後逃回湘西，又得以自由自在的生活。「一切水得歸到海裡，小豹子也只宜於深山大澤方能發展他的生命。」湘西的自然造就了這類強健的人性，而他們要維護這種人性也同樣離不開這種環境，人與自然根連在一起，人是自然的一部分。這種雄強的人性雖與翠翠、三三、夭夭、阿黑等優美寧靜有異，但同樣健康自然，同樣從這片土地上長出，如同危岩之蒼松和平地之花草，是同一個自然的不同面貌。「整個說來，這些人生活卻彷彿同『自然』已經融合，很從容地在那裡各盡性命之理，與其它無生命物質一樣。」[30]

「東方信仰的本來，乃出於對自然壯美與奇譎的驚訝，而加以完全承認。正因為這種『皈於自然』一無保留的虔敬，實普遍存在，於是在這個宗教信仰中，就只能見到極端簡單的手足投地的膜拜，別無藝術成就可言了。由皈於自然而重返自然，即是邊民宗教信仰的本質，……人雖在這個背景中突出，但終無從與自然分離。」[31]出生於這個自然，血管裡流淌著先民血液，又觀照著這個自然，沉思並欣賞它。湘西的世界，成長出沈從文的自然哲學觀。

三　自然人性在現代的命運

無疑，沈從文對湘西自然純樸的人性懷著濃厚的愛和特出的欣

30 沈從文著，淩宇編：《沈從文散文選》（北京市：人民文學出版社，1982年），頁252。

31 沈從文：《沈從文文集》第11卷（廣州市：花城出版社；香港：生活・讀書・新知三聯書店香港分店，1984年），頁61。

賞，他對這塊土地上化外之民的原生態的表現是對現代文學所作出的傑出貢獻。但沈從文對湘西的態度絕不是這樣單純，他常常陷入痛苦中，反覆感嘆「美麗總使人憂愁」，[32]「美麗總是愁人的」。[33]事實上，湘西在他的精神世界中絕不僅僅只是欣賞的對象和志趣寄託的地方，更充滿重重危機，讓他深深憂慮。

作為這塊土地上獨有的人性，湘西人有自然純樸優美的一面，但作為全面的人性卻是二元的，「生活有些方面極其偉大，有些方面又極其平凡，性情有些方面極其美麗，有些方面又極其瑣碎。」[34]沈從文塑造了三三、蕭蕭、夭夭、阿黑、翠翠、老船工等一系列純樸自然的人物形象，但這些人物大半或完全處於自在狀態，不知道把握自己的命運，更不懂得改造命運。例如蕭蕭，在作童養媳時被青年工人花狗在山林裡變成了婦人，後來雖然沒有照規矩「沉潭」或「發賣」，並因為生下一個團頭大眼、聲響洪壯的兒子而在純樸的民風中活下來，但她的命運一直不是操縱在自己手裡；她在懷孕後雖有朦朧的逃出意願，但也是一種極微弱的意志。再如大王，其行為背後有強大的「隱伏的生命意識」，但最終在一種盲目而懵懂的命運中斷送生命。沈從文小說、散文中許多人物同蕭蕭、大王一樣，處於蒙昧狀態，「不曾預備別人憐憫，也不知道可憐自己」[35]這種生命的狀態雖是「人與自然的契合」，[36]卻「『其生若浮，其死方休』，雖近生命本來，單調又終若不可忍受」。[37]

---

32 沈從文：《抽象的抒情》（上海市：復旦大學出版社，2004年），頁260。

33 沈從文：《沈從文全集》第13卷（太原市：北岳文藝出版社，2002年），頁319。

34 李健吾著，郭宏安編：《李健吾批評文集》（廣東：珠海出版社，1998年），頁232。

35 沈從文：《沈從文文集》第2卷（廣州市：花城出版社；香港：三聯書店香港分店，1982年），頁99。

36 沈從文：《沈從文文集》第9卷（廣州市：花城出版社；香港：三聯書店香港分店，1982年），頁379。

37 沈從文：《沈從文文萃》（北京市：文化藝術出版社，2004年），頁263。

尤其是隨著現代文明的到來，湘西不再是世外桃源。三十年代，沈從文兩次回鄉，他痛苦地注意到，現代文明已經來到湘西，湘西在悄然發生改變：「農村社會所保有那點正直樸素人情美，幾幾乎快要消失無餘，代替而來的卻是近二十年實際社會培養成功的一種唯實唯利庸俗人生觀。敬鬼神畏天命的迷信固然已經被常識所摧毀，然而做人時的義理取捨是非辨別也隨同泯滅了。『現代』二字已到了湘西，可是具體的東西，不過是點綴都市文明的奢侈品大量輸入，上等紙煙和各樣罐頭在各階層間作廣泛消費。抽象的東西，竟只有流行政治中的公文八股和交際世故。」[38]「地方的好習慣是消滅了，民族的熱情是下降了，女人也慢慢的像漢族女人，把愛情移到金銀虛名虛事上來了，愛情的地位顯然已經墮落，美的歌聲與美的身體同樣被其它物質戰勝成為無用的東西了……」[39]湘西的自然純樸正在隨著強勁的現代文明的進入而發生改變，「即這麼一種平凡卑微生活，也不容易維持下去，終將受一種來自外部另一方面的巨大勢能所摧毀。」[40]「美麗是愁人的」。

尤為使沈從文擔憂的是，湘西人對於自己在時代潮流中的命運並不自覺，「大家都彷彿用個謙虛而誠懇的態度來接收一切，來學習一切，能學習能接收的終不外如彼或如此。」[41]他們不能判斷這種改變對他們來說意味著什麼，更不能意識到現代文明將把他們帶往何處，「美麗令人憂愁」。

---

38 沈從文：《沈從文文集》第7卷（廣州市：花城出版社；香港：三聯書店香港分店，1982年），頁2。

39 沈從文：《沈從文文集》第2卷（廣州市：花城出版社；香港：三聯書店香港分店，1982年），頁396。

40 沈從文：《沈從文文集》第11卷（廣州市：花城出版社；香港：三聯書店香港分店，1982年），頁85。

41 沈從文：《沈從文文集》第7卷（廣州市：花城出版社；香港：三聯書店香港分店，1982年），頁2。

如果再進一步，期待湘西人主動接受現代的新事物和新觀念，進而適應新時代，改造自己的命運，則更為艱巨。湘西一直被認為落後，地瘠民貧，沈從文認為，「這是湘西人負氣與自棄的結果！」而這兩種弱點「合而為一，於是產生一種極頑固的排他性。不僅僅對一切進步的理想加以拒絕，便是一切進步的事實，也不大放在眼裡。」這使得他們「少彈性，少膨脹性，少黏附團結性，少隨時代應有的變通性。影響到普遍社會方面，則一切容易趨於保守，對任何改革都無熱情，難興奮。」[42]這顯然是更為頑固的民族內在性格和改造的最大阻力，令人沉鬱，「美麗令人憂愁」。

但作者還是用一支筆承擔了設計湘西未來命運的歷史重擔。事實上，為現代背景下的湘西尋求出路一直是沈從文小說和散文創作的潛在意圖，只是這種不明顯的願望和情感往往被沈從文所描繪的優美世界所遮蓋，為讀者忽略。沈從文曾無不遺憾地表示，「我的作品能夠在市場上流行，實際上近於買櫝還珠。你們能欣賞故事的清新，照例那背後隱藏的熱情卻忽略了；你們能欣賞我文字的樸實，照例那作品背後隱伏的悲痛也忽略了。」[43]

在道家哲學裡，自然純樸的人性總是與原始、蒙昧聯繫在一起。自然純樸雖好，但原始愚昧是令人不堪忍受的，尤其敵不過歷史進化的滾滾車輪。自然純樸、世外桃源一直是中國人的烏托邦，沈從文更是傾心於此。但在烏托邦和歷史理性之間，他明智地傾向於後者。面對「一份新的日月，行將消滅舊的一切」的緊迫感，沈從文更理智地提醒：「另外尚有一批人，與自然毫不妥協，想出種種辦法來支配自然，違反自然的習慣，同樣也那麼盡寒暑交替，看日月升降。然

---

42 沈從文：《沈從文文集》第9卷（廣州市：花城出版社；香港：三聯書店香港分店，1982年），頁334。

43 沈從文：《沈從文文集》第11卷（廣州市：花城出版社；香港：三聯書店香港分店，1982年），頁44。

而……卻在慢慢改變歷史，創造歷史。」[44]他希望湘西在保持自然純樸人性的同時，能增加一些現代理性精神，希望未來的湘西人不僅沒有被文明扭曲了自然本性，更能在現代的環境下自主自為地存在，「既不在『生活』中迷失自我，又能擺脫對環境的依附，取得人生的獨立與自由，並進而實現自我存在的價值。」在思考湘西的命運時，沈從文呼喚的是湘西人的意志力和理性精神，這是不折不扣的現代精神。可以說，沈從文不是一個貪戀小國寡民的道家信徒，而是一個繼承道家哲學精華又積極面對現代的「新道家主義者」。

四　自然人性對現代的療救

沈從文確實不僅僅是湘西這個古老種族的現代代言人，他更是現代中國的思想家，甚至是一個思考人類命運的思想家。他描繪湘西的意圖也在於為人性建設、為民族和人類的未來命運設計藍圖。

沈從文注意到他所處的時代，「中國農民中固有的樸厚，剛直，守正義而不貪取非分所當得種種品德，已一掃而光。」[45]「宗教，金錢，到近代再加上個『政治傾向』，將多數男子靈魂壓扁扭曲」，「和尚，道士，會員，議員……人人都儼然為一切名分而生存得十分莊嚴，事實上任何一個人卻從不曾仔細思索過這些名詞的本來意義。許多『場面上』的人物，只不過如花園中的盆景，被所謂思想觀念強制扭曲成為各種小巧兒醜惡的形式罷了。一切所為所成就，無不表現出對自然的違反，見出社會的拙象和人的愚心。」「更無怪乎許多『事實』，『剛要』，『設計』，『報告』都找不出一點依據，可證明它是出於這個民族最優秀的頭腦與真實情感的產物，只看到它完全建立在少數人的霸道無知和多數人的遷就虛偽上面，政治，哲學，美術，背後都

44 沈從文著，淩宇編：《沈從文散文選》（北京市：人民文學出版社，1982年），頁173。
45 沈從文：《沈從文全集》第17卷（太原市：北岳文藝出版社，2002年），頁256。

給一個『市儈』人生觀在推行，換言之，即『神的解體』。」[46]

一言以蔽之，現實中扭曲的人性讓他關心。這是沈從文觀察中國現實問題的獨特視角，這種敏感正是來自於他自小浸染於湘西所形成的自然眼光。我們不可忘記沈從文生命歷程中的兩極：二十年湘西生活那種少有人可及的充分的自然浸染和之後城市生活的另一重天地，這兩極在沈從文的精神世界中是對立的：他因為身處扭曲人性中的社會而覺悟了湘西的自然美，因為在湘西世界中形成的純粹的自然感受而對扭曲的人性尤為敏感。這種矛盾兩極的辨證互動是理解沈從文精神世界和人性理想的關鍵。

他說：「我是個鄉下人，走到任何一處照例都帶了一把尺，一把秤。」[47]他用這把「自然」的尺子測度了複雜社會生活中扭曲的人性，又希望用這把尺子來矯正人性的扭曲。這把尺子就是湘西「優美，健康，自然，而又不悖乎人性的人生形式。」[48]作者賦予了它拯救的意義。沈從文多次談到，他創作湘西世界的目的就是「把最近二十年來當地農民性格靈魂被時代大力壓扁曲曲失去了原有的素樸所表現的式樣，加以解剖與描繪。」[49]表現「對於人類智慧與美麗永遠的傾心，康健誠實的讚頌，以及對於愚蠢自私極端憎惡的感情。」[50]他以湘西世界的自然優美對比現實中人性的扭曲的意圖可見。而這種比較目的在於未來的人性建設，「即擬將『過去』和『當前』對照，所謂民族品德的消失與重建，可能從什麼方面著手。」[51]暗示的是在未

---

46 沈從文：《沈從文全集》第17卷（太原市：北岳文藝出版社，2002年），頁361。

47 沈從文：《抽象的抒情》（上海市：復旦大學出版社，2004年），頁250。

48 沈從文：《抽象的抒情》（上海市：復旦大學出版社，2004年），頁358。

49 沈從文：《沈從文文集》第7卷（廣州市：花城出版社；香港：三聯書店香港分店，1982年），頁4。

50 沈從文：《抽象的抒情》（上海市：復旦大學出版社，2004年），頁359。

51 沈從文：《沈從文文集》第7卷（廣州市：花城出版社；香港：三聯書店香港分店，1982年），頁4。

來的人性建設中應植入湘西的自然人性以矯治人性的扭曲。

沈從文是深刻的。他在思考人性痼疾的原因時，不光注意到現實因素，還將反思的目光深入到歷史和文化內部。簡言之，人性痼疾不僅僅由於現實，更在於歷史。在他看來，當前社會上「人人厭煩現狀，卻無人不是用消極的生活態度，支持現狀。」[52]「人人都無個性，無熱情，無糊塗希望與冒險企圖，無氣魄與傻勁。」[53]即使少數優秀知識分子明白「混下去」不行，「但結果亦不免在宿命觀趨勢中付之一嘆，或懷抱一種不合作傲世離俗情緒，沉默無聲，毫無勇氣和信心」，[54]顯然是一種民族遺傳基因造成，這種基因就是「順天委命的人生觀」，正是這種基因，造成了「民族人生觀上的虛浮，懦弱，迷信，懶惰」，[55]這種基因的老祖宗即老莊哲學尤其是莊子哲學（還包括佛教）。所以，莊子的自然人性雖然受到沈從文的由衷傾心，但自然哲學造成的另一面——消極保守卻使他警惕。他多次批判「佛釋逃避，老莊否定，儒者戇愚而自信」，[56]批判「向墳墓鑽去的道教與佛教的隱遁避世感情」，[57]斷定「屈原的憤世，莊周的玩世，現在是不成了。」[58]

沈從文的小說中，也出現幾個莊子式的達觀人物，但這並不表明了沈從文本人的達觀態度。事實上，在《菜園》中，作者雖欣賞玉家母子的那種「林下風度」和對於憂患的自然達觀，但最終的結果是母子，一個死於革命，一個無寄託而自殺。《山道上》中的縣長在山中「無為而治」，「古意盎然」，夜讀《莊子》，「朗吟」〈秋水篇〉，卻不

52 沈從文：《沈從文全集》第17卷（太原市：北岳文藝出版社，2002年），頁203。
53 沈從文：《沈從文全集》第17卷（太原市：北岳文藝出版社，2002年），頁215。
54 沈從文：《沈從文全集》第17卷（太原市：北岳文藝出版社，2002年），頁257。
55 沈從文：《沈從文全集》第17卷（太原市：北岳文藝出版社，2002年），頁204。
56 沈從文：《沈從文文集》第11卷（太原市：北岳文藝出版社，2002年），頁52。
57 沈從文：《沈從文文集》第11卷（太原市：北岳文藝出版社，2002年），頁298。
58 沈從文：《沈從文文集》第11卷（太原市：北岳文藝出版社，2002年），頁293。

得不糾纏於突發的刑事案件中。《夜》中老人案頭擺著一部《莊子》，他能把剛剛死去的妻子置於空房，而陪「我們」幾個寄宿的趕路人一夜聊天，若無其事一般，這的確有莊子「安時而處順，哀樂不能入也」(《莊子・養生主》)的風度，然而作者對這種冷靜「有點害怕」了。作者在欣賞這類人物時，背後還站著一個嚴厲冷靜的評判者。自然達觀雖好，但不適合現實和現代，沈從文是清醒的。故而他在欣賞莊子哲學的人性自然之純時，又時時警惕「這個民族如今就正似乎由於過去種種文化所拘束，故弄得那麼懦弱無力。」[59]老莊在這種「懦弱無力」的文化裡無疑扮演了主要角色。

拯救這種懦弱無力的文化明顯在於要在這種文化的機體裡植入相對立的營養素。沈從文欣賞的正是這樣一種神奇的、壯麗的、充滿力感的「無為無不為」的自然觀。他這樣觀察自然：「據科學家的記錄，則一萬六千尺的雪峰間，每年還照例有顏色華美形狀秀奇的龍膽花開放。『自然無為而無不為』，從這種自然現象上，像是重新得到解釋。」[60]「自然既極博大，也極殘忍，戰勝一切，孕育眾生。螻蟻蚍蜉，偉人巨匠，一樣在他懷抱中，和光同塵。」[61]「試將人類這種小小的哀樂得失，和面前拔空一萬尺的俊偉峭拔雪峰對比，即可知兩相映照，而各自有其千秋。一個是千古長年在強烈陽光下，用明藍淨潔天宇作陪襯，發出奇異眩目的光彩，雖如此瑰麗不凡，實永遠不曾為任何人情感所及。至於寄託到這個山嶺腳下陽光所照雨澤所潤一片小小地面，幾個平凡渺小人物的爾汝恩怨，也許由於完全偶然的機會，得以保留到文字上，成為人類關係一個悲劇範本，使此後另一時另一

---

59 沈從文：《沈從文文集》第4卷（廣州市：花城出版社；香港：三聯書店香港分店，1982年），頁302。

60 沈從文：《沈從文文集》第11卷（廣州市：花城出版社；香港：三聯書店香港分店，1982年），頁54。

61 沈從文：《沈從文文集》第11卷（廣州市：花城出版社；香港：三聯書店香港分店，1982年），頁264。

處凡不曾被世故所斲傷的年青的心，還將為之而跳躍，並寄予長遠的愛和哀矜。這或者也就正是人之所以為人，出於自然而又有以異於自然處：自然似乎永遠是『無為而無不為』，人卻只像是『無不為而無為』。」[62]這種自然與那種消極隱逸的自然大異其趣，其哲學傾向可見。沈從文所傾心的湘西人物，無論是翠翠、老船夫、三三、夭夭還是大王、虎雛，雖性情不同，處境各異，但無不健康自然，充滿生機，這與廢名的黃梅農村人物極度消解了生命願望的自然性情大異其趣，也與郁達夫的經歷世事挫折後隱退浙江山水間的人物性情大大不同。可以說，沈從文的湘西自然風情畫卷均包含了對歷史的反思和拯救的意義。

歷史將滾滾向前，湘西的改變不可避免，它將成為民族的一個夢，日漸消逝。站在歷史轉折處的沈從文，不但用他的作品攝下了這一夢想，更預告了這一夢想對未來的意義。沈從文用的是「思想家」的態度，「把工作慢慢地成為轉捩歷史一個槓桿」。[63]湘西將遠去，但他希望這種自然純樸健康的人性「還保留些本質在年輕人的血裡或夢裡」。[64]燃燒起這個民族更年輕一輩的情感，增加他在憂患中的抵抗力，增強活力。」[65]「煽起更年青一輩做人的熱忱激發其生命的抽象尋求。」[66]以實現他重造「民族的經典」，實現中華民族內部「人和人關係的重造」[67]的願望，甚至「為人類遠景凝目」。[68]這才達到他所謂

62 沈從文：《沈從文文集》第11卷（廣州市：花城出版社；香港：三聯書店香港分店，1982年），頁61。

63 沈從文：《沈從文全集》第17卷（太原市：北岳文藝出版社，2002年），頁480。

64 沈從文：《沈從文文集》第7卷（太原市：北岳文藝出版社，2002年），頁4。

65 沈從文：《沈從文全集》第17卷（太原市：北岳文藝出版社，2002年），頁328。

66 沈從文：《沈從文全集》第17卷（太原市：北岳文藝出版社，2002年），頁362。

67 沈從文：《沈從文文集》第7卷（廣州市：花城出版社；香港：三聯書店香港分店，1982年），頁4。

68 沈從文著，淩宇編：《沈從文散文選》（北京市：人民文學出版社，1982年），頁11。

的「生命」理想——人性的最高形式，這時，「生命」便具有了神性。沈從文不光在為湘西未來的命運設想，更在為民族和人類未來的命運瞻望。

第三節　許地山：超越命運之苦與求真適性

在新文學作家中，許地山的面貌是獨特的。他雖是文學研究會的發起人之一，是所謂「為人生」派作家，但他並非如魯迅、葉聖陶一樣用一種寫實的風格來反映現實、暴露國民的劣根性並進而達到改造國民性的目的，他的小品散文和傳奇小說更傾向於用一種比喻、寓言的手法來表達他超越現實的人生體驗和宗教體驗，「下筆時是人生實景，出筆時已經達到超現實的境界。」[69]簡言之，宗教特色是許地山區別於五四時期其它作家的主要特色，這一點夏志清先生早已肯定過。[70]許地山既有宗教研究的熱忱，也有內在的宗教體驗，他的作品中的宗教色彩更是為廣大研究者所矚目。但除宗教外，本土的道家思想也深入影響了許地山的人生理念和文學創作，他曾撰《道教史》、《道家思想與道教》等論文，而他的作品中的道家思想與佛教、基督教思想交融一起，共同組成一個空靈瑰異的化外世界。

一　人生之苦的超越

許地山可以說是一個苦的時代的苦的個人。他出生在中日甲午戰爭爆發前一年一個臺南愛國志士的家庭，臺灣陷落後，不到三歲的許地山即隨家流徙於粵、閩，後在福建龍溪落籍。辛亥革命爆發後，其

69 錢理群等：《中國現代文學三十年》（北京市：北京大學出版社，1998年），頁81。
70 夏志清著，劉紹銘等譯：《中國現代小說史》（上海市：復旦大學出版社，2005年），頁61。

父許南英辭官歸隱，人口眾多的家庭斷絕了唯一的生活來源，剛剛成年的許地山不得不中斷學業，為生計奔波，後經人介紹在漳州省立第二師範學校當了一名教員。一九二一年，剛剛在燕京大學畢業並留校任教的許地山回家鄉接妻子來京，而結婚才兩年多的深情篤愛的妻子竟在途中客死上海。接連不斷的人生變亂讓他感嘆：「自入世以來，屢造變亂，四方流離，未嘗寬懷就枕。」因而他覺得「生本不樂，能夠覺得使人稍微安適的，只有躺在床上那幾小時，但要在那短促的時間中希冀極樂，也是不可能的事。」[71]苦是他生命最基本的體驗，也是他作品的底色。

許地山的散文和小說中，絕大部分都是對這種人生苦的直接或間接的反映。這當中有因不能懷孕而對溪流淚的老年石女的痛苦（〈愚婦人〉），有如蜜蜂一樣不停地辛勤勞作的農人的痛苦（〈蜜蜂和農人〉），甚至愛也是刑法（〈愛就是刑法〉），愛也是痛苦（〈愛底痛苦〉）。小說〈商人婦〉寫一個商人的妻子惜官變賣首飾，幫賭博破產的丈夫下南洋謀生，而發達了的丈夫不僅忘了她，還在當地另娶妻子。惜官千辛萬苦找到南洋，卻被丈夫騙賣給印度人。身處陌生環境中的惜官受盡苦楚，但仍不計前嫌，在印度丈夫死後逃出，帶著孩子繼續尋找自己的前夫。惜官的一生可謂苦矣。生命就是「缺陷底苗圃，是煩惱的秧田；若要補修缺陷，拔除煩惱，除棄絕生命外，沒有別條道路。」（〈債〉）死亡成為許地山解脫人生之苦的途徑。他把生命比作天衣，希望被不可思議的靈，及早把我們穿著得非常破爛，收入天櫥，使我們得以早早休息。」[72]在〈鬼贊〉中，他借群鬼唱道：「那棄絕一切感官的有福了！我們的骷髏有福了！」在小說〈命命鳥〉中，他讓女主人公明敏在夢中看到男女之情的虛幻，從而和男友在涅槃節前夜雙雙赴水自殺，得到解脫。

---

71 許地山：《許地山文集》（北京市：新華出版社，1998年），頁3。

72 許地山：《許地山文集》（北京市：新華出版社，1998年），頁13。

「人生皆苦」，是佛家哲學的立論出發點。佛教把生活比作大「火宅」，人生下來就被投入這個熊熊燃燒的「火宅」之中，歷盡磨難摧折，卻無法也無處逃避。佛家又把人生苦比作大雨滴泡，雨點落在水窪裡，激起一個個雨泡，又旋即破滅了，隨後又落下新的雨點，砸起新的水泡，人生之苦無有盡時。為了解脫人生之苦，佛家尋求涅槃，敏明和伽陵雙雙歡喜赴水自殺即帶有這種色彩。但是，仔細辨別，許地山小說中的這種生勞死息的觀點更接近道家的解脫色彩。老子哲學中就有因身而苦的觀點：「人之大患，在吾有身。」「吾所以有大患者，為吾有身。」[73]這也等同於說生是苦的；莊子也有同樣的嘆息：「人之生也，與憂俱生」。[74]解脫這種人生之苦在莊子看來也唯有死亡一途，他這樣總結人生：「大塊載我以形，勞我以生，逸我以老，息我以死。」[75]以死為勞累人生的休息。借髑髏之口，莊子甚至美化了死亡：「死，無君於上，無臣於下，亦無四時之事，從然以天地為春秋，雖南面王樂，不能過也。」[76]在莊子哲學中，死與生有一種對立的意義，生是苦的，死是對生的否定，也是對生之苦的解脫。許地山以死來解脫人生的觀點，正是來自莊子的啟示。在佛教中，死與生並沒有這樣一種對立的意義，《楞伽經》云：「生死死生，生生死死，如旋火輪」，在輪迴的意義上生死是均等的，均非人的終極歸宿，只是生死輪迴的一個過渡環節，將終極關懷傾注於死同傾注於生一樣，都非明智之舉，因而單純的肉體死亡並不等於涅槃。修行者只有真正覺悟到「諸法無我」、「諸行無常」的佛理，斷除業障，才能了斷生死輪迴之苦，從而達到常樂我淨的涅槃境界。許地山也認識到道家對於生死

---

73 王弼：《老子注》，《諸子集成》第3冊（北京市：中華書局，1954年），頁10。

74 莊子：《莊子・至樂》，曹礎基：《莊子淺注》（北京市：中華書局，2000年），頁254。

75 莊子：《莊子・大宗師》，曹礎基：《莊子淺注》（北京市：中華書局，2000年），頁92。

76 莊子：《莊子・至樂》，曹礎基：《莊子淺注》（北京市：中華書局，2000年），頁254。

的看法與佛教不一樣，「死後所變底形體是變化不是輪迴，——這個變化不是個體的業力所致，實由於自然的運行，生者不得不生，死者不得不死。像佛家定義要求涅槃，在道家看來，也是徒勞，金在爐中，是不能自主的。」[77]〈黃昏後〉中，他借承歡之口說：「哦，原來媽媽不是死，是變化了。」這明顯也是莊子氣聚為生、氣散為死的觀點。

二　無常命運的追問

許地山的小說以傳奇性聞名於現代文壇，但他的傳奇並不等同於神仙妖魔、英雄美人的浪漫傳奇，這種傳奇傾向於表現小說主人公在生活道路上遇到的種種變故，這種變故又常常與主人公的意志或願望相違背。簡言之，導演他的傳奇的是命運，塗抹他傳奇的色彩是人生之苦。假如人生之苦是許地山作品的底色，則命運的表現就是他作品展開的主要方式。

在散文集《空山靈雨・海》裡，許地山把人生比喻為一個海，「在這個風狂浪駭的海面上，不能準說我們要到什麼地方就到什麼地方。我們只能把性命先保持住，隨著波濤顛來播去便了。」對於他來說，人生的大海上，無處不是風浪和危險，然而，人卻對這樣的風浪和危險毫無辦法，正如〈蟬〉這篇小品所反映的：雨後，被打濕翅膀的蟬好不容易爬到松根上頭，但一滴雨珠正好落在蟬翼上，蟬又翻身摔到地上，這時螞蟻也來了，野鳥也看見他了。生的艱辛和危險無處不在，人是沒有辦法根本改變的，就像〈綴網勞蛛〉的篇首詩中所寫：「我像蜘蛛，／命運就是我底網／我把網結好，／還住在中央。」許地山小說中的人物就如〈黃昏後〉的主人公關懷所說：「誰知這事不能由我做主，好像我底命運就是這樣。」

---

77 許地山：《道教史》（上海市：上海古籍出版社，1999年），頁67。

〈解放者〉中的紹慈和幫秀在同一個城市生活了兩年多，幾乎天天見面，卻不知道對方就是自己夢裡尋找的恩人和親人，後來，紹慈在追認幫秀的時候，竟被幫秀無意中引入沼澤地淹死。〈換巢鸞鳳〉中的和鸞本已許配表兄，但被善歌的差僕祖鳳吸引並與後者私奔，成為山大王之妻，最終落得被自己的表兄帶兵圍剿的命運。〈法眼〉中的汪綬在逃難中接受了一個陌生人的包袱而遭受無妄之災，病死獄中，還不知道他花的也是自己的錢。人在不可知的命運中的行走如同行走在漆黑的夜晚，不知前途是什麼在等待自己，如同〈綴網勞蛛〉中的尚潔所說：「我們都是從渺茫中來，在渺茫中住，往渺茫中去。」

這種對命運的思考與莊子哲學是一致的。莊子對「命」有種種解釋：「死生，命也，其有夜旦之常，天也。」[78]「死生存亡，窮達富貴，賢與不肖，毀譽，饑渴寒暑，是事之變，命之行也。」[79]人世間的一切不幸包括死亡在內的發生都是必然，是人力不能控制的和解決的，也不是人力能解釋的：「不知吾所以然而然，命也。」[80]「求其為之者而不得也，然而至此極者，命也夫。」[81]那麼，「命」就有超出人類努力的性質，故而對命運的必然也只有採取順應命運的自然無為態度：「知其不可而安之若命。」「安時而處順，哀樂不能入也。」莊子從智性上認識了人類對命運的無可奈何，因而在情感上對一切命運的發生無動於衷，他以此形成對命運的超越。這正是許地山用以解決無常命運的辦法。他認識到「人類底被壓迫是普遍的現象。最大的壓迫恐怕還是自然的勢力，用佛教底話，是『生老病死』。」

「我不信人類在自然界裡會有得到勝利的那一天。地會老，天會

78 莊子：《莊子・大宗師》，曹礎基：《莊子淺注》（北京市：中華書局，2000年），頁91。
79 莊子：《莊子・德充符》，曹礎基：《莊子淺注》（北京市：中華書局，2000年），頁80。
80 莊子：《莊子・達生》，曹礎基：《莊子淺注》（北京市：中華書局，2000年），頁278。
81 莊子：《莊子・大宗師》，曹礎基：《莊子淺注》（北京市：中華書局，2000年），頁108。

荒，人類也會碎成星雲塵，隨著太空裡某個中心引力無意識地繞轉。所以我看見的處處都是悲劇；我所感到的事事都是痛苦。可是我不呻吟，因為這是必然的現象。換一句話說，這就是命運。」既然這樣，反抗命運是沒有用處的，明智的選擇是「順著境遇做人」。在散文〈暗途〉中，吾威不聽朋友均歌的勸告，堅持不用燈回家：「滿山都沒有光，若是我提著燈走，也不過是照得三兩步遠；且要累得滿山的昆蟲都不安。若湊巧遇見長蛇也沖著火光走來，可又怎辦呢？再說，這一點的光可以把那照不著底地方越顯得危險，越能使我害怕。在半途中，燈一熄滅，那就更不好辦了。不如我空著手走，初時雖覺得有些妨礙，不多一會，什麼都可以在幽暗中辨別一點。」

最典型地體現莊子的這種「安時處順」的人生哲學的，當是小說〈綴網勞蛛〉。茅盾指出許地山作品中的人物「都不過在教義裡拈取一片來幫助他們造成自己的人生哲學罷了。」[82]這點大致不錯，〈綴網勞蛛〉同樣如此，尚潔「無論在什麼事情上都用一種宗教的精神去安排」，但這並不等於說許地山小說中的人物都是宗教觀念的符號，他們在傳達信仰和理念時仍不失鮮明的個性，這在尚潔這個人物身上有鮮明的體現。尚潔因為傳言婚外情被丈夫長生可望誤解，對此，她不加任何解釋，她的態度是「我雖不信定命的說法，然而事情怎樣來，我就怎樣對付，毋庸在事前預先謀定什麼方法。」這可以說是最典型地體現尚潔人生哲學的一句話。尚潔的好友史夫人是一個現實感很強的人物，她對尚潔的這種做法未免不理解，勸她要多為前程作長久的打算。尚潔表明自己的觀點：「危險不是顧慮所能閃避的。後一小時的事情，我們也不敢說誰知道，哪裡能顧到三四個月、三兩年那麼長久呢？你能保我待一會不遇著危險，能保我今夜裡能睡得平安麼？縱使我準知道今晚上曾遇著危險，現在的謀慮也未必來得及。我們都在

82 茅盾：〈落花生論〉，載1934年10月《文學》第4卷第3期。

雲霧裡走，離身二三尺以外，誰還能知道前途的光景呢？——唉，我們都是從渺茫中來，在渺茫中住，往渺茫中去。若是怕在這雲封霧鎖的生命路程裡走動，莫如止住你底腳步；若是你有漫遊的興趣，縱然前途和四周的光景曖昧，不能使你嘗心快意，你也是要走的。橫豎是往前走，顧慮什麼？」對人生不加人為的計謀，把生活中可能出現的一切都看作一種必然，毫無機心地順隨於生活的偶然，這可說是典型的莊子生存態度。

儘管尚潔不刻意改變生活，但她並不是對生活沒有自己的看法，相反，她對生活的種種事件有一種嚴酷的清醒和客觀態度。她和長生的結合並不是愛情發展的自然結合，只是因為長生將她救出殘酷的婆家，「依著時勢的境遇」，她才認他作丈夫，卻從不在別人（當然包括長生）身上用過一點男女的愛情。她清楚地知道長生嗜好多，脾氣壞，從不檢點自己的行為，他雖奉承自己但自己並不領情，因為她知道「從不自愛的人所給的愛情都是假的」。這種觀察是智性的、客觀的、冷靜的、深入的，是對人的自性的深入觀察，其哲學基礎正是莊子的萬物自性理論。當尚潔受到丈夫的誤解，她並不打算和他爭辯，她認識到「凡是人都有成見，同一件事，必會生出歧義的評判，這也是難怪的」，這又是莊子「辯也者，有不見」[83]的智慧。當教會只依信條而誤解她、史夫人發出「同一的道理，為何信仰的人會不一樣」的疑問時，她以「水是一樣，牛喝了便成乳汁，蛇喝了便成毒液」來解釋，莊子的相對主義變成對生活的冷靜剖析。當最終丈夫無臉見她，跑去懺悔了，她卻一樣平靜：「為愛情麼？為愛情而離開我麼？這是當然的，愛情本如極利的斧子，用來剝削命運常比用來整理命運的時候多一些。」真到這種程度，是令人顫慄的，然而誰又能否認事實呢？尚潔的這種客觀智性的態度正是林同濟所說的道家信徒「能保持

---

83 莊子：《莊子・齊物論》，曹礎基：《莊子淺注》（北京市：中華書局，2000年），頁31。

客觀，看穿人們複雜、盲目的心理行為和反映，自己也不會為其所困。他一眼就看到了人類問題所在。」[84]

當尚潔的矛盾尚未解決，作者又安排了偷竊她家的小偷失足摔傷一節，這給這篇小說增添了不少傳奇色彩，尚潔的性格在此事件中得以豐富。尚潔一聽說小偷摔傷又被僕人抽打，「一霎時前所有的恐怖情緒一時盡變為慈祥的心意。」她不把小偷當小偷，而當作一個受傷的人對待，內心充滿慈祥，這種心理，既有佛教的仁慈，基督教的博愛，也有道家的自然人性觀。她不以社會道德的觀點來看人，只是把受傷者當作受傷者來看待：「我見了一個受傷的人，無論如何，總要救護的。你們常常聽見『救苦救難』的話，遇著憂患的時候，有時也會脫口地說出來，為何不從『他是苦難人』那方面體貼他呢？」莊子的相對主義變成一種積極的人道主義。

長生可望最終意識到自己的錯誤，主動懺悔並誠懇請求尚潔的原諒，尚潔聽了，並沒有顯出特別愉悅的神色，她說：「我底行為本不求人知道，也不是要得人家的憐惜和讚美；人家怎樣待我，我就怎樣受，從來是不計較的。別人傷害我，我還饒恕，何況是他？」道家的達觀和基督教的寬恕使得她反倒勸慰長生：「往事如夢中之煙，早已在虛幻裡消散了，何必重行提起呢？」認為「凡人不可積聚日間的怨恨、怒氣和一切傷心的事到夜裡，何況是隔了好幾年的事？」莊子認為，對於出現於我們生活中的種種事件，不管是好是壞，事前不應該刻意追求或改變，事後也不應該讓它長記心中；人心應如一面鏡子，只讓這些事件來去無跡，所謂「至人之用心若鏡，不將不迎，應而不藏，故能勝物而不傷。」[85]這種觀察包含深刻的智慧，道家信徒能保

---

84 許紀霖、李瓊：《天地之間——林同濟文集》（上海市：復旦大學出版社，2004年），頁192。

85 莊子：《莊子・應帝王》，曹礎基：《莊子淺注》（北京市：中華書局，2000年），頁117。

持內心的空明，歷經憂患而不為外物所累，實源於此。尚潔那種超然於一切利害之上的坦然風度，正是這種道家修養的表現。

三　本真自然的探尋

許地山研究道家思想後認為，「正宗道家思想底出發點在辨別存在現象的粗精。存在的本體是精的，現象是粗的。凡是體積的事物都不足以當道底本體，所以獨要淡然向著超體積底神明去求。」[86]這何嘗不是他本人求真精神的表露。〈命命鳥〉、〈換巢鸞鳳〉、〈黃昏後〉等小說發表後，就被譽為與魯迅小說一樣「真氣撲人」，具有「『真』和地方色彩」，甚至被認為是「偉大的人的文學佳果」。[87]這當然是說他的小說表現之真，在這種表現之真的背後，還有許地山「本真自然」思想的追求。

在散文〈美的牢獄〉裡，當妻子問她的遠行歸來的丈夫要首飾時，丈夫沒有帶回，他以為過多美的裝飾圍繞在體外，會形成一個「美的牢獄」。他說：「我想所有美麗的東西，只能讓他們散布在各處，我們只能在他們底出處愛他們；若是把他們聚攏起來，擱在一處或在身上，那就不美了。」「我的意思就是聽其自然，——孔雀何為自己修飾羽毛呢？芰荷何嘗把他底花染紅了呢？」裝飾的美為矯飾，自然的美才本真。許地山據此批判了在社會中異化的人生。散文〈生〉中，他說：「我底生活好像我手裡這管笛子。他在竹林裡長著底時候，許多好鳥歌唱給他聽；許多猛獸長嘯給他聽；甚至天中的風雨雷電都不時教給他發音的方法。」這是明顯的自然人性觀；但是，「他長大了，一切教師所教底都納入他的記憶裡。然而他身中仍是空

---

86 許地山：《道教史》（上海市：上海古籍出版社，1999年），頁23。

87 慕之：〈換巢鸞鳳．後記〉；吳守中〈評落花生的三篇創作〉，分別載《小說月報》第12卷第5號和13卷15號。

空洞洞，沒有什麼。」「做樂器者把他截下來，開幾個氣孔，擱在唇邊一吹，他從前學底都吐露出來了。」一入社會就意味著自然的結束。莊子關於天籟、地籟、人籟的思想在此餘音嫋嫋。〈面具〉對社會的揭示更為直接：「人面原不如那紙製的面具喲！你看那紅的，黑的，白的，青的，喜笑的、悲哀的、目眥怒得欲裂底面容，無論你怎樣褒獎，怎樣棄嫌，他們一點也不改變。紅的還是紅，白的還是白，目眥欲裂的還是目眥欲裂。人面呢？顏色比那紙製的小玩意兒好而且好動，帶著生氣。可是你褒獎他的時候，他雖是很高興，臉上卻裝出很不高興底樣子；你指摘他底時候，他雖是懊惱，臉上偏要顯出勇於納言底顏色。」《鄉曲底狂言》則富有深意，「我」和朋友看到一個城市的瘋子之後深有感觸，「我們何嘗不狂？要是方才那人才不狂呢。我們心裡想什麼，口又不敢說，手也不敢動，只會裝出一幅臉孔；倒不如他想說什麼便說什麼，想做什麼就做什麼，那份誠實，是我們做不到的。我們若想起我們那些受拘束而顯出來的動作，比起他那真誠的自由行動，豈不是我們倒成了狂人？」狂人雖狂卻真，我們理智正常，卻處處矯飾，倒是真正的「狂人」。這與魯迅的《狂人日記》有異曲同工之妙，儘管一反傳統，一思真誠，但同屬改造人的主題，只是魯迅的反抗目標更為明確，許地山基於宗教哲學，反抗的目標帶有泛社會色彩；魯迅運用的哲學基礎是尼采等人的西方新神思宗思想，而許地山運用的是莊子的自然人性論。

相對於許地山用真純自然的思想批判社會，他更傾向於用這種思想來應對人生困境。如何在不可知的命運中生存下去一直是許地山關注的中心問題，這在小說《春桃》裡有很好的表現。春桃正在舉行婚禮之時遇到兵災，結果與丈夫李茂還未圓房就被沖散。春桃流落到北京，遇到同是逃難的青年劉向高，與之同住，他們靠撿廢字紙為生。幾年後，春桃的生活漸漸穩定好轉，卻偶然間遇到在戰爭中失去雙腿並流落街頭的丈夫李茂。春桃引回了李茂，果斷決定以後讓李茂在家幫他們整理字紙，三人共同生活。但有夫權意識的李茂怕人罵他當王八，劉向高怕別人罵他占別人老婆。總之，社會習俗的壓力讓兩個男人難以接受春桃「三人開公司」的主張。然而，作者卻賦予了這種可能性，他說：「在社會裡，依賴人和掠奪人的，才會遵守所謂風俗習慣；至於依自己底能力而生活的人們，心目中並不很看重這些。像春桃，她既不是夫人，也不是小姐；她不會到外交大樓去赴跳舞會，也沒有機會在隆重的典禮上當主角。她底行為，沒人批評，也沒人過問；縱然有，也沒有切骨之痛。」春桃對李茂的勸導正體現了這種觀點：「有錢有勢的人才怕王八。像你，誰認得？活不留名，死不留姓，王八不王八，有什麼相干？現在，我是我自己，我做的事，決不會玷著你。」社會習俗是壓制人的自然性情的，但在遠離中心社會的邊緣地帶，自然人性還可以相對存在。我們每一個人都不可避免感受到李茂、劉向高所感受到的那種社會壓力，但春桃的主張卻讓人多麼親切和安慰。春桃的主張表面看是應對特定困境的無奈之舉，實際反映了許地山對文明的反思和對被人類遺忘的自然人性的呼喚。在文明日益發達的現代，自然人性的喪失也愈加劇烈，許地山的提醒必將顯示更大的魅力。一般來說，有濃厚宗教哲學意識的作家許地山不在作品探求具體的社會問題的解決，但他的思想卻具有極大的超前性和歷史穿透力。

第四節　徐志摩：赤子情懷，自然性靈

徐志摩以「詩哲」聞名於現代詩壇，但他對老莊並沒有系統的研究，這一點迥異於魯迅、郭沫若、宗白華等人，大概與他「對學問沒有真熱心」[88]有關。但這並不意味著老莊對徐志摩沒有發生影響，事實上，《徐志摩全集》裡有大量描寫自然的詩文。據筆者統計，他的

88 來鳳儀：《徐志摩散文全編》（杭州市：浙江文藝出版社，1991年），頁312。

詩歌直接以自然為題材的占了將近一半[89]，散文直接以自然為題材的十四篇[90]，此外，尚有多篇詩文涉及自然風景描寫。在現代文學史上，很少有作家像徐志摩那樣，以如此濃厚的興趣，以如此多的精力，以如此渾成天然的筆觸來描寫自然。渾成天然正是徐志摩自然主義詩歌風貌的主要特徵，也是徐志摩區別於其它有自然特色詩人的主要特徵。相對於郭沫若、宗白華等人，徐志摩詩文的自然精神少有被特意強調的觀念的痕跡，而更注意聆聽自然的和聲，直接從自然中獲得啟示。正是在這一點上，老子「道法自然」的觀點和莊子對自然人性的強調在徐志摩的詩文中得到呼應和鮮明的表現。

一　自然的赤子

在散文〈雨後虹〉裡，徐志摩說：「我生平最純粹可貴的教育是得之於自然界，山野，森林，山谷，湖，草地，是我的課室；雲彩的變幻，晚霞的絢爛，星月的隱現，田野的麥浪是我的功課；瀑吼，松濤，鳥語，雷聲是我的老師，我的官覺是他們忠實的學生，受教的弟子。」[91]很多作家和詩人都對自然一往神情，但如果從「人生的自然化」和「自然的心靈化」這兩種自然寫作面貌來看，徐志摩是屬前者的，他的經歷和寫作說明了這一點。

從小時候起，浙江海寧硤石優美的自然山水就滋潤著他的心靈，「愛在天穹野地自由自在玩耍，愛在燦爛天光裡望著雲癡癡地生出一個又一個的幻想。」[92]他後來遠遊他國，又沉醉於康橋的「草深人遠」、「一流冷澗」，翡冷翠的澄藍的天空、溫馴的微風，日本翡翠樣

89 據徐志摩：《徐志摩全集》（補編）1詩集，上海市：上海書店，1988年。

90 據徐志摩：《徐志摩全集》（補編）3散文集，上海市：上海書店，1988年。

91 徐志摩：《徐志摩全集》（補編）3散文集（上海市：上海書店，1988年），頁153。

92 凡尼、曉春《徐志摩：人和詩》（桂林市：灕江出版社，1992年），頁7。

的群島，印度春意般的深秋。在國內，遊覽名山大川更是他生活必不可少的一部分，他的足跡踏遍天目山、西子湖、北戴河等風景名勝。徐志摩喜歡自然，他常常體驗與自然融為一體的感覺：「人是自然的產兒，就比枝頭的花與鳥是自然的產兒。」[93]他說「奔赴大自然的懷抱時，象一個裸體的小孩撲入他母親的懷抱時，你才知道靈魂的愉快是怎樣的，單是活著的快樂是怎樣的。」[94]因此他呼籲人們「回到自然的單純」。這些表明了他觀念裡的本真自然意識。

徐志摩在他短短十年的寫作生涯中留下大量寫景詩文，這些寫景的作品，不僅數量眾多，而且藝術水平最高，代表了他寫作的最高成就。在現代詩人中，愛好自然並有大量寫景詩文傳世的不乏其人，如郭沫若、宗白華等人，但比較而言，宗白華的自然更加心靈化，更體現優美的心靈形式；郭沫若的自然更加有意識地選取那些雄奇的物象，以表達他的天地大美的泛神觀念；而徐志摩則更加注重本真的自然。試比較宗白華、郭沫若、徐志摩的三首詩：

> 太陽的光／洗著我早起的靈魂。天邊的月／猶似我昨夜的殘夢。
> ——宗白華〈晨興〉

> 雪的被濤！／一個銀白的宇宙！／我全身心好像要化為了光明流去，／0pen-secret 喲！
> 樓頭的簷溜……／那可不是我全身的血液？／我全身的血液點滴出律呂的幽音，／同那海濤相和，松濤相和，雪濤相和。
> 哦哦！大自然的雄渾喲！／大自然的 symphony 喲！／Hero－poet 喲！／Pro1etarian poet 喲！——郭沫若〈雪朝〉

---

93 趙遐秋：《徐志摩傳》（北京市：中國人民大學出版社，1999年），頁40。

94 來鳳儀：《徐志摩散文全編》（杭州市：浙江文藝出版社，1991年），頁22。

……／那河畔的金柳，／是夕陽中的新娘；／波光裡的豔影，／在我的心頭蕩漾。
軟泥上的青荇，／游游的在水底招搖：／在康河的柔波裡，／我甘做一條水草！
那榆蔭下的一譚，／不是清泉，是天上虹／揉碎在浮藻間，／沉澱著彩虹似的夢。……——徐志摩〈再別康橋〉

比較而言，〈晨興〉的景物有「意態」，〈雪朝〉的景物有「聲勢」，〈再別康橋〉景物雖有豐富比喻造成豐富的情態，但落腳點在景物本身的自然形態。換言之，宗白華、郭沫若的詩，詩人的主觀寫意較強，而徐詩則重在景物的客觀情態。徐志摩的詩更接近於本真自然狀態。

就其作品中的思想來講，儘管徐志摩在作品中時時流露出很精彩的思想體驗，但他沒有一種很明確的思想信仰，如宗白華之喜歡莊子，郭沫若之沉醉於泛神論；他本人也討厭各種「主義」，沉醉於自然中的留連徘徊，相信「大部分生命的覺悟，只是耳目的覺悟。」[95]這倒助成他詩歌天然混成的自然形態。我們可以說徐志摩是一個「自然化」的詩人。詩歌〈她在那裡〉代表了他的理想：

她不在這裡，／她在那裡：——／／她在白雲的光明裡：／在澹遠的新月裡；／／她在怯露的谷蓮裡：／在蓮心的露華裡；／／她在膜拜的童心裡：／在天真的爛漫裡；／／她不在這裡，她在自然的至粹裡！

這首詩暗示了一種遙遠的純粹的理想，但這種理想的具體內涵是

95 徐志摩：《徐志摩全集》（補編）3散文集（上海市：上海書店，1988年），頁153。

什麼，我們不得而知，他只是描述一系列純美的自然形象，最後點出「她在自然的至粹裡」。從自然中獲得啟示，形成自己的思想，這正是徐志摩的理想：「什麼偉大的深沉的鼓舞的清明的優美的思想的根源不是可以在風籟中，雲彩裡，山勢與地形的起伏裡，花草的顏色與香息裡尋得？」[96]這種理想只是自然的昇華或純化。他思想的自然形態歷歷可見。

總之，徐志摩的詩歌具有純粹的自然品質，他繼承了六朝以來在莊禪思想影響下的自然山水描寫傳統，在現代詩人中，率先表達了回歸自然、天人合一的理想。以老子「道法自然」的觀點，越接近於自然即越接近於「道」，那麼，徐志摩雖不名言「道」卻已最接近「道」的狀態。

二　自然的性靈

我們說徐志摩的詩歌有一種純自然的品質，當然不等於說他的詩歌只是純客觀的自然描寫，而不含有詩人自己的性情在內。事實上，徐志摩時時在大自然中尋找自我的「性靈」：他相信大自然能給你「靈性的迷醉」[97]，「大自然的優美，寧靜，調諧在這星光與波光的默契中不期然的淹入了你的性靈」，「在康河邊上過一個黃昏是一眼靈魂的補劑」，而騎上自行車，「任你選一個方向，任你上一條通道，順著這帶草味的和風，放輪遠去，保管你這半天的逍遙是你性靈的補劑」[98]，在煩心的時候，他也想「把惱人的年歲……把惱人的情愛，託付給無涯的空靈——消泯」。（〈鄉村裡的音籟〉）徐志摩繼承了李贄、袁宏道、袁枚等人「性靈說」的「求真」傳統，他的「靈性」、「性靈」、

96 來鳳儀：《徐志摩散文全編》（杭州市：浙江文藝出版社，1991年），頁23。

97 來鳳儀：《徐志摩散文全編》（杭州市：浙江文藝出版社，1991年），頁24。

98 來鳳儀：《徐志摩散文全編》（杭州市：浙江文藝出版社，1991年），頁48-54。

「空靈」等顯然是受傳統影響的結果；但與後者比較，徐志摩更注重從自然中體悟性靈的奧義，而主要不是李贄等人從社會與個人的二元對立中確立性靈之「真」；徐志摩的「性靈」打上了更鮮明的自然色彩，更接近老莊哲學要旨。

當然，徐志摩留學歐美，深受現代西方民主個人主義思想的影響，他的個性也打上了這種現代民主個人的色彩，「是一個不可教訓的個人主義者。」（《列寧忌日——談革命》）他回國後與國內的文藝界、思想界屢屢發生衝突，對主流社會思想不理解，也與這種民主個人思想不無關係。這種民主個人主義思想無疑是造成徐志摩在自然裡任性逍遙的原因之一。但是，「徐志摩所一再詠嘆的個性、自我、情感、人格都絕不帶有任何的極端個人主義傾向，倒是常常與『和諧』相聯繫，又與『現代文明』的狂放恣肆相對立，這就不是真正的西方意義的民主個人主義了。」[99]毋寧說西方的「民主個人」思想啟發了他潛在的民族「性靈」意識。

李贄、袁宏道、袁枚等人「性靈說」的核心在於「求真」，徐志摩受其影響，他非常強調包括人在內的自然萬物的本性之純，強調物盡其性。他認為，自然最大的教訓，尤在「凡物各盡其性」的現象。玫瑰是玫瑰，海棠是海棠，魚是魚，鳥是鳥，野草是野草，流水是流水，各有各的特性。橡樹不是為櫃子衣架而生，鴿子也不是為我們愛吃五香鴿肉而存，這是它們偶然的用或被利用。物之所以為物的本意是實現它天賦的本性，實現內部精力要求的特異的格調。物如此，人亦然。他說，我們一生不成才不礙事，不成器也不礙事，最重要的，是在有生的期間內，將天賦可能的個性盡量的實現，這是造化旨意的完成。有了這樣的內心生活，發之於外，就能超於人為的條例而能與更深奧卻更實在的自然規律相呼應，就能實現一種特異的格調。這種

99 李怡：《中國現代新詩與古典詩歌傳統》（重慶市：西南師範大學出版社，1999年），頁230。

論述簡直就是莊子「無為也，而後安其性命之情」[100]的再版。明瞭物盡其性的「特異的格調」，志摩認為觀察宇宙的事物實在沒有一件東西不是美的，一葉一花是美的不必說，就是毒性的蟲，比如蠍子、比如螞蟻，都是美的。[101]這種美的觀點即是以「道」觀之的自然之美，與人的功利觀點相左。

志摩還從月季花結苞、開放、盛開、憔悴，感悟到自然生生不已的妙意：花的美和責任，就在開成色香兩全的好花，精力完了便自落成泥，明年再來過；只有不自然的被推摧殘了，不能實現他自傲色香的一兩天，那才是可悲的耗費。為什麼呢，只因為不自然的摧殘，破壞了花的天然之美，損壞了花的真性。「澤雉十步一啄，百步一飲，不蘄畜乎樊中，神雖王，不善也。」[102]莊子認為如果謹守天然本性而不使它喪失，那就是「返樸歸真」，回復到真性。莊子讚美的是大自然的不假人工的天然之美，反對一切破壞天然之美的行為。從中，我們可以看到志摩與莊子的淵源關係。

從這種自然本性觀出發，徐志摩非常注重自己的個性，「不能在我生命裡實現人之所以為人，我對不起自己。在為人的生活裡不能實現我之所以為我，我對不起生命。」[103]徐志摩的詩歌有一種飄逸靈動之氣，顯而易見的是他對自己本性極度尊重、排斥功利對自己影響的結果。如〈雪花的快樂〉:「假如我是一朵雪花，／翩翩的在半空裡瀟灑，／我一定認清我的方向——／飛揚，飛揚，飛揚，——／這地面上有我的方向。／……那時我憑著我的身輕，／盈盈的，沾住了她的衣襟，／貼近她柔波似的心胸——／消融，消融，消融——／融入了她柔波似的心胸！／」如〈再別康橋〉:「輕輕的我走了，／正如我輕

100　曹礎基:《莊子淺注》（北京市：中華書局，2000年），頁144。

101　來鳳儀:《徐志摩散文全編》（杭州市：浙江文藝出版社，1991年），頁294-296。

102　曹礎基:《莊子淺注》（北京市：中華書局，2000年），頁45。

103　來鳳儀:《徐志摩散文全編》（杭州市：浙江文藝出版社，1991年），頁298。

輕的來；／我輕輕的揮手，／作別西天的雲彩。／……悄悄的我走了，／正如我悄悄的來；／我揮一揮衣袖，／不帶走一片雲彩。／」如〈海韻〉:「『女郎，單身的女郎，／你為什麼留戀／這黃昏的海旁？──／女郎，你回家吧，女郎！』／『呵不；回家我不回，／我愛這晚風吹；』──／在沙灘上，在暮靄裡，／有一個散發的女郎──／徘徊，徘徊。／……『阿不；你聽我唱歌，／大海，我唱，你來和:』──／在星光下，在涼風裡，／輕蕩著少女的清音──／高吟低哦。」同樣的風格也大量見於〈兩個月亮〉、〈山中〉、〈翡冷翠的一夜〉、〈雲遊〉、〈月下雷峰〉、〈偶然〉、〈雲遊〉等詩歌中，從這種空靈飛動之氣中我們不難看出莊子哲學中「乘雲氣，騎日月，而游乎四海之外」[104]、「吸風飲露，乘雲氣，御飛龍，而游乎四海之外」[105]的至人、神人的超世之姿的影子。湯顯祖說:「天下文章所以有生氣者一，全在奇士，士奇則心靈，心靈則能飛動，能飛動則下上天地，來去古今，可以屈伸長短，生滅如意，如意則天所不如。」(〈序丘毛伯稿〉) 這用來闡釋徐志摩可謂恰當，徐志摩與湯顯祖同樣與莊子的靈心一脈相承。

三　自然的拯救

徐志摩部分詩歌飄逸空靈，這種逸美的風格為現代詩壇所僅見；但通觀志摩全集，我們得到的更突出的印象是，徐志摩一直是一個在人生的困境中衝撞奔波的詩人。他的詩歌更多的是描寫人生的各種矛盾衝突，更多的時候他的心情是鬱悶、苦澀、空虛甚至絕望的；即使在他的那些廣為傳送的飄逸空靈的名篇如〈再別康橋〉、〈海韻〉、〈月

104　曹礎基：《莊子淺注》(北京市：中華書局，2000年)，頁34。

105　曹礎基：《莊子淺注》(北京市：中華書局，2000年)，頁9。

下雷峰〉裡，那種愁緒滿懷甚而屢屢的絕望氣息也顯明可觀。事實上，徐志摩短短的一生接連著不斷的、劇烈的矛盾：愛情和婚姻挫折及其導致的不被家人和社會的理解、失子之痛、堅持自我理想標準而與主流社會意識的巨大裂痕、生活的困頓等等，這些一直在折磨詩人敏銳的神經。他常感嘆，「人生是苦的」(〈死城〉)，「人生原是與苦俱來的」[106]，人生是「壓得死人的負擔」(〈青年運動〉)，人生自生自死，不過是「大隊的旅客在不盡的沙漠中行進」[107]，他認為深沉的悲哀與苦痛深深的盤伏在飄逸浪漫詩人人生的底裡。[108]

中國歷代詩人在遇到尖銳的人生矛盾時，大多選擇退隱的模式；在現代詩壇，又產生魯迅式的反抗絕望和虛無的「走」的模式。徐志摩並不明確主張退隱，但他是有逃避思想的。在他大量寫景的詩文裡，詩人不是單純在欣賞大自然的美，而是有一種回歸自然、逃避現實的情緒在內。他面對大海的「博大的光輝」，幻想「變一顆埃塵，一顆無形的埃塵，追隨著造化的車輪，進行，進行」。(〈多謝天，我的心又一度跳蕩〉) 面對北戴河，他感覺可以忘卻苦惱的僵癟的人間，可以忘卻紛爭的互殺的人間，可以忘卻庸俗的卑瑣的人間，可以忘卻自覺的失望的人間。[109]面對五老峰，不僅讚嘆它那威嚴險峻的形勢和變幻奇麗的風光，而且讚嘆它「更無有人事的虛榮，更無有塵世的倉促與僵夢」。(〈五老峰〉) 對大自然的崇拜和對人世的否定交織在一起。他在遇到人世的困厄時，常常想到的就是逃向大自然：「鉛般的濃霧迷障我的心府，／在人群中反感恐懼與寂寥；／我是個自然的嬰兒，光明知否，／但求回復自然的生活優遊；／／茂林中有餐不罄的鮮柑野栗，／青草裡有享不盡的意趣香柔。」(〈我是個無依無伴的小

106 來鳳儀：《徐志摩散文全編》(杭州市：浙江文藝出版社，1991年)，頁165。
107 來鳳儀：《徐志摩散文全編》(杭州市：浙江文藝出版社，1991年)，頁599。
108 來鳳儀：《徐志摩散文全編》(杭州市：浙江文藝出版社，1991年)，頁167。
109 來鳳儀：《徐志摩散文全編》(杭州市：浙江文藝出版社，1991年)，頁14。

孩〉）「我亦願讚美這神奇的宇宙。／我亦願忘卻了人間有憂愁，／像一隻沒掛累的梅花雀，／清朝上歌唱，黃昏時跳躍。」（〈呻吟語〉）

徐志摩思想中的這種逃避現實、回歸自然的傾向，正是中國歷代文人受老莊出世思想影響而形成的處世方式，這種處世方式，即使是在風雲激蕩、高呼反傳統和救亡革命的現代文學史上仍然影響了一大批中國文人，徐志摩也是其中的一個。所以穆木天這樣評價徐志摩：「不能作向上的衝擊，詩人只有作他封建式的回顧。不能圓滿他的柏拉圖式的戀愛，他轉回頭去看農村的社會。於是他的吟誦自然的詩歌就產生出來。」[110]但是，細緻辨別，徐志摩的思想還是表現出與傳統不同的特點。

徐志摩雖有隱逸思想，但本質是積極入世的，這可以說是他與傳統文人根本不同的地方。儘管他與社會主流思想有悖，但他有自己的理想和信仰，如民主個人主義、英國式的小布爾喬亞思想以及「單純的信仰」、「愛、自由、美」等。他的一生從沒有放棄為自己的理想奮鬥。這決定了他的回歸自然的角度和方式與傳統有了差異。

徐志摩認為，我們的病根是在「忘本」，這「本」即自然。因為人是自然的產兒，就比枝頭的花與鳥是自然的產兒，但我們不幸是文明人，入世深似一天，離自然遠似一天。徐志摩認為這是我們痛苦的根源。那麼，要解除我們的痛苦，只有回到大自然，「從大自然，我們取得我們的生命；從大自然，我們分取得我們繼續的滋養。那一株婆娑的大木沒有盤錯的根柢深入在無盡藏的地裡？」所以，他強調，「為醫治我們當前生活枯窘，只要『不完全遺忘自然』，一張輕淡的藥方我們的病象就有緩和的希望。在青草裡打幾個滾，到海水裡洗幾次浴，到高處去看幾次朝霞與晚照——你肩背上的負擔就會輕鬆了去的。」[111]

---

110 邵華強《徐志摩研究資料》（西安市：陝西人民出版社，1998年），頁360。

111 來鳳儀：《徐志摩散文全編》（杭州市：浙江文藝出版社，1991年），頁52。

「脫離了煩惱底的生活，接近了自然，對著那寬闊的天空，活動的流水，我們就覺得輕鬆得多，舒服得多」，因為人可以「在自然的美中忘卻了一切」[112]。

但徐志摩的這種對自然的回歸並非把大自然當作最後的棲居地和全部的依靠，他的目的是要「回到自然的胎宮裡去重新吸收一番營養」(〈青年運動〉)，以獲得「生命重新的機兆」，以更新思想和精力，再以更自然、更積極的態度參與生命，參與社會。(〈多謝天〉)這顯示出，自然雖在徐志摩的精神世界中有人生的終極意義，但他更多時候是將自然當作一種恢復性手段，作為他積極入世的力量之源，「執意要回到自然的單純，企圖在美麗的大自然中推進偉大的事業。」[113]這使徐志摩與傳統文人的消極避世區別開來，閃現著積極的生命色彩和入世精神。本質上看，徐志摩是吸收莊子自然人性的觀點，主要強調在自然中恢復被現實扭曲的人性，以更符合人本性的方式來從事社會的事業。這使他的思想在對傳統的吸收中又具有了現代色彩。

112 來鳳儀：《徐志摩散文全編》(杭州市：浙江文藝出版社，1991年)，頁14。

113 一九二七年一月五日致恩厚的信，載《新文學史料》1982年第3期。

第五章
隱逸情調，平淡性情：
老莊與現代文學創作之二

中國傳統文人在政治上失意時，往往尋求隱逸和避世，此時，老莊思想中的回歸本性、自適、任性逍遙等思想成為他們的精神支撐。這一傳統在現代依然存在。

五四高潮過後，隨著現實鬥爭的加劇和日趨複雜，一部分作家或不善於、不願意參與現實的政治鬥爭，或在現實的鬥爭中屢屢碰壁而心生退志，再加上個人經歷的坎坷等種種因素，這些人離開時代的主戰場，而走向帶有隱逸色彩的、一己之自適的生活方式。這部分作家，早年大都曾與社會密切接觸，作為思想家或社會評論家活躍在社會舞臺，為大眾請命，針砭社會，戰鬥性強。後來都經歷了現實的迫害或巨大壓力。故他們的思想中都有社會與個人的二元對立。因為他們都曾深度參與社會，感受到的社會壓力也特別巨大，故回歸到個人生活徹底，而追求閒適之心也愈深切。

個人情調是這部分作家的共同特點。個人生活、個人眼光、個人旨趣，基於個人而表達某種人生旨趣，他們的人生和作品呈現出隱逸和平淡的色調，為個體生命尋求寄託是他們創作的潛在動力。即使是表達人類理想，他們也是個人的視角。他們與那種戰鬥的、政治的、民族解放的追求是相左的，而主動疏離大時代，其創作在於尋找一種生存形式和生存智慧、生存依據，以安頓他們亂世中的人生。小品散文那種閒適的個人性文體是他們表達自己的共同選擇，小說的虛構和詩歌的抒情則非其嗜好。

老莊思想及其影響下的自然、閒適、本性的追求是這些作家的精神支撐。他們的突出代表是周作人、林語堂和梁實秋等人。周作人是一個對人生哲理有著深入體悟的作家，他對儒釋道都有良好的修養，但他又並不對哪一家的思想有特出的信仰，他稱自己的信仰是「無信之信」，在他的無信之信中，「人情物理」，其實是「萬物自性」的另一個說法。這是他受莊子影響的一個不直接表達。相對於周作人，林語堂則是直接表達他對老莊的愛好，他的小品文的主要特點如幽默、閒適、性靈等都以老莊思想為依據。林語堂的小品文，尤其是其後期的小品文，以個人的自適為目的，以智慧為底色，而其思想支撐則為傳統文化，尤其是老莊思想。梁實秋的思想則經歷了一個從批判老莊到回歸老莊的過程。其早期在乃師白璧德的新人文主義思想影響下，對老莊思想的清靜無為提出批判，這與乃師的立場是一致的。自從三、四十年代之交在政治上遭遇一系列挫折之後，梁實秋的人生立場和創作立場發生了明顯變化，其「雅舍」小品表現了隱逸、自適的老莊思想情調，疏離政治，在寧靜、閒適的景物和人情描寫中表現了自己怡然自得的人生情懷。

第一節　周作人：人情物理寄苦生

一　走向「苦雨齋」

周作人並不認為自己受到道家很大的影響，他更認為自己受儒家、佛教思想的影響較大，「半是儒家半佛家」；他同時承認自己是「雜家」，是「少信」或「無信」之人，即使對儒家和佛教的信仰也是有保留的。但事實上，我們認為老莊思想對他的影響是很大的，只是這種影響在周作人身上有獨特的特點，表現為：老莊思想不是作為一種學說引起周作人的接受或拒絕，而是作為一種信念滲入到周作人的生命意識的深處，進而影響他的觀念、生活和創作。他宣傳老莊思想不是很多，但他的生活方式、思想方式乃至文學風格較之其它現代作家更隱秘卻更深刻地體現了老莊思想特色。當然，周作人接收老莊的影響經歷了一個比較長的過程。

周作人與乃兄魯迅僅相差四歲，他們基本生活在同一個時代，生活道路也大致相同，面臨共同的時代問題。同魯迅一樣，他很早就關心國事，並表現出激進姿態。周作人在十四歲的日記裡就記下了列國瓜分中國的現實、當地民眾反抗洋人的鬥爭以及國內的動亂。[1]一九〇一年，周作人去南京江南水師學堂學習海軍管理。在魯迅的影響和幫助下，他得以接觸到嚴復、梁啟超的著作，[2]從讀《天演論》開始，周作人廣泛接觸到西方文化，猶如發現新大陸，他的思想開始邁入新境界。這一時期的周作人思想激烈、感情奔放，有強烈的行動欲望。[3]他表示：「吾國青年當自勵」（壬寅七月十四日日記）、「一切權我自主之，別人不得干涉」（《不柯之紀事日記前言》），顯示了西方民主主義、個人主義思想對他的激進影響；不僅如此，在梁啟超主編的《新民報》、《新民叢報》等的影響下，周作人的革命熱情迅速轉化為行動，他與同學胡韻先、李紹文、江尚佑等組織起來，共同訂閱由當時最富盛名的革命學者章太炎主編的《蘇報》，舉行演講、辯論。[4]但就在周作人革命情緒高漲的一九〇三年十月，他陡生疾病，前後達四個月之久。病好不久，他的祖父介孚公又突然生病去世。

周作人儘管在此以前也經歷了父親亡故和祖父因科場案入獄事件，但那時他年歲尚小且有魯迅的庇護，家庭的變故並未在他的心靈

---

1 周作人：《周作人日記》（影印本）上冊（鄭州市：大象出版社，1996年），頁3-9。

2 周作人：《周作人日記》（影印本）上冊（鄭州市：大象出版社，1996年），頁344-346。

3 錢理群：《周作人傳》（北京市：十月文藝出版社，1990年），頁81。

4 錢理群：《周作人傳》（北京市：十月文藝出版社，1990年），頁76。

留下陰影；即使四年前全家鍾愛的幼弟的病故也沒有給他的精神造成太大創傷。這次他親歷長時間病痛，繼之至親的親人病故[5]，精神世界相對病前的激進急轉直變。病癒後不久，他在日記中寫道：「三月杪為學事經營三日，嗣忽不成，令我絕望，覺我無復有腦，無復有血，神經為病，歷三數日，有世事皆惡之思想，而覺前此之種種為天繆，為自苦，故我自謚為愚夫。佛說以前種種事，譬如今日死，以後種種事，譬如今日生，善哉善哉。又饒舌矣，我以後樂天。」[6]顯見佛教人世皆苦的觀念和莊子樂天知命的觀念開始影響他。在這種心境下，周作人於一九〇五年開始讀佛；而莊子的哲學也開始進入他的精神世界，在這一年的除夕之夜，他把自己的人生哲學概括為在「樂生」和「樂死」之間的徘徊：「歲又將闌，予之感情為何如乎？蓋無非一樂生主義而已。除夕予有詩云：『東風三月煙花好，秋意千山雲樹幽。冬最無情今歸去，明朝又得及春游。』可以見之。然予之主義，非僅樂生（此樂主快樂說），直並樂死（主歡樂說）。小除詩云：『一年倏就除，風物何淒緊。百歲良悠悠，白日催人盡。既不為大椿，便應如朝菌。一死息群生，何處向靈蠢。』（按：細心的讀者可以發現，這首詩是陶淵明的格調，尤其是前四句）可以見之。」[7]他用莊子哲學的「大椿」和「朝菌」意象表達了自己的生命倏忽而逝感，並以莊子「息我以死」的觀念來解脫生命，這種觀念周作人以後屢屢提起：「得到一個人官能遲鈍，希望『打住』的時候，大悲的『死』就來救他脫離此苦，這又是我所有對於死的一點好感。」[8]「莊子曰，息我以

---

5 周作人的祖父對他的影響和與他的感情均超過他的父親，見錢理群：《周作人傳》（北京市：十月文藝出版社，1990年），頁83。

6 周作人：《周作人日記》（影印本）上冊（鄭州市：大象出版社，1996年），頁401-402。

7 周作人：《周作人日記》（影印本）上冊（鄭州市：大象出版社，1996年），頁405。

8 周作人：《周作人散文》第2集（北京市：中國廣播電視出版社，1990年），頁13。

死，所以唯年壽盡才有休息。」[9]——這種以死來解脫人生的觀念主要來自於道家而非佛教。[10]

周作人對生死病痛的反思是深切的。在另一篇日記裡，他用莊子的相對主義的無是非觀表達了對現實的態度：「天下之事無定名，皆記號而已。——某也我也人也，吾烏從而分別之，安用是怒不怒為？天下無真是非，以習見與不習見為斷。雖然，安知人之所習見以為是者，我不以為非，所不習見以為非者，我不以為是，人我之見，既不能同，則是非之名，烏從而立乎？以一己之所是非，而以為是非人者，非妄人則老學究也。」以為天下沒有絕對的是非，所謂是非只是「習見」，而習見是靠不住的，但世人卻執此習見以斷是非，不亦可悲可憐？這樣想來，周作人又以佛教的悲憫來注視人世的衝突：「世人吾昔覺其可惡，則今見其可悲，茫茫大陸，荊蕙不齊，孰為猿鶴，孰為沙蟲，要之皆可憐兒也。」這是他的人生觀變化最顯著的表現，也種下了消極思想最初的根[11]。周作人最初的文學創作也開始於這個時候，這似乎奠定了他的創作基調。我們在他的日記中見到這樣的描寫：「過朝天宮，見人於小池塘內捕魚，勞而所得不多，大抵公鰍魚之屬耳。憶故鄉菱蕩釣魚鰷之景，寧可再得，令人不覺有故園之思。」[12]可見出他的創作一開始就顯出淡泊隱逸之趣。

由風雲激蕩的現實鬥爭，轉入幽玄寂寞的出世之思，周作人經歷了人生的第一次思想激變；但正如他所服膺的尼采輪迴說，周作人類似的經歷在他生命的盛年和事業的高峰時再次出現。五四時期，處於文化中心北京的周作人同魯迅等人一起，舉起人道主義和個性主義旗

---

9 周作人：〈十堂必談・小引〉，《周作人散文》第2集（北京市：中國廣播電視出版社，1990年），頁90。

10 見本論文第四章第三節：「許地山：超越命運之苦與求真適性」。

11 周作人：《周作人日記》（影印本）上冊（鄭州市：大象出版社，1996年），頁409。

12 周作人：《周作人日記》（影印本）上冊（鄭州市：大象出版社，1996年），頁410。

幟，倡導「人的文學」、「平民的文學」、「個性的文學」，再次表現出激進的反傳統姿態。由於他思想的鮮明和深刻，周作人與魯迅一起，被認為五四「思想界的權威」。[13]但歷史往往有驚人的相似，疾病再一次將周作人從火熱的思想戰場拉回蒼白寂寥的生活。一九二一年一月到九月，周作人又在病床上度過了九個月。

周作人病中的生活是痛苦的。很少寫詩的他在這段時間寫下大量詩歌，深切表現了他內心的悲哀抑鬱和精神矛盾，甚至出現如《山居雜詩》中的神秘超世之作[14]。在給朋友的信中，周作人這樣寫道：「托爾斯泰的無我愛和尼采的超人，共產主義和善種學，耶佛孔老的教訓與科學的例證，我都一樣的喜歡尊重，卻又不能調和統一起來，造成一條可以行的大路。我只將這各種思想，淩亂的堆在裡頭，真是鄉間的雜貨一料店了。」[15]周作人此時的思想是彷徨矛盾的，包括老莊哲學在內的各家學說都對他有影響，但誰也不能主宰他。不過可以肯定的是，他的思想當中的消極因素迅速出現並占了上風。作為這種思想轉變的標誌是一九二二年他在《晨報副刊》上開闢了一個專欄「自己的園地」。

在「自己的園地」裡，周作人提出，「種果蔬也罷，種藥材也罷，——種薔薇地丁也罷，只要本了他個人的自覺，在他認定的不論大小的地面上，盡了力量去耕種，便都是盡了他的天職了。」表明了他思想轉向個人立場，這可謂是周作人的重大變化。他同時強調，「種薔薇地丁也是耕種我們自己的園地，與種果蔬藥材，雖是種類不

13 張菊香、張鐵榮：《周作人研究資料》上冊（天津市：天津人民出版社，1986年），頁359。

14 一片槐樹的碧綠的葉／現出一切世界的神秘，／空中飛過的一個白翅膀的白蛉子／又牽動了我的驚異。／我彷佛會悟了這神秘的奧義，／卻又實在未曾了知。／但我已經很是滿足，／因為我得見了這個神秘了。

15 周作人：〈山中雜信〉，《雨天的書》（長沙市：岳麓書社，1987年），頁127。

同而有同一的價值。」[16]他雖不否認「果蔬藥材」即「功利文藝觀」的價值，但顯然突出了「薔薇地丁」即「非功利文藝」的價值。在文藝批評方面，他主張「寬容」:「個人的個性既然是各各不同（雖然在終極仍有相同之一點，即是人性），那麼表現出來的文藝，當然是不相同。現在倘若拿了批評上的大道理去強迫統一，即使這不可能的事情居然出現了，這樣文藝作品已經失去了他唯一的條件，其實不能成為文藝了。因為文藝的生命是自由不是平等，是分離不是合併，所以寬容是文藝發達的必要條件。」[17]周作人主張寬容的前提是對個人的尊重。五四退潮後，主流作家紛紛轉向實際的政治生活，以實際政治的甚至軍事的手段改造中國社會，周作人在此時卻回到「自己的園地」，無論是他對非功利的強調還是對個性的尊重，都顯示出與主流文學的某種疏離甚至對立的姿態，其潛在的思想資源還是莊子主張的人性之常及莊子對以儒家為代表的壓抑人性的社會倫理的批判。如果說五四時期的周作人同魯迅等人一樣在尋求民族的解放，但這時他已轉向了尋求自我。

周作人真正意義上的小品文開始於這個時候，〈北京的茶食〉、〈故鄉的野菜〉、〈蒼蠅〉、〈苦雨〉、〈喝茶〉等散文的相繼發表，周作人在文壇上發出了自己的聲音，在這些文章裡，周作人談物性、尋趣味、抒性情，自由地抒寫著自己，他的本真而不是作為社會角色的個人性情在這時顯現出來，這正是他在病中反思，否定改造社會的理路，走向自我的結果。朱光潛談他讀了《雨天的書》以後的感受：「這書的特質，第一是清，第二是冷，第三是簡潔。」「在讀過裝模作樣的新詩或形容詞堆砌的小說（應該說『創作』）以後，讓我們同周先生一塊，一口一口地啜著清茗，看看院子裡花條蝦蟆戲水，聽他

16 周作人：《自己的園地》（北京市：北新書局，1929年），頁2。
17 周作人：《自己的園地》（北京市：北新書局，1929年），頁6。

談『故鄉的野菜』、『北京的茶食』，二十年前的江南水師學堂，和清波門外的楊三姑一類的故事，卻是一大解脫。」[18]將周作人的這類散文看作是解脫人生並看出他的真，這無疑是知人之論，這種特點正是老莊反本求真思想的顯現。由於周作人散文的獨特性，批評家阿英將〈蒼蠅〉的發表作為他散文創作（以及整個現代散文創作）發生根本轉折的標誌。

整個二十年代，周作人一直在不安中度過，在短短的幾年，他經歷了兄弟失和和女兒若子的病和死，經歷了五卅運動、三一八慘案、四一二大屠殺，又為疾病所困。幾乎可以說，這個時代大大小小的風雨都刺激著這位身處文化中心的五四著名學者，時代風雲的激變與他個人的身世交織在一起，使得周作人一步步走向自己的「苦雨齋」。

早在「五四」時期，周作人就把自己的書房取名為「苦雨齋」，我們可以窺見這位新文化運動旗手內心的隱秘情感。在後來的時代風雨中，周作人雖不乏戰鬥意志，批判形形色色文壇鬼魅、封建軍閥、白色恐怖等，但他每一次的反思都導致他走回自己。一九二四年末，他在〈語絲發刊詞〉說：「我們並沒有什麼主義要宣傳，對於政治經濟問題也沒有什麼興趣，我們所想做的只是想衝破一點中國的生活和思想界的昏濁停滯的空氣。我們個人的思想盡自不同，但對於一切專斷與卑劣之反抗則沒有差異。我們這個周刊的主張是提倡自由思想，獨立專斷，和美的生活。」一九三〇年他在〈駱駝草發刊詞〉中表示「不談國事」，「不為無益之事」，「文藝方面，思想方面，或而至於講閒話，玩骨董，都是料不到的，笑罵由你笑罵，好文章我自為之，不好亦知其醜，如斯而已，如斯而已。」一九三一年給朋友的信中說：「弟近來頗覺得韜晦之佳。」[19]甚至到後來主動追求消極：「這一年過

18 朱光潛：《朱光潛全集》第8卷（合肥市：安徽教育出版社，1993年），頁191。
19 周作人著，黃開發編：《知堂書信》（北京市：華夏出版社，1994年），頁260。

去了，沒有能夠消極一點，這是我所覺得很可悲的。」[20]這表明此時的周作人力屏社會的影響，全身退隱，回歸個人性情。對於這一時期周作人的心理，錢理群先生有種分析，「對於周作人，此刻發生的悲劇性幻滅（與清醒）是三重的：不僅是對國民黨政權所代表的『政黨政治』的幻滅（與清醒），對五四先驅者一直寄以希望的『民眾政治』的幻滅（與清醒），更是對知識分子自我的幻滅（與清醒）。」[21]這種分析是深刻的，身外理想的幻滅常常是中國知識分子走向自我的直接原因。

一九二九年十一月二十日，周作人的女兒若子病逝。一九二九年年末，周作人提出著名的「閉戶讀書論」，認為「苟全性命於亂世為第一要緊」，隨即他寫下了《中年》，以為人到中年，就意味著必須在人生選擇和心理上，作出相應的自覺的調整，要順其自然，從青年的浪漫時代，轉向中年的理智時代，從此，要脫離「市街戰鬥或示威運動的隊伍」，以「得體的活著」為人生的目標與歸宿。三十年代的周作人已經深深躲進他的「苦雨齋」裡，表示要「用經驗與理性去觀察人情與物理」。[22]

二　人情物理：無信之信

作為現代文學中兩個最重要的思想家，周作人和魯迅的傾向可謂大異其趣，一個消極無為，把自己關進「苦雨齋」；一個鐵骨錚錚，走向絕望的抗爭。但是，就不絕的思想探索、就對「真」的深刻追問，二者又表現得何其一致。與魯迅同樣的是，周作人的信仰也表現了他獨具特色的複雜性和深刻性。

---

20 周作人著：《苦竹雜記．後記》（上海市：良友圖書印刷公司，1936年），頁313。

21 錢理群：《周作人傳》（北京市：十月文藝出版社，1990年），頁219。

22 周作人：《看雲集》（上海市：開明出版社，1992年），頁52。

按照周作人自己的表述，他的信仰的基本分子應該是儒家和佛家，所謂「半是儒家半佛家」、「前生出世今在家」，[23]周作人雖有明顯的隱逸傾向，這種傾向越到後來越明顯，但他事實上不曾徹底割斷與社會現實的聯繫：五四時期，他的戰鬥激情直可與乃兄比美；五四退潮後，社會思想界的種種論爭大多留下了他的聲音，其中不乏因激烈的言詞被通緝或避難[24]；他不斷表明自己是一個「中庸主義者」，要在出世與入世中保持微妙的平衡。周作人近佛與他的身世密切相關。他一生經歷諸多身體和情感的傷痛，包括幾次生病及父親、弟弟、祖父、女兒等親人的逝世或早逝，佛家「人世苦」的觀念深刻影響了他，他把自己書房命名為「苦雨齋」、「苦茶庵」，稱自己為「苦茶翁」，他的作品以苦命名或與苦相關的有「苦茶隨筆」、「苦茶庵小文」、「藥堂語錄」、「藥味集」、「苦茶庵打油詩」、「苦口甘口」等等。周作人對人生的基本品味可以說是苦，他創作小品文的目的是要「在不完全的現世享樂一點美與和諧，在剎那間體會永久」，[25]以求在充滿苦味的人世有所寄託。

但周作人絕不是一個儒教徒或佛教徒。周作人的基本身份是一個個人主義者而不是為民眾奔走的儒家急先鋒。他雖然早在十三歲那年就讀完了《論語》、《孟子》、《詩經》、《易經》及《書經》的一部分，但後來回憶說，「我總不會寫，也看不懂書，至於禮教的精義尤其茫然」。[26]他認為儘管自己的基本思想是儒家的，但絕「不是儒教徒」，只是「可以算是孔子的朋友」。他評價《論語》說，「我覺得在《論語》裡孔子壓根兒只是個哲人，不是全知全能的教主，雖然後世的儒

23 周作人：〈五十自壽詩〉，《人間世》創刊號，1934年4月5日。

24 三一八慘案後，北京政府下令通緝，周作人、魯迅等名列其中；一九二七年國民黨當局「清黨」後，周作人因激烈的抗議而與劉半農避難於北京菜場胡同一日本友人家中。

25 周作人：〈喝茶〉，《雨天的書》（長沙市：岳麓書社，1987年），頁48。

26 周作人：〈我學國文的經驗〉，《談虎集》（長沙市：岳麓書社，1989年），頁237。

教徒要奉他做祖師，我總以為他不是耶穌而是蘇格拉底之流。《論語》二十篇所說多是做人處世的道理……可以供後人取法，卻不能定作天經地義的教條，更沒有什麼政治哲學的精義，可以治國平天下……《論語》仍可一讀，足具常識完具的青年之參考，至於以為聖書則可不必，太陽地下本無聖書。」[27]他對《論語》這種個人主義的立場、朋友式交流的態度與魯迅對權威的消解很類似：「青年又何須尋那掛著金字招牌的導師呢？不如尋朋友。」[28]抱著這種態度，他也就不會囿於儒家的教理之中，對於佛教同樣如此：「我讀佛經最初還是在三十多年前……可是我看了《起信論》不大好懂，淨土宗又不怎麼喜歡，雖然他的意思我是絕對可以懂的……」[29]「其實我根本是個『少信』的人，無從起信，所以始終看了『不入』。」[30]

信仰對周作人來說真不是一件簡單的事，他很多時候感到信仰的苦惱：「托爾斯泰的無我愛與尼采的超人，共產主義與善種學，耶佛孔老的教訓與科學的例證，我都一樣的喜歡尊重，卻又不能調和統一起來，造成一條可以行的大路。我只將這各種思想，淩亂的堆在裡頭，真是鄉間的雜貨一料店了。──或者世間本來沒有思想上的『國道』，也未可知。」「至於無領事管束，究竟是好是壞，我還想不明白。」[31]在無奈之中，他表示「現在決心放任，並不硬去統一，姑且看書消遣，這倒也還罷了。」[32]其實，這種思想的紛雜固然是尋求信仰而不得的苦悶，然而對於一個真誠追求的知識分子來說，這何嘗不是他走到思想黎明前必經的黑暗：因為他不盲從，他要在忠於自我的基礎上去獲得思想。所以，苦悶之後，周作人對自己的這種無信仰狀

27 周作人：《苦茶隨筆．論語小記》（北京市：北新書局，1935年），頁16。

28 魯迅：《魯迅全集》第3卷（北京市：人民文學出版社，1981年），頁56。

29 周作人：《風雨談》（長沙市：岳麓書社，1987年），頁140。

30 周作人：《知堂回想錄》（石家莊市：河北教育出版社，2002年），頁169。

31 周作人：〈山中雜信〉，《雨天的書》（長沙市：岳麓書社，1989年），頁127。

32 周作人：〈山中雜信〉，《雨天的書》（長沙市：岳麓書社，1989年），頁137。

態倒加以冷靜地肯定：「我不是非宗教論者，但實是一個無宗教者……（我很難）做某一家的忠實信徒。對於一切東西，凡是我所能懂的，無論何種主義思想信仰以至迷信，我都想也大抵能領取其若干部分，但難以全部接受，因為總有其一部分與我的私見相左。」[33]不僅如此，他在自己的這種固執的「不信」中發現了輕信的荒謬和危害，「不佞不幸為少信的人，對於信教者只是敬而遠之，況吃教者耶？」[34]「吃教者」只是利用宗教，何來信仰？這與魯迅對「無信的宗教」——道教的批判何其相似！在五四以後，他就認定「專制的狂信」是「東方文化裡最大毒害」，[35]他後來斷定左翼運動是建築在「狂信」基礎上的，他稱之為「新禮教」，警告人們「狂信是不可靠的，剛脫了舊的專斷，便會走進新的專斷。」這種看法，儘管對歷史大勢缺乏分析，但他的冷靜的觀察對於處於歷史狂熱中的人們也不無警醒意義。因而，從最理智的意義上講，周作人壓根兒不希望自己成為某一思想的專門信徒或教徒，只是希望成為一個「愛智者」，對於人類一切智慧創造物「尚有些興趣，想要知道他的一點情形」的雜家。[36]

這樣一個冷靜的求智者，狂熱的信仰跟他是不相干的，也為他所排斥。他自認為自己的「頭腦是散文的、唯物的」，理想是「立定平常而真實的人生觀」，[37]因而覺得「單純的信仰在個人或是幸福，但我覺得明淨的觀照更是興趣。人生社會這是太複雜了，如實地觀察過去，雖然是身入地府，畢竟無有出路，也似乎比一心念著安養樂邦以至得度更有一點意思。」（《空大鼓・序》）否認了信仰的虛妄之後，周作人依靠的就是自我「明淨的觀察」，這種觀察所得的結果就是他

33 周作人：《苦茶隨筆・重刊袁中郎集序》（北京市：北新書局，1935年），頁99。

34 周作人：《苦竹雜記・後記》（北京市：良友圖書印刷公司，1936年），頁310。

35 周作人：〈濟南道中之三〉，《雨天的書》（長沙市：岳麓書社，1989年），頁149。

36 周作人：《夜讀抄・後記》（北京市：北新書局，1934年），頁311。

37 周作人：《周作人散文》第2集（北京市：中國廣播電視出版社，1990年），頁72。

一再強調的「人情物理」。假如周作人最終有什麼信仰的話，則「人情物理」就是他的信仰，但相對於一般人所信仰的「高頭講章之道」，「人情物理」顯然不能成為信仰的對象，我們姑且稱之為「無信之信」。我們認為，周作人的「人情物理」其實是莊子所謂萬物自性的另一個說法。

「人情物理」是三十年代周作人的中心話題，這方面的思想是他屢屢提及的，「我喜歡兼具健全的物理與深厚的人情之思想。」[38]「蓋常人者無特別希奇古怪的宗旨，只有普通的常識，即是向來所謂人情物理」。他所謂的人情物理就是「常識」，但也是他所認為的和平公正的思想。周作人將這樣的常識、這樣的人情物理看得極高，稱之為「正確的智識」、「智慧」，[39]「懂得人情物理的人說出話來，無論表面上是怎麼陳舊或新奇，其內容是一樣的實在，有如真金不怕火燒，顛撲不破。」他最終將「人情物理」上升到「道」的高度，「道不可見，只就日用飲食人情物理上看出來，這就是很平常的人的生活法，一點兒沒有什麼玄妙。……蓋我原是反對高頭講章之道，若是當然的人生之路，誰都是走著，所謂何莫由此道也。」這說明他對人情物理的探討遠遠超越了普通的常識，轉而對萬物自性的探討，這正是莊子「物皆有性」深刻影響的表現。他力爭對平平常常的事物的細緻的、個別的考察，進而觀察世界的普遍真理，這是近於廢名所說的「由寫實而近道」的獨特理路，是周作人認識萬物自性、認識自然之道的獨特方法：「鄙人執筆為文已閱四十年，文章尚無成就，思想則可云已定。大致由草木蟲魚，窺知人類之事，未敢云嘉孺子而哀婦人，亦嘗用心於此，結果但有畏人憫人，慮非世俗之所樂聞，故披中庸之衣，著平淡之裳，時作游行，此亦鄙人之消遣法也。」[40]假如說林語堂主

---

38 周作人：《周作人散文》第2集（北京市：中國廣播電視出版社，1990年），頁45。

39 周作人：《周作人散文》第2集（北京市：中國廣播電視出版社，1990年），頁69。

40 周作人：《周作人散文》第2集（北京市：中國廣播電視出版社，1990年），頁86。

張小品文應描寫「宇宙之大，蒼蠅之微」，周作人則只談「蒼蠅之微」，目的是通過「蒼蠅之微」而認識「宇宙之大」。

〈蒼蠅〉把人人見之唯恐避之不及的蒼蠅賦予美、可愛及詩情。他在童謠、謎語、兒童遊戲、古今中外的詩歌中將人們所不易注意到的甚或討厭的蒼蠅的「美」發掘出來。他引用了小兒謎中的「頭戴紅纓帽，身穿紫羅袍」，又引希臘路吉亞諾思（Lukianos）的〈蒼蠅頌〉:「蒼蠅在被切去了頭以後，也能生活好些時光」，說明在兒童眼裡，蒼蠅是美的、可愛的。而他引用日本詩人小林一茶的俳句:「笠上的蒼蠅，比我更早地飛進去了」，則賦予蒼蠅以人情美；小林一茶的另一詩句:「不要打哪，蒼蠅搓他的手，搓他的腳呢」，飽含情態地描繪出蒼蠅的可愛，直讓人覺得人類隨意消滅蒼蠅的犯罪感，故周作人說「我讀這一句，常常想起自己的詩覺得慚愧」。周作人對蒼蠅的這種關注和描寫可謂是尊重蒼蠅這一物性的表現，這是以「道」觀物而不是以人類的功利觀點看待蒼蠅的結果。

〈鳥聲〉所關注的鳥聲是「指那飛鳴自在的東西，不必說雞鳴咿咿鴨鳴呷呷的家奴，便是熟番似的鴿子之類也算不得數，因為他們都是忘記了四時八節了。」[41]同樣注意的是鳥聲的自然本性。同許多具有自然傾向的作家一樣，周作人在肯定自然時也反感「人為」:「本來棘皮動物不會膚如凝脂，怒毛上指棟的貓不打著呼嚕，原是一定的理，毋庸怎麼考核，無如人這動物是會說話的，可以自稱什麼家或主唱某主義等，這都是別的眾生所沒有的。」[42]

〈烏篷船〉則興致勃勃地描寫了作者故鄉的這種水鄉小船:「小船則真是一葉扁舟，你坐在船底席上，篷頂離你的頭有兩三寸，你的兩手可以擱在左右的舷上，還把手都露出在外邊。在這種船裡彷彿是

41 周作人:〈鳥聲〉,《雨天的書》（長沙市：岳麓書社，1989年），頁9。

42 周作人:《看雲集》（上海市：開明出版社，1992年），頁54。

在水面上坐，靠近田岸去時泥土便和你的鼻尖接近，而且遇著風浪，或是坐得稍不小心，就會船底朝天，發生危險，但是也頗有趣味，是水鄉的一種特色。」在趣味十足的描寫中活畫出了這種小船的特色，而自己自然閒適的性情也宛然可見，尤其是下面一句：「你坐在船上，應該是遊山的態度，看看四周物色，隨處可見的山，岸旁的烏桕，河邊的紅蓼和白蘋，漁舍，各式各樣的橋，困倦的時候睡在艙中拿出隨筆來看，或者充一碗清茶喝喝。」[43]更在描物寫景中寄託了自己的自在性情。同樣的描寫又見於〈苦雨〉：「我於火車的雨不能感到什麼什麼興味，但臥在烏篷船裡，靜聽打篷的雨聲，加上欸乃的櫓聲，以及『靠塘來，靠下去』的呼聲，卻是一種夢似的佳境。」[44]這種描寫真可謂夢境一般虛幻而真實，我們今天隔著時代的風雲，也能真實地聽到這種聲音，它是那麼清晰！

「茶」對周作人具有不平常的意義，他的茶是帶苦味的，卻寄託了他的夢想。〈北京的茶食〉云：「我們於日用必須的東西之外，必須還有一點無用的遊戲與享樂，生活才覺得有意思。我們看夕陽，看秋河，看花，聽雨，聞香，喝不求解渴的酒，吃不求飽的點心，都是生活上必要的──雖然是無用的裝點，而且是愈精煉愈好。」[45]周作人要解脫人生、要在人情物理中寄託一己之真性情，此處反映的就是這種典型心態。他之所謂喝茶、吃點心、看花、聽雨並不在對象本身，本意在寄託性情、體味至道、返回自然生活本身。這在〈吃茶〉裡有很好的表現：「茶道的意思，用平凡的話來說，可以稱作『忙裡偷閒，苦中作樂』，在不完全的現世享樂一點美與和諧，在剎那間體會永久。」「我的所謂喝茶，卻是在喝清茶，在賞鑒其色與香與味，意未必在止渴，自然更不在果腹了。」「喝茶當於瓦屋紙窗下，清泉綠

43 周作人：〈烏篷船〉，《澤瀉集》（長沙市：岳麓書社，1987年），頁26。

44 周作人：〈苦雨〉，《澤瀉集》（長沙市：岳麓書社，1987年），頁28。

45 周作人：〈北京的茶食〉，《澤瀉集》（長沙市：岳麓書社，1987年），頁17。

茶，用素雅的陶瓷茶具，同二三人共飲，得半日之閒，可抵十年的塵夢。」[46]

周作人的這種在人情物理中體味至道的思想雖成熟於三十年代，但在其前期的創作中也無不流露。五四時期，周作人積極鼓吹人道主義、個人主義，這雖是時代風氣，但周作人仍有自己的視角。他把人定義為「從動物進化的人類」，「承認人是一種動物，……相信人的一切生活本能，都是美的善的，應得完全滿足。凡有違反人性不自然的習慣制度，都應排斥改正。」同時倡導婦女的解放和對兒童的再認識。他說：「古來女子的位置，不過是男子的器具與奴隸。中古時代，教會裡還曾談論女子有無靈魂，算不算得一個人呢，小兒也只是父母的附屬品，又不認他是一個未長成的人，卻當他作具體而微的成人。」[47]「以前的人對於兒童多不能正當理解，不是將他當作縮小的成人，拿『聖經賢傳』盡量的灌下去，便將他看作不完全的小人，說小孩懂得什麼，一筆抹殺，不去理他。近來才知道兒童在心理生理上，雖然和大人有點不同，但他仍是完全的個人，有他自己內外兩方面的生活。兒童期的二十幾年的生活，一面固然是成人生活的預備，但一面也自有獨立的意義和價值。……我以為順應自然生活各期，……生長，成熟，老死，都是真正的生活。」[48]人的解放儘管是五四的主題，但相對於魯迅沉重地揭示封建禮教、封建科舉對人性的壓抑、扼殺，從而造成阿Q、祥林嫂、孔乙己之類的悲劇人生；相對於胡適從社會關係的角度倡導婦女解放，周作人更傾向於著重揭示人、婦女、兒童的自性，讓人們看清人的本性存在、婦女兒童本性存在的真實。這潛在地體現了莊子的影響。特別是對婦女兒童自性的關注可謂是周作人的開創之功，他在晚年一再稱引莊子的「嘉孺子而哀

---

46 周作人：〈吃茶〉，《澤瀉集》（長沙市：岳麓書社，1987年），頁19。

47 周作人：《周作人散文》第2集（北京市：中國廣播電視出版社，1990年），頁122。

48 周作人：《周作人散文》第2集（北京市：中國廣播電視出版社，1990年），頁157。

婦人」[49]，可見他的思想的潛在淵源。

對萬物自性的追求不僅體現在周作人的思想和創作中，更主要、更內在的是，它已化作了他的意識。周作人自己所醉心的生活方式就是在他的「苦雨庵」喝茶，「當於瓦屋紙窗下，清泉綠茶，用素雅的陶瓷茶具，同二三人共飲，得半日之閒，可抵十年的塵夢。」[50]這既是他的天性[51]，更是他對人生主動調節的結果。他天生平淡的性情使得他選擇了自己特有的理念，而一旦他獲得這些理念之後他又忠實力行之，這種相互的作用力使得他的修養達到很高的境界，周作人因而具有哲人的品格。這一點與林語堂比較就看得很清楚——林語堂的人生和觀念存在某種疏離，不是如周作人那樣交融在一起；只有許地山與之接近。但許地山比前者要樂觀一點，因而許地山的作品比較有亮色。許地山比較信奉自己獲得的哲學宗教理念，並以此作為自己人生的指針，周作人則是無信之人。如前所論，無信需要更大的勇氣。周作人的第一個筆名「獨應」暗示了堅持己行的勇氣。（周作人曾云：離開南京學堂以後，所常用的一個筆名是一個「獨應」，典故出在莊子裡，不過是怎麼一句話，那現在已經記不得了。[52]這是郭象〈莊子序〉的第一句話：「夫莊子者可謂知本矣，故未始藏其狂言，言雖無會而獨應者也。」）

周作人經過嚴格的修養所產生的自然性情受到他同時代人的高度評價：「知堂先生的德行，與其說是倫理的，不如說是生物的，有如鳥類之羽毛，鵠不日浴而白，烏不日黔而黑，黑也白也，都是美的，都是衛生的。然而自然無知，人類則自作聰明，人生之健全而同乎自

---

49 見周作人著〈我的雜學〉、〈秉燭後談序〉等篇。

50 周作人：〈喝茶〉，《雨天的書》（長沙市：岳麓書社，1989年），頁49。

51 據周建人回憶，周作人自小性情溫和淡泊，不固執己見，易於相處，大異於魯迅的激烈。

52 周作人：《周作人散文》第4集（北京市：中國廣播電視大學出版社，1992年），頁295。

然，非善知識者而能之。」[53]以「自然」論周作人可謂知人。這種人格上的自然修養並不是一般在作品中引用幾句莊子語錄的作家所能達到的。周作人不言道而近道，這是他的獨特之處。「『漸近自然』四個字大約能以形容知堂先生，然而這裡一點神秘沒有，他好像拿了一本《自然教科書》做參考。」[54]也極為貼切地道出了他的特點。在現代作家中，有的由於聰明成功，而周作人卻以修養取勝，這是更不易達到的境界，難怪他獲得同時代人由衷的欽佩：「我們從知堂先生可以學得一些道理，日常生活之間我們卻學不到他的那個藝術的態度。」[55]

第二節　林語堂：幽默、閒適、性靈

一　走向閒適

一九三二年，林語堂等人在上海創辦《論語》半月刊，正式倡導「幽默」小品文寫作，博得「幽默大師」的稱號；之後又創辦《人間世》、《宇宙風》等雜誌，專門刊發平和沖淡、抒寫性靈的小品文。在《人間世》發刊詞中，林語堂說：「宇宙之大，蒼蠅之微，皆可取材，故名為人間世」，它標榜「以自我為中心，以閒適為筆調」。自此，林語堂在短短的幾年裡形成了以「幽默、閒適、性靈」為特徵的小品文寫作。這種寫作一改他「語絲」時期「必談政治」的激烈戰鬥姿態，轉向一種個人寫作，「遠政治，近人生」，大談性靈，宣揚個性；同時在思想上大力宣傳以道家、儒家為代表的中國傳統文化。

---

53 張菊香、張鐵榮：《周作人研究資料》上冊（天津市：天津人民出版社，1986年），頁332。

54 張菊香、張鐵榮：《周作人研究資料》上冊（天津市：天津人民出版社，1986年），頁331。

55 張菊香、張鐵榮：《周作人研究資料》上冊（天津市：天津人民出版社，1986年），頁330。

林語堂雖宣稱遠離政治，事實上，他在《論語》（包括《人間世》的一小部分）上發表的部分幽默小品在嘻笑嘲罵中也諷刺了時政，譏刺了世態人情。〈母豬渡河〉講一隻母豬帶領九隻小豬過河，本來連自己共十隻，結果過河後怎麼數都是九隻：原來它忘了加上自己。他通過這個寓言諷刺了那些諸如「穿西裝革履赴國貨大會演講反對洋貨者，坐汽車赴運動會作主席自許為鼓勵賽跑者」──那些置身事外喊空話的官僚以及形形色色責人寬己的人。〈中國究有臭蟲否？〉假設了一個情境：在一個中國女主人家裡所舉行的著名中外人士的聚會中，有一隻臭蟲在潔白的沙發套上明顯地爬出來見客。通過在座的國人對這一隻臭蟲出現的評價中，林語堂畫出了國人對文化的態度：或以為臭蟲是我國精神文明的最好證明；或以為外國也有臭蟲，中國有也算不得可恥；或以為外國有，中國如沒用就不文明等等，這就活畫出了國民的病態心理。其它如〈有驢無人騎〉、〈得體文章〉、〈論政治病〉、〈假定我是土匪〉、〈一張字條的寫法〉等均通過滑稽的故事、妙趣橫生的語言、委婉含蓄的寓意諷刺某種社會現象，針灸某種不良心態，活畫國民病態性格。這些文章，用筆婉曲，一般不正面攻擊，而是在幽默滑稽的氣氛中讓讀者幽然一笑。這大概就是林語堂所謂「幽默」文學。

到了《人間世》創刊後，這類文字很少出現，而代之以閒適的格調，基本沒有戰鬥諷刺色彩。因為這樣，魯迅對《人間世》持了完全否定的態度，對《論語》則態度有所保留，並在上面發表自己的文章，原因就在於《論語》還發表諷刺社會的文章，具有戰鬥色彩。隨著林語堂在美國定居，這類性靈的文字成了他寫作的主要格調。

這時候林語堂最喜歡寫的是花、鳥、魚、蟲，記遊記，說女人，論裸體，談論讀書的樂趣、寫作的樂趣、躺在床上的樂趣、享受自然的樂趣等等。〈秋天的況味〉寫道：「秋代表成熟，對於春天之明媚嬌豔，夏日之茂密濃深，都是過來人，不足為奇了，所以其色淡，葉多黃，有古色蒼蘢之慨，不單以蔥翠爭榮了。這就是我所謂秋天的意味。」〈赤壁賦〉裡欣賞蘇東坡「諷刺的苛酷，筆鋒的尖銳，以及緊張與憤怒，全已消失，代之而出現的，則是一種光輝溫暖，親切寬和的詼諧，醇甜而成熟，透澈而深入。」〈女論語〉發現了「男子只懂得哲學，女子卻懂得人生。女人常是很明白男人之心理，而男人卻永不會瞭解女子。」他的選材，「無關世道人心」，筆調溫和閒適，在親切隨意的閒談中見出自然的深味、人性的奧妙。這只有在一個具有閒適心境、不為外物改變自然性情的作家那裡才有這樣的發現和表達。

周作人在《中國新文學大系・散文一集導言》中說：「小品文是文學發達的極致，它的興盛必須在王綱解紐的時代。」[56]在《袁中郎集・序言》中，他又明確指出：「明季的亂世有許多情形與現代相似，這很使我們對於明季人有親近之感。」[57]林語堂同樣傾慕於晚明獨抒性靈、不拘格套的散文。晚明的性靈小品只是中國傳統性靈散文的傑出代表，事實上，林語堂的眼界遠不止此，他筆下常常稱讚的人物就有蘇東坡、袁宏道和袁中道兄弟、張岱和清代的金聖歎、李漁、沈復等人。在散文〈笑〉中，他說：「儒者之偽，在文中排臭架子，欲於一笑一顰之中盡合聖道耳。」「至於笑天下、笑世人之笑，皆帶些酸味，此非吾所欲見陶情諧謔之笑也。」這可見出他既不滿於儒家的虛偽的笑，也不滿尖酸刻薄的笑，而獨欣賞「陶情諧謔之笑」，並舉明人張岱《陶庵夢憶》中〈金山夜戲〉為例：

> 移舟過金山寺，已二鼓矣。經龍王堂，入大殿，皆漆靜。林下漏月光，疏疏如殘雪。余呼小僕攜戲具，盛張燈火大殿中，唱韓蘄王金山及長江大戰諸劇，鑼鼓喧天，一寺人皆起看。有老

---

56 蔡元培等：《中國新文學大系導論集》（上海市：良友復興圖書印刷公司，1940年），頁187。

57 周作人：《苦茶隨筆》（長沙市：岳麓書社，1987年），頁62。

> 僧以手背擻眼瞖，翕然張口，呵欠與笑嚏俱至。徐定睛，視為何許人，以何事何時至，皆不敢問。劇完，將曙，解纜過江，山僧至山腳，目送久之，不知是人是怪是鬼。

他欣賞這篇不言笑而「聞見其肚裡笑聲」散文的「無關世道人心之笑」、「誠實」，換言之，也就是真誠的性靈。

民族性靈文學無疑是林語堂小品文的最重要的師法對象，但國外的影響也不容忽視。林語堂認為，西洋近代文學是趨近於抒情的、個人的，因此，文體也隨之自由解放，曲盡纏綿，以意役法，不以法役意了。他將這樣的文學視為「性靈派文學」，認為「性靈二字，不僅為近代散文之命脈，抑且足矯目前文人空疏浮泛雷同木陋之弊。」「吾知此二字將啟現代散文之緒，得之則生，不得則死。」他選取了國外文學中近於中國性靈文學的一脈，主要是英國的小品文，用民族文學的視角進行了審視，體現的還是民族的精神。

無疑，林語堂小品文直接的理論淵源雖是晚明小品為代表的中國傳統性靈文學，但它的源頭卻可以上溯到整個中國傳統文化所包蘊的隱逸之氣——以老莊哲學為代表的中國道家文化。林語堂在提倡小品文筆調時曾說：「須尋出中國祖宗來，此文才會落地生根。」[58]這個「中國祖宗」在他看來就是傳統的中國道家文化：「中國文學，除了御用的廊廟文學，都是得力於幽默派的道家思想。廊廟文學，都是假文學，就是經世之學，狹義言之也算不得文學。所以真有性靈的文學，入人最深之吟詠詩文，都是歸返自然，屬幽默派、超脫派、道家派的。」[59]

---

58 林語堂：〈小品文之遺緒〉，《人間世》第22期，1935年。

59 林語堂：《自傳拾遺・關於幽默》，《林語堂自傳》（南京市：江蘇文藝出版社，1995年），頁213。

二　幽默、閒適、性靈

其實，幽默、閒適、性靈這三大特徵既是林語堂散文的特徵，也是莊子散文的重要特點。莊子的嬉笑怒罵、縱橫捭闔顯示了中國古老的幽默，可謂「中國之幽默始祖」；《莊子．漁父〉中說：「法天貴真，不拘於俗」，推崇自然、真誠，這即是「性靈說」的思想源頭；而「老子的雋語，像粉碎的寶石，不需裝飾便可自閃光耀」[60]，這自然也給性靈的寫作作出榜樣，至此，幽默、閒適、性靈均在道家文化中找到了立足點，並以道家文化為基點有機地融為一體。

「幽默」本來自西方。一九二三年，林語堂在晨報副刊上發表文章，主張把英文「Humour」一詞譯為「幽默」，從此，這一譯名成為文學中流行的名詞。這種來自西方的名詞有其特定的含義，林語堂本人對它又有自己的理解，因而他需要對這一名詞進行解釋。「幽默」初入中國，國人最易將它與我國的「滑稽」、「詼諧」等詞等同起來，林語堂否定了這種說法。他說：「『幽默』一詞與中國的老詞兒『滑稽』，兩者頗多混亂之處。滑稽一詞包括低級的笑談，意思只是指一個人存心想逗笑。我想使幽默一詞指的是『亦莊亦諧』，其存心則在於『悲天憫人』。」[61]他列舉中文中近幽默含義的種種詞，如「滑稽突梯」、「詼諧」、「謔浪」、「嘲弄」、「孟浪」、「荒唐」、「挖苦」等等，覺得「未能表現寬宏恬靜的『幽默』之意義。」「最近者為『謔而不虐』，蓋存忠厚之意。」並表示不等於「尖酸刻薄」，不是「故作奇語以炫人」。綜合看來，林語堂認為「幽默」的境界要明顯高於「滑稽」、「詼諧」、「荒唐」等詞的含義，原因就在於這個詞不僅僅在於通

---

60 林語堂：《林語堂名著全集》第24卷（長春市：東北師範大學出版社，1994年），頁10。

61 林語堂：《林語堂名著全集》第10卷（長春市：東北師範大學出版社，1994年），頁294。

過新奇的詞語和手法諷刺人，達到引人一笑的目的，它更含有莊重的意味，作者是寬宏恬靜的、悲天憫人的。說穿了，「幽默」體現了一種洞察力，甚至一種智慧。

在〈論幽默〉裡，林語堂肯定了幽默與智慧的關係：「人之智慧已啟，對付多種問題之外，尚有餘力從容出之，遂有幽默——或者一旦聰明起來，對人之智慧本身發生懷疑，處處發現人類的愚笨、矛盾、偏執、自大，幽默也隨著出現。因為幽默只是一種從容不迫的態度。」[62]把幽默不僅僅看作一種修辭手段，而是看作智慧充沛的表現，這可以說是對幽默價值的最高肯定。這種幽默的智慧在中國是以老莊為代表的，「敝屣仁義，絕聖棄智，看穿一切如老莊之徒，這是超脫派。有了超脫派，幽默自然出現了。」[63]「老莊是我國大幽默家」。[64]在《莊子》裡，我們可以時時看到這種智慧的表現。〈山木〉云：

> 方舟而濟於河，有虛船來觸舟，雖有惼心之人不怒。有一人在其上，責呼張歙之。一呼而不聞，再呼而不聞，於是三呼邪，則必以惡聲隨之。向也不怒而今也怒，向也虛而今也實。人能虛己以游世，其孰能害之！

以「虛船」來說明「虛己以游世」的哲理，在幽默的表達中包含著深刻的直覺智慧。這正如林語堂所說，幽默並不是「作奇語以炫人，乃在作者說者之觀點與人不同而已。」[65]「幽默是心境之一狀態，進一步，即為一種人生觀的觀點，一種應付人生的方法。」[66]幽默要有

62 林太乙：《林語堂傳》（北京市：中國戲劇出版社，1994年），頁71。

63 林語堂：《自傳拾遺．關於幽默》，《林語堂自傳》（南京市：江蘇文藝出版社，1995年），頁213。

64 林語堂：〈論東西文化的幽默〉，《林語堂文選》上冊（北京市：中國廣播電視出版社，1990年），頁408。

65 林太乙：《林語堂傳》（北京市：中國戲劇出版社，1994年），頁70。

66 林語堂：《吾國與吾民》（北京市：寶文堂書店，1988年），頁61頁。

智慧作底子才不致流於滑稽。

這種幽默觀是林語堂所倡導的也是他所實踐的。在小品文〈中國究有臭蟲否？〉裡，他描畫出不同的人對臭蟲出現的不同態度，也就是對民族文化的不同態度，也就是畫出了在儒、道、佛文化薰陶下國民的形形色色的病態心理。名曰「臭蟲」，實則是文化批判，這顯然需要一種文化的洞察力。對於林語堂來說，這種洞察力來自於道家智慧：對臭蟲的最後一種態度也就是作者的態度，他以一種幽默的態度喊出：「看啊，這裡有一個大臭蟲！多大，多美又多肥，它在這時機跑了出來，在我們乏味的談話中供給一些談話的題材，它是多麼巧妙又多麼聰明啊！我親愛的美麗女主人啊！不就是它昨晚吸去你的血嗎？捉住它吧。捉住了一隻大臭蟲把它捏死是多麼有趣的事啊！」他用這種大呼小叫同時又簡單明瞭的態度把臭蟲僅僅當作臭蟲，諷刺了形形色色的奇談怪論者。這是道家的自然智慧。林語堂的這類小品文常常在對世態人情的譏諷中把筆觸蔓延到文化深處，反映出作者的哲學眼光。

幽默總與性靈相關，性靈即個性。「『性』即個人的『性情』，『靈』即個人的『心靈』。」[67]「一人有一人之個性，以此個性 Personality 無拘無礙自由自在表之文學，便叫性靈。」[68]這種個性總是和「真」相連，「注重自抒胸臆，發揮己見，有真喜，有真惡，有奇嗜，有奇忌，悉數出之，即使瑕瑜並見亦所不顧，即使為世俗所笑，亦所不顧，即使觸犯先哲，亦所不顧，惟斷斷不可出賣靈魂，順口接屁，依傍他人，抄襲補湊，有話便說無話便停。」[69]所以言性靈必先打破格套，解放個性。林語堂反對傳統儒家思想影響下的功利文

67 林語堂：《生活的藝術》，《林語堂名著全集》（長春市：東北師範大學出版社，1994年），頁363。

68 林語堂：〈論性靈〉，《宇宙風》第11期（1936年2月）。

69 林語堂：〈論性靈〉，《宇宙風》第11期（1936年2月）。

章，主張「惟有保持得住一點天真，有點傲慢，不顧此種陰森冷豬肉氣者，才寫得出一點幽默。」[70]在一九三五年五月發表的〈今文八弊〉裡，第一條就是「方巾作祟，豬肉薰人的文章，即虛偽的社會造出的虛偽的文章。」這與公安派的主張一脈相承：「若性靈派之袁中郎袁子才，皆以文體及思想之解放為第一要著，第一注重打破桎梏，唾棄格律，痛詆抄襲。」[71]但它的源頭顯然還是在莊子。〈漁夫〉篇云：「真者，精誠之至也。不精不誠，不能動人。故強哭者雖悲不哀，強怒者雖嚴不威，強親者雖笑不和。真悲無聲而哀，真怒未發而威，真親未笑而和。真在內者，神動於外，是所以貴真也。」對「真」的強調、對外在於人性的種種社會規範的反抗，可以說是從莊子以來中國性靈文學寫作一脈相承的傳統。

幽默、閒適、性靈表面看是林語堂散文的三個特點，實際上它們是統一的，這當中又以「性靈」為最重要，「最重要的就是培養你個人的性靈，有了性靈，你的文章就有生命力，就有清醒的、有活力的文學。性靈也可以說就是個人的筆調。」[72]林語堂把性靈放在文學創作最核心的地位，以此決定文章的生命力。幽默只有和性靈相結合才能獲得生命力：「提倡幽默必先解放性靈，漸再參透義理，而幽默自然孕毓也。」[73]他認為，從歷史上看，「真正的幽默，學士大夫，已經是寫不來了。只有在性靈派文人的著作中，不時可發見很幽默的議論文，如定庵之論私，中郎之論癡，子才之論色等。」[74]所以，林語堂提倡幽默閒適性靈，他的最大的信心還是來自性靈，因為，只有性靈才能顯現人性之常，才能把被社會規範壓抑下的人性解放出來；也只有

70 林太乙：《林語堂傳》（北京市：寶文堂書店，1988年），頁99。

71 林語堂：〈論性靈〉，《宇宙風》第11期（1936年2月）。

72 林太乙：《林語堂傳》（北京市：寶文堂書店，1988年），頁71。

73 林太乙：《林語堂傳》（北京市：寶文堂書店，1988年），頁69。

74 林語堂：《自傳拾遺・關於幽默》，《林語堂自傳》（南京市：江蘇文藝出版社，1995年），頁216。

性靈才能使得此類小品文具有思想的穿透力，從而使這類文章具有永恆的性質。林語堂深知這一點並對此深具信心，他說：「只有直接從人們心靈上發生的思想，始值得永垂不朽。」[75]林語堂散文中的大量句子被人們摘出，編成語錄，如：

> 凡是談到真理的人，都反而損害了它；凡是企圖證明它的人，都反而傷殘歪曲了它；凡是替它加上一個標識和定出一個思想派別的人，都反而殺害了它：而凡是自稱為信仰它的人，都埋葬了它。所以一個真理，等到被豎立成為一個系統時，它已死了三次，並被埋葬了三次了。——《生活的藝術》

> 一個真正的旅行家必是一個流浪者，經歷著流浪者的快樂、誘惑，和探險意念。旅行必須流浪式，否則便不成其為旅行。旅行的要點在於無責任、無定時、無來往信札、無嚅嚅好問的鄰人、無來客和無目的地。一個好的旅行家決不知道他往那裡去，更好的甚至不知道從何處而來。他甚至忘卻了自己的姓名。——《生活的藝術》

> 一個學者是像一隻吐出所吃的食物以飼小鳥的老鷹；一個思想家則像一條蠶，他所吐的不是桑葉而是絲。——《生活的藝術》

> 讓我和草木為友，和土壤相親，我便已覺得心滿意足。我的靈魂很舒服地在泥土裡蠕動，覺得很快樂。當一個人優閒陶醉於土地上時，他的心靈似乎那麼輕鬆，好像是在天堂一般。事實上，他那六尺之軀，何嘗離開土壤一寸一分呢？——《生活的藝術》

75 林語堂：《吾國與吾民》（北京市：寶文堂書店，1988年），頁198。

他的散文中，像這類句子比比皆是，這種機敏顯然少不了一種靈心。在中國，道家哲學最富有這樣的靈悟。這樣的句子是性靈的，是幽默的，也是閒適的，不難想像，沒有一種閒適的心情，沒有一種超然的心態和旁觀者的視角，這樣飽含性靈的句子怎能寫出？所以林語堂認為，「所謂優良的散文，著者的意見係指一種散文具有甜暢的圍爐閒話的風致。」[76]「這種風格的秘訣就是把讀者引為知己，向他說真心話，就猶如對老朋友暢所欲言毫不避諱什麼一樣。所有我寫的書都有這個特點，自有其魔力。這種風格能使讀者跟自己接近。」[77]可以這樣說，性靈是林語堂散文的核心，幽默和閒適是心態，也是文章的格調，它們共同作用，創造了林語堂散文獨特的風格。

第三節　梁實秋：從人文主義到個人主義

一　人文主義視角下的老莊

相對於周作人的「無信仰」，梁實秋的信仰可謂明確而堅定。一九二六年從美國留學回國後，梁實秋發表其寫於美國的〈現代中國文學之浪漫的趨勢〉，以「浪漫的混亂」否定五四傳統，表現出鮮明的理論立場，其理論武器正是他在美國師從的新人文主義者白璧德的「新人文主義」，從此，梁實秋以其鮮明的理論立場活躍在現代文壇，成為現代最著名的批評家之一。他最初對老莊的觀照即是這種新人文主義的視角。

梁實秋前期對老莊是持批判態度的，他曾說：「儒家雖說是因了歷代帝王的提倡成了中國的正統思想，但是按之實際，比較深入我們民

76 林語堂：《吾國與吾民》（北京市：寶文堂書店，1988年），頁213。

77 林語堂：《林語堂名著全集》第10卷（長春市：東北師範大學出版社，1994年），頁303。

族心理的卻是道家的思想，這在中國的文學裡表現得極其清楚。……中華民族本是一個最重實踐的民族，數千年來，表面上受了儒家的實踐哲學的教導，而實際上吸收了老莊的清靜無為的思想和柔以克剛的狡獪伎倆，逐漸的變成了一個懶惰而沒出息的民族。對於這樣的一個民族，及時行樂的文學，山水文學，求仙文學，當然是最恰當的反映！」因此，梁實秋得出結論：「中華民族受了幾千年的老莊思想的麻醉，現在應該到覺醒的時候。……據我看道家思想是中國文學不健康的癥結，我以為新文學運動第一件要做的事不是攻打『孔家店』，不是反對駢四儷六，而是嚴正地批評老莊思想，要使這種思想不要全盤占據了中國文學的領域。」梁實秋對老莊思想的批判基本同於五四時期積極的反傳統，與魯迅、陳獨秀、郭沫若等人的觀點沒有原則性區別，只是更著眼於文學角度；但他們所持的思想武器卻是不同的。魯迅等人主要利用的是西方激進的個人主義、民主主義、浪漫主義思想，梁實秋的思想則清清楚楚來自於白璧德的新人文主義。[78]

白璧德推崇西方自亞里士多德以來的古典的理性主義，而對盧梭以來的浪漫主義則持批判立場。他關注的重點在「人性」，以為人生有三種境界：自然的、人性的、宗教的，「自然的生活，是人所不能缺少的，不應該過分擴展。人性的生活，才是我們應該時時刻刻努力保持的。宗教的生活當然是最高尚，但亦不可勉強企求。」[79]在這三種境界之中，白璧德關注「人性」（即欲念和理智，主張以理智節制欲念，崇尚健康和尊嚴的生活），而對「自然」的境界持警惕的態度。基於這一立場，白璧德批判了中國老莊的自然主義哲學思想，他稱之為「原始主義」。

---

78 有意思的是，雖然在反老莊思想上梁實秋與魯迅等人持基本一致立場，但魯迅等人所持的個人主義、浪漫主義的思想武器正是白璧德所極力反對的，梁實秋與左翼文人的恩恩怨怨也與他們所持的思想武器大有關係。不過，這一點不是本文所探討的重點。

79 徐靜波：《梁實秋批評文集》（廣東：珠海出版社，1998年），頁215。

白璧德認為，「所有的歸真反樸的反動思想，所謂的 Noble Savage，以及對原始時代的謳歌，都是情感的自然主義的現象。」[80]基於這樣的看法，他將道家與西方盧梭以來的浪漫主義相提並論，認為歷史上最接近以盧梭為最重要領袖人物的浪漫運動就是中國的老莊道家。《老子》鼓勵返歸本源，返回到簡單的生活與自然狀態中，就個人而言應該返回到其作為新生嬰兒的時候；《莊子》攻擊孔子的人道主義而讚美無意識，從老子的學說發展出全部的自然主義與原始主義的含義。東西方很少有作家採取這樣引人入勝的方式提出人們所謂的波希米亞的生活態度。白璧德認為，莊子「採取的方式非常完整地預示了盧梭後來在〈論不平等的起源〉及〈論科學與藝術〉中所採用的方式」。[81]這種極端自然主義的態度是不符合他的所謂健康與尊嚴的人性立場的，因而受到他的批判。

正如白璧德以其新古典主義的立場批判了老莊思想，梁實秋也以老莊思想比於西方浪漫主義，附和了白璧德對老莊的批判。在這一過程中，他們同樣都採用了比較的方法。梁實秋一方面指出中國文學主要是受老莊影響這一現實，認為儒家根本的就沒有正經的有過文學思想，並且儒家的論調根本的不合於文學的發展。[82]所以，「就中國文學的全部而論，主要的潮流仍是消極老莊的隱逸思想。」[83]另一方面，梁實秋將中國文學和西方文學進行比較，認為「中國文學和西洋文學整個的比較起來，我們可以看出中國文學的主要情調乃是消極的、出世的、離開人生的、極度浪漫的」。而「西洋文學，除了極端浪漫派及晚近的頹廢派以外，差不多都一致的承認文學是切近於人生的」，

---

80 引自徐靜波：《梁實秋批評文集》（廣東：珠海出版社，1998年），頁216。

81 白璧德：《中國的原始主義》，轉引自高旭東：〈論梁實秋對中西文化的溝通〉，《中國文化研究》2004年第3期。

82 徐靜波：《梁實秋批評文集》（廣東：珠海出版社，1998年），頁159。

83 徐靜波：《梁實秋批評文集》（廣東：珠海出版社，1998年），頁158。

其最健全的文學思想，是由亞里士多德開闢的古典主義，經過文藝復興，以至於十七、八世紀之新古典主義。「十九世紀後期半阿諾德等人對浪漫運動的反動，形成了在西方，占主導地位的以人性為中心的推崇理性與倫理想像的文學傳統。」在這裡，他肯定了西方文學的主要傳統是由亞里士多德開創的「尊重理性和倫理」的古典傳統，這與中國文學的消極出世傾向是截然不同的；但在指出這一點的同時，他又指出西方文學中還有另一種傳統，即「極端浪漫派和晚近的頹廢派」，其中的極端浪漫派就是盧梭所開創的浪漫主義傳統，梁實秋將老莊與之比論並進行同樣的批評，「我們的儒家的文學思想還沒有西洋文學中古典主義那樣的完美，但是我們的道家的文學思想卻很像是西洋文學中最趨極端的浪漫主義。」[84]這樣，我們看到，梁實秋與他的老師的思路是如出一轍的。他從這個意義上提出改造中國文學觀念體現的正是他的人文理想——健康：「健康的文學對於民族的健康是極有裨益的」，「新文學運動應該把舊文學觀念澈底的糾正一下，據我看道家思想是中國文學不健康的癥結」。[85]

梁實秋在晚年總結自己的時候說「生平無所好，惟好交友、好讀書，好議論。」[86]梁實秋的人生哲學的中軸是儒家思想，富於積極用世色彩。他在四十年代初到重慶之前一直是作為一個自由主義知識分子活躍在評論界，批判五四傳統，批判左翼文學，也批判國民黨。但自從抗戰後，他就對現實不再作任何評論。這與他遭受的種種打擊直接相關。

一九三八年十二月一日，梁實秋接編《中央日報》「平明」副刊，在〈編者的話〉中寫了這樣一段文字：「現在抗戰高於一切，所以有人一下筆就忘不了抗戰。我的意見稍有不同。於抗戰有關的材

84 徐靜波：《梁實秋批評文集》（廣東：珠海出版社，1998年），頁157。

85 徐靜波：《梁實秋批評文集》（廣東：珠海出版社，1998年），頁160。

86 陳子善編：《回憶梁實秋》（長春市：吉林文史出版社，1992年），頁158。

料，我們最為歡迎，但是於抗戰無關的材料，只要真實流暢，也是好的，不必勉強把抗戰截搭上去。至於空洞的『抗戰八股』，那是對誰都沒有益處的。」[87]此文一出，引起軒然大波，梁實秋立即被冠以「與抗戰無關論」的代表而受到強烈批判。應該說，這種觀點今天看來也無原則性錯誤，但在當時全民抗戰的緊張形勢下梁實秋講這樣的話未免不合事宜，因而造成深遠影響。一九四〇年初，梁實秋準備隨「國民參政會華北慰問視察團」赴延安，毛澤東明確表示他是不受歡迎的人；直到一九四二年五月，毛澤東還在著名的〈在延安文藝座談會上的講話〉中，將他定為資產階級文學的代表。〈編者的話〉發表後四個月，梁實秋從《中央日報》辭職。

作為一個自由知識分子，梁實秋的批評是面對一切不合理的現象。人們往往不理解梁實秋為何四十年代後絕不再過問政治，而轉向小品文的寫作，他在晚年與何懷碩的談話中道出了這個秘密。他說，以前在大陸寫過許多政論文章，批評了政治與社會。當然也批評左派，但也有不批評。在南京寫社論時國府中有人提議中央政府遷廬山較涼爽舒適，以避南京「火爐」之苦。他因國家危殆，而有此享樂之議，遂為文痛斥，引起黨部不高興，行文市長對他申飭之。南京市長秦德純請他吃飯，從口袋中掏出公文來，說有人要辦你！梁對秦說，怎麼「辦」法呢?秦大笑說：不要理他，我只是給你看一看而已。……「從前地方官吏丟了一城市是死罪，現在一國丟了，沒人負責……。我早已不談國事。孔子家語說：君子或行或藏，或藏或默。我屬默者，哈哈……」[88]在近於莊子「竊鉤者誅，竊國者為諸侯」的嘲諷中道出了他的不得已的隱衷。

在這種現實壓力下，梁實秋走向與傳統文人相同的隱逸道路。當

87 陳漱渝：〈《雅舍小品》現象〉，梁實秋：《梁實秋散文》，北京市：中央廣播電視出版社，1989年。

88 陳子善編：《回憶梁實秋》（長春市：吉林文史出版社，1992年），頁159。

然，他之所謂「隱」並非身隱山林，更接近於莊子所謂「隱故不自隱」，是一種精神上的隱逸：「古之所謂隱士者，非伏其身而弗見也，非閉其言而不出也，非藏其知而不發也，時命大謬也。當時命而大行乎天下，則反一無跡；不當時命而大窮乎天下，則深根寧極而待；此存身之道也。古之存身者，不以辯飾智，不以智窮天下，不以智窮德，危然處其所而返其性。」[89]梁實秋以後不事評論，專寫抒發一己之性情的閒適小品，可謂「深根寧極而待」、「危然處其所而返其性」。臺灣文學史家周錦先生說，創作《雅舍小品》正是上述主張遭到批判之後梁實秋所進行的『無言的抵抗』。」[90]這裡的「上述主張」即是〈編者的話〉裡「於抗戰無關的材料，只要真實流暢，就是好的」，這其實已見出梁實秋寫作上的個人主義立場。

二　回到雅舍、回到老莊

在現代文學史上，梁實秋是以「雅舍小品」著稱的，他後來到臺灣以後，又相繼出版雅舍小品續集、三集、四集、雅舍談吃等等，「雅舍」已成為梁實秋的文化品牌。其實，所謂「雅舍」只是陋室。一九三九年春，梁實秋移居重慶北碚，與其胞妹的好友龔業雅合資購置一棟位於山坡上平房，共六間，他自己居其中兩間。這是一種瓦頂、木架、泥灰竹篾牆建成的陋房，他取龔業雅名字中的一字給房子取名「雅舍」，並在路邊的山坡上插上一塊寫有雅舍的木牌，便於信件的投收。雅舍雖陋，但周圍環境頗佳，有竹林、水池、土坡和幾抹翠竹的遠山。他的一位朋友專為他畫了一幅《雅舍圖》，另一位朋友

89 莊子：《莊子・繕性》，曹礎基：《莊子淺注》（北京市：中華書局，2000年），頁230。

90 陳漱渝：〈《雅舍小品》現象〉，梁實秋：《梁實秋散文》，北京市：中國廣播電視出版社，1989年。

在上面題句道：「小徑蜿蜒梯山路，只今兵火如棲遲。」[91]他在這裡隱居，也在這裡開始了他的雅舍小品寫作。

梁實秋轉向隱逸情調的小品寫作看似一種突轉，其實，他的這種情愫在其前期未必不存在，即是在他批判莊子的時候，梁實秋也不是對莊子持全盤否定的態度：「我並不主張『打倒』哪一派的文學思想，道家思想支配下的文學盡有極好的藝術品，我們不能一筆抹殺——中國過去的文學作品，無論其為如何之不健康，仍是我們民族的精神結晶，仍然是可寶貴可供研究觀賞的材料。」[92]他批判莊子的思想只是要為中國新文學開創一種新的、健康的觀念，但仍承認莊子存在的價值。與此同時，對那些有隱逸情調的作品，梁實秋也不乏讚美之詞，比如對周作人的推崇：「周作人的散文，沖淡閒逸，初看好像平凡，細看便覺得雋永，這真是豈明老人特備的風格，意境既高，而文筆又雅練。」[93]作為一個民族知識分子，梁實秋與其它許多作家一樣，很難擺脫傳統的影響的。這樣看來，梁實秋轉向具有老莊隱逸色彩的小品文寫作既是時勢使然，也是他一部分內在本性釋放的結果。

雅舍小品的首篇〈雅舍〉最為人稱道，他這樣寫「雅舍」：「『雅舍』最宜月夜——地勢較高，得月較先。看山頭吐月，紅盤乍湧，一霎間，清光四射，天空皎潔，四野無聲，微聞犬吠，坐客無不悄然！舍前有兩株梨樹，等到月升中天，清光從樹間篩灑而下，地上陰影斑斕，此時尤為幽絕。直到興闌人散，歸房就寢，月光仍然逼近窗來，助我淒涼。細雨濛濛之際，「雅舍」亦復有趣。推窗展望，儼然米氏章法，若雲若霧，一片瀰漫。」這段話用極為乾淨簡潔的文字描寫了雅舍月景和雨景，深得唐人意境、蘇東坡散文刻物之妙和晚明小品的自然性情，這對於深處戰火硝煙、顛沛流離之中的人們不失為心靈的

---

91 徐靜波：《梁實秋——傳統的復歸》（上海市：復旦大學出版社，1992年），頁45。
92 徐靜波：《梁實秋批判文集》（廣東：珠海出版社，1998年），頁160。
93 徐靜波：《梁實秋批判文集》（廣東：珠海出版社，1998年），頁172。

安慰。所以〈雅舍〉一發表，即得廣泛好評，朱光潛先生更贊為：「大作《雅舍小品》對於文學的貢獻在翻譯莎士比亞的工作之上。」[94]現實是非退去，個人性情凸顯，梁實秋開始親近曾為他所批判的老莊。

像這種具有隱逸情調的文章在「雅舍小品」中是不少見的，《音樂》在批評了種種音樂之後，說「還有村裡的雞犬聲，足令人難忘的還有所謂天籟。秋風起時，樹葉簌簌的聲音，一陣陣襲來，如潮湧，如急雨，如萬馬奔騰，如銜枚急走，風定之後，細聽還有枯乾的樹葉一聲聲打在階上。秋雨落時，初起如蠶食桑葉，窸窸嗦嗦，繼而淅淅瀝瀝，打在蕉葉上清脆可聽，風聲雨聲，再加上蟲聲鳥聲，都是自然的音樂，都能使我發生好感，都能驅除我的寂寞，何貴乎聽那『我好比……我好比……』之類的歌聲？然而此中情趣，不足為外人道也。」[95]這與〈齊物論〉中的那段描寫風聲的文字是可以相比擬的，同樣表現了對「天籟」的欣賞和對人為音樂的不以為然。〈客〉這樣寫：「我常幻想著『風雨故人來』的境界，在風灑灑雨霏霏的時候，心情枯寂百無聊賴，忽然有客款扉，把握言歡，莫逆於心，來客不必如何風雅，但至少第一不談物價升降，第二不談宦海浮沉，第三不勸我保險，第四不勸我信教，乘興而來，興盡即返，這真是人生一樂。」這種對「莫逆於心」、不言現實利害的朋友的嚮往也可在《莊子》裡找到它的知音：「子祀、子輿、子犁、子來四人相與語曰：『孰能以無為首，以生為脊，以死為尻；孰知死生存亡之一體者，吾與之友矣！』四人相視而笑。莫逆於心，遂相與為友。」[96]梁氏雖難說達到莊子所謂的「外生死」的境界，但同樣保持了一分對超然的嚮往。

與這種隱逸相關的，梁實秋表現了對萬物（包括人）本性的觀察

---

94 陳漱渝：〈《雅舍小品》現象〉，梁實秋：《梁實秋散文》，北京市：中國廣播電視出版社，1989年。

95 梁實秋：《梁實秋散文》（北京市：中國廣播電視出版社，1989年），頁38。

96 莊子：《莊子・大宗師》，曹礎基：《莊子淺注》（北京市：中華書局，2000年），頁98。

和欣賞，《下棋》這樣寫道：「有一種人我最不喜歡和他下棋，那便是太有涵養的人。殺死他一大塊，或是抽了他一個車，他神色自若，不動火，不生氣，好像是無關痛癢，使得你覺得索然寡味。君子無所爭，下棋卻是要爭的。」[97]嚮往老莊式的自然性情、批判儒家式的節制性情是明顯的。在另一處下棋描寫中，這種性情流露得更加淋漓盡致：「我有兩個朋友下棋，警報作，不動聲色，俄而彈落，棋子被震得在盤上跳蕩，屋瓦亂飛，其中一位棋癮較小者變色而起，被對方一把拉住，『你走！那就算你輸了』。此公深得棋中之趣。」[98]在叫人怡然作樂中棋趣（實際是人的性情）的表現躍然紙上。《鳥》對自然界中鳥的描寫是叫人神往的：「幾乎沒有例外的，鳥的身軀都是玲瓏飽滿的，細瘦而不乾癟，豐腴而不臃腫，真是減一分則太瘦，增一分則太肥那樣地穠纖合度，跳蕩得那樣輕靈，腳上像是有彈簧。看它高踞枝頭，臨風顧盼——好銳利的喜悅刺上我的心頭。不知是什麼東西驚動它了，它倏地振翅飛去，它不回顧，它不徘徊，它像虹似地一下就消逝了，它留下的是無限的迷惘。有時候稻田裡佇立著一隻白鷺，蜷著一條腿縮著頸子，有時候『一行白鷺上青天』，背後還襯著黛青的山色和釉綠的梯田。就是抓小雞的鴟鷹，啾啾地叫著，在天空盤旋，也有令人喜悅的一種雄姿。」[99]而對於喪失自由而被囚於籠中的小鳥則表示對它的「苦悶」的同情，同於莊子對「樊中」之鳥「神雖王，不善也」[100]的歎息，表達了一分對自然性情的嚮往。同樣，《樹》寫道：「我想樹沐浴在熏風之中，抽芽放蕊，它必有一番愉快的心情。等到花簇簇，錦簇簇，滿枝頭紅紅綠綠的時候，招風引蝶，自又有一番得

---

97 梁實秋：《雅舍小品選》（北京市：人民日報出版社，1987年），頁7。

98 梁實秋：《雅舍小品選》（北京市：人民日報出版社，1987年），頁9。

99 梁實秋：《雅舍小品選》（北京市：人民日報出版社，1987年），頁17。

100 莊子：《莊子・養生主》，曹礎基：《莊子淺注》（北京市：中華書局，2000年），頁45。

意。……我又揣想，螞蟻在樹幹上爬，可能會覺得癢癢出溜的。」[101] 這種愉快的假想與濠梁觀魚的莊子大約是相同的心情，表達的是處於自性的萬物怡然自得的欣賞。

值得注意的是，梁實秋雖然與許多具有隱逸傾向的作家一樣表現了對自然性情的嚮往，但他筆下的自然性情是經過了節制的，絕不氾濫。他早年一向鼓吹的健康和尊嚴的理性原則並沒有隨著他的隱逸而放棄，因而他的自然性情又有獨到的人文色彩。在《飲酒》裡，他一方面表示「酒實在是妙。幾杯落肚之後就會覺得飄飄然、醺醺然。」[102] 又說「可是酒醒之後，所謂『憂心如酲』，那份病酒的滋味很不好受，所付代價也不算少。」[103]在嚮往酒的同時又拒絕陶淵明、李白式的醉酒，這仍是梁典型的儒家中庸立場，也是他的新人文主義的健康原則立場。《夢》也一方面欣賞「古之真人，其寢不夢」的境界，另一方面又表示人不可能作到長期不做夢：「『其寢不夢，神定也，所謂至人無夢是也。』作到至人的地步是很不容易的，要物我兩忘，『嗒然若喪其耦』才行。偶然接連若干天都是一夜無夢，渾渾噩噩的睡到大天光，這種事情是常有的，但是長久的不作夢，誰也辦不倒。」[104]《健忘》中也有同樣的表述「像華子所嚮往的那種『蕩蕩然不覺天地之有無』的境界，我們若能偶然體驗一下，未嘗不可，若是長久的那樣精進而不退轉，則與植物無大差異，給人帶來的煩擾未免太大了。」在欣賞老莊逍遙的同時又拒絕了他們的絕對。一言以蔽之，梁氏所欣賞的是「〈菜根譚〉所謂『花開半開，酒飲微醺』的趣味，才是最令人低徊的境界。」[105]

---

101 梁實秋：《雅舍小品選》（北京市：人民日報出版社，1987年），頁24。

102 梁實秋：《雅舍小品選》（北京市：人民日報出版社，1987年），頁79。

103 梁實秋：《雅舍小品選》（北京市：人民日報出版社，1987年），頁81。

104 梁實秋：《雅舍小品選》（北京市：人民日報出版社，1987年），頁87。

105 梁實秋：《雅舍小品選》（北京市：人民日報出版社，1987年），頁82。

第六章
宇宙之境，天地大美：
老莊與現代文學創作之三

老莊思想影響現代文學表現出豐富的向度，不僅有地域抒寫、個人抒寫，更有宇宙抒寫；不僅以自然、退隱、寧靜、平淡等陰性意象，還以超然、豪放、雄奇等陽性意象影響了文學創作。作家們不再只是注意自己眼前的生活，或社會生活，或者一己之性情，而是擴展自己的人格到無窮的境界，將自我精神等同於宇宙精神。此種宇宙抒寫與執著人間生活、個人生活的作家不同，他們有著超人間的追求。

這批作家的特點是：一、追問宇宙的基本精神，此追問落腳到道或與道相關。比如青年毛澤東就對宇宙「本源」精神進行了探討：「夫本源者，宇宙之真理。」[1]郭沫若探討了宇宙的泛神精神：「泛神便是無神。一切的自然只是神的表現，自我也只是神的表現。我即是神，一切自然都是自我的表現。」[2]宗白華的精神世界裡也頻頻出現「宇宙」這一終極概念。毛澤東的「本源」、郭沫若的「泛神」、宗白華的「宇宙」雖然或多或少地吸收了西方哲學思想，但與道家的「道」密不可分，他們的哲學觀念中都有道家的「道」的本源意識和「天人合一」精神。

二、人間活動與宇宙精神相關，是宇宙精神的體現，道的體現；人間的活動要以宇宙精神作依據。比如，毛澤東說：「今吾以大本大源為號召，天下之心其有不動乎？天下之心皆動，天下之事有不能為

1　一九一八年八月二十三日致黎錦熙信。

2　郭沫若：《郭沫若全集》文學編第15卷（北京市：人民文學出版社，1992年），頁311。

者乎？天下之事可為，國家有不富強幸福者乎？」[3]「其欲立志，不能如是容易，必先研究哲學、倫理學，以其所得真理奉以為身己言動之佳，始謂有志也。」[4]強調現實活動的宇宙依據。郭沫若寫道：「我俯仰在天地之間呼吸乾元，／造化的精神在我胸中噴湧！」[5]「我效法造化底精神，我自由創造，自由地表現我自己。我創造尊嚴的山岳、宏偉的海洋，我創造日月星辰，我馳騁風雲雷雨，我萃之雖僅限於我一身，放之則可氾濫乎宇宙。」[6]個人精神是宇宙精神的體現。宗白華的〈流雲〉寫道：「宇宙的核心是寂寞，／是黑暗，／是悲哀。／但是／他射出了／太陽的熱，／月亮的光，／人間的情愛。／／我愛朦朧，／我尤愛朦朧的落日。／落日的朦朧中，／我與宇宙為一。」也強調個人精神與宇宙精神的和諧一致。

三、宏大的宇宙境界，而非一域之人間生活。作家的個人人格擴展為宇宙精神，人間的活動有一個恢弘的宇宙背景。這受到莊子「天地大美」思想的影響。莊子的思想在擴展詩人的人格方面和精神境界方面，發揮了重要的作用，並因此擴大了現代文學的精神境界。毛澤東的詩詞如「丈夫何事足縈懷，要將宇宙看稊米」，「自信人生二百年，會當水擊三千里」，「五嶺逶迤騰細浪，烏蒙磅礴走泥丸」，「小小寰球，有幾個蒼蠅碰壁」，「坐地日行八萬里，巡天遙看一千河。」「一萬年太久，只爭朝夕」，無不有一種宏闊的氣勢，這種氣勢是將自我精神擴充到等同於宇宙的結果，意識到「我」與「道」相關，「道」亦是「我」，「天地與我並生，而萬物與我為一」，「獨與天地精神相往來」。與表現恢宏的「道」之氣魄相一致，郭沫若詩歌也充滿

3 一九一八年八月二十三日致黎錦熙信，引自張育仁：《鯤鵬之夢——毛澤東詩化哲學評傳》（瀋陽市：瀋陽出版社，2003年），頁49。

4 一九一八年八月二十三日致黎錦熙信。

5 郭沫若：《郭沫若全集》文學編第1卷（北京市：人民文學出版社，1982年），頁225。

6 郭沫若：《郭沫若全集》文學編第1卷（北京市：人民文學出版社，1982年），頁22。

令人驚訝的意象。他的詩歌選擇的意象宏闊、龐大、粗野，極具有爆發力、衝擊力和破壞力，如黑暗如漆的茫茫的宇宙，要把全宇宙來吞沒的天狗，如太平洋一樣的惠特曼，不斷毀壞、不斷創造的太平洋，噴吐雷霆雨雪的地球，無限光海的大自然，光芒萬丈的太陽，等等。在他的意象世界裡，宇宙動盪不寧，敞開在一種破壞和創造的氣息中，極具力的美感，不僅體現了五四精神，而且還擴大了五四精神的精神內涵。宗白華的詩歌也是這樣，他總在一個無限的、遼闊的宇宙背景中來探查自己的命運，他的詩歌有一個宏大的宇宙背景，詩人的目光似乎專注於宇宙的遙想。而在少數寫現實活動的詩篇裡，詩人的目光也不僅僅囿於活動本身，他總是把這些活動放在闊大的宇宙背景中來寫。

老子稱「道」為「大」，[7]描述他的「道」為「有物混成，先天地生，寂兮寥兮，獨立而不改，周行而不殆，可以為天地母。吾不知其名，字之曰道，強為之名曰大。」[8]莊子更強調「道」為大的特質：「天地有大美而不言，四時有明法而不議，萬物有成理而不說。」[9]他所謂的得道的「真人」、「神人」、「聖人」都是一些乘雲氣，御飛龍，騎日月，而游乎四海之外的人物。這些描述不僅給人以哲學上的啟示，還培養了文學家往來天地的幻想氣質。屈原、陶淵明、李白、蘇軾都是受此影響顯著的詩人。現代詩人亦受此影響，形成毛澤東、郭沫若、宗白華等人的宇宙意識、磅礡氣勢和超然世外的人格氣質和詩歌風貌。

7　老子云：「道大，天大，地大，人亦大。」王弼：《老子注》，《諸子集成》第3冊（北京市：中華書局，1954年），頁14。

8　王弼：《老子注》，《諸子集成》第3冊（北京市：中華書局，1954年），頁14。

9　莊子：《莊子・知北游》，曹礎基：《莊子淺注》（北京市：中華書局，2000年），頁320。

第一節　毛澤東：身執此世，神游天外

探討毛澤東與老莊的關係，我們會遇到一個障礙：毛澤東主要是一個領袖人物，是一位卓越的政治家和軍事家，他的一生一直在不停地為民族的解放和復興事業努力奮鬥，他無疑是一位偉大的現實主義者。那麼老莊影響傳統文人的自然無為的思想、隱逸的生活方式、超脫於萬物之上的自由精神等，似乎與毛澤東不相干：這樣一位致力於改造民族國家的曠代偉人與世外高人老莊怎能聯繫在一起！但事實上，毛澤東受老莊思想的影響非常大，這種影響貫穿於他的哲學思想、政治思想、軍事思想、藝術理念等等，他的詩詞的道家精神也是突出的。

早在一九一三年，二十歲的毛澤東在湖南省立第四師範學校求學時，就讀過《莊子》，現存毛澤東的讀書筆記《講堂錄》裡就記載有閱讀莊子的筆記和讀書心得。「戰國策」派核心人物之一林同濟歸納道家思想影響中國人的人格時認為，「回歸主義道家信徒」是中國文化所能產生的最高層次的人格，「他身為道家卻為儒家思想奮鬥，是最偉大的政治家。」[10]同樣，毛澤東也是一位偉大的現實主義者，但這樣一位現實主義者也是一位有著極大超越精神的哲學家，毛澤東吸收中外多種哲學思想擴展了自己的人格境界，其中老莊思想在他的超越精神境界中發揮了關鍵作用。

一　宇宙境界：宇宙與我為一

閱讀毛澤東詩詞，細細品味，我們可以在其中發現一種相反相成的風格：既有沉實的現實氣息，又具飛揚的浪漫風味。飄逸又沉實，

10 許紀霖、李瓊：《天地之間——林同濟文集》（上海市：復旦大學出版社，2004年），頁191。

豪放又執著。作為現實性的詩篇，有人認為他的詩「是一部具有高度政治軍事性質的自傳。」[11]作為浪漫的詩篇，他的詩歌時時超越於現實之上而入於無垠的時空。令人驚奇的是他的詩歌的這種對現實的執著和超越同樣極其強烈，而又處於一種生機勃勃的協調中，這是一種特定人格的產物。

早在湖南一師求學時，毛澤東就提出他在倫理學上的兩大主張，其一便是個人主義。個人主義是其思想的基石。在隨後到來的五四運動中，個人的覺醒、個人主義被看做時代精神，這種精神是西方文化啟發的結果。個人主義的核心在強調個人的價值，以個體生命存在為人生的終極目的。毛澤東的個人主義與這種思潮有一定的關聯，他同樣肯定個人至高無上的價值，「蓋人有我性，我故萬事萬念之中心也。」[12]「人類之目的在實現自我而已。」[13]「故凡有壓抑個人、違背個性者，罪莫大焉。故吾國之三剛在所必去，而教會、資本家、君主、國家四者，同為天下之惡魔也。」[14]但是，毛澤東個人主義的核心內涵還是與五四意義上的個人主義區別開來，後者是在個人與社會對立的意義上強調個人有獨立於社會的自由與價值，前者則重在發展自性的完滿，強調「盡吾之性，完吾之心。」「自盡其性，自完其心。」[15]這裡既有儒家思想，也有來自莊子的啟示。不僅如此，這種本性不是平民大眾的自然人性，而是英雄豪傑的莊偉本性，「充分發

---

11 〔美〕保羅・安格爾：〈革命的領袖　浪漫的詩人〉，《毛澤東思想研究》1988年第3期。

12 毛澤東：《倫理學原理》批注，引自中共中央文獻研究室、中共湖南省委編輯組：《毛澤東早期文稿》（2008年），頁124。

13 毛澤東：《倫理學原理》批注，引自中共中央文獻研究室、中共湖南省委編輯組：《毛澤東早期文稿》（2008年），頁218。

14 毛澤東：《倫理學原理》批注，引自中共中央文獻研究室、中共湖南省委編輯組：《毛澤東早期文稿》（2008年），頁133。

15 毛澤東：《倫理學原理》批注，引自中共中央文獻研究室、中共湖南省委編輯組：《毛澤東早期文稿》（2008年），頁129。

達吾人身體及精神之能力至於最高。」[16]「豪傑之士發展其所得于天之本性，伸張其本性中至偉至大之力，因以成其為豪傑焉。」[17]毛澤東顯然有超出凡俗的個人追求；但這仍不是最重要的，重要的是，毛澤東的這種個人主義不僅限於個體甚至英雄個體，他的個人主義有著世界主義甚至宇宙主義的重要內涵。

毛澤東批評了叔本華的個人主義。叔本華謂自然之人類由利己而已，又小己與世界之生存不可得兼，則必自保。毛澤東則提出「人類固以利己性為主，然非有此而已也，又有推以利人之性，此乃是一性，利人乃所以自利也。」[18]「利他由我而起點也，利他與我有關係也。」[19]毛澤東否定了叔本華式的利己與利他的對立，而強調利己與利他的互通，認為二者甚至同出於一性。這是具有民族性格的「利己主義」，而非西方的極端個人主義思想。這裡有《中庸》由己推人的「恕」的思想。「予思吾儒家之說，乃是以利己主義為基礎，如『天地之道造端乎夫婦』之言，『先修身而後平天下』，『先親親而後仁民愛物』可以見之。」[20]不但如此，毛澤東的個人主義還突破了「人」的範疇，個人主義向宇宙主義發展，個人與宇宙合為一體。「由利己而放開之至於利人類之大己，利生類之大己，利宇宙之大己，係由小真而大真……」「我的界當擴而充之，是故宇宙一大我也。」[21]個人主

16 毛澤東：《倫理學原理》批注，引自中共中央文獻研究室、中共湖南省委編輯組：《毛澤東早期文稿》（2008年），頁218。

17 毛澤東：《倫理學原理》批注，引自中共中央文獻研究室、中共湖南省委編輯組：《毛澤東早期文稿》（2008年），頁192。

18 毛澤東：《倫理學原理》批注，引自中共中央文獻研究室、中共湖南省委編輯組：《毛澤東早期文稿》（2008年），頁129。

19 毛澤東：《倫理學原理》批注，引自中共中央文獻研究室、中共湖南省委編輯組：《毛澤東早期文稿》（2008年），頁124。

20 毛澤東：《倫理學原理》批注，引自中共中央文獻研究室、中共湖南省委編輯組：《毛澤東早期文稿》（2008年），頁125。

21 毛澤東：《倫理學原理》批注，引自中共中央文獻研究室、中共湖南省委編輯組：《毛澤東早期文稿》（2008年），頁532。

義與世界主義、個人主義與宇宙的合一才是毛澤東個人主義的理論要害，是其理論魅力所在。故，毛澤東的個人主義思想雖然受到現代西方文化的影響，具有現代性格；但其理論內核和支撐則來自於民族哲學，《中庸》、《大學》和道家哲學對世界的終極思考是其理論源泉，這一點與西方哲學鮮明區別開，毛澤東哲學的民族性格於此可見。他反覆強調：「人心即天命。」[22]「蓋我即宇宙。各除去我，即無宇宙。各我集合，即成宇宙，而各我又以我而存，苟無我何有各我哉。是故，宇宙間可尊者惟我也，可畏者惟我也，可服從者惟我也。」[23]「吾人放大眼光，而曰人類一大我也，而曰生類一大我也，而曰宇宙一大我也。」[24]民族的「天人合一」、「等萬物」思想對於他是有支配意義。

由個人而世界而宇宙，人與人內在本性相同，人與宇宙的內在本性相同，毛澤東的這種思想可謂是莊子「天地與我並生，而萬物與我齊一」思想的翻版。與此相關，毛澤東發展了他的本體論。他說：「發顯（表現、顯現、現象）即本體，本體及發顯，合無量數發顯而為一大本體，由一大本體分為無量數發顯。人類者與本體有直接關係，而為其一部分，人類之意識，亦即與本體之意識相貫通，本體或名之曰神。」[25]「人類者與本體有直接關係，而為其一部分，人類之意識，亦即與本體之意識相貫通，本體或名之曰神。」[26]顯然，這種宇宙本體不是西方哲學超絕現世的彼岸世界，而是與現世息息相關的

22 毛澤東：《倫理學原理》批注，引自中共中央文獻研究室、中共湖南省委編輯組：《毛澤東早期文稿》（2008年），頁531。

23 毛澤東：《倫理學原理》批注，引自中共中央文獻研究室、中共湖南省委編輯組：《毛澤東早期文稿》（2008年），頁204。

24 毛澤東：《倫理學原理》批注，引自中共中央文獻研究室、中共湖南省委編輯組：《毛澤東早期文稿》（2008年），頁124。

25 毛澤東：《倫理學原理》批注，引自中共中央文獻研究室、中共湖南省委編輯組：《毛澤東早期文稿》（2008年），頁203。

26 毛澤東：《倫理學原理》批注，引自中共中央文獻研究室、中共湖南省委編輯組：《毛澤東早期文稿》（2008年），頁230。

精神存在，甚至就是現實世界。這仍然是民族哲學性格，是「道」的世界。在毛澤東改造現實的實際革命活動中，他依據的正是這種宇宙觀，比如，他強調現實的一切活動應具有「本源」意識，這種本源意識即關於宇宙的根本性原理：「欲動天下者，當動天下之心，而不徒在顯見之跡。動其心者，當具有大本大源。今日變法，俱從枝節入手，如議會、憲法、總統、內閣、軍事、實業、教育，一切皆枝節也。枝節亦不可少，惟此等枝節，必有本源。本源未得，則此等枝節為贅疣，為不貫氣，為支離滅裂，幸則與本源略近，不幸則背道而馳。……夫本源者，宇宙之真理。天下之生民，各為宇宙之一體，即宇宙之真理，各具于人人之心中，雖有偏全之不同，而總有幾分之存在。今吾以大本大源為號召，天下之心其有不動乎？天下之心皆動，天下之事有不能為者乎？天下之事可為，國家有不富強幸福者乎？」[27]可以看出，這是用道家的本源觀念「道」貫通儒家的「恕」精神，從而使現實發生的一切具有同根源性、系統性，各種革命行動與根源相關，「神動而天隨」，[28]因而號召有力，人心齊聚，事竟成功。

哲學觀念必定影響藝術理念。關於詩歌的本質，毛澤東曾手書「詩言志」，他這樣解釋「志」：「志者，吾有見乎宇宙之真理，照此以定吾人心之所謂也。今人所謂立志，如有志為軍事家，有志為教育家，乃見前輩之行事及近人之施為，羨其成功，盲從有為己志，乃出於一種模仿性。其欲立志，不能如是容易，必先研究哲學、倫理學，以其所得真理奉以為身已言動之佳，始謂有志也。」[29]可見他的「志」並不僅僅是某種具體的志向，而與宇宙真理相關，也是「本源」的體現了。當然他對「志」的這種解釋不是純詩學意義上的，而主要是一種實踐哲學，但這種實踐理性必然會影響到毛澤東的詩學觀念。

---

27 一九一八年八月二十三日致黎錦熙信。

28 莊子：《莊子．在宥》，曹礎基：《莊子淺注》（北京市：中華書局，2000年），頁144。

29 一九一八年八月二十三日致黎錦熙信。

在本源性、我與宇宙一體的觀念的支配下，毛澤東的詩歌顯示出一種壺視天地、出入六合的氣魄。從他早期的「丈夫何事足縈懷，要將宇宙看稊米」，「自信人生二百年，會當水擊三千里。」到他後來寫「五嶺逶迤騰細浪，烏蒙磅礡走泥丸」，「小小寰球，有幾個蒼蠅碰壁」，「坐地日行八萬里，巡天遙看一千河。」「一萬年太久，只爭朝夕。」他的詩歌無不有一種宏闊的氣勢，這種氣勢並不僅僅是一般意義上的氣勢雄偉，也不是一般意義上的豪放雄渾，而是將自我擴充到等同於宇宙，意識到「我」與「道」相關，「道」亦是「我」，「天地與我並生，而萬物與我為一」，這就實現了對日常、對凡俗、對有限具體的超越，「獨與天地精神相往來」。莊子說：「知天地之為稊米也，知毫末之為丘山也。」[30]毛澤東改造了這種相對大小的觀點，只取前者「天地為稊米」的意義，形成他的恢宏氣度，本質上也是莊子「道」的發揮，也同於老子「道大」的觀點。

但毛澤東的這種豪放浪漫不同於歷史上那種游仙式的脫離現實的浪漫。假如毛澤東的詩詞有出世的精神，那麼他的出世和入世是一體的。他的出世不是為了逃避，而僅僅是為了不囿於現實，要回到本源。在這方面，毛澤東深受湖湘思想傳統影響。王夫之將道和器合為一體：「形而上者，非無形之謂……『惟聖人然後可以踐形』。踐其下，非踐其上也。」「君子之道，盡乎器而已矣。」[31]通過對「器」的追求來達「道」，在形而下的追求中達到形而上的境界。這給了譚嗣同以啟發：「道必依於器而後有實用，果非空漠無物之中有所謂道矣。」[32]「夫苟辨道之不離乎器，則天下之為器亦大矣，器即變，道安得獨不變？」[33]這種道器體用不二的觀點深深吸引了毛澤東，他孜

---

30 莊子：《莊子・秋水》，曹礎基：《莊子淺注》（北京市：中華書局，2000年），頁239。

31 王夫之：《船山全書》第1冊（長沙市：岳麓書社，1988年），頁1028。

32 譚嗣同：《譚嗣同全集》上（北京市：中華書局，1981年），頁161。

33 譚嗣同：《譚嗣同全集》上（北京市：中華書局，1981年），頁197。

孜以求本源，目的不是為了遁入形而上的空無世界，而是將現實活動接上本源以獲得更強的實踐效果。

形而下與形而上一體的思維方式影響了毛澤東的詩詞創作，儘管毛澤東詩詞的主要內容還是他現實革命經歷的反映，強烈的現實和實踐品格是他的突出特徵，但在這些實踐性很強的現實主義詩篇裡，毛澤東能時時從現實飛躍，超越於有限的時空，直達無限之境。杜甫云：「篇終接混茫」，司空圖云：「返虛入混」，都在於強調詩人的主體精神與宇宙精神的息息相通。毛澤東詩詞在這方面有明顯的追求，他在詩詞的篇終、篇中、篇前時時躍入「混茫」，而「返虛入混」。試看：「天高雲淡，望斷南飛雁」（〈清平樂・六盤山〉），「秋風渡河上，大野入蒼穹」（〈五律・喜聞捷報〉），「朝霧彌瓊宇，征馬嘶北風」（〈五律・張冠道中〉），這些是篇首的起興；「從頭越，蒼山如海，殘陽如血」（〈憶秦娥・婁山關〉），「寥廓江天萬里霜」，（〈采桑子・重陽〉）「天若有情天亦老，人間正道是滄桑」（七律・人民解放軍占領南京），這些是「篇終接混茫」；「坐地日行八千里，巡天遙看一千河」、「一片汪洋都不見，知向誰邊？」「問蒼茫大地，誰主沉浮？」（〈沁園春・長沙〉）這些是篇中的飛躍。「游心」在宇宙精神與現實戰鬥生活之間是這些詩詞的顯著特點。毛澤東的詩詞不是純粹的現實主義，也不是脫離現實的虛幻的浪漫主義甚至游仙思想，這與其形而上形而下一體的觀念直接相關。在這些詩篇裡，我們的確能感受到毛澤東的精神世界裡噴湧著的宇宙之氣，他的精神意志一半在地下，一半在天上；或者說既在地下，又在天上。它交混著老莊的道、儒家的事功、現代西方的生命哲學，但落腳點仍在老莊的「道」：這不是西方的形而上學是顯見的；而它雖包含儒家天人合一精神，但那種對現實的超越帶來的極大自由感蓬勃的仍然是莊子的天地大美。

二　時間意識：變動不居的世界

毛澤東對時間有一種超乎尋常的敏感。時間的無盡和生命的短暫是造成人類悲劇性存在的根本原因，中國歷代詩人在這一點似乎都不約而同地表現出對時間一去不復返的哀歎，從屈原的「惟草木之零落兮，恐美人之遲暮」，到陶淵明的「日月擲人去，有志不獲騁。念此心悲戚，終曉不能靜」，陳子昂的「念天地之悠悠，獨愴然而涕下」，莫不如此。毛澤東同樣感喟時間的深永，所謂「一萬年太久」、「人生易老天難老」、「往事越千年」等等，雖氣魄雄偉，但也無不映現出他內心隱秘觀念：短暫的人生在無盡的時間中的渺小。但毛澤東不是屈服於這種觀念，而是展開他冷靜的哲學思考，他要探索這個為無數哲學家為之殫精竭慮的人生之謎中的最大難題。早年毛澤東即立志於「通達天地、明貫現在過去未來，洞悉三界現象」，以達到「百世可知」、「百世不惑」，其堅定的決心如「舉世非之而不加沮，而且毀之也愈益甚」，[34]正如莊子對「道」的追求的決心：「舉世譽之而不加勸，舉世非之而不加沮」。[35]這種洋溢著莊子格調的語言顯示了毛澤東時間觀與老莊內在的親緣關係。

毛澤東早年的一條批注表達了他的時間觀：「余以為生死問題乃時間問題，成毀問題乃空間問題；世界上有成毀無生死，有空間無時間……既無現在，亦無過去，又無未來，身體精神兩俱不滅。」[36]在這條批注裡，毛澤東否定了時間，肯定了空間，所謂「有成毀無生死」，只是肯定事物的轉化，否定了事物會消失或死亡。這種觀念，

---

34 毛澤東：《講堂錄》，中共中央文獻研究室、中共湖南省委《毛澤東早期文稿》編輯組編：《毛澤東早期文稿》（2008年），頁535。

35 莊子：《莊子・逍遙游》，曹礎基：《莊子淺注》（北京市：中華書局，2000年），頁6。

36 毛澤東：《倫理學原理批注》，中共中央文獻研究室、中共湖南省委《毛澤東早期文稿》編輯組編：《毛澤東早期文稿》（2008年），頁242。

有近代物質不滅原理的影子，但他的根仍是莊子「生死即氣之聚散」的觀點：「人之生，氣之聚也。聚則為生，散則為死。」[37]對於毛澤東來說，時間的最大奧秘不在於消失或死亡，而在於變化。這種真理，老子已先於莊子表過了：「天地之間，其猶橐龠乎？虛而不出，動而愈出。」[38]因而毛澤東幾乎將「變」看成了最高的真理。他用「不需放屁，試看天地翻覆」嘲笑了赫魯曉夫「土豆加牛肉」的福利共產主義；在聞知南京解放的巨大喜訊時，他本人卻顯得格外平靜，在他看來，這只是宇宙間一個小小的變化而已，在反映這一事件的詩歌〈人民解放軍占領南京〉裡，毛澤東寫道：「天若有情天亦老，人間正道是滄桑」，表現出他洞悉時間奧秘後的超然。在很多情況下，毛澤東不但不拒絕變化，反而主動地迎接變化、創造變化、歌頌變化，他的詩歌中充滿著改天換地的戰鬥豪情和對歷史滄桑的巨大感慨：

> 蕭瑟秋風今又是，換了人間。
> 神女應無恙，當驚世界殊。
> 陶令不知何處去，桃花園裡可耕田？
> 虎踞龍盤今勝昔，天翻地覆慨而慷。

在毛澤東革命的一生，他經歷的變化可謂巨大激烈，但他對各種變化卻有一種超人的淡定心態，真正達到他早年所說的「百世不惑」的境界，這不能不說與他對時間、乃至對「道」的本性的深刻認識有關。

主動求變導致毛澤東對當下的把握，造成他的「及時」的觀念：「多少事，從來急。天地轉，光陰迫。一萬年太久，只爭朝夕。」他

---

37 莊子：《莊子・知北游》，曹礎基：《莊子淺注》（北京市：中華書局，2000年），頁318。

38 王弼：《老子注》，《諸子集成》第3冊（北京市：中華書局，1954年），頁3。

深感無限時間中個人生命的易逝，因而他發出「今日之我向昨日之我挑戰」的吶喊。毛澤東早年受進化論、尼采超人哲學的影響，極為重視個人生命意志，提出「主觀之道德律」、「精神之個人主義」觀點。但是，毛澤東的這種積極的個人進取目的並不是為了建立萬世不朽的個人功業，也不是如西方人那樣求得個人拯救，而是為了自性的完滿。「或謂人在歷史中有繼往開來之責者，吾不信也。吾惟發展吾之一身，使吾內而思維，外而行事，皆達正鵠。吾死之後，置吾之身於歷史之中，使後人見之，皆知吾確然有以自完。後人因吾之完滿如此，亦自加吾以芳名，然而非吾之所喜悅，以其屬之後來，非與躬與之現實也。」[39]這正如同嚴復所說「萬物之所以底於如是者，咸其自己而已，無所謂創造者也。」[40]他們都受到莊子「咸其自己」思想的影響。個人意志的滿足事實上是求得人性滿足的另一種說法，而純正的人性通向「德」，最終通向「道」。他追求的還是莊子所謂「性修返德，德至同于初。同乃虛，虛乃大」[41]的境界，是得「道」的境界。

這種由現實的意志努力而致「道」的觀點，我們還可以從如下事實得到證明，即：毛澤東的時間總是永恆和當下相連，他的空間總是眼前和無限不可分。如〈浪淘沙・北戴河〉：「大雨落幽燕，白浪滔天，秦皇島外打魚船，一片汪洋都不見，知向誰邊？」這是從眼前寫到無限的空間；「往時越千年，魏武揮鞭，東臨碣石有遺篇。蕭瑟秋風今又是，換了人間。」又如〈采桑子・重陽〉：「人生易老天難老，歲歲重陽。今又重陽，戰地黃花分外香。」這是從永恆的時間寫到當下；「一年一度秋風勁，不似春光。勝似春光，寥廓江天萬里霜。」

---

39 毛澤東：《倫理學原理批注》，中共中央文獻研究室、中共湖南省委《毛澤東早期文稿》編輯組編：《毛澤東早期文稿》(2008年)，頁181。

40 嚴復：《〈天演論・察變〉按語》，王栻主編：《嚴復集》(北京市：中華書局，1986年)，頁1325。

41 莊子：《莊子・天地》，曹礎基：《莊子淺注》(北京市：中華書局，2000年)，頁168。

這又從眼前寫到無垠的空間。這種在無垠的時空和眼前的景致之間的自由自在地「游心」充分證明了現實精神最強、意志最強烈的一代偉人神與天通的道家哲學氣質。

三　心性：奇險與悠閒

林同濟在表達對道家思想的意見時說過這樣一句話：「道家回歸主義者不帶私利的行動有著一種大自然般的泛神節拍，不急不緩，永不停息。」[42]這句話分解一下有這樣兩層意思：一是道家回歸主義者有一種極為悠閒的心態；二是他同時又是永不停息的戰鬥者。這種戰鬥者又往往是一位追求奇險的人，有著奇險的經歷，例如林同濟所認為典型的道家回歸主義者諸葛亮就是一位奇策迭出的軍事家。老子云：「以正治國，以奇用兵。」「奇」的思維體現著「道」；同時，「奇」與「閒」又構成內在的邏輯關係：出奇策而導致的必勝信心帶來從容悠閒的心態。林同濟這位國統區思想家，對毛澤東沒有過研究，但他對道家回歸主義者的這種論斷用在毛澤東身上可謂貼切。毛澤東一生可謂奇險迭出，「九死一生如昨」，他愛出奇策，終於以少勝多戰勝蔣介石；然而，他又能對重大的歷史事件置若罔聞，當南京解放的消息傳來時，他閱讀報紙的平靜彷彿那是一件與己無關的事，這讓我們想起謝安聞知淝水大捷的勝利消息時，仍無動於衷地與人下棋，而後者正是一位典型的道家信徒，一位以少勝多的軍事總指揮。

毛澤東愛奇，愛險，作為一種統一的心性，他的詩詞也表現出這樣的特點，典型的如著名的〈十六字令三首〉：

---

42 許紀霖、李瓊：《天地之間——林同濟文集》（上海市：復旦大學出版社，2004年），頁193。

山，快馬加鞭未下鞍。驚回首，離天三尺三。
山，倒海翻江卷巨瀾。奔騰急，萬馬戰猶酣。
山，刺破青天鍔未殘。天欲墮，賴以拄其間。

他如「一江飛峙大江邊，躍上蔥蘢四百旋。」(〈七律・登廬山〉)「雄關漫道真如鐵，而今邁步從頭越。」(〈憶秦娥・婁山關〉)等無不如此。但奇險帶給毛澤東的不是精神的緊張，相反是精神的悠閒，〈紀念魯迅八十壽辰〉寫道：「博大膽識鐵石堅，刀光劍影任翔旋。龍華喋血不眠夜，猶制小詩賦管弦。」還有〈為李進同志題所攝廬山仙人洞照〉：「暮色蒼茫看勁松，亂雲飛渡仍從容。天生一個仙人洞，無限風光在險峰。」以悠閒的心態觀看人間的奇險彷彿是毛澤東一種經常的、內在的心性品質，這種心態在一九四九後所寫的〈水調歌頭・游泳〉裡體現得尤為典型：

才飲長沙水，又食武昌魚。萬里長江橫渡，極目楚天舒。不管風吹浪打，勝似閒庭信步。今日得寬餘，子在川上曰：逝者如斯夫！
風檣動，龜蛇靜，起宏圖。一橋飛架南北，天塹變通途。更立西江石壁，截斷巫山雲雨，高峽出平湖。神女應無恙，當驚世界殊。

上闋「萬里長江橫渡，極目楚天舒」一險一閒，「不管風吹浪打，勝似閒庭信步」又是一險一閒，這幾乎成了一種固定的心理模式。再看下闋，「一橋飛架南北，天塹變通途」一險一閒，「更立西江石壁，截斷巫山雲雨，高峽出平湖」前兩句險，後一句閒。上闋是戰勝自然之險後的悠閒，下闋是以奇策出奇效後的悠閒。如果我們將這種悠閒看成是意志勝利後的放鬆，這當然是有道理的；但這顯然不能揭示毛澤東獨特的精神個性。林同濟談到道家回歸主義者的時候說，「從心理而言，他是『下凡』的仙人，自願到人間指導人們，他的洞察力也因而高出他人。這種洞察力是一個精神自由的人的洞察力，因為儘管世界需要他，但他不需要從世界得到什麼。因此他就能保持客觀，看穿人們複雜、盲目的心理行為和反映，自己也不會為其所困。他一眼就看到了人類的問題所在，面無難色地以大刀闊斧的辦法解決問題。深受道家思想薰陶的政治家的戰略通常直截了當。相比之下，儒家對於人性化的策略看起來就太拐彎抹角了。」[43]這段話的確是高論，他從心理學的角度深刻揭示了道家回歸主義者非凡的智力來源：即超越一切現實利害的精神自由，以及這種自由所帶來的直覺洞察力，這不是講究邏輯推理的人所能理解的。所謂「奇」──奇策、對「奇險」的欣賞和追求──從這種意義上講就是內通於「道」以後的精神必然，「反者道之動」；而因為精神內通於「道」，因而回歸主義者「既不在意成功也不在意失敗」，[44]他知道一切的發生都是必然，因而「回歸主義者不帶私利的行動有著一種大自然般的泛神節拍，不急不緩」，他的悠閒正是這種精神必然的產物，一種洞視天命後的釋然，對一切重要事件的結果如何完全不在意。

第二節　郭沫若：雄肆汪洋，泛神大美

莊子對郭沫若早期詩歌的影響是多方面的，如「道」的回歸意識、泛神論思想、對自然的歌詠、死亡對人生的解脫意識、無為避世的意識、對高潔人格的追求、對雄奇豪放詩風的追求，以及他對藝術

---

43 許紀霖、李瓊：《天地之間──林同濟文集》（上海市：復旦大學出版社，2004年），頁191-192。

44 許紀霖、李瓊：《天地之間—林同濟文集》（上海市：復旦大學出版社，2004年），頁193。

無目的的信念，等等，都明顯打上莊子的烙印。但在這些影響之中，有一個主線，那就是以泛神論思想為主所形成的豪放浪漫的詩風。這種詩風的特色在於：以「道」的恢宏氣勢為思想底蘊，以雄奇宏大的意象為詩歌外形，以縱橫磅礡的豪氣貫穿詩脈，形成他的往來天地、出入有無、情留萬匯、思落天外、雄肆汪洋的獨特浪漫詩風，這是莊子天地大美思想影響的結果。

一　恢宏的大道

老莊的「道」是一種內在於萬物的神秘存在，它既創造萬物，又與萬物同在。萬物在外在形相上有差別，對人的適用性有不同，但作為「體現道」這一根本的層意來講，萬物是等同的。而這種等同的狀態顯然不是可見可觸可感的，它是作為體現萬物起源「道」之本性而存在的；「道」本身「視之不見」、「聽之不聞」，所以這種等同是精神性的、神秘的。換言之，萬物都是「道」的體現，萬物都是神秘的，萬物都是神。這正是西方及印度泛神論哲學的要義。老莊的「道」和泛神論思想在這一意義上發生共鳴。「泛神便是無神。一切的自然只是神的表現，自我也只是神的表現。我即是神，一切自然都是自我的表現。」[45]郭沫若在十三、四歲的時候喜歡上了莊子，在意識深處種下了這一思想的種子；後來在日本留學，接觸到泰戈爾、歌德、惠特曼、斯賓諾莎等人的著作，早年潛藏在意識中的思想種子一發而長成泛神論的思想大樹。莊子哲學正是他的泛神論思想的源頭，他說過：「我和周、秦諸子接近是在十三、四歲的時候，最先接近的是《莊子》，最初是喜歡他那汪洋恣肆的文章，後來也漸漸為他那形而上的思想所陶醉。這嗜好支配了我一個相當長遠的時期，我在二十年前曾

45 郭沫若：《郭沫若全集》文學編第15卷（北京市：人民文學出版社，1992年），頁311。

經謳歌過泛神論，事實上是從這兒濫觴出來的。」[46]

在《女神》等詩集中，直接謳歌泛神論的詩篇和詩句不在少數，而洋溢著泛神意識的詩篇更是比比皆是。著名的〈鳳凰涅槃〉也是直接謳歌泛神論的名篇。此詩以天方國神鳥「菲尼克司」（即中國之鳳凰）滿五百歲後，集香木自焚，復從死灰中更生，鮮美異常的故事，表達了詩人對舊世界的詛咒和渴望再造一個全新世界的願望。更生後的鳳凰反覆詠唱：「一切的一，芬芳。一的一切，芬芳。芬芳便是你，芬芳便是我。芬芳便是他，芬芳便是火」;「一切的一，和諧。一的一切，和諧。和諧便是你，和諧便是我。和諧便是他，和諧便是火」;「一切的一，悠久。一的一切，悠久。悠久便是你，悠久便是我。悠久便是他，悠久便是火。」鳳凰歌唱的並不僅僅是一己生命的更生，而是一個「小我」的死亡，重新誕生後，融會到與天地一體的「大我」之中，感受到生命無所不在的喜悅。鳳凰的這種更生並不是「五四」時期一般意義上的摧毀舊世界、再造新社會的象徵，郭沫若同魯迅一樣，他們是在對「神思」的冥想中，把時代的具體問題與形而上的思想結合起來，從而大大提升了「五四」的精神內涵，開拓了「五四」的精神空間。這正是泛神論思想的作用而達到的效應。由於這種思想修養，郭沫若的浪漫抒情就不限於具體的人生、時代，他把人生無限地擴展了，形成一個與天地同流的「大我」人格。我們試看以這種「大我」人格創造的抒情風格：「我效法造化底精神，我自由創造，自由地表現我自己。我創造尊嚴的山嶽、宏偉的海洋，我創造日月星辰，我馳騁風雲雷雨，我萃之雖僅限於我一身，放之則可氾濫乎宇宙。」[47]「我的血和海浪同潮，／我的心同日火同燒，／我有生以來的塵垢、秕糠／早已被全盤洗掉！」[48]「我俯仰在天地之間呼吸

---

46 郭沫若：《郭沫若全集》歷史編第2卷（北京市：人民文學出版社，1982年），頁464。

47 郭沫若：《郭沫若全集》文學編第1卷（北京市：人民文學出版社，1982年），頁22。

48 郭沫若：《郭沫若全集》文學編第1卷（北京市：人民文學出版社，1982年），頁71。

乾元，／造化的精神在我胸中噴湧！」[49]像這種往來天地之間，馳騁風雲雷雨，與大化同流的豪放詩風的創造，用莊子的話講，即是「以道觀物」的結果，詩人的主體意識因為這種泛神的意識而無限擴張，他再不會停留在自己身邊的一事一物，他的目光往來天地之間，出入有無之中，這使他的浪漫之風獲得尤其不同於古詩的雄渾磅礴之勢。在少數的中國詩人那裡，如屈原、李白、蘇軾等，他們雖也類似的「以道觀物」式的豪放作品，但遠沒有郭沫若的這類詩如此集中、強烈而又數量眾多，郭沫若當然得惠於西方及印度思想，然而莊子是他的源頭。

二　雄奇的宇宙

對雄肆汪洋詩風的追求郭沫若是非常傾心的，這方面不僅注重中和之美的傳統文學令他不滿，甚至他所傾心的西方有泛神論傾向的詩人也不能滿足他的要求：「雄麗的巨制我國古文學中罕見，因為我尤為喜歡讚頌自然的詩，能滿足我這個條件的文章，可惜我讀書太少，我還不曾見到。」[50]「海涅底詩麗而不雄，惠鐵曼的詩雄而不麗。」[51]他的詩歌的張揚姿態，確實是觸目驚心，就是放眼中外文學史也並不多見。從藝術表現上講，他的這種雄放的詩風跟他選擇的意象相關。

與表現恢宏的「道」之氣魄相一致，郭沫若詩歌選取了令人驚訝的意象。他的一大批詩歌，如〈鳳凰涅槃〉、〈天狗〉、〈晨安〉、〈浴海〉、〈立在地球邊上放號〉、〈地球，我的母親〉等選擇的意象宏闊、龐大、粗野，極具有爆發力、衝擊力和破壞力，如黑暗如漆的茫茫的宇宙，要把全宇宙來吞沒的天狗，如太平洋一樣的惠特曼，不斷毀

49　郭沫若：《郭沫若全集》文學編第1卷（北京市：人民文學出版社，1982年），頁225。
50　郭沫若：《郭沫若全集》文學編第15卷（北京市：人民文學出版社，1992年），頁126。
51　郭沫若：《郭沫若全集》文學編第15卷（北京市：人民文學出版社，1992年），頁125。

壞、不斷創造的太平洋，噴吐雷霆雨雪的地球，無限光海的大自然，光芒萬丈的太陽，等等。在他的意象世界裡，宇宙動盪不寧，敞開在一種破壞和創造的氣息中，極具力的美感，典型地體現了五四的時代精神。這種格調，完全打破了我國古詩溫柔敦厚的傳統，也不同於李白、韓愈、杜甫壯美一派的風格——他們的詩風雖張揚但尚和諧（韓愈稍不同）。沈德潛曾提醒人們注意，唐詩在「羚羊掛角，無跡可求」的風格之外，還有「鯨魚碧海」、「巨刃摩天」一種風格。[52]要之，唐詩有優美、壯美兩種風格。郭沫若在日期間曾受到泰戈爾、惠特曼、歌德等人的影響，這三人雖都有泛神思想傾向，但他們的風格不同，給郭沫若的影響也不同，「我的短短的做詩的經過，本有三、四段的變化。第一段是太戈爾，這一段時期是在『五四』以前，做的詩是崇尚清淡、簡短，所留下的成績極少。第二段是惠特曼式，這一段時期正在『五四』高潮中，做的詩是崇尚豪放、粗暴，要算是我最可紀念的一段時期。第三段便是歌德式了，不知怎的，把第二期的情熱失掉了，而成為韻文的遊戲者。」[53]可見，郭沫若在五四時期這種粗張揚厲的詩風主要是受到惠特曼的影響，他借用了惠特曼詩歌「崇尚豪放、粗暴」的外形。

郭沫若在五四時代的詩歌，不選擇小景，不注重事物的細微變化，不注重細處的刻畫，藝術上也不講究圓轉流暢，不僅異於傳統的溫柔敦厚的詩風，也與五四詩壇人們常寫的小景：小河、小路、小樹等相異，他的詩歌中都是這樣一種遙遠宏大的事物，有的通過遠觀和遙想的方式，如〈晨安〉、〈筆立山頭展望〉、〈立在地球邊上放號〉等，寫出宏大空間的磅礴景象；有的通過幻想，如〈鳳凰涅槃〉、〈女神之再生〉等，將遙遠的傳說幻化出來，使這些傳說隔著神話故事的

52 〔清〕沈德潛：《唐詩別裁集・序》（北京市：中華書局，1975年），頁2。
53 郭沫若：《郭沫若全集》文學編第12卷（北京市：人民文學出版社，1982年），頁77。

帷幕，具有遼遠時空的效果；有的乾脆設身自我為「天狗」、「海浪」等形象，直接體驗橫行天空的粗暴、毀滅的激情和創造的快樂。遠、大、粗、力是他的意象外形，縱橫磅礴是他的意象態勢，這種美感顯然不是一般的豪放美，而是莊子所說的「大美」。莊子在論述他的「道」的時候，極力讚美那種自然形成的天地大美，「天地有大美而不言」，「大塊噫氣，其名為風。」[54]得道的「真人」可以「乘天地之正，而御六氣之辯，以游無窮」，[55]「神人」可以「乘雲氣，御飛龍，而游乎四海之外」[56]。「至人」則「乘雲氣，騎日月，而游乎四海之外」。[57]莊子極力讚美這種與「道」同在的天地大美，實際是無限擴張主體自我的個性，達到與「道」永在、與天地共處的效果。郭沫若肯定道家學派對個性的重視：「道家特別尊重個性，強調個性的自由到了狂放的地步。」[58]這是他對道家的特定解讀。對於需要個性張揚的五四時代來說，這種道家式的無所不在的大我人格正是擴張自我的無與倫比的思想武器。當莊子在表達他的理想的「真人」、「至人」、「神人」時，他對這些理想人物所做的極為浪漫誇張的描寫顯然更是引起郭沫若的興趣，郭沫若在最初閱讀《莊子》的時候，就是「喜歡他那汪洋恣肆的文章」，他對莊子的誇張藝術欽佩之極：「這種可以『乘雲氣，御飛龍而游乎四海之外』，純全是厭世的莊子幻想出來的東西，他的文學式的幻想實在是太豐富了。」[59]二十年代中期以後，郭沫若對莊子的思想雖取了批判的態度，但對他（包括莊子）藝術上的表現卻一直讚不絕口：「他們的文章實在是異常超妙。」[60]「以思想家而兼

---

54 莊子：《莊子・齊物論》，曹礎基：《莊子淺注》（北京市：中華書局，2000年），頁16。
55 莊子：《莊子・逍遙游》，曹礎基：《莊子淺注》（北京市：中華書局，2000年），頁6。
56 莊子：《莊子・逍遙游》，曹礎基：《莊子淺注》（北京市：中華書局，2000年），頁9。
57 莊子：《莊子・齊物論》，曹礎基：《莊子淺注》（北京市：中華書局，2000年），頁34。
58 郭沫若：《郭沫若全集》歷史編第2卷（北京市：人民文學出版社，1982年），頁206。
59 郭沫若：《郭沫若全集》歷史編第2卷（北京市：人民文學出版社，1982年），頁200。
60 郭沫若：《郭沫若全集》歷史編第2卷（北京市：人民文學出版社，1982年），頁205。

文章家的人，在中國古代哲人中實在是絕無僅有。」[61]「他不僅是一位出類的思想家，還是一位拔萃的文學家。……秦漢以來的中國文學史差不多大半是在他的影響之下發展起來的。……我是這樣分明感覺著，《莊子》這部書差不多是一部優美的寓言和故事集。……立意每異想天開，行文多鏗鏘有韻。」[62]對莊子文章的認識和欽佩如此，郭沫若詩歌中那些浪漫誇張的幻想和想像也就不難理解了。

但是，由於郭沫若一味注重詩歌的粗放，一味注重自我主觀的抒情吶喊，忽略藝術上修飾，放棄民族詩歌許多優秀的傳統，如「韻」、「意境」等範疇，這使他的詩歌雖真誠，喊出了時代心底的聲音，但也給他的詩歌帶來了韻味不足的缺陷。當他說「詩不是『做』出來的，只是『寫』出來的」[63]、「我也是最厭惡形式的人，素來也不十分講究他」[64]的時候，他已經在主動地放棄詩美而傷害了詩歌極為寶貴的藝術特質，因而受到後來純詩派詩人的批評。這是他只注重莊子的幻想和氣勢、而忽略了他的文采和意蘊的結果。

第三節　宗白華：小詩大境，悠遊宇宙

五四是豐富的。在「五四」詩壇上，在一片喧嚷的反傳統聲浪中，有一位學者型的詩人，靜靜地坐在時代的一隅，進行他的研究和創作。他為自己美學著作取名為：美學「散步」，這反映出他在沸騰時代中的靜觀心態。他雖不乏熱情，但他更傾向於用自己的哲學的觸覺和藝術的思緒來觸摸傳統；而當他利用時代給予他的西方文化之「鏡」來映照中國傳統文化時，傳統在他的「比較」的思維火花中閃

61 郭沫若：《郭沫若全集》文學編第19卷（北京市：人民文學出版社，1992年），頁67。
62 郭沫若：《郭沫若全集》文學編第19卷（北京市：人民文學出版社，1992年），頁64。
63 郭沫若：《郭沫若全集》文學編第15卷（北京市：人民文學出版社，1992年），頁14。
64 郭沫若：《郭沫若全集》文學編第15卷（北京市：人民文學出版社，1992年），頁46。

現出曜曜的光彩。這位學者、詩人就是懷著赤子一般心態的宗白華。

宗白華既創作又研究；而他的研究和創作可以說是同一個主題的二重合奏，同樣是傳統文化的延伸：他傾心於研究莊子、老子、孟子、《易經》，傾心於「天人合一」的境界、「道」的境界；他的詩歌，也從感興的一面體現著這樣的境界，尤其是莊子的「道心」，可以說是他詩歌的「詩魂」。

宗白華可以說是「五四」文壇最傾心莊子的詩人。相對於魯迅、胡適、陳獨秀對莊子的批判，郭沫若、聞一多對莊子前後態度的轉變，宗白華保持了對莊子的一往深情。他用藝術的態度去研究莊子的思想，這相對於魯迅和郭沫若從文化批判和社會批判的角度理解莊子不同。從藝術的角度研究莊子可以說是最契合莊子思想本來的研究方法：莊子的思想性和文學性的完美結合就是魯迅、郭沫若也不否定的。宗白華的詩歌，數量不多，但卻有一個統一的主題和格調，如同泰戈爾的詩，是「神」的主題的多重合奏；宗白華詩歌的主題就是莊子的「道心」。

縱觀《流雲小詩〉裡全部的九十五首詩歌，我們可以得到一個突出的印象：宗白華的詩有一個大宇宙意識。這種大宇宙意識不僅體現在他的冥想上，也滲透在他的懷人、思鄉、戀愛等一切現實活動裡。他的詩有一種明顯的超世氣息，他詩歌中主人公的活動大都有一個大宇宙背景，人只是作為大宇宙的一分子而存在，令人時時處處感覺到「無限」的存在。我們將從兩個方面來分析這種大宇宙意識：對宇宙的直接歌詠和詩的大宇宙背景。

一　大宇宙的歌詠

宗白華的詩具有明顯的哲理性，他的哲理不同於一般詩人表達的對生活的感悟，而是對至高的存在「道」的感悟。他在致郭沫若的信中說：「我已從哲學中覺得宇宙的真相最好是用藝術表現，不是純粹的名言所能寫出的，所以我認為將來最真確的哲學就是一首『宇宙詩』。」[65]他的詩歌直可以說是他的哲學理念的藝術表現，[66]就是一大首「宇宙詩」。他在很多詩歌中，就直接表達對形而上真理的感悟。〈流雲〉寫道：「宇宙的核心是寂寞，／是黑暗，／是悲哀。／但是／他射出了／太陽的熱，／月亮的光，／人間的情愛。／／我愛朦朧，／我尤愛朦朧的落日。／落日的朦朧中，／我與宇宙為一。」這裡，「寂寞」的含義類似於「虛空」，因空無而使詩人悲哀；但這種「虛空」並非幾何學意義上的空，並非死寂，而是充滿創造之靈的本體，所以它才能射出「太陽的熱，月亮的光，人間的情愛」，這其實就是老子所說的「道」：「道沖，而用之或不盈。淵兮，似萬物之宗。」[67]雖虛空但能產生萬物；「落日的朦朧」讓人想起莊子的「混沌」，混沌的狀態就是摒棄人的智力、對萬物不加區分的狀態。〈應帝王〉篇講南海之帝和北海之帝為報答「混沌」的好意，要為混沌鑿開「七竅」而能「視聽食息」，但等七竅鑿成，混沌卻死去了。這則寓言表現了人的智力是對宇宙大道的破壞，故人只有放棄自己的智力才可返回道，也就是重返「混沌」，則「混沌」的狀態就是「道」的狀態，是天人合一的狀態，「落日的朦朧中，／我與宇宙為一」，表現了對「道」的回歸的渴望，是典型的莊子的思想。〈無題〉云：「宇宙的詩，／他歌了千百年，／只是自己聽著。」宇宙萬物自歌自聽，那麼這一切的主宰是誰呢？宗白華的這種暗示就是由形象向形而上的跳躍，正如莊子在〈齊物論〉中所發出的詢問：「怒者其誰邪？」他們都沒有回答，那答案卻在於這永恆的寂靜，在於這無言的「道」。即

65 郭沫若：《郭沫若全集》文學編第15卷（北京市：人民文學出版社，1992年），頁27。

66 本文所引宗白華詩歌均見宗白華：《流雲小詩》，合肥市：安徽教育出版社，2000年，下同，不再加注。

67 王弼：《老子注》，《諸子集成》第3冊（北京市：中華書局，1954年），頁3。

如韋應物所說：「萬物自生聽，太空恆寂寥。」還有王維同樣的體驗：「徒然萬象多，澹爾太虛緬。」宗白華深醉於這種沉默無言而又化生萬物的「道」的境界，在多首詩歌中對它進行謳歌，類似的還有〈宇宙的靈魂〉、〈信仰〉、〈我們〉、〈聽琴〉等詩。

任何一種世界觀都有一套獨特的方法論，莊子哲學在於靜觀。他努力通過「心齋」、「坐忘」的途徑，排除感官、思慮和智慧，虛靜其心，使內心達到一種如明鏡般的空明狀態。他以此與「道」接通。在宗白華的詩歌裡，我們也看到他的這種觀照方法。〈夜〉云：「一時間，／覺得我的微軀／是一顆小星，／瑩然萬星裡／隨著星流。／一會兒／又覺著我的心／是一張明鏡，宇宙的萬星／在裡面燦著。」〈斷句〉云：「心中的宇宙／明月鏡中的山河影。」〈月夜海上〉云：「月天如鏡／照著海平如鏡。／四面天海的鏡光／映著寸心如鏡。」〈無題〉云：「詩中的境／彷彿似鏡中的花，／鏡花被戴了玻璃的清影，／詩鏡涵映了詩人的靈心。」這些詩歌中，鏡子的意象頻頻出現，或以心喻鏡，或以詩喻鏡，或以天海喻鏡，其實都是詩人「心鏡」之反映，昭示詩人內心之空明。莊子云：「聖人之心靜乎！天地之鑒也，萬物之鏡也。」[68]中國詩人自魏晉以來受道家思想影響，不但在詩境的追求、而且在思想修煉的方法上，都打上莊子的烙印。劉勰云：「水停以鑒，火靜而朗。」[69]蘇軾云：「欲令詩語妙，無厭空且靜。靜故了群動，空故納萬靜。」蓋詩人哲學家內心空明如明鏡，則宇宙萬象瑩然其中，潛藏在形象世界背後的微妙的真理也將呈現在這如明鏡一般的內心裡：「素處以默，妙機其微。」[70]宗白華的詩歌中，也多次

---

68 莊子：《莊子．天道》，曹礎基：《莊子淺注》（北京市：中華書局，2000年），頁34。

69 劉勰：《文心雕龍．養氣》，周振甫：《文心雕龍今譯》（北京市：中華書局，1986年），頁376。

70 〔唐〕司空圖：《詩品．沖淡》，郭紹虞：《中國歷代文論選》第2卷（上海市：上海古籍出版社，2001年），頁203。

寫到這種靜觀之妙：「我的心／是深谷中的泉：／他只映著了／藍天的星光。／他只流出了／月華的殘照。／有時陽春信至，／他也幽咽著／相思的歌調。」（〈我的心〉）靜中有萬象的變幻；「人靜後／我立在夢裡。／繁星的花開了！／我夢中的蝴蝶／飛過天河。」（〈無題〉）靜中有奇妙的遠遊；「黑夜深／萬籟息，遠寺的鐘聲俱寂。／寂靜——寂靜——／微渺的寸心／流入時間的無盡。」（〈夜〉）靜中有超世的玄思。不僅如此，就是在一般人激動人心的熱戀中，在宗白華那兒也表現為深沉的「靜「的喜悅和微妙玄思：「戀愛是無聲的音樂麼？／鳥在花間睡了，／人在春間醉了，／戀愛是無聲的音樂麼！」（〈戀愛〉）「我們並立天河下。／人間已落沉睡裡。／天上的雙星／映在我們的兩心裡。／我們握著手，看著天，不語。／一個神秘的微顫，／經過我們兩心深處。」（〈我們〉）這種「靜」的觀念和心境是透澈宗白華的身心的，他要「憑藉他深靜的心襟，發現宇宙間深沉的境地。」[71]

二　大宇宙背景

宗白華的大宇宙意識不僅體現在他對「宇宙」、對「道」的直接歌詠上，還體現在他詩歌中詩人各種活動都有一個大宇宙背景。《流雲小詩》中寫現實活動的詩並不多，現實感不是很強，這也是異於「五四」詩人的；詩人的目光似乎專注於宇宙的遙想。而在少數寫現實活動的詩篇裡，詩人的目光也不僅僅囿於活動本身，他總是把這些活動放在闊大的宇宙背景中來寫。如他寫戀愛：「孤舟的地球，／泛泛空海。／纏綿的雙星，／同流天河。／但我們的兩心，／寄託在地球的孤舟之上。」（〈無題〉）由「我們」，而「地球」，而「雙星」，而「天河」，而無垠的宇宙的「空海」，在由孤獨帶來的溫暖中透視出宇

71　宗白華：《藝境》（合肥市：安徽教育出版社，2000年），頁6。

宙的神秘。他寫愛：「天上的繁星，／人間的兒童。／慈母的愛／自然的愛／俱是一般的深宏無盡啊！」（〈慈母〉）這種慈母對兒童的愛，猶如自然之擁繁星，「俱是一般的深宏無盡」。他寫懷人：「星河流碧夜，／海水激藍空。／遠峰載明月，／彷彿君之容。／想君正念我，／清夜來夢中。」（〈海上〉）「星河流日夜，／海水永潮汐。／曉得麼？／孤舟之上，／每晚夢中的你。」（〈海上寄秀妹〉）兩首詩相同的意象，甚至相同的思維：在海天星光之中夢想情人的溫暖。他這樣題贈詩照：「虛閣懸琴／天風吹過時／流出超世的音樂。／藍空雲散／春禽飛去後／長留嘹嚦的歌聲。／雪萊／我聽著你的詩了！」（〈雪萊的詩〉）「你的一雙大眼，／籠罩了全世界。／但也隱隱的透出了／你嬰孩的心。」（〈題歌德像〉）「超世的音樂」和「籠罩了全世界」固然是雪萊詩的特質和歌德像的神髓，但也未嘗不是宗白華「詩心」的反射。宗白華的詩歌就是這樣，他總在一個無限的、遼闊的宇宙背景中來探查自己的命運，而那宇宙也不是物理的、無生命的宇宙，這種宇宙在宗白華的詩歌裡更像是一個搖籃、一片故土，護育著生生不息的生命，所以宗白華的詩歌有一種很溫暖的宇宙情緒、泛愛氣息。他的詩裡少有惡劣的情緒，「惡之花」與他絕緣。

這就是一種古典的情緒。在中國傳統詩歌裡，人的存在絕不是孤立的，不是如西方詩歌那樣僅僅追求一己之意志的滿足；人的喜怒哀樂與四時相通，人的各種活動與宇宙相關。登高則「望天地之悠悠」，望遠則「湛湛江水兮上有楓」；出遊則「春岸桃花水，雲帆楓樹林」，家處則「江山扶繡戶，日月近雕梁」。因而中國古詩裡人的各種活動往往有一個大宇宙背景，所謂「賦家之心，苞括宇宙」。詩人在「我」與自然、與宇宙的律動中交換信息，表達「我」對宇宙的理解，以及宇宙對「我」的呼應，劉勰所謂「目既往返，心亦吐納，情往似贈，興來如答。」[72]在這種意識中，中國人逍遙於無窮的宇宙之中，怡然自得，感悟到我與自然為一，與神秘的「道」接通。嵇康的名句：「目送歸鴻，手揮五弦。俯仰自得，游心太玄。」到了這個境界，中國的詩學就和哲學相通，「道通為一」。這是中國詩學的最高境界，也是中國哲學的至高境界。莊子一生汲汲於追求消除萬物差別的「道」的境界，在他看來，萬物無不是「道」的體現，如果我們能打破萬物的差別，「游心于物之初」，就能實現絕對自由的「逍遙遊」，因而，他的理想的聖人就是「達綢繆，周盡一體」[73]，而能「旁礴萬物以為一」[74]。這種觀念就是中國詩人置身宇宙、往來物我、游心太玄的哲學基礎。宗白華明顯吸取了這種思想營養，表達他的宇宙境界。

在中西文化衝突的「五四」詩壇，宗白華也受到中外不同文化的影響，莊子、康德、叔本華、歌德、泰戈爾先後在他的思想上打下了烙印，但他的詩學理想還是來自民族傳統詩學，他曾明確說過，「唐人的絕句，像王、孟、韋、柳等人的，境界閒和靜穆，態度天真自然，寓穠麗於沖淡之中，我頂喜歡。後來我愛寫小詩、短詩，可以說承受唐人絕句的影響，和日本的俳句絕不相干，泰戈爾的影響也不大。」[75]「五四」時期，小詩創作一度興盛，小詩的來源被認為是日本的俳句、泰戈爾的小詩和中國的絕句。宗白華明言自己的創作受唐人絕句影響。小詩創作以宗白華和冰心為代表，冰心的小詩是泰戈爾的泛神境界，宗白華的小詩則顯露出古詩的意境。中國古詩的意境美出現於和興盛於老莊思想復興的魏晉南北朝時期，宗白華對此多有研

---

72 劉勰：《文心雕龍・物色》，周振甫：《文心雕龍今譯》（北京市：中華書局，1986年），頁418。

73 莊子：《莊子・則陽》，曹礎基：《莊子淺注》（北京市：中華書局，2000年），頁386。

74 莊子：《莊子・逍遙游》，曹礎基：《莊子淺注》（北京市：中華書局，2000年），頁9。

75 宗白華：《藝境》（合肥市：安徽教育出版社，2000年），頁167。

究，以為「中國藝術意境的創成，既須得屈原的纏綿悱惻，又須得莊子的超曠空靈。」[76]「莊子是具有藝術天才的哲學家，對於藝術境界的闡發最為精妙。」[77]宗白華不僅在理論上研究，且在實踐中創造著這種意境美。這不僅在「五四」詩壇是獨特的，也為二十年代中期以後中國現代新詩回歸傳統導引了先路。

76 宗白華：《藝境》（合肥市：安徽教育出版社，2000年），頁9。

77 宗白華：《藝境》（合肥市：安徽教育出版社，2000年），頁10。

第七章
老莊與現代文學文體形式

從某種意義上說，一種文體形式往往是某種精神形式的體現。老莊對現代文學文體形式的影響並不是一個直接的問題，一般而言，一種思想不可能直接造出一種文體形式。但歸納現代文學的某些文體形式，我們可以找到它們在形成和興盛過程中的一些共同性的思想因素，這些因素與相應的文體之間存在必然的聯繫。由於這些因素影響於作家，造成相應的作家共同的文學追求，各類文體得以產生。因而，從文體這一不直接的角度，我們更可以看到老莊思想對現代文學的深層影響。現代純詩、現代小品文、現代詩化小說是直接受到老莊思想影響或與老莊思想有重要關聯的文體形式。

比如，現代純詩最初受到西方現代詩歌的啟發和影響，但詩人和詩論家們最終卻用「神游物表」這樣的民族道家思想來表達這類詩歌的精神。同時，他們在詩人的人格修養上強調培養宇宙意識，在自然中活動，這與老莊思想的關聯也是明顯的；當他們強調詩人在創作時應冥合自然以及要追求意境美時，民族傳統的道家思想對他們的作用更是明顯。老莊思想的自然神髓在現代純詩的發展中起了作用。

現代小品文則在「個人性」這一點上與老莊道家發生了關聯。小品文最初的啟發同樣來自域外，但作家在尋找它的源頭時不約而同地把它歸結為民族的言志散文，這說明了一種共同的時代心理。小品文重個人、反載道的內容，幽默閒適、平淡自然的格調，隨性而談、不拘成法的文體都說明這是在老莊思想影響下所形成的一種文體，這派作家都有疏離社會的傾向，主張在一己之閒適自然的生活中安頓自己在亂世中的人生。

現代詩化小說也像現代小品文一樣有自覺的精神追求。在「自然與人性的合一」這一現代詩化小說最重要的特質上，作家們均有意為之，對之深深愛好。廢名、沈從文、郁達夫、汪曾祺等現代作家均在作品中表現了大自然的美，表現了在大自然影響下的人性美，這種人性與之生活的自然深度契合，前者可以說是後者的產物。這是傳統道家「天人合一」思想在現代詩化小說中的體現。同時，現代詩化小說營造了詩的意境美。詩化小說不注重一般小說社會環境的描寫和人物複雜性格的刻畫，而是描寫了大自然的優美和在這種自然中單純自然的人性；不僅自然，而且人性都是美的，人與自然的和諧共同組成一種意境。再者，現代詩化小說在寫作上崇尚散文小品精神，作家不有意營造宏大複雜的小說結構，而是信筆由之，結構散漫自然，「不擇地而出」，體現了老莊思想的自然本性和個人色彩。

可以看出，老莊思想的不同側面影響了現代純詩、現代小品文、現代詩化小說的形成。

第一節　老莊與現代純詩

作為破除傳統、向西方學習的新文化運動的產物，現代新詩也同樣是在西方文化的直接影響下發展起來的。詩歌作為現代文學的「排頭兵」，在應對西方文化的衝擊中走在最前列，因而比較起小說、散文和戲劇來，詩歌更為深刻地打上了西方文化的烙印。但詩歌作為所有文學中最具潛在精神的形式，它必定也最內在地體現了本民族的思想傳統，正如艾略特所說：「沒有一種藝術能像詩歌那樣頑固地恪守本民族的傳統。」[1]作為我們民族文學中最值得驕傲的古代詩歌，曾受到老莊思想的深刻影響。這種影響是成就古詩輝煌的主要因素之一；

1　楊匡漢、劉福春：《西方現代詩論》（廣州市：花城出版社，1988年），頁87。

在現代文學史上，老莊思想也同樣深刻影響了現代詩歌，在關於詩的本質、詩人修養、詩人思維方式、審美追求等四個方面，老莊思想均直接或間接影響了現代純詩。

一　詩的本質：純詩說

活躍在二、三十年代的新月、象徵、現代詩派是對初期白話詩和功利詩派的反動而出現的。在黑雲壓城的中國現代社會，詩歌和其它一切文藝形式一樣，不可避免地擔當起啟蒙、救亡的社會使命。但過分的功利性造成對詩美的傷害，使得詩歌成為政治的附庸。而初期白話詩粗糙的形式也令詩壇失望。在這種形勢下，純詩觀應運而生。

現代純詩主要體現在新月派、象徵派、現代派這三派，但它的萌發遠早於新月、象徵派，也不止於現代派。我們從魯迅〈摩羅詩力說〉裡提出的文學「無用之用」說、五四詩壇郭沫若和周作人對功利的批判、宗白華等人充滿意境美的小詩創作，直到四十年代中後期以「現實、象徵、玄學的綜合」為特徵的「九葉詩派」，都可以聽到這種純詩觀遼遠的呼喚和迴響。幾乎可以說，「純詩」的追求伴隨了中國現代新詩發展的每一個步伐。

「新月派」是第一個成功地為新詩制定遊戲規則的詩歌流派，他們以主張格律聞名於詩壇；但其綱領性的宣言（「主張本質的醇正、技巧的周密和格律的謹嚴差不多是我們一致的方向」——陳夢加[2]）首要的一條就是「本質的醇正」，作品要做到像「無瑕疵的白玉，和不斷鍛鍊的純鋼」，[3]顯示了他們對純粹詩意的追求。這種追求的前提也是破除詩歌的功利目的。新月派理論家梁實秋主張把「善」從詩歌中

2　楊匡漢、劉富春：《中國現代詩論》（廣州市：花城出版社，1985年），頁150。

3　楊匡漢、劉富春：《中國現代詩論》（廣州市：花城出版社，1985年），頁148。

剔除：「我們為什麼要以宗教意識——向善——代替美為藝術的鵠的呢？道德家，政治家，哲學家，社會改造家，甚而至於法律家，……很曉得怎樣使人向善，為什麼要使藝術家也要拋棄了藝術的本來的鵠的，而亦從事於使人向善的事業中去呢？」[4]這是破除社會的功利目的；聞一多更從「史」的角度清除詩歌中形形色色的功利觀：「漢人功利觀念太深，把《三百篇》做了政治的課本；宋人稍好點，又拉著道學不放手——一股頭巾氣；清人較為客觀，但訓詁學不是詩；近人囊中滿是科學方法，真厲害。無奈歷史——唯物史觀的與非唯物史觀的，離詩還是很遠。」[5]

這種對「純粹」詩意的追求，不但體現在內容上，也體現在形式上。如他們對格律的追求，也是為了加強這種詩意的純粹，如陳夢加說：「限創或約束，反而常常給我們情緒伸張的方便。『緊湊』所造就的利益，是有限中想見到無限。詩的暗示，撿拾了要遺漏的。」[6]徐志摩也說：「音節的本身還得起源於真純的『詩感』。」[7]新月派諸人均留學歐美，這種純粹詩觀是學習西方浪漫主義、象徵主義影響的產物；但傳統文化的影響依然情緒清晰可見，「我們自己相信一點也不曾忘記中國三千年來精神文化的沿流（在東方一條最橫蠻最美麗的長河），我們血液中依舊把持住整個中華民族的靈魂。」[8]他們這種反功利、對純正詩感的追求顯然受到老莊的影響。除老莊的「無用之用」論外，莊子追求人性之純的思想也深深影響他們。莊子從其自然人性觀出發，反對種種社會規範對人性的傷害，視仁義和種種對外在功名的追

---

4 潘頌德：《中國現代新詩理論批評史》（上海市：學林出版社，2002年），頁126。

5 聞一多：《聞一多全集》第1卷（北京市：生活・讀書・新知三聯書店，1982年），頁356。

6 楊匡漢、劉富春：《中國現代詩論》（廣州市：花城出版社，1985年），頁149。

7 楊匡漢、劉富春：《中國現代詩論》（廣州市：花城出版社，1985年），頁133。

8 楊匡漢、劉富春：《中國現代詩論》（廣州市：花城出版社，1985年），頁146。

求為道德上的「駢拇枝指」，主張「無以人滅天，無以故滅命」[9]。這種反外在功名的純美人性和反外在功利的純正詩感在邏輯上的關係一目了然。

純詩觀由穆木天、王獨清等象徵派詩人正式提出，目的是反撥早期白話詩創作的粗糙。穆木天主張：「我們的要求是『純粹』詩歌。我們的要求是詩與散文的純粹的分界。我們要求是『詩的世界』。」[10]王獨清起而響應：「要治中國現在文壇審美薄弱和創作粗糙的弊病，我覺得有倡 poesie pure 的必要。——木天！如你所主張的『詩的統一性』和『詩的持續性』，我們也只有 poesie pure 才可以表現充足。」[11]他們提出要純粹的詩的世界，以與散文的世界相區別。在他們看來，散文是說明的，而詩是暗示的。他們的策略是，強化文字的音樂和圖畫的功能，用文字刻畫形象，用聲律強化這種形象，以暗示出一個純粹的詩的世界。「純詩能在形體元素即『音樂』和『色彩』的基礎上產生一種暗示力。」[12]這種策略早先宗白華已經注意到了：「詩的定義可以說是：『用一種美的文字——音律的繪畫的文字——表寫人的情緒中的意境。』」[13]穆木天明確主張詩「要兼造形與音樂之美」，[14]王獨清則用一個公式來表達：（情＋力）＋（音＋色）＝詩，[15]表現了他們共同的信念。

策略僅僅是策略，他們的這一策略要達到的「詩的世界」是什麼樣的呢？穆木天說：「在人們神經上振動的可見而不可見可感而不可感的旋律的波，濃霧中若聽見若聽不見的遠遠的聲音，夕暮裡若飄動

9 曹礎基：《莊子淺注》（北京市：中華書局，2000年），頁244。
10 楊匡漢、劉富春：《中國現代詩論》（廣州市：花城出版社，1985年），頁94。
11 楊匡漢、劉富春：《中國現代詩論》（廣州市：花城出版社，1985年），頁106。
12 梁宗岱：《詩與真　詩與真二集》（北京市：外國文學出版社，1984年），頁95。
13 楊匡漢、劉富春：《中國現代詩論》（廣州市：花城出版社，1985年），頁29。
14 楊匡漢、劉富春：《中國現代詩論》（廣州市：花城出版社，1985年），頁98。
15 楊匡漢、劉富春：《中國現代詩論》（廣州市：花城出版社，1985年），頁104。

若不動的淡淡光線，若講出若講不出的情腸才是詩的世界。」「詩的世界固在平常的生活中，但在平常生活的深處。詩要暗示出內生命的深秘。」「用有限的律動的字句啟示出無限的世界是詩的本能。」[16]穆木天等人顯然對詩有超過詩藝本身的哲學追求，他們以此開拓詩的境界。我們需要注意的是他們的哲學精神來自哪一種文化。穆木天深受保爾・瓦雷里的影響：「詩情的世界顯得同夢境或者至少同有時候的夢境極其相似。」「這個世界被封閉在我們內心。」「純詩世界」是與現實完全絕緣的。[17]但是，也正如穆木天本人所認識到的，「象徵是對於另一個『永遠的』世界的暗示。」[18]這個世界即是西方以意志衝動為特徵的形而上世界，是完全不同於現實的另一個精神世界。以天人合一為特徵的中國自然哲學顯然不是這樣一種哲學背景，穆木天等人也不可能用他們的象徵手法「暗示」出一個西方式的超驗世界。那麼，他們純詩的世界唯一的可能就是來自於本民族老莊的自然哲學。這一點被稍晚的現代派詩論家梁宗岱道出。

對純詩的推崇，梁宗岱比穆、王等人有過之而不及：「詩的絕對獨立的世界——『純詩』的存在。」[19]梁宗岱是個不遺餘力在中國推廣象徵主義的理論家，他是從象徵主義來理解純詩：「這純詩的運動，其實就是象徵主義的後身。」「所謂純詩，便是摒除一切客觀的寫景，敘事，說理以至感傷的情調，而純粹憑藉那構成它的形體的元素——音樂和色彩——產生一種符咒似的暗示力，以喚起我們感官與想像的感應，而超出我們底靈魂到一種神游物表的光明極樂的境域。」[20]這表明，純詩的要素是「音樂和色彩」，機制是「暗示」，而目的是要

16 楊匡漢、劉富春：《中國現代詩論》（廣州市：花城出版社，1985年），頁98-99。
17 潘頌德：《中國現代新詩理論批評史》（上海市：學林出版社，2002年），頁197。
18 潘頌德：《中國現代新詩理論批評史》（上海市：學林出版社，2002年），頁231。
19 梁宗岱著，李振聲編：《梁宗岱批評文集》（珠海市：珠海出版社，1998年），頁79。
20 梁宗岱著，李振聲編：《梁宗岱批評文集》（珠海市：珠海出版社，1998年），頁80。

「超出我們底靈魂到一種神游物表的光明極樂的境域」。「神游物表」正是用中國道家哲學的術語來表達象徵派的「詩境」的，（莊子云：「吾游心于物之初」。[21]）他認為，中外詩學中「絕對」、「純粹」的詩藝術，和「絕對」、「純粹」的「道」之本原，具有同一性。當然，身處西方文化衝擊下的梁宗岱還來不及辨別中外哲學精神的差異，他只注意到二者之同；但他只能用中國哲學的要義來理解這種「同」，實際上表達的是老莊哲學的精神。試看他對象徵主義精神實質的理解：「我們忘記了我們只是無限之生底鏈條上的一個圈兒，忘記了我們只是消失的萬有中的一個象徵，只是大自然交響樂裡的一管一弦，甚或一個音波。」「我們在宇宙裡，宇宙也在我們裡：宇宙和我們底自我只合成一體，反映著同一的陰影和反映著同一的回聲。」「恰如春花落盡瓣瓣的紅英才能結成累累的果實，我們正因為這放棄而獲得更大的生命，因為忘記了自我的存在而獲得更真實的存在。老子的『將欲取之，必先與之』，引用到這上面是再恰當不過的。」[22]這表達的正是老莊哲學天地一體、萬物齊一的精神。從這兒我們可以看出，梁宗岱的旗號是西方的，而他的思想、他的語言、他的思維方式體現的卻是民族的老莊哲學：萬物內在的一致性給梁宗岱提供了象徵詩學的哲學依據。

可見，沒有真正西方形而上精神支撐的中國現代詩學，只能回到本民族的自然哲學。五四學人並非不注重學習西方的宗教哲學思想，但要想在短期內進入另一種異質文化的核心——宗教哲學，絕非易事。所以五四諸人對西方宗教哲學的學習往往不同程度停留在表象。魯迅無疑是一個例外，但正是他，批判章太炎「用宗教發起信心，增進國民的道德」，是高妙的幻想。[23]批判的正是章太炎在一個無宗教傳

21 曹礎基：《莊子淺注》（北京市：中華書局，2000年），頁306。

22 梁宗岱：《梁宗岱批評文集》（珠海市：珠海出版社，1998年），頁62-63。

23 魯迅：《且介亭雜文末編》（北京市：人民文學出版社，1973年），頁69。

統的國度貌襲宗教以為己用的不實際，也暗示了真正的宗教精神的不易得。中國現代詩學思想對傳統的回歸是必然的。

二　人格修養：培養宇宙意識，在自然中活動

注重人格的修養是中國詩人的傳統，所謂「詩品出於人品」。現代詩人同樣意識到這個問題的重要性，宗白華認為要作好詩就需要在兩個方面下功夫：「一方面要做詩人人格的涵養……一方面要作詩底藝術的訓練。」[24]如何進行人格修養？純詩論者重在兩個方面：培養宇宙意識（實際是哲學意識），在自然中活動。

在向西方文化學習的過程中，中國人認識到我們民族哲學的不足。「中國哲學家之哲學，在其論證及說明方面比西洋及印度哲學，大有遜色。」[25]哲學詩歌往往相通，哲學的狀況必會影響詩歌的品質。在中西詩學大碰撞的時代氛圍下，中國詩論家對這一點看得非常清楚。胡適認為「吾國作詩每不重言外之意，故說理之作極少。」[26]朱光潛認為中國詩不能達到深廣之境界，原因是「哲學思想的平易和宗教情操的淡薄」。[27]西方象徵派、現代派諸詩人如波特萊爾、魏爾倫、艾略特、瓦雷里等人本身具有良好的哲學素養，他們的詩歌也因為哲學意識的滲入而具有博大幽深的境界。受他們影響的中國象徵派、現代派詩人和詩論家紛紛強調要加強詩人的哲學修養，或稱之為「宇宙意識」。

聞一多對宇宙意識的關注在現代詩人中是突出的。在〈宮體詩的自贖〉中，他認為，詩人「悟得宇宙意識」，才能創作出最佳的作品。而所謂「宇宙意識」，也就是「從美的暫促性中認識了那玄學家

24 楊匡漢、劉富春：《中國現代詩論》（廣州市：花城出版社，1985年），頁29。
25 馮友蘭：《中國哲學史》（北京市：中華書局，1966年），頁8。
26 龍泉明、鄒建軍著：《現代詩學》（長沙市：湖南人民出版社，2000年），頁68。
27 朱光潛：《詩論》（北京市：北京出版社，2005年），頁91。

所謂的『永恆』」。[28]這種道家式的「永恆」意識聞一多主要是通過對莊子的研究而獲得的。他曾精心校釋《莊子》內篇，還寫有探討莊子思想的論文〈莊子〉和〈道教的精神〉。在主要探討莊子文學色彩的論文《莊子》中，聞一多明顯對莊子的思想也表示了濃厚的興趣：「有大智慧的人們都會認識道的存在，信仰道的實有，卻不像莊子那樣熱忱的愛慕它。」「莊子的著述，與其說是哲學，毋寧說是客中思家的哀呼；他運用思想，與其說是尋求真理，毋寧說是眺望故鄉，咀嚼舊夢。」[29]聞一多嚮往莊子「道」的境界，他把莊子的追求「道」看成遊子思歸，其中不難看出他本人的宇宙回歸意識。他欽慕〈春江花月夜〉是「詩中的詩，頂峰上的頂峰」，原因就在於這首詩「有的是強烈的宇宙意識，被宇宙意識昇華過的純潔的愛情」。[30]這種意識也浸透在他的詩歌如〈奇跡〉、〈李白之死〉、〈劍匣〉裡。

「宇宙」一詞在宗白華的詩學中也頻頻出現。他的「藝術境界」就是「以宇宙人生的具體為對象，賞玩它的色相、秩序、節奏、和諧，藉以窺見自我的最深心靈的反映。」[31]藝術關係到宇宙境界和自我心靈，從這一認識出發，他提出「哲理研究、自然中活動、社會中活動是養成健全詩人人格必由的途徑。」[32]這當中，「哲理研究」處於首位。他的「哲理研究」是以莊子和禪宗為主的，而禪宗正是老莊思想改造過的中國佛教。影響宗白華藝術觀的主要還是莊子：「莊子是最具藝術天才的哲學家，對於藝術境界的闡發最為精妙。」「中國藝術意

---

28 聞一多：《聞一多全集》第3卷（北京市：生活．讀書．新知三聯書店，1982年），頁19-20。

29 聞一多：《聞一多全集》卷2卷（北京市：生活．讀書．新知三聯書店，1982年），頁281-282。

30 聞一多：《聞一多全集》第3卷（北京市：生活．讀書．新知三聯書店，1982年），頁21。

31 宗白華：《藝境》（合肥市：安徽教育出版社，2000年），頁2。

32 楊匡漢、劉富春：《中國現代詩論》（廣州市：花城出版社，1985年），頁31。

境的創成，既須得屈原的纏綿悱惻，又須得莊子的超曠空靈。」[33]

康白情的詩人修養觀跟宗白華接近：「詩是主情的文學；詩人就是宇宙的情人。那麼要作詩，就不可不善養情。」[34]他把詩人稱作「宇宙的情人」，那麼他的「養情」養的就不是一己之情，而是與宇宙相關的「大情」了。宗白華和康白情的詩人修養理論被中國第一部新詩史的作者張秀中注意到了，他在宗、康兩人研究的基礎上，特別強調了「哲理的研究」。他反對一些人把詩歌和哲理對立的態度，認為哲學和詩歌相通，「全是以透視宇宙人生的真相為使命」，「沒有一位大詩人，不是同時又是一位很淵博的深致的哲學家的」；並引用湖畔詩人古列利支的話說：「哲學者不是歌的詩人，詩人是歌的哲學者。」因而強調詩人要「要窮究宇宙奧蘊。」[35]

中國現代詩人哲學意識的覺醒是受西方哲學刺激的結果，但最終回歸到民族的自然哲學。純詩論者紛紛強調詩人要有「宇宙意識」，要注重「哲理研究」，實際上是用現代哲學術語表達的對古老哲學的信仰。

「在自然中活動」是現代詩人加強人格修養另一個方面重要內容。老子、莊子在創造他們以「道」為核心的哲學本體時，把「自然」置於至高的地位，所謂「道法自然」。自然的含義是「自然而然」，不能等同於作為物質世界的「自然界」，而是與「人為」相對的哲學範疇。但老莊的這一自然觀為中國詩人的「回歸大自然」提供了哲學依據。值得注意的是，老莊雖然倡導自然，但並沒有倡導過回到自然隱居，沒有直接讚美過作為山林平原等的「自然界」。很多學者引用莊子的「山林歟！皋壤歟！使我欣欣然而樂歟」，證明莊子讚美

---

33 宗白華：《藝境》（合肥市：安徽教育出版社，2000年），頁9-10。

34 楊匡漢、劉富春：《中國現代詩論》（廣州市：花城出版社，1985年），頁43。

35 草川未雨（張秀中）：《中國新詩的昨日今日和明日》（上海市：上海書店，1985年），頁27。

過大自然，這是不對的。實際是莊子「擬世人讚嘆山林、平原可供遊玩的快樂」，批評世人不能超越哀樂，「直為物逆旅耳」。[36]將上述引言當成莊子讚美大自然是斷章取義的結果。道家的自然範疇與「大自然」的結合，成為中國人回歸自然的哲學依據是魏晉時候的事。[37]魏晉老莊思想的復興不僅極大開拓了中國人的內心世界，更引起中國人對大自然的極大興趣。心物的相互發現、相互映射、相互表徵漸漸形成中國詩歌獨具民族特色的意境美，為中國古詩的輝煌作出絕大貢獻。

「自然」對詩學的重要意義也受到現代詩論家的注意。孫作雲意識到「東方的詩是以自然為生命。」[38]強調向自然學習、在自然中鍛鍊詩人的人格成為純詩派詩論家的共識。對這個問題注意最早又論述得最充分的當數宗白華。在〈新詩略談〉裡，他認為「詩人最大的職務就是表寫人性與自然。」[39]所以，要養成詩人人格，除「讀書窮理外」，最重要的是兩種活動，第一就是「在自然中活動」。為什麼詩人要在自然中活動、培養自己的人格？宗白華主要從兩個方面進行了考察：第一，自然是「詩境詩意」的範本。他說：「直接觀察自然現象的過程，感覺自然的呼吸，窺測自然的神秘，聽自然的音調，觀自然的圖畫，風聲水聲松聲潮聲都是詩聲的樂譜。花草的精神，水月的顏色，都是詩意詩境的範本。所以在自然中的活動是養成詩人人格的前提。」第二，自然是構成詩的意境的重要元素：「『詩的意境』就是詩人的心靈，與自然的神秘互相接觸映射時造成的直覺靈感（Inspiraticno），這種直覺靈感是一切高等藝術產生的源泉，是一切真詩好詩的 Coniale kon-ceptiouo。」宗白華對「意境」理論有精深的研究，對自然在詩境中的重要作用有充分的認識，故特別強調詩人在自然中修養人格；

---

36 曹礎基：《莊子淺注》（北京市：中華書局，2000年），頁335-336。

37 朱光潛：《詩論》（北京市：生活．讀書．新知三聯書店，1984年），頁88。

38 楊匡漢、劉富春：《中國現代詩論》（廣州市：花城出版社，1985年），頁229。

39 楊匡漢、劉富春：《中國現代詩論》（廣州市：花城出版社，1985年），頁30-31。

他自己的創作經驗也印證了自然人格的重要性——因與自然的相通而獲得創作心境：「……似乎這微渺的心和那遙遠的自然，和那茫茫的廣大的人類，打通了一條地下的深沉的神秘的暗道，在絕對的靜寂裡獲得自然人生最親密的接觸。我的〈流雲小詩〉，多是在這樣的心境中寫出的。」[40]

宗白華的理論受到後來詩論家的重視。康白情在談到「養情」的方法時，認為有三件事可以做，第一件事就是「在自然中活動」，其理由是「作詩要靠感興；而感興就是詩人底心靈和自然底神秘互相接觸時，感應而成的。所以要令他常常生感興，就不能不常常接觸自然。」[41]強調「人心」和「自然」的接觸時才能生「感興」；並在論述時引用了上述宗白華自然是「詩意詩境的範本」的原話，表明他和宗白華的一致。這種一致在新詩史論家張秀中那裡表現得更為明顯，他說，感情的涵養「第一是在自然中活動，因為作詩就要靠感興；感興就是詩人的心靈和自然的神秘互相接觸的時候感應而成的，所以欲使感興常生，就不能不常接觸自然。……自然是一切藝術的源泉，是一切真詩好詩的陶練廠了。」「詩人最大的職務，就是表寫自然與人性。」[42]這些幾乎就是康白情、宗白華的原話了。

三　思維方式：冥合自然

從創作手法上講，「象徵」可謂是中國現代詩壇從西方引進的最重要的方法之一。象徵是西方象徵派、現代派最重要的手法，也尤其受到中國現代純詩論者的關注。他們在論述這一舶來品時，幾乎無一

40 宗白華：《美學和意境》（北京市：人民出版社，1987年），頁177。

41 楊匡漢、劉富春：《中國現代詩論》（廣州市：花城出版社，1985年），頁48。

42 草川未雨（張秀中）：《中國新詩的昨日今日和明日》（上海市：上海書店，1985年），頁28-29。

例外地將它與我們傳統的詩歌創作手法相比類。這種比較表達了他們瞭解國外新文化、新思維的迫切願望，一定程度上也揭示了中西共同的詩學規律，但同時也陷入重大的理論誤區。這當然是五四諸人一時還來不及細辨中西文化差異的可以理解的原因。我們將以分析這種差異為契機，考察中國現代純詩論者在創作手法掩蓋下的深層詩學思維方式（象徵及中國傳統的賦比興等表面看是藝術表現手法，深層看則是藝術思維方式）。

最先注意「象徵」手法的是周作人。他認為「象徵是『外國的新潮流，同時也是中國的舊手法』」，就是「興」；興「用新名詞來講或可以是象徵。」[43]朱自清贊同周作人的意見，認為「暗示」是這一派詩作的生命，而「暗示」便是舊來所謂『含蓄』，所謂『曲』，也就是傳統的「比」、「興」。[44]聞一多在《說魚》中也將西方象徵主義詩學範疇「象徵」與中國中國傳統詩學的「興」、「象」等同起來。朱光潛則認為「所謂象徵就是以甲為乙的符號。甲可以做乙的符號，大半起於類似聯想。象徵最大的用處，就是把具體的事物來代替抽象的概念……象徵的定義可以說是：『寓理於象。』梅聖俞《續金針詩格》裡有一段話很可以發揮這個定義：『詩有內外意，內意欲盡其理，外意欲盡其象。內外意含蓄，方入詩格。』」（《談美》）梁宗岱不同意朱光潛的觀點，認為他把文藝上的「象徵」和修辭學上的「比」混為一談。他則認為象徵「和《詩經》裡的『興『頗近似。」[45]宗白華在一九四七年著文〈略論文藝和象徵〉也把象徵等同於比興：「詩人藝術家往往用象徵的（比興的）手法才能傳神寫照。」[46]從以上的引述我們看到，如果忽略他們在細節上的分歧，則周作人、朱自清、聞一多、朱光潛和梁

43 周作人著，揚楊編：《周作人批評文集》（珠海市：珠海出版社，1998年），頁222-223。

44 朱自清：《朱自清全集》第4卷（南京市：江蘇教育出版社，1996年），頁171-172。

45 梁宗岱：《梁宗岱批評文集》（珠海市：珠海出版社，1998年），頁54。

46 宗白華：《藝境》（合肥市：安徽教育出版社，2000年），頁116。

宗岱等人均認同象徵等同於我國的「比」、「興」。這種比較，雖看出中西詩學某種共同點，卻失之籠統，沒有細緻辨別「比」、「興」在中國古代的發展實際，沒有細緻辨別象徵與比興不同的精神分野。

「比」、「興」最初作為《詩經》「六義」的兩個要素，只是作為創作的手法，為作品的整體藝術效果服務，在作品中只占有局部地位。劉勰說：「興者，起也；起情者依微以擬義。」「比者，附也……附理者切類以指事。」[47]朱熹說：「比者，以彼物比此物也。」「興者，先言它物以引起所詠之詞也。」（《詩集傳》）即是這種手法在理論上的表達。這種狀況持續至魏晉。魏晉時期，激烈的社會動盪導致儒家倫理綱常的破壞，自東漢以來傳入的佛家思想興盛，傳統老莊思想全面復興，「像魔術似的，莊子突然占據了那個時代的身心，他們的生活、思想、文藝——整個文明的核心是莊子。」[48]在莊禪思想的影響下，「晉人向外發現了自然，向內發現了自己的深情。」[49]中國詩學精神因之一變。在《詩經》裡，作為比興之「物」，只是與表現對象有某種微妙關聯的外物，藉以說明表現對象的特質，與表現對象還是兩種不同的「物」，其服務與被服務的關係一目了然。但自晉宋以來，隨著山水詩的發展，不僅自然景物在詩中的比重越來越大，而且景物逐漸「人化」，與詩人的主體性情逐漸走向融合，景與情逐漸成為二而一的東西，「一切景語皆情語也。」鍾嶸從理論上對此作出反應，他這樣解釋興：「文已盡而意有餘，興也。」[50]在此，「『興』相關於意又超越於意，是一種詩意之外令人回味無窮的東西，能引起讀者廣泛的

---

47 劉勰：《文心雕龍．比興》，周振甫：《文心雕龍今譯》（北京市：中華書局，1986年），頁324。

48 聞一多：《聞一多全集》第2卷（北京市：生活．讀書．新知三聯書店，1982年），頁279-280。

49 宗白華：《藝境》（合肥市：安徽教育出版社，2000年），頁77。

50 〔梁〕鍾嶸《詩品序》，郭紹虞、王文生：《中國歷代文論選》第1卷（上海市：上海古籍出版社，2001年），頁309。

聯想和體驗。鍾嶸對「興」的解釋遠遠超出了將「興」僅視為表現手法的舊談，從而涉及到藝術的根本特徵。」[51]周作人、朱自清、聞一多、朱光潛、梁宗岱等人將「象徵」比作中國的「興」，顯然是在這一意義上說的，而與《詩經》時代「興」的含義不同。因為正如梁宗岱所說，象徵同樣「應用於作品底整體」，與作品的整體意義相關聯，這一點正如鍾嶸所謂「興」的含義相同。故而只有聯繫魏晉時期的老莊哲學的背景，我們才能真正理解梁宗岱等人將象徵等同於「興」的觀點。

再者，梁宗岱等人只看到象徵與興的共同點，顯然還沒有細辨它們的區別。象徵與比興是在東西兩種不同的文化裡成長起來的，有著不同的精神走向。

從哲學層面講，象徵的根柢在西方的形而上傳統，「在本質上是詩人對形而上的神性世界的感知與暗示。」；而中國哲學並不存在這樣一個超越現實世界的「形而上」世界或「神性」世界，中國詩人面對的只是自然，表達的只是對自然的體悟，因而「『興』的本質是詩人一瞬間返回『天人合一』狀態的微妙體驗。」[52]

從詩人的思維機制上說，「『興』的啟動須『致虛極，守靜篤』，『滌除玄覽』，以平和寧靜的心靈觀照大千世界；『象徵』的思維卻充滿了亢奮和宗教化的迷狂。」[53]

從技術操作上講，象徵和比興都暗示出一個精神的世界，但象徵所暗示的精神世界已經捨棄了所用來象徵的物象，目的清晰地指向另一個世界；儘管這用來象徵的物象本身仍具有獨立的審美價值。波特萊爾以落在海船上被人嘲弄的雲中之王──信天翁，來象徵身陷醜惡

---

51 李建中：《中國古代文論》（武漢市：華中師範大學出版社，2002年），頁163。

52 李怡：《中國現代新詩與古典詩歌傳統》（重慶市：西南師範大學出版社，1994年），頁30。

53 李怡：《中國現代新詩與古典詩歌傳統》（重慶市：西南師範大學出版社，1994年），頁30-31。

人間的高貴詩人的尷尬處境，但「信天翁」和「高貴詩人」很明顯的是兩種不同的「象」。中國的比興所暗示的精神世界就在於物象本身，在自然本身。王維的〈鳥鳴澗〉所暗示的那個生生不息的靈動的世界與桂花、春山、月夜、鳥鳴所構成的世界是同一不二的世界。

從這種比較我們可以看出，比興思維的根是在「物我一體」的老莊哲學，中國現代純詩論者表面上是在談西方的象徵思維，實際上用的是傳統的比興思維。他們取道西方的象徵主義又間接回到老莊哲學自然冥合的思維方式。

四　審美追求：意境美

隨著五四草創期新詩創作階段的結束，中國新詩何去何從再次引起人們的關注。在向西方詩歌學習的同時，人們也逐漸將目光投向傳統詩學。卞之琳注意到：「在白話新詩獲得了一個鞏固的立足點之後，它是無所顧慮的有意接通我國詩的長期傳統，來利用年深月久、經過不斷體裁變化而傳下來的藝術遺產。」[54]這些文化遺產如「性靈、神韻、意境等等重新成了人們自覺追求的目標。」[55]其實，早在一九一九年胡適在《談新詩》裡就讚嘆過溫庭筠、姜白石等人的詩詞意境；一九二〇年宗白華這樣定義新詩：「用一種美的文字——音律的繪畫的文字——表寫人的情緒中的意境。」[56]廢名認為：「現代詩是溫、李這一派的發展。」[57]表明現代詩對溫、李詩歌意境美的繼承。朱湘堅

---

54 卞之琳：《人與詩：憶舊說新》（北京市：生活．讀書．新知三聯書店，1982年），頁64。

55 李怡：《中國現代新詩與古典詩歌傳統》（重慶市：西南師範大學出版社，1994年），頁20。

56 楊匡漢、劉富春：《中國現代詩論》（廣州市：花城出版社，1985年），頁29。

57 李怡：《中國現代新詩與古典詩歌傳統》（重慶市：西南師範大學出版社，1994年），頁87。

持「無論自由詩，還是有韻詩，都應該注重『意境』的創造。」[58]孫作雲則認為「中國的現代派詩……骨子裡仍是傳統的意境。」[59]

意境作為古詩的核心範疇，其產生與老莊思想息息相關。在晉宋之際，已經產生了以陶淵明為代表的有意境美的詩歌，而意境理論也相應在南朝萌芽（鍾嶸云：「文已盡而意有餘，興也。」），並隨著後來唐詩創作的繁榮而出現並走向成熟。意境產生的哲學背景是包含老莊哲學復興在內的魏晉南北朝哲學思想的興盛。意境產生的哲學基礎正是老莊哲學。兩漢之交的佛學東漸也在魏晉南北朝時影響了意境的誕生，那正是民族哲學改造外來佛學的結果。學界傾向於認為意境理論的思想淵源是老莊哲學。「意境說是以老子美學（以及莊子美學）為基礎的。離開老、莊美學，不可能把握『意境』的美學本質。」[60]「意境就是莊子游心哲學的美學實現。」[61]具體說，老莊哲學在以下幾個方面影響了意境的產生：

第一，「道」論是意境理論的哲學基石。在老莊看來，「道」不僅是「萬物之宗」，並貫穿於宇宙萬物。萬物都是「道」的體現，因而本質上等無差別；人也和萬物一樣，只是宇宙之一員，同於萬物。「莊周化蝶」的寓言暗示人與物不分即「物化」的境界，這種境界正是意境的兩個要素「意」和「境」（或曰「情」和「物」）交融不分的哲學依據，所謂「一切景語皆情語也」，「情景名為二，而實不可離」。（王夫之：〈夕堂永日緒論〉）

第二，「言意之辨」啟示意境的操作機制。由於「道」本身虛實難辨，老莊均認為用語言把「道」說清楚是不可能的，所以老子主張「知者不言，言者不知」；莊子也認為「意之所隨者，不可言傳也」。[62]

---

58 潘頌德《中國現代新詩理論批評史》（上海市：學林出版社，2002年），頁178。

59 楊匡漢、劉富春：《中國現代詩論》（廣州市：花城出版社，1985年），頁227。

60 葉朗：《中國美學史大綱》（上海市：上海人民出版社，2003年），頁276。

61 薛富興：〈意境：中國古典藝術的審美理想〉，《文藝研究》1998年第1期，頁24。

62 曹礎基：《莊子淺注》（北京市：中華書局，2000年），頁199。

作為這一矛盾的解決，莊子提出著名的「筌蹄之喻」，強調「得意忘言」。言意之間的矛盾使得老莊不過分看重言而強調對言後之意的把握，這給古詩創作以啟示。中國古詩創作強調要超越文字，傳達出文字背後的豐富意蘊，所謂「但見性情，不睹文字」，「不著一字，盡得風流」，正是對這一思想的吸收。

第三，有無虛實之論啟示意境虛實相生審美效果的創造。在老子看來，「無」本是「道」的特性，甚至可等同於道。「無」並非沒有價值，只是人們常常忽略了它，比如「三十輻共一轂，當其無，有車之用。埏埴以為器，當其無，有器之用。鑿戶牖以為室，當其無，有室之用。故有之以為利，無之以為用。」[63]所以他強調「有無相成，虛實相生」。莊子同樣認為「無」之中大有深意：「視乎冥冥，聽乎無聲。冥冥之中，獨見曉焉；無聲之中，獨聞和焉。」[64]這種有無相生相成的特性其實就是一種高妙的藝術，中國畫的「計白當黑」、音樂的「此處無聲勝有聲」正體現了這種藝術奧妙。王夫之評古詩「君家住何處，妾住在橫塘，停船暫借問，或恐是同鄉」，是「墨氣所射，四表無窮」，即是詩歌當中這種藝術勝境的體現，所謂「無字處皆其意」。(《薑齋詩話．詩繹》) 這種境界一直被歷代詩論家津津樂道，嚴羽所謂「空中之音，相中之色，水中之月，鏡中之象。言有盡而意無窮。」[65]司空圖所謂「韻外之致」、「味外之旨」、「象外之象，景外之景」，均表達了這種理想。

在老莊思想影響下形成的意境的這三個特點同樣為現代詩人所認可。諸多理論家注意到詩的境界是情景的契合或融合，宗白華認為「意境是『情』與『景』(意象) 的結晶品。」[66]「藝術境界的顯現，絕不是

63 〔魏〕王弼：《老子道德經》(上海市：上海書店，1986年)，頁6。

64 曹礎基：《莊子淺注》(北京市：中華書局，2000年)，頁162。

65 〔宋〕嚴羽：《滄浪詩話．詩辨》，郭紹虞：《中國歷代文論選》第2卷（上海市：上海古籍出版社，2001年)，頁424。

66 宗白華：《藝境》(合肥市：安徽教育出版社，2000年)，頁3頁。

純客觀地機械地描摹自然，而以『心匠自得為高』(米芾語)。」[67]「藝術意境的創構，是使客觀景物作我主觀情思的象徵。」[68]「詩的境界是情景的契合。」「『即景生情，即情生景』。情景相生而且契合無間，情恰能稱景，景也恰能傳情，這便是詩的境界。」[69]梁宗岱這樣論象徵：「所謂象徵，只是情景的配合，所謂『即景生情，即情生景』而已。」[70]「象徵之道也可以一以貫之，曰『契合』而已。」[71]這實際上是用西方理論術語道出了中國意境的特徵。對豐富而含蓄意蘊的追求也是現代詩人追求的目標。宗白華要借意境「窺見自我的最深心靈」，「使人類最高的心靈具體化、肉身化」；梁宗岱認為象徵有兩個特性，其二就是「含蓄或無限。」[72]同樣，對超越具體形象的藝術幻境的追求，現代詩人也表現出濃厚的興趣。宗白華的意境就是要「化實景而為虛境，創形象以為象徵」，以成就「一個鳶飛魚躍，活潑玲瓏，淵然而深的靈境。」王獨清引鄭伯奇的話「水晶珠滾在白玉盤上」，認為這樣虛幻的藝術靈境才是「最高的藝術」。[73]

這樣，老莊思想通過意境這一中介又把傳統文化的乳汁輸入給了現代詩人。

第二節　老莊與現代小品散文

小品散文在現代的成功有目共睹，它的繁榮遠遠超過了小說、詩歌和戲劇，這是受到魯迅、林語堂等人的肯定的。而恰恰是這一最繁

67 宗白華：《藝境》(合肥市：安徽教育出版社，2000年)，頁6頁。
68 宗白華：《藝境》(合肥市：安徽教育出版社，2000年)，頁5頁。
69 朱光潛：《詩論》(北京市：生活．讀書．新知三聯書店，1984年)，頁61。
70 梁宗岱：《梁宗岱批評文集》(珠海市：珠海出版社，1998年)，頁56。
71 梁宗岱：《梁宗岱批評文集》(珠海市：珠海出版社，1998年)，頁59。
72 梁宗岱：《梁宗岱批評文集》(珠海市：珠海出版社，1998年)，頁57。
73 楊匡漢、劉富春：《中國現代詩論》(廣州市：花城出版社，1985年)，頁107。

榮的文類與傳統文化關聯最密切，如周作人所說：「現代散文在新中國中受外國的影響最少，這與其說是文學革命的還不如說是文藝復興的產物。」[74]那麼處於「個人文學之尖端」[75]的小品文尤其如此，相對於受外國影響最巨而成績最小的詩歌，這種現象是饒有意味的。在人們反思五四與傳統的關係時，小品文是值得注意的。事實上，小品文在現代的繁榮是與受老莊影響的整個中國文學強調個性的傳統一脈相承的；也與老莊思想的直接啟迪和莊子散文的影響密切相關。

一　小品文的淵源：中國言志散文與英國的小品文的合成

中國現代小品文最初孕育和發展是受外國文學的啟發。早在一九二一年五月，周作人著〈美文〉倡導：

> 外國文學裡有一種所謂論文，其中大約可以分作兩類。一批評的，是學術性的。二記述的，是藝術性的，又稱作美文，這裡邊又可以分出敘事與抒情，但也很多兩者夾雜的。這種美文似乎在英語國民裡最為發達，如中國所熟知的愛迭生，蘭姆，歐文，霍桑諸人都做有很好的美文，近時高爾斯威西，吉欣，契斯透頓也是美文的好手。……中國古文裡的序、記與說等，也可以說是美文的一類。但在現代的國語文學裡，還不曾見有這類文章，治新文學的人為什麼不去試試呢？他的條件，同一切文學作品一樣，只是真實簡明便好。[76]

74 周作人：《周作人散文》第2集（北京市：中國廣播電視出版社，1990年），頁280。
75 周作人：《周作人散文》第2集（北京市：中國廣播電視出版社，1990年），頁289。
76 俞元桂等選編：《中國現代散文理論》（桂林市：廣西人民出版社，1984年），頁3。

這裡的「美文」就是小品文，周作人當時主要將它看成外來的文體，中國本土的「序、記與說」雖被當成小品文提及，但顯然處於次要地位；而且中國古代小品文遠不止這些類別。這些當然是當時的周作人還看不到的。

在歐洲，小品文是指起源於法國而繁榮於英國的一種傾向於表現自我的隨筆散文：Essay。Essay 的語源是法語的 Essayer，即所謂「試筆」之意，有人譯作「隨筆」；這種散文後來發展為英文的 Familiar essay，胡夢華把它譯作「絮語散文」，強調其「家人絮語」的格調。[77]隨筆散文的開山老祖是法國的蒙田，後傳至英國漸趨繁榮，在十九世紀達到高潮，以蘭姆為傑出代表。這種散文的主要特點就是個人筆調，最能體現個人性格；風格是親切而輕鬆的家人絮語式的，無大品散文的嚴肅古板。梁遇春給小品文下了一個定義：

> 大概說起來，小品文是用輕鬆的文筆，隨隨便便地來談人生，並沒有儼然地排出冠冕堂皇的神氣，所以這些漫話絮語很能分明地將作者的性格烘托出來，小品文的妙處也全在於我們能夠從一個具有美好的性格的作者眼睛裡去看一看人生。許多批評家拿抒情詩同小品文相比，這的確是一雙很可喜的孿生兄弟，不過小品文更是灑脫，更胡鬧些罷！小品文像信手拈來，信筆寫去，好像是漫不經心的，可是他們自己奇特的性格會把這些零碎的話兒熔成一氣，使他們所寫的篇篇小品文都彷彿是在那裡對著我們拈花微笑。[78]

梁遇春是受西方文化影響很深的作家，其小品創作深得西方文化

---

77 俞元桂等選編：《中國現代散文理論》（桂林市：廣西人民出版社，1984年），頁41、31。

78 俞元桂等選編：《中國現代散文理論》（桂林市：廣西人民出版社，1984年），頁27。

精髓，這裡所指出的小品文特點：輕鬆隨意、見出作者個性、具抒情性但比之抒情詩更胡鬧更灑脫等特性很能見出西方小品精神。

小品文經周作人、魯迅、林語堂等人提倡後，在中國二、三十年代迅速繁榮。關於小品文的內涵，魯迅先生在一九二四年十一月翻譯的廚川白村《出了象牙之塔》中說：

> 如果是冬天，便坐在暖爐旁邊的安樂椅子上，倘在夏天，便披浴衣，啜苦茗，隨隨便便，和好友任心閒話，將這些話照樣地移在紙上的東西就是 Essay。興之所至，也說些以不至於頭痛為度的道理罷。也有冷嘲，也有警句罷，既有 humor（滑稽），也有 pathos（感憤）。所談的題目，天下國家的大事不待言，還有市井的瑣事，書籍的批評，相識者的消息，以及自己的過去的追懷，想到什麼就縱談什麼，而托于即興之筆者，是這一類的文章。

這個定義所揭示的小品文「圍爐閒談」的風格深得現代小品文作家認同，林語堂稱「所謂優良的散文，著者的意見係指一種散文具有甜暢的圍爐閒話的風致。」[79]周作人、梁實秋等小品文作家也都在作品裡表達過對風雨之夕、良朋圍爐暢談境界的嚮往，可看作對廚川白村小品文定義的回應。受中國傳統文化影響的日本作家對小品文的定義更能契合中國知識分子的情感。小品文在傳入中國時逐漸民族化。

二、三十年代，隨著小品文創作的繁榮，對小品文性質淵源的探討就成為理論上的必需。周作人對小品文源頭的認識很明顯經歷了一個從西方到民族的過程。他先是提倡英國式的「美文」，後來承認小品文的中西兩個源頭：「中國新文學的源流我看是公安派與英國的小

79 林語堂：《吾國與吾民》（北京市：寶文堂書店，1988年），頁213。

品文兩者所合成。」[80]「我相信新散文的發達成功有兩個重要原因，一是外援，一是內應。外援即是西洋的科學哲學與文學上的新思想之影響，內應即是歷史的言志派文藝運動之復興。」[81]最後他明確說明中國現代小品文主要來自本民族的傳統：「現代的散文好像是一條湮沒在沙土下的河水，多少年後又在下流被掘了出來，這是一條古河，卻又是新的。」[82]「現代散文在新中國中受外國的影響最少，這與其說是文學革命的還不如說是文藝復興的產物。」[83]周作人在三十年代初發表的演說〈中國新文學的源流〉裡，以「言志」和「載道」的交替運動來解釋中國文學史，並將五四新文學運動看作晚明文學的復興，所不同的就是五四文學增加了些外國科學思想罷了。[84]對小品文的源頭，周作人還有其它一些補充意見，可總為「上有六朝，下有明朝」。總之，在周作人看來，現代小品文就是民族「言志」文學尤其言志散文的延續。

在尋找小品文的民族文化源頭上，林語堂同樣表現了積極的姿態，聲言「須尋出中國祖宗來，此文才會落地生根。」[85]即表達了要在中國傳統文化內部尋找小品文繁榮的歷史根據的願望。林語堂注意的是陶淵明、蘇東坡、公安三袁、鍾惺、譚元春、張岱、徐渭、劉侗、金聖歎、鄭燮、李漁等一脈的性靈傳統，尤其是公安三袁，更是為他稱道：「十六世紀末葉，袁氏三弟兄所創的『性靈學派』或稱『公安學派』（袁氏三弟兄為公安縣人），即是自我發揮的學派。『性』即個

80 周作人：《周作人散文》第2集（北京市：中國廣播電視出版社，1990年），頁286。
81 周作人：《中國新文學大系．散文一集》（上海市：上海文藝出版社，1935年），頁10。
82 周作人：《中國新文學大系．散文一集．導言》（上海市：上海文藝出版社，1935年），頁8。
83 周作人：《周作人散文》第2集（北京市：中國廣播電視出版社，1990年），頁280。
84 胡適、周作人：《論中國近世文學》（海口市：海南出版社，1994年），頁58。
85 林語堂：〈小品文之遺緒〉，《人間世》1935年第22期。

人的『性情』,『靈』即個人的『心靈』。」[86]

周作人、林語堂等意識到小品文受傳統影響的事實，但現代小品文的藝術精神究竟在何種意義上與傳統相連？它與西方隨筆散文的區別究竟在哪？這是現代散文作家還沒有來得及深入探究的問題。郁達夫說：「我總覺得西洋的 Essay 裡，往往還脫不了講理的 Philosophizing 的傾向，不失之太膩，就失之太幽默，沒有東方人的小品那麼的清麗。」[87]這雖是直感，卻已是比較準確把握了 Essay 和中國小品藝術精神的差異。現代人對這個問題的認識已經比較清楚了。王兆勝認為「『essay』與『小品文』還是有明顯區別的：前者比較接近『隨筆』，講究絮語和散漫，它往往不重性靈，篇幅有時也可能較長；後者則重靈性，篇幅短小而精緻。前者以西方蒙田、吉辛、蘭姆等人為代表，如蒙田的《雷蒙・塞邦贊》長185頁，簡直就是一本小書；後者往往以中國古代的陶淵明、蘇東坡、袁中郎等人為代表，其著述篇幅一般都很短小。……它（按，指 essay）遠沒有中國小品文那樣精美、那麼靈性渾發，感覺薄如蟬翼，而往往還以「理性」和絮語為主。」「隨筆與小品文一樣注重自我個性和絮談筆調，但不如小品文那樣充滿靈性和簡潔清麗，它往往更為散漫和理性一些；隨筆偏於「筆」，而小品則偏於『品」。「筆」，記也，「品」，味也，所以，隨筆就少了些小品的滋味和韻致。」[88]簡言之，Essay 來自西方的理性精神，小品文則來自中國的詩性特質。

我們考察現代作家的小品文創作，無論是周作人的《苦茶》、《苦雨》小品文，還是林語堂的幽默小品，梁實秋的《雅舍小品》等，雖

---

86 林語堂：《生活的藝術》，《林語堂名著全集》（長春市：東北師範大學出版社，1994年），頁362-363。

87 郁達夫：《清新的小品文字》，《郁達夫散文集》（杭州市：浙江文藝出版社，1985年），頁377。

88 王兆勝：〈論中國當代隨筆散文〉，《江蘇社會科學》2002年第2期，頁161-162。

有西方的科學、智性、幽默等分子，但其基本精神還是民族的性靈傳統；至於沈從文、艾蕪、俞平伯等的山水人物抒情刻畫，更不必說了。例外的當然有，像梁遇春，其主要作品〈人死觀〉、〈談「流浪漢」〉等主要是西方的形而上及自由精神的體現。但梁遇春幾乎是一個例外，在現代作家中，像梁遇春這樣能深入理解西方文化精神而又以西方精神創作的作家是很少的。尤其是對西方文化的核心——哲學、宗教、形而上學，能真正信奉的人不多，林語堂坦言：「我素不愛好哲學上無聊的理論；哲學名詞，如柏拉圖的「意象」，斯賓諾莎的「本質」、「本體」、「屬性」，康德的「無上命令」等等，總使我懷疑哲學家的念頭已經轉到牛角尖裡去了。」[89]周作人雖對西方的科學精神有比較好的理解，但主要是從常識的角度，而拒絕真正的形而上精神，「我知道自己有點特別缺點，蓋先天的沒有宗教的情緒，又後天的受了科學的影響，所以如不准稱唯物也總是神滅論者之徒。」[90]梁實秋所信奉的白璧德新人文主義是多種中西思想的雜糅，也不是典型的西方思想。當然這些是不能強求的，作為西方文化的精華宗教哲學，中國人全面深入地把握自需要一個歷史過程。但作為一種重智性的小品文創作，沒有真正的西方精神的修養，是很難說得上「西化」的。

中國現代小品文作家主要的精神資源還是民族的「言志」傳統，這一傳統的哲學依據正是老莊特質：重自然生命、反倫理束縛，以及由之造成的重隱逸、回歸自然傳統。周作人在《中國新文學的源流》裡以「載道」和「言志」論中國文學，以為「載道」的文學和「言志」的文學此起彼伏，共同組成了中國文學傳統。這種傳統其實就是儒道傳統，林語堂有類似的看法：「中國文學，除了御用的廊廟文學，都是得力於幽默派的道家思想。廊廟文學，都是假文學，就是經

---

89 林語堂：〈自傳拾遺．我的信仰〉，《林語堂自傳》（南京市：江蘇文藝出版社，1995年），頁188。

90 周作人：《周作人散文》第2集（北京市：中國廣播電視出版社，1990年），頁45。

世之學，狹義言之也算不得文學。所以真有性靈的文學，入人最深之吟詠詩文，都是歸返自然，屬幽默派、超脫派、道家派的。」[91]梁實秋也認為：「中華民族本是一個最重實踐的民族，數千年來，表面上受了儒家的實踐哲學的教導，而實際上吸收了老莊的清靜無為的思想和以柔克剛的狡獪伎倆，逐漸的變成了一個懶惰而沒出息的民族。對於這樣的一個民族，及時行樂的文學、山水文學、求仙文學，當然是最恰當的反映！」[92]這雖然批判了道家，但他後來卻走向了這一個傳統。周作人、林語堂、梁實秋等人上述論斷雖是針對整個中國傳統文學，但作為最重個人性的小品文，「處於文學的尖端」，當然也是「言志」的典型；尤其是他們作為小品文作家說這番話，其用意不言自明。

二　小品文的內容：重個人，反載道

周作人、林語堂、梁實秋等人在以儒道傳統論中國文學時，實際上已經認同（指創作）了道家的言志傳統，並顯示了他們對儒家載道傳統的抵制態度，這必然導致他們對個人、個性、性靈、本性的強調而與主流文學呈疏離或對立的姿態。強調本性、反對仁義道德正是老莊哲學的二極。

老子將仁義、智慧、政治等看成與道對立的東西，以為「大道廢，有仁義；智慧出，有大偽；六親不和，有孝慈；國家混亂，有君臣。」[93]莊子更關注與「道」契合的人的自然本性，而反對儒家倫理和名利思想的對人性的扭曲，反對對外物的過分追求而不知返回本性。

---

91 林語堂：《自傳拾遺・關於幽默》，林語堂：《林語堂自傳》（南京市：江蘇文藝出版社，1995年），頁213。

92 梁實秋：《梁實秋論文學》（臺北市：時報出版文化公司，1978年），頁234-237。

93 王弼：《老子注》，《諸子集成》第3冊（北京市：中華書局，1954年），頁10。

莊子一再呼籲的是要「任其性命之情」[94]、「安其性命之情」[95]「不失其性命之情」[96]，批判「喪己於物，失性於俗」的「倒置之民」[97]。對儒家思想，莊子一語抓住其弊：「中國君子，明乎禮儀而陋于知人心。」[98]莊子感嘆，人「一受其成形，不忘以待盡，與物相刃相靡，其形盡如馳，而莫之能止，不亦悲乎！終身役役而不見其成功，苶然疲役而不知其所歸，可不哀邪？人謂之不死，奚益？」[99]這確實是對人性喪失於物的深長歎息。

與莊子的這種反對倫理、反對對外物的追求、主張回復的本性的觀點相一致的，是現代小品文作家對傳統載道文學的反感、對文學非功利性的呼喚。周作人在二十年代初就著文〈自己的園地〉聲明要「依了自己的心的傾向，去種薔薇地丁，也是尊重個性的正當方法……因為社會不但需要果蔬藥材，卻也一樣迫切需要薔薇與地丁。」[100]把非功利文學與功利文學看成具有同等的價值。他後來乾脆宣稱「文學無用」：「蓋文學是說藝術的著作，用乃是政治的宣傳或道德的教訓。」[101]文學只是「表得出我自己的一部分，便已滿足，絕無載道或傳法的意思。」[102]林語堂也批判「廊廟文學，都是假文學，就是經世之學，狹義言之也算不得文學。」而稱讚「有性靈」、「歸返自

94 莊子：《莊子・駢拇》，曹礎基：《莊子淺注》（北京市：中華書局，2000年），頁125。
95 莊子：《莊子・在宥》，曹礎基：《莊子淺注》（北京市：中華書局，2000年），頁143。
96 莊子：《莊子・駢拇》，曹礎基：《莊子淺注》（北京市：中華書局，2000年），頁121。
97 莊子：《莊子・繕性》，曹礎基：《莊子淺注》（北京市：中華書局，2000年），頁232。
98 莊子：《莊子・田子方》，曹礎基：《莊子淺注》（北京市：中華書局，2000年），頁302。
99 莊子：《莊子・齊物論》，曹礎基：《莊子淺注》（北京市：中華書局，2000年），頁19。
100 周作人：《周作人散文》第2集（北京市：中國廣播電視出版社，1990年），頁228。
101 周作人：《周作人散文》第2集（北京市：中國廣播電視出版社，1990年），頁73。
102 周作人：《澤瀉集・序》（長沙市：岳麓書社，1987年），頁1。

然」的道家派文學。對西方近代文學，也備稱其個人立場：「一念一見之微，都是表示個人哀曲，不復言廓大籠統的天經地義。」梁實秋則認為：「世界一切事物皆可做為工具，文學當然亦可作為工具，對於使用者有益，對於文學無損。但是不要忘記，這只是借用性質，不要喧賓奪主以為除此即無文學。切菜刀可以殺人，不要說切菜刀專做殺人之用。文學反映時代只是文學的一種副產作用。」[103]這種關於文學的功用與非功用關係表達是有見地的，其要點還是在文學的非功利性。一九三八年十二月一日，梁實秋接編了《中央日報》「平明」副刊，在〈編者的話〉中寫了一段在當時被批為「與抗戰無關論」的文字：「現在抗戰高於一切，所以有人一下筆就忘不了抗戰。我的意見稍有不同。於抗戰有關的材料，我們最為歡迎，但是於抗戰無關的材料，只要真實流暢，也是好的，不必勉強把抗戰截搭上去。至於空洞的『抗戰八股』，那是對誰都沒有益處的。」這段話就其本義今天看來並無原則性錯誤，但在當時以至後來的很長時間都受到嚴厲批評。不久，梁實秋開始創作「雅舍小品」，臺灣文學史家周錦先生說，創作《雅舍小品》正是上述主張遭到批判之後梁實秋所進行的「無言的抵抗」。[104]可見梁實秋對文學非功利觀執著堅守。現代小品文作家對非功利文學觀的執著堅守說到底是對人的自然本性的執著堅守。

作為對個人本性堅守的必然邏輯結果就是對個人的尊重、對個人的表現，這一點被李素伯稱為「小品文必要的條件」[105]。英國小品文的重要特點即是「個人筆調」，這一點受到現代小品散文作家的一致推崇，恰恰是這種文體暗合民族心理的結果。五四高潮剛過，周作人就宣稱要回到「自己的園地」，他在批判「文藝的統一」的說法時說：

---

103 徐靜波：《梁實秋批判文集》（珠海市：珠海出版社，1998年），頁219。

104 陳漱渝：〈《雅舍小品》現象〉，梁實秋：《梁實秋散文》，北京市：中國廣播電視出版社，1989年。

105 俞元桂等選編：《中國現代散文理論》（桂林市：廣西人民出版社，1984年），頁42。

「文學是情緒的作品，而著者所能最切迫的感到者又只是自己的情緒，那麼文學以自己為本位，正是當然的事。」[106]對個人的堅守可以說周作人一以貫之的，這一點直到抗戰爆發前莫不如此。廢名作為周作人的四大弟子之一，直接師承了乃師的這種立場，強調創作就是「本自己興趣，選定一種生活的樣式，浸潤於此・酣醉於此。」[107]當魯迅在〈小品文的危機〉中提倡掙扎和戰鬥的小品文而反對麻痹人心的小擺設時，梁實秋以「文章是不能清一色的」為理由加以反對：「文無定律，還是隨著各人性情為是」。[108]在這方面論述最多的還是林語堂，林語堂是三十年代鼓吹小品文的最得力者，對傳統的看重、對個人性的強調都是他與周作人很接近的地方。他說：「只有直接從人們心靈上發生的思想，始值得永垂不朽。」[109]這是很透澈的話。出於這種認識，他認為：「寫作不過是發揮一已的性情，或表演一已的心靈。」[110]「文章者，個人之性靈之表現。」[111]對傳統性靈派或他所謂之「個人發揮派」，也極力稱讚他們的個人立場，「自我發揮學派叫我們在寫作中只可表達我們自己的思想和感覺，出乎本意的愛好，出乎本意的憎惡，出乎本意的恐懼，和出乎本意的癖嗜。」[112]「性靈派以個人性靈為立場，也如一切近代文學之個人主義。其中如三袁弟兄之排斥仿古文辭，與胡適之文學革命所言，正如出一轍。這真不能不使我們佩服了。」[113]

---

106 周作人：《周作人散文》第2集（北京市：中國廣播電視出版社，1990年），頁199。

107 廢名：《廢名文集》（北京市：東方出版社，2000年），頁1。

108 梁實秋：《梁實秋文集》第7卷（廈門市：鷺江出版社，2002年），頁216。

109 林語堂：《吾國與吾民》（北京市：寶文堂書店，1988年），頁198。

110 林語堂：《生活的藝術》，《林語堂名著全集》第21卷（長春市：東北師範大學出版社，1994年），頁363。

111 俞元桂等選編：《中國現代散文理論》（桂林市：廣西人民出版社，1984年），頁54。

112 林語堂：《生活的藝術》，《林語堂名著全集》第21卷（長春市：東北師範大學出版社，1994年），頁364。

113 俞元桂等選編：《中國現代散文理論》（桂林市：廣西人民出版社，1984年），頁53。

我們可以把現代小品文作家對功利的反抗、對個人性的堅守看作他們對「真」的追求的結果，落腳點還是在自然人性，是這種自然人性的不失真。這如同莊子將「真」看作是「受於天地」、也即是天地所法之「道」的表現，「故聖人法天貴真，不拘於俗」。人要回到自己的天性，寫作也還作這種努力，因為「真者，精誠之致也，不精不誠，不能動人」。[114]所以，梁實秋堅持：「散文若要寫得好，一定要寫得真，所謂真，那是對於自己的心中的意念的真實。存心模仿便滅殺了自己的個性，沒有個性的文章永遠不是好文章。」[115]郁達夫也認為：「原來小品文字的所以可愛的地方，就在它的細、清、真三點。……既細且清，則又須看這描寫的真切不真切了。」[116]林語堂的小品文理想是「我創出一種風格，這種風格的秘訣就是把讀者引為知己，向他說真心話，就猶如對老朋友暢所欲言毫不避諱什麼一樣。」[117]周作人早年信仰各種主義，後來發現各種主義都不免有自己的偏狹，因而放棄「主義」，轉而從普通的人情物理、以常識來認識世界，這是他獨特的觀察和認識世界的方法，也可以說是對「真」的真正較勁了：「這是以科學常識為本，加上明淨的感情與清澈的理智，調和成功的一種人生觀，以此為志，言志固佳，以此為道，載道亦復何礙。」[118]

應該說，現代小品文作家對功利文學觀的抗拒、對個人真性情的維護是有利於文學的純潔性的，儘管他們擺脫不了小品文「小」的視角，在某種程度上也疏離了偉大的時代，但對「真」的追求也是對主流文學某種偏激性的補救。個人的視角有難以否定的合理性，小品文在當時和後來的受歡迎說明了這一點。

---

114 莊子：《莊子・漁夫》，曹礎基：《莊子淺注》（北京市：中華書局，2000年），頁469。

115 梁實秋：《梁實秋批判文集》（珠海市：珠海出版社，1998年），頁173。

116 俞元桂等選編：《中國現代散文理論》（桂林市：廣西人民出版社，1984年），頁50。

117 林語堂：〈八十自述〉，《林語堂自傳》（南京市：江蘇文藝出版社，1995年），頁104。

118 周作人：《周作人散文》第2集（北京市：中國廣播電視出版社，1990年），頁283。

三　小品文的格調：幽默閒適、平淡自然

現代小品文的基本格調是幽默閒適、平淡自然。中國現代小品文主要受傳統影響，既不同於英國隨筆（如上所論），也不同於一般散文和短小文章，魯迅所謂「生存的小品文應該是匕首和投槍」，其實是與小品文異質的另一種文體——雜文。「『小品文』作為散文之一種，它比『雜文』的紛亂和批評要清晰和輕鬆；它比『詩的散文』的詩意要平淡委婉；他比『隨筆』的散漫絮語要短小精緻。」[119]參之於實際，中國現代小品文主要是傳統的性靈格調，雖如周作人所說那樣增加了西方的科學、文學方面新的思想，但基本格調為傳統的無疑。

平淡自然是周作人散文的突出風格，幽默閒適為林語堂所倡導和實踐。其實，現代有影響的小品文作家絕大多數都具有這種風格，在小品文發展歷程上起了重大作用的周作人、林語堂、梁實秋如此，冰心、廢名、俞平伯、老舍、豐子愷、郁達夫等等莫不如此。

周作人對平淡自然的風格有著自覺的追求，他說過自己「極慕平淡自然的景地」，[120]廢名也認為「『漸近自然』四個字大約能以形容知堂先生……他好像拿了一本《自然教科書》做參考。」[121]周作人自二十年代初宣布回到「自己的園地」以後，直到後來走進「十字街頭的塔」，進而住進「苦茶庵」，他一步步遠離時代主戰場，在草木蟲魚、人情物理的體察和平淡描繪中寄託自己的理想，正如他總結自己的創作時說：「鄙人執筆為文已閱四十年，文章尚無成就，思想則可云已定。大致由草木蟲魚，窺知人類之事，未敢云嘉孺子而哀婦人，亦嘗用心於此，結果但有畏天憫人，慮非世俗之所樂聞，故披中庸之衣，

119 王兆勝：〈論中國現代小品散文〉（上），《山東社會科學》2000年第6期，頁63-64。

120 張菊香、張鐵榮：《周作人研究資料》（上冊）（天津市：天津人民出版社，1986年），頁324。

121 張菊香、張鐵榮：《周作人研究資料》（上冊）（天津市：天津人民出版社，1986年），頁331。

著平淡之裳，時作游行，此亦鄙人之消遣法也。」[122]周作人的散文看似平淡，但由於用心在「由草木蟲魚，窺知人類之事」，即通過體察宇宙間細微瑣事來會心天地之道，因而表現了很高的境界，這被梁實秋贊為「豈明老人特備的風格」:「周作人的散文，沖淡閒逸，初看好像平凡，細看便覺得雋永……意境既高，而文筆又雅練。」[123]四十年代初，梁實秋住進「雅舍」後，一改他自由主義文人鋒芒畢露的批判習慣，文筆一變而為平淡澄澈，他的《雅舍小品》第一篇〈雅舍〉即這樣寫:「這『雅舍』，……雖然我已漸漸感覺它是並不能蔽風雨，因為有窗而無玻璃，風來則洞若涼亭，有瓦而空隙不少，雨來則滲如滴漏。縱然不能蔽風雨，『雅舍』還是自有它的個性。有個性就可愛。……『雅舍』之陳設，只當得簡樸二字，但灑掃拂拭，不使有纖塵。……我有一几一椅一榻，酣睡寫讀，均已有著，我亦不復他求。」豁達灑脫，淡然澄澈，這奠定了他以後的創作基調。平淡自然之風影響了一大批散文作家，廢名、俞平伯，冰心等也是其中突出的代表。特別是廢名，更受到周作人的稱讚:「〈橋〉的文章彷彿是一首一首溫李的詩，又像是一幅一幅淡彩的白描畫。」[124]（廢名的小說周作人認為可當作小品文讀）「馮君著作的獨立的精神也是我所佩服的一點。他三、四年來專心創作，沿著一條路前進，發展他平淡樸訥的作風。」[125]小品文的這種平淡自然的風貌是與傳統的性靈文學一脈相承的，其藝術精神浸透著老莊思想的源流。在自然哲學觀的觀照下，老子哲學形成自然無為，致虛守靜，抱樸守真等觀念，莊子繼承老子傳統，欣賞其「以本為精，以物為粗，以有積為不足，淡然獨與神明居」[126]的平淡清明

122 周作人：《周作人散文》第2集（北京市：中國廣播電視出版社，1990年），頁86。
123 梁實秋：《梁實秋批判文集》（珠海市：珠海出版社，1998年），頁172。
124 周作人：《周作人散文》第2集（北京市：中國廣播電視出版社，1990年），頁275。
125 周作人：《周作人散文》第2集（北京市：中國廣播電視出版社，1990年），頁269。
126 莊子：《莊子・天下》，曹礎基：《莊子淺注》（北京市：中華書局，2000年），頁499。

風神。現代小品文以言志文學傳統連接老莊哲學；且它們的作者本身受老莊思想影響，因而其作品平淡自然的風格也就是自然應有之義。

三十年代，林語堂在上海創辦《論語》、《人間世》、《宇宙風》等雜誌，以刊登小品文為主，主張「以自我為中心，以閒適為筆調」，提倡幽默、閒適、性靈，在林語堂等人的影響下，幽默閒適的小品文創作一時成為熱潮。關於閒適，林語堂曾說：「閒者，閒情逸致之謂，即房中靜嫻，切切私語，上文所謂音調要低微一點」，「或有意見齟齬，也應心平靜氣」[127]。這是對小品文格調的一般要求。周作人則在此前早用詩一般的筆觸描繪出他理想的小品文境界：「在樹陰下閒坐」（《談虎集・竹林的故事序》），又彷彿「在朦朧暮色之中，一切生物無生物都消失在裡面，都覺得互相親切，互相和解」。（《永日集・〈桃園〉跋》）針對有人批判小品文，謝六逸則堅持了小品文的「閒適」格調：「有人攻擊小品文的『閒適筆調』，此點恕我不能附和。提起筆來寫小品，『就是閒適』。沒有『閒適』，便不能寫『小品』。有幾人能在『氣得雙足跳』之下，把『小品』寫得出來。……因此『閒適』並非小品之罪。」（〈小品文之弊〉）這明顯把小品文與那種劍拔弩張戰鬥的雜文之類區分開來、與躁動的功利性文學區分開來。這種閒適格調還應是在傳統文人隱逸情調和隱逸文學的影響下產生，從而打上傳統的藝術精神和哲學精神，這一點，林語堂是有理論自覺的：「中國人之愛悠閒，有著很多交織著的原因。中國人的性情，是經過了文學的薰陶和哲學的認可的。這種愛悠閒的性情是由於酷愛人生而產生，並受了歷代浪漫文學潛流的激蕩，最後又由一種人生哲學——大體上可稱它為道家哲學——承認它為合理近情的態度。中國人能囫圇地接受這種道家的人生觀，可見他們的血液中原有著道

---

127 林語堂：〈看見碧姬芭杜的頭髮談小品文〉，《林語堂名著全集》（長春市：東北師範大學出版社，1994年），頁290。

家哲學的種子。」[128]

早在〈語絲〉時期，林語堂就將 Humor 翻譯為「幽默」，他也是幽默在中國的提倡者，素有「幽默大師」的稱號。林語堂的幽默小品善於戲謔，妙趣橫生，而又不流於淺薄，是所謂「笑中有淚，淚中有笑」。幽默在三十年代經林語堂的倡導，風行一時。其實此前的周作人小品創作也極善幽默，但周作人的幽默不事喧嘩，相對於「現實的理想家」和「熱心腸的諷世者」林語堂來說，是所謂冷幽默。（林語堂曾批評周作人心腸太冷）《再求雨》舉出長辛店和北京兩起求神降雨事件，為感動上天，人們竟用寡婦、童男女、王八和長跪乞恩這種方法。於是周作人不動聲色說：「希望江紹原先生於暑假之中分出一部分工夫來研究一下求雨與性的問題，一定會得到很有趣的結果。」周作人的這種幽默看似不經意，但諷世意味很深。梁實秋的小品於幽默之中也兼有諷刺，他更注重日常生活中有悖人情的世情諷刺，筆調諷而不傷。如《客》：「客人久坐不去，驅禳至為不易。如果你枯坐不語，他也許發表長篇獨白，像個垃圾口袋一樣，一碰就泄出一大堆，……如果你暗示你有事要走，他也許表示願意陪你一道走。如果你問他有無其它的事見教，他也許乾脆告訴你來此只為閒聊天。如果你表示正在為了什麼事情忙，他會勸你多休息一下。如果你一遍一遍地給他斟茶，他也許就一碗一碗地喝下去而連聲說『主人別客氣』。」這種諷刺是一種輕鬆的解頤，《男人》《女人》《頭髮》等篇也大致如此。幽默無疑為現代散文增加了輕鬆愉快的格調，如有人評林語堂「將小品文的審美品格提升到新的境界，即具有喜劇色彩的美學品格。」[129]郁達夫也認為「在現代的中國散文裡，加上一點幽默味，使

128 林語堂：《林語堂名著全集》第21卷（長春市：東北師範大學出版社，1994年），頁156。

129 王兆勝：〈論中國現代小品散文〉（下），《山東社會科學》2001年第1期，頁68。

散文可以免去板滯的毛病」。[130]但幽默的意義遠不在此，林語堂更深入地意識到「幽默是心境之一狀態，更進一步，即為一種人生觀的觀點，一種應付人生的方法。」[131]這就把幽默上升到一種哲學立場，並不僅僅是一種引人發笑的手法，它需要純真的人格和超脫的精神，其哲學根源還應是老莊道家，「惟有保持得住一點天真，有點傲慢，不顧此種陰森冷豬肉氣者，才寫得出一點幽默。」[132]「看穿一切如老莊之徒，這是超脫派。有了超脫派，幽默自然出現了。」[133]「莊生可稱為中國之幽默始祖。太史公稱莊生滑稽，便是此意，或索性追源於老子，也無不可。」[134]林語堂的這些論述，給「幽默」賦予哲學品格。

其實，小品文閒適幽默、平淡自然的特點說到底還是來自於小品文作家的隱逸人格和隱逸心態。現代小品文作家大多有明顯的隱逸傾向，我們只從他們住所命名就可看出這一點。林語堂直書其書房「有不為齋」，梁實秋有淡然逸致的「雅舍」，周作人的「苦雨齋」、「苦茶庵」則極富莊禪意味。周作人公開表明自己的隱逸：「我不知怎地總是有點『隱逸的』，有時候很想找一點溫和的讀，正如一個人喜歡在樹蔭下閒坐，雖然曬太陽也是一件快事。」[135]一九三一年給朋友的信也稱「弟近來頗覺得韜晦之佳」。[136]作為周作人的得意弟子，廢名的隱逸情調也是突出的，周作人在〈懷廢名〉中曾說他「喜靜坐深思，

---

130 俞元桂等選編：《中國現代散文理論》（桂林市：廣西人民出版社，1984年），頁454。

131 林語堂：《吾國與吾民》（北京市：寶文堂書店，1988年），頁61。

132 林太乙：《林語堂傳》（西安市：陝西人民出版社，2002年），頁99。

133 林語堂：《自傳拾遺．關於幽默》，《林語堂自傳》（南京市：江蘇文藝出版社，1995年），頁213。

134 林語堂：《自傳拾遺．關於幽默》，《林語堂自傳》（南京市：江蘇文藝出版社，1995年），頁212。

135 周作人：《周作人散文》第2集（北京市：中國廣播電視出版社，1990年），頁268。

136 錢理群：《周作人傳》（北京市：十月文藝出版社，1990年），頁302。

不知何時乃忽得特殊的經驗，趺坐少頃，便兩手自動，作這種姿態，有如體操，不能自已，彷彿自成一套，演畢乃復能活動」，充滿莊禪趣味；而廢名小說平淡的風貌周作人也認為是他的「隱逸性似乎是很占了勢力。」[137]至於林語堂三十年代後、梁實秋四十年代後明顯的人生轉向也表現了他們的心態明顯轉向隱逸。現代小品文作家的隱逸性無疑來自於魯迅所稱之為「中國隱逸之宗」的莊子。我們從這點更可發現現代小品文平淡自然的風格與老莊內在的精神聯繫。

四　小品文的文體：隨性而談、不拘成法

小品文具有隨性而談、不拘成法的文體特點。相對於詩歌，小品文沒有激烈的情感，不刻意詞藻修飾，沒有嚴格的格律。相對於小說，不需要嚴密的結構，不注重人物性格的精心刻畫和濃墨重彩的環境渲染。相對於戲劇，它不講究緊湊的結構，不構造激烈緊張的矛盾衝突。總之，小品文不講究結構和修飾，全憑作家興之所致，隨意為之。這與老莊自然哲學的精神是內通的。老子說「五色令人目盲、五音令人耳聾」;「大音希聲、大象無形」，反對過分修飾，主張自然；莊子同樣講「文滅質」，反對修飾；而他所謂「天地大美」也是一種反人為的自然之美。現代小品文作家中，周作人以草木蟲魚而會心天地之道，可以說正是這種精神的典型體現。《莊子》雖不乏文采，但不有意修飾；雖詩情洋溢，但沒有一處特意的濃郁抒情。莊子之文，一片素白而自能深入人心，全憑一種自然精神的自然表達。

小品文在現代的興盛與激烈緊張的現代社會環境密切相關，作家們需要一種精神形式來釋放自己的緊張情緒，以使被壓抑的自然性情得到舒展，對於他們來說，小品文無疑是最好的形式，周作人甚至稱

---

137 周作人：《周作人散文》第2卷（北京市：中國廣播電視出版社，1990年），頁271。

它為「個人文學的尖端」。小品文因其自然自由的個性，在中國歷史上每一個思想解放的時代，都獲得了它的發展，周作人所謂「上有六朝，下有明朝」是也。現代小品文作家在追溯這一文體的源頭時，主要把它歸於莊子。莊子不但給中國追求自由自然的文人提供思想之源，而且他的隨性自由的創作方式也影響了中國文人。陶淵明、李白、蘇軾、晚明公安派等人的創作說明了這一點。現代小品文作家同樣承認這個傳統。李素伯認為散文小品「不是新的東西，周秦諸子中，你盡可以讀到他們從實際生活中得來的感想，你盡可以領略到他們所親切地看到的人生之斷片，你盡可盡情瀏覽他們所草成的一幅幅的山水畫片。」[138]這主要是指以莊子為代表的道家的。鍾敬文明確指出小品文的源頭在莊子：「如果《莊子》不盡是偽書的話，在戰國時，已頗有些美麗的小品文出來。」[139]周作人也有一致的看法：「古今來有名的文學作品，通是即興的文學。例如《詩經》上沒有題目，莊子也原無篇名。」[140]以《詩經》和《莊子》為即興文學的源頭，但《詩經》是詩歌，散文的源頭還是《莊子》。

現代作家對小品文的文體特點是有自覺明確的認識的。林語堂對好的散文標準是：「好的散文一定要能夠烘托現實生活的日常的事實……必須具有容納充分發揮才能的篇幅與輪廓……必須用天然的大腳步跨過去。」他強調的是表達的自由與自然，並且批判「中國的文學藝術包藏於含蓄的手法，掩蓋作者的真情而剝奪文章的性靈。」[141]在他看來，過於講究文章的雕飾含蓄會掩飾作家的真情表達的，這自然對文體提出要求，他在批判西方浪漫主義以來的文學時，將這種理想的文體界定為「以意役法，不以法役意」；相反，他對妨礙性靈表

138 李素伯：《小品文研究》（上海市：新中國書局，1932年），頁28。
139 俞元桂等選編：《中國現代散文理論》（桂林市：廣西人民出版社，1984年），頁33。
140 胡適、周作人：《論中國近世文學》（海口市：海南出版社，1994年），頁45。
141 林語堂：《吾國與吾民》（北京市：寶文堂書店，1988年），頁213。

達的詞章之學提出嚴厲批評：「桎梏性靈之修辭章法，鈍根學之，將成啞吧，慧人學之，亦等鈍根，蓋其所言在膚革，不在骨子，在容貌，不在神髓。學者終日咿唔摹仿，寫作出來，何嘗有一分真意見真情感流露出來？無意見無情感則千篇一律，枯燥乏味，讀之昏昏欲睡，文字任何優美，名詞任何新鮮，皆死文學也。」[142]這種批評一語中的；他繼而又尖銳指出：「言性靈之文人必排斥格套，因為學古不但可不必，實亦不可能。言性靈之文人，亦必排斥格套，因已尋到文學之命脈，意之所之，自成佳境，決不會為格套定律所拘束。」[143]這可以說是對文章內容和形式之間關係的透澈表達了。梁實秋認為「散文是沒有一定的格式的，是最自由的」，[144]他在講到理想的散文創作時，稱頌了蘇東坡：「蘇東坡有幾句話，頗為大家所豔稱，他說：『作文如行雲流水，初無定質，但常行於所當行，常止於不可不止，文理自然，姿態橫生。』才人高致，非常人所能企及。」[145]蘇東坡的比喻講出了散文精神的精髓；同時也是莊子自然哲學精神在文體觀上的一個典型體現，它不僅為林語堂所喜歡，周作人也對之激賞不已。他在為廢名〈莫須有先生傳〉作序時說：

> 〈莫須有先生〉文章的好處，似乎可以舊式批語評之曰，情生文，文生情。這好像是一道流水，大約總是向東去朝宗於海，他流過的地方，凡有什麼汊港彎曲，總得灌注瀠洄一番，有什麼岩石水草，總要披拂撫弄一下子再往前去，這都不是他的行程的主腦，但除去了這些也就別無行程了。這又好像是

142 俞元桂等選編：《中國現代散文理論》（桂林市：廣西人民出版社，1984年），頁58-59。

143 俞元桂等選編：《中國現代散文理論》（桂林市：廣西人民出版社，1984年），頁54。

144 俞元桂等選編：《中國現代散文理論》（桂林市：廣西人民出版社，1984年），頁35-36。

145 梁實秋：《梁實秋文學回憶錄》（長沙市：岳麓書社，1989年），頁94-95。

> 風，——說到風我又不能不想起莊子來，在他的書中有一段話講風講得最好。其文曰「夫大塊噫氣，其名為風，是唯無作，作則萬竅怒呺。而獨不聞之翏翏乎？山林之畏佳，大木百圍之竅穴，似鼻，似口，似耳，似枅，似圈，似臼，似窪者，似汙者，激者，謞者，叱者，吸者，叫者，譹者，宎者，咬者。前者唱於而後者唱喁。泠風則小和，飄風則大和，厲風濟則眾竅為虛，而獨不見之調調之刀刀乎？」
> 莊生此言不但說風，也說盡了好文章，今夫天下之難懂有過於風者乎？而人人不以為難懂，刮大風群知其為大風，刮小風莫不知其為小風也。何也？夫吹萬不同，而使其自己也，咸其自取，怒者其誰也耶？……大家知道這是風聲，不會有人疑問那似鼻者發出的怪聲是為公為私，正如水流過去使那藻帶飄蕩幾下不會有人要查究這是什麼意思。能做好文章的人他也愛惜所有的意思，文字，聲音，典故，他不肯草率地實用他們，他隨時隨處加以愛撫，好像是水遇到可飄蕩的水草要使他飄蕩幾下，風遇見能叫號的竅穴要使他叫號幾聲，可是他仍然若無其事地流過去吹過去，繼續他向著海及空氣稀薄處去的行程。[146]

這一大段話，先以蘇東坡的流水之喻稱讚了廢名文章的自然之美；繼之引用《莊子・齊物論》中對風的經典描寫，再次以之喻好文章。他以「不會有人疑問那似鼻者發出的怪聲是為公為私，正如水流過去使那藻帶飄蕩幾下不會有人要查究這是什麼意思」來比喻好文章的自然無痕之妙，可謂與蘇軾的流水之喻相得益彰。周作人的這段話綜合了蘇東坡流水之喻的自然和莊子風的比喻的無痕，賦予文章以絕妙的境界，這也是周作人小品文追求的境界，文章到了這種境界真可

146 周作人：《周作人散文》第2集（北京市：中國廣播電視出版社，1990年），頁278。

上通天地之道。周作人這一靈感正得自於莊子思想的源和流。

出於對小品文自然無礙之趣特質的認識，現代作家被小品文吸引，表現了很鮮明的文體意識。周作人說寫詩心裡發熱，寫散文比較頤養性情。這是深得小品文平淡自然之趣的。梁實秋在解釋自己不寫所愛好的小說戲劇而獨寫散文時說：「小說與戲劇皆吾所好，二者均需要一種『構造美』（architectonic beauty），我自己知道，如果有所創作，我或可努力試作點的深入，或線的延長，但是缺乏立體建築的力量，因此對此二類型未敢輕易嘗試。因此我只好寫散文。」[147]好小說戲劇而不勝其結構故不為，這說明了現代作家選擇小品文這一文體的理由：個人的自然性情。廢名是現代獨具個性的作家，小說以「晦澀」著稱，特色在於以意象連接文章，表現出極強的隨「意」性，故其小說被周作人稱為可作為小品文閱讀。以一己之自然性情選擇可自由表達的小品文體，正是現代小品文作家與莊子精神一脈相承的表現。假如考察一下這些作家的創作方式，這種自由自在性就看得更充分。周作人寫文章從不修改，寫完後看一遍有無錯別字就丟一邊。他說：「其實我的文章寫法並沒有變，其方法是，意思怎麼樣寫得好就怎麼寫，其分子句法都所不論。」[148]其隨意性直可讓一般精雕細琢的作家瞠目結舌，恰好又達到極高境界。許地山說其小品《空山靈雨》的創作過程：「在睡不著時，將心中似憶似想的事，隨感隨記，在睡著時，偶得趾離過愛，引領我到回憶之鄉，過那游離的日子；更不得不隨醒隨記。積時累日，成此小冊。以其雜沓紛紜，毫無線索，故名《空山靈雨》。」[149]小品文的個人格調在這些隨性作家的創作中發揮得淋漓盡致。

147 梁實秋：《梁實秋文學回憶錄》（長沙市：岳麓書社，1989年），頁96。

148 周作人：《周作人散文》第2集（北京市：中國廣播電視出版社，1990年），頁77。

149 許地山：《許地山文集》（北京市：中國戲劇出版社，2003年），頁3。

第三節　老莊與現代詩化小說

中國現代詩化小說是在二十年代個人抒情小說和鄉土小說的基礎上發展而來，而在三、四十年代走向成熟。鄉土小說的理論源頭可追溯至周作人寫於一九二三年的〈地方與文藝〉:「這幾年來中國新興文藝……太抽象化了，執著普遍的一個要求，努力去寫一個預定的概念，卻沒有真實地強烈地表現出自己的個性，其結果當然是一個單調。我們的希望即在於擺脫這些自加的枷鎖，自由地發表那從土裡滋長出來的個性。」[150]這批評了新興文學的概念化傾向，而主張以民風、民俗和與地方相一致的個性描寫來救治。魯迅可謂是實踐這一理論的先導。個人抒情小說為郁達夫開創，又在他那裡達到高峰。鄉土小說和個人抒情小說受異域文化很大，但在發展過程中逐漸接受民族文化的影響，揚棄了抒情小說激烈的個人抒情和鄉土小說的客觀寫實，形成富有民族特色的小說樣式：體現出民族「天人合一」觀念；注重意境美和個人筆調。老莊思想在這一民族化過程中起了關鍵作用。

一　自然與人性合一

現代詩化小說突出的特點是注重作品中的自然、風俗、民俗的描寫，這一特色為魯迅所開創，而為周作人在理論上首先倡導。周作人提倡有地域特色的自然、民俗描寫，目的是為了打破那種概念化的、整齊劃一的「共同性」，注重文學的個性和自由。魯迅也是同樣意見：「現在的文學也一樣，有地方色彩的，倒容易成為世界的，即為別國所注意。」[151]但周作人、魯迅所倡導的這種地方特色還遠遠不是後來

---

150 周作人：《周作人散文》第2集（北京市：中國廣播電視出版社，1990年），頁212。

151 魯迅於一九三四年四月十九日致陳煙橋信，《魯迅全集・書信》（北京市：人民文學出版社，1956年），頁206。

詩化小說意義上的自然。一方面，二十年代鄉土小說（還有個人抒情小說）中的自然只是作品的背景，主要是為了凸顯人物；另一方面，鄉土小說中民俗的描寫往往孤立化，並不能見出自然的影響，不是自然的延伸，甚至常常是反人性、反自然的，不能與自然構成諧和的關係；再者，多數作品反封建的主旨使得作家與其描寫對象之間呈現某種疏離，不是詩化小說意義上的欣賞與一致的關係。所有這些，還是不能達到或背離詩化小說「天人合一」的境界。但周作人、魯迅的倡導為詩化小說的出現提供了理論和實踐的基礎。

自然景物的描寫在現代詩化小說中獲得了本體意義。在詩化小說中，自然與人同等重要，自然不再是人物活動的背景，為人物描寫服務；人物與自然之間形成一種同構的關係，人性從自然發展而來；同樣，風俗的面貌不僅僅是人的生存環境的體現，也是自然的延伸，自然、風俗和人協調同一，體現了嚴格意義上的「天人合一」境界。

以沈從文、廢名、郁達夫、艾蕪、汪曾祺、蕭紅等為代表的這派作家的努力是：怎樣最大限度地使人物遠離社會性；或者撇開道德倫理的眼光來審視他們記憶中的理想人物，還他們以自然性、生命的本能性，讓他們把千年來被社會倫理所遮掩的人性至純的因子彰顯出來。影響他們創作理念的還是老莊反社會倫理、主張人性自然的學說。

在作品中大量描寫自然，最能體現自然、風俗和人一致關係的，是沈從文。沈從文出生在一個特定環境——湘西。這裡，險峻的地理環境阻斷了它與外界暢通的交流，而歷代的統治者執行民族歧視政策，視這一地區的苗人、土家族人為「蠻人」。這種獨特的地理環境和文化傳統使得這一區域幾千年來與外界幾乎處於隔絕狀態，直至上世紀初，湘西仍是一個原始半原始的相對封閉的地區。湘西受中原文化的影響較少，使得這裡的民風與這裡自然環境一樣，保持了非常原始的自然狀態，而較少有文化的影響。這是「一個對歷史毫無負擔的民族，／他們的生活深深地植根于自然。」[152]

沈從文二十歲以前，一直生活在這塊土地上——沅水流域上下一千多公里的區域，他的血液裡浸著苗人、土家族人的傳統；他自小就極愛自然，逃避枯燥的課堂學習，沉迷於具體的人事習俗中。十四歲後飄蕩在沅水流域的軍旅生活又擴大了他的視界，使得他與自然和習俗有更充分的接觸。在現代作家中，少有人像沈從文那樣，在影響一個人一生的童年至青年時期相對遠離文化教育、而與自然習俗充分接觸，這不但充分養成了沈從文的自然性情，也為他後來的創作提供了幾乎是唯一的自然風俗題材。施蟄存甚至認為，沈從文的創作「不是語文修養的產物，而是他早年生活經驗的記錄。」[153]這一看法固然值得商榷，[154]但無疑充分肯定了青少年時期的生活對於他創作的意義。

在沈從文的小說中，優美的自然描寫比比皆是，這些描寫組成了一幅幅優美動人的風景畫：「深潭中為白日所映照，河底小小白石子、有花紋的瑪瑙石子，全看得明明白白。水中游魚來去，全如浮在空氣裡，兩岸多高山，山中多可以造紙的細竹，常年作深翠顏色，逼人眼目。近水人家多在桃杏花裡，春天時只須注意，凡有桃花處必有人家，凡有人家處必可沽酒。夏天則曬晾在日光下耀目的紫花布衣褲，可以作為人家所在的旗幟。秋冬來時，……人家房屋在懸崖上的、濱水的，無不朗然入目。黃泥的牆，烏黑的瓦，位置卻永遠那麼妥貼，且與四周環境極其調和，使人迎面得到的印象，實在非常愉

152 H．R．斯通貝克：〈獻給沈從文的組歌〉，引自淩宇：《沈從文傳》（北京市：十月文藝出版社，1988年），頁11。

153 施蟄存：〈滇雲浦雨話從文〉，孫冰：《沈從文印象》（上海市：學林出版社，1997年），頁29。

154 主要是因為他忽略了沈從文作為作家主體的修養過程。事實上，沈從文是直到三十年代、隨著他「語文修養」（包括自然哲學修養和寫作技巧的訓練）的逐漸成熟，他才能得心應手地進行他的詩化小說創作的。施蟄存的這種「誤會」大半是由於沈從文的自然哲學修養之純造成的。

快。」(《邊城》)「遇晴朗天氣，白日西落，天上薄雲由銀紅轉為灰紫。停泊崖下的小漁船，燒濕柴煮飯，飲煙受濕，平貼水面，如平攤一塊白席。綠頭水鳧三隻五隻，排陣略水飛去，消失在微茫煙波裡，一切光景，靜美而略帶憂鬱。」(《湘西》)「躺在尚有些微餘熱的泥土上，身貼大地，仰面向天，看尾部閃放寶藍色光輝的螢火蟲匆匆促促飛過頭頂。沿河是細碎人語聲，蒲扇拍打聲，與煙杆剝剝的敲著船舷聲。後夜半天空有流星曳了長長的光明下墜。灘聲細流，如對歷史有所陳訴埋怨。」(《老伴》) 這裡的風俗與環境是協和一致的，同樣美麗得令人心醉：「……忽然村中有炮仗聲音，有嗩吶聲音，且有鑼聲；原來村中人正接媳婦。鑼聲一起，修船的，放木筏的，划船的，都停止了工作，向鑼聲起處望去。——多美麗一幅圖畫……」(〈湘行散記〉) 這是古詩〈陌上桑〉令人惆悵低徊的餘韻。在這樣的自然和風俗中成長的人性，又如何不美麗純樸如斯？《邊城》裡的翠翠「一對眸子清明如水晶，自然長養她且教育她。為人天真活潑，處處儼然如一隻小獸物。人又那麼乖，如山頭黃麂一樣，從不想到殘忍事情，從不發愁，從不動氣。平時在渡船上遇陌生人對她有所注意時，便把光光的眼睛瞅著那陌生人，作成隨時都可舉步逃入深山的神氣，但明白了面前的人無機心後，就又從從容容的在水邊玩耍了。」這樣的人正是沈從文所說的貼近泥土的人性！

自然最初是沈從文的生活環境，繼之是他的愛好，而到三、四十年代隨著他創作和思想的逐漸成熟，隨著他對自己早年自然生活的反思，自然便成了他的理想：「東方信仰的本來，乃出於對自然壯美與奇譎的驚訝，而加以完全承認。正因為這種『皈於自然』一無保留的虔敬，實普遍存在，於是在這個宗教信仰中，就只能見到極端簡單的手足投地的膜拜，別無藝術成就可言了。由皈於自然而重返自然，即是邊民宗教信仰的本質，因此我這個故事給人的印象，也將不免近於一種風景畫集成。人雖在這個背景中突出，但終無從與自然分離，有些篇章中，且把人縮小到極不重要的一點上，聽其逐漸全部消失於自然中。」[155]這種創作理想，極類似於古代山水詩和山水畫傳統，而其哲學根據就是源於先秦、而在魏晉後於藝術領域逐漸成熟起來的道家自然哲學觀。沈從文無疑接受了這一觀念，而在中西文化激撞的二十世紀上半期又吸收了西方宗教哲學精神，從而將這種民族的自然哲學精神發展為一種類似宗教的膜拜對象：「即對於一切自然景物，到我單獨默會它們本身的存在和宇宙微妙關係時，也無一不感覺到生命的莊嚴。一種由生物的美與愛有所啟示在沉靜中生長的宗教情緒，無可歸依，我因之一部分生命，竟完全消失在對於一切自然的皈依中。這種簡單的情感，很可能是一切生物在生命和諧時所同具的，不必然是比較高級生物所不能少的。然而人若保有這種情感時，卻產生了偉大的宗教，或一切形式精美而情感深致的藝術品。」(《水雲》) 可以看出，這種對自然的歸依情感是西方宗教的，而思想內核仍是道家哲學。

在對自然的膜拜和表現上，廢名比他的弟子沈從文有過之而不及。在沈從文的小說中，我們可以體會到那種自然和人同等優美的境界，「天與人不相勝」[156]的朗然景致，而在廢名的小說中，自然相對於人卻占據了優勢的地位，沈從文的創作理想「把人縮小到極不重要的一點上，聽其逐漸全部消失於自然中」，在廢名的小說中倒得到更充分的表現。沈從文的小說中，人物雖與自然一致，但他們有自己的哀樂，有意志的衝動，作品也充滿朝氣和生氣；而廢名小說中的人物很難看得到他們明顯的意志活動，他那些處在原始鄉村中的人物有的只是淹沒在習俗當中的微小的生存願望。在他的作品中，準確地說，看到的只是習俗，而不是性格鮮明的人物的活動，人物的存在似乎只是作為習俗的符號和象徵。這樣的習俗和人物彷彿只是自然的一部

155 沈從文：《沈從文文集》第11卷（廣州市：花城出版社；香港：生活‧讀書‧新知三聯書店香港分店，1984年），頁61。

156 莊子：《莊子‧宗師》，曹礎基：《莊子淺注》（北京市：中華書局，2000年），頁89。

分，而不是自己的獨特的存在。

《菱蕩》這樣描寫陶家村的環境：

> 一條線排著：十來重瓦屋，泥牆，石灰畫得磚塊分明，太陽底下更有一種光澤，表示陶家村總是興旺的。屋後竹林，綠葉堆成了臺階的樣子，傾斜至河岸，河水沿竹子打一個灣，潺潺流過。這裡離城才是真近，中間就只有河，城牆的一段正對了竹子臨水而立。竹林裡一條小路，城上也窺得見，不當心河邊忽然站了一個人——陶家村人出來挑水。落山的太陽射不過陶家村的時候（這時遊城的很多）少不了有人攀了城垛子探首望水，但結果城上人望城下人，彷彿不會說水清竹葉綠，城下人亦望城上。

這裡，不僅瓦屋、泥牆與小河、竹林等自然景致渾然一體，就連陶家村的人出來挑水也給人以驚奇的「忽然」之感，似乎人的出現、人的存在對於自然是不可思議的。作者以這樣的描寫表達極近原始的自然理念。

在這樣的自然裡，人是消失于自然之中，而不是凸顯於自然之外。《菱蕩》這樣描寫聾子摘菱角：

> 菱蕩滿菱角的時候，菱蕩裡不時有一個小划子，（這划子一個人背得起，）坐划子菱葉上打回旋的常是陳聾子。聾子到哪裡去了，二老爹也不知道，二老爹或者在壩腳下看他的牛吃草，沒有留心他的聾子進菱蕩。聾子挑了菱角回家——聾子是在菱蕩摘菱角！

作為常年為二老爹做長工的聾子，二老爹卻不知聾子的去向，自然是由於完全的放心，這固然一方面表現了主僕之間的自然純樸的關係，但另一方面，就在壩下放牛的二老爹卻竟然不知聾子就在他旁邊的菱蕩裡摘菱角！廢名的小說就是這樣，人物的活動淹沒在自然之中，化為自然的一部分，「聾子總是這樣地去摘菱角，恰如菱蕩在菱蕩圩不現其水。」這大概是廢名理想的極致了。

在這樣的自然裡，人物養成一種原始的純樸本性。聾子幫二老爹賣東西，「回來一文一文的錢向二老爹手上數」，全無機心。《莊子・天地》篇中澆園老人批判「有機械者必有機事，有機事者必有機心。機心存於胸中則純白不備。」聾子可以看作莊子所嚮往的「純白」之人了。當洗衣女人問他討蘿蔔吃——好比他正在蘿蔔田裡，他也連忙拔起一個大的，連葉子給她。不過問蘿蔔他就答應一個蘿蔔，再說他的蘿蔔不好，他無話回，笑是笑的。作者感嘆，「菱蕩圩的蘿蔔吃在口裡實在甜。」這不是對蘿蔔、而是對他理想中純樸人性的由衷讚美！聾子這樣的人性就似這蘿蔔，似乎看得見粘在這人性上的泥土的痕跡！

廢名小說中的主人公大多純樸得接近泥土，他們只知道滿足別人的願望，而一貫忽略或壓抑自己的欲望；即使一些極平常的、微弱的願望，他們的表達也是曲折隱約的，彷彿做錯了事一般。《竹林的故事》中，老程家的只是為了要「我們」幫她念一下籤上的字句，「捏著香紙走我們的前面過去，不一刻又望見她轉來，——不筆直的循走原路，勉強帶笑的彎近我們：『先生！替我看看這籤。』」這樣一個小小的要求，她卻再三遲疑：明明想問卻「走過去」，再「轉來」，又「不筆直循原路」，還「勉強帶笑」，「彎近」我們。表達這樣一個小小的、只稍稍讓別人動動口的願望，卻是如此的曲折！在這種曲折的行動後面是小說主人公對個人欲望的極度削弱。當她丈夫不意網到一條大魚，她只輕輕說，鹽缽裡的鹽怕還夠不了一餐飯。她只用這樣毫無喜悅的話表達了自己的喜悅（當然還有對貧困生活的一貫隱憂）。這些直可讓讀者心疼得難忘的平淡細節顯示了廢名自然哲學的驚人魅力。

最典型的還是三姑娘。她很小就懂得歡歡喜喜為家裡做事情，當媽媽做好飯拿筷子時，她就替爸爸拿酒杯，放在桌子上，儘管她還小，只能放在桌沿上，還需要爸爸再往桌子中間挪一挪。三姑娘八歲的時候，就能夠代替媽媽洗衣。爸爸死後，三姑娘同媽媽更加勤敏，保持了家事的興旺。當二月裡賽龍燈，大街小巷，人山人海，各村的女人旋風一樣沖到街上，「鑼鼓喧天，驚不了她母女兩個，正如驚不了棲在竹林的雀子。」嫂子們順路邀請她去，媽媽也極力鼓勵她一路去，她總以微笑拒絕。但少女愛熱鬧的天性並沒有失去，她在家裡回憶小時候在爸爸背上看龍燈的情景，並依靠城外傳來的鑼聲想像街上的情景。——她要陪著媽媽，而放棄自己一切的愛好！

三姑娘永遠是這樣淑靜，以至於她「愈走近我們，我們的熱鬧便愈是消滅下去」，而「等到我們從她的籃裡揀起菜來（按，三姑娘常常賣菜補貼家用），又從自己的荷包裡掏出了銅子，簡直是犯了罪孽似的覺得這太對不起三姑娘了。而三姑娘始終是很習慣的，接下銅子又把菜籃肩上。」三姑娘周圍的人顯然被三姑娘所感化。這是一種聖潔的美！作者受到佛家人世皆苦、要節制自己的欲望以脫離苦海的觀念的影響，但這種純樸的人性又何嘗不是道家樸素觀念的體現！又與原始、寧靜、優美的農村自然風光融為和諧的一體。

廢名的小說是對他同年在故鄉黃梅生活的回憶。廢名小時候即有愛好自然的傾向，他說：「童年在私塾裡受的教育別無好處，『只是自然』對於我是好的，家在城市，外家在距城二里的鄉村，十歲以前乃合於陶淵明的『懷良辰以孤往』，而成就二十年後的文學事業。」後來在北大求學時，他又受到周作人的深刻影響，學晚唐詞、六朝文、《老子》、《莊子》以及佛經，並漸漸對禪宗發生濃厚興趣，篤信禪宗，並且身體力行，打坐入定，這形成他帶有佛禪色彩的自然哲學觀念。

富春江畔長人的郁達夫，從小就極為迷戀自然。他的小說創作，也總是與自然山水聯繫在一起。他前期的小說創作，「自然」還只是作為人物的背景存在；到了後期，自然與人物之間的關係更加協和，人物也消失了前期小說中的躁動不寧，顯示出退隱、寧靜、純樸的隱逸人格。

郁達夫極為重視小說中的自然風景描寫，他說：「小說背景的中間，最容易使讀者得到實在的感覺、又最容易使小說美化的，是自然風景和人候的描寫。」又說：「像這些變化不同的時節的光景，和千差萬別的風景的推移，能夠深深地觀察，綿密地描寫出來，那麼這本小說的人物事件的結構，暫且不問，就單從風景描寫上說來，也不失為一本最上乘的小說。」[157]

寫於一九三二至一九三三年的〈東梓關〉、〈遲桂花〉、〈飄兒和尚〉，主人公徐竹園、翁則生、秦國柱均在早年有過遠大志向，後由於疾病或世事坎坷，均退隱浙東優美的自然山水中，遠離現實鬥爭，身體康復，身心安寧，無牽無擾。這反映出中年後的郁達夫出世之思和隱逸傾向，渴望在優美寧靜的自然山水中寄託身心。

作為現代有名的流浪小說作家，艾蕪作品中的風景描寫也是突出的。艾蕪自覺作品中風景和人之間的契合關係：「我不能只描寫人和他的生活，我還要把我所見到的各種各樣的自然風景，寫了進去。我喜歡我國的唐詩宋詞，寄情於景，以景抒情，我認為小說也應該這樣做去。有時候，人物有了，生活情節有了，如果還沒自然景色出現在故事情節中，我就難於動筆。假如我是畫家，就要把風俗畫，綜合在一道，畫成為我喜愛的畫卷。」（《中國現代作家選集．艾蕪》序）這種創作觀直接受傳統詩詞的影響，又典型體現了「天人合一」哲學觀念。

---

157 郁達夫：《小說論》，王運熙：《中國文論選》現代卷（上）（杭州市：江蘇文藝出版社，1996年），頁437。

從表面上看，艾蕪的創作與沈從文是不同的：沈從文純以自然的理念欣賞自然的景觀和在這種自然景觀中的自然人性，而艾蕪的作品中總有一個改造者「我」的存在。艾蕪自述「我是喝過五四運動的奶的」，[158]他受到五四思想的深刻影響。艾蕪總體上並不欣賞他作品中的主人公，「我」常常離開他們，不與他們合作；艾蕪常常通過作品中的議論批判他們，以一個覺醒者的姿態將改造的意圖貫注到作品中。但在實際上，引起人們稱讚的卻是艾蕪那些成功描繪西南邊陲獨特環境的作品，作者不僅留戀雄奇、優美的大自然，還對那些形形色色的盜賊、盜馬賊、轎夫、流浪藝人、小販潛意識裡充滿了欣賞。除開作者在作品中公開表露的改造意圖外，我們還是可以鮮明感受到那種在特定自然環境中成長出來的自然人性，這是類似於沈從文的。實際上，艾蕪作品打動人的，仍然是自然風俗人性的美，而不是魯迅式的改造國民性的迫切、強烈、沉重。況且，艾蕪還有作品並不流露出強烈的改造目的，只是比較單純的欣賞那種自然民俗中的人性，如《紅豔豔的罌粟花》，有的作品改造目的並不突出，或曰在作品中並不重要，甚是成為累贅。[159]

被譽為詩化小說的代表作家的蕭紅，她的代表作品《呼蘭河傳》是明顯的社會改造主題，作者對「呼蘭河」這一小鎮上違背人性的習俗表示深深憂慮和無情嘲諷，這是近於魯迅憤激的風格的；但作者在表達自已理想時，傾心的卻是傳統的天人合一的境界：

---

158 艾蕪：《艾蕪文集》第1卷（成都市：四川人民出版社，1981年），頁198。

159 如《山峽中》中，作者由小黑牛被扔進江流中的命運聯想到「難道窮苦人的生活本身，便原是悲痛而殘酷的麼？」似一個「改造主題」的尾巴。事實上，《山峽中》雖然反映了社會矛盾，但是是微弱的；作品的魅力不在反映社會矛盾和社會改造，而在於成功描繪西南險惡的自然山水和活躍在這種環境中的特定的人性——一群強悍、詭詐、殘忍而又頑強、善良、樂觀、對美好的生活深懷嚮往的盜賊，這二者之間渾然一體的美。

> 花開了，就像花睡醒了似的，鳥飛了，就像鳥上天了似的，蟲子叫了，就像蟲子在說話似的。一切都活了，都有無限的本領，要做什麼，要怎麼樣。都是自由的。倭瓜願意爬上架就爬上架，願意爬上房就爬上房。黃瓜願意開一個謊花，就開一個謊花，願意結一個黃瓜，就結一個黃瓜，若都不願意，就是一個黃瓜也不結，一朵花也不開，也沒有人問它。

作者又回憶自己童年的後院：「一到了後園裡，立刻就另是一個世界了。絕不是那屋子裡的狹窄的世界，而是寬廣的，人和天地在一起。……」[160]這種「天人合一」的可以說是現代詩化小說作家的共同追求了。

從沈從文、廢名、郁達夫、艾蕪、蕭紅等作家的創作中，我們可以看到，在小說創作中追求人性和自然渾然一體的美不是哪一個作家的個人愛好，而是時代潮流的表現。這是民族哲學「天人合一」潛意識觀念在新的歷史時期、在小說創作領域中的又一次湧現。這種觀念曾造成古詩的興盛和意境美，也給古代的山水寫意散文提供了啟示，並同樣啟示了《紅樓夢》、《三國演義》等小說創作。但在這些小說中，自然景物描寫只是作為藝術手法，為烘托人物性格和渲染氣氛服務，人物性情與自然之間那種嚴格一致的邏輯關係是沒有的。現代詩化小說則有意識地發展了這一點，並取得成功，是對老莊思想在新的時代條件下、在小說領域的可貴發展。

二　詩的意境和散文小品精神

三、四十年代的詩化小說，漸漸遠離了二十年代個人抒情小說那

160 蕭紅：《蕭紅全集》（哈爾濱市：哈爾濱出版社，1991年），頁761。

種極力張揚自我、抒寫「零餘人」憤世嫉俗的強烈的個體情感特徵，感情逐漸淡化，作家由對自我的強烈關注轉移到關注自然、風俗、人情，作家的情感表達也由一己之宣洩轉而為由客觀的自然、風俗描畫間接流露。典型的代表是郁達夫，他在二十年代以「放達」著名，到三十年代後，轉向隱逸情調，注重表現那些隱居在大自然中的淡泊、寧靜的人物，以此表現自己的志趣。同時，三、四十年代的抒情小說也淡化了二十年代鄉土小說客觀寫實的特徵，淡化或消除了批判現實和改造國民性的意圖，使得自然風物染上作家個性色彩，成為作家情感的代碼，具有寫意性。簡言之，三、四十年代的詩化小說使得個人抒情小說情感表達客觀化，使得鄉土小說景物風俗意象化，作者的主觀的情通過客觀化的景物、風俗、人情來表現，客觀的自然、風俗又染上了人的情感、性情的色彩，主客觀融為一體，這正是中國古典詩歌意境的影響和表現。

周作人很早就提出「抒情詩的小說」概念。他說：「在現代文學裡，有這一種形式的短篇小說，小說不僅是敘事寫景，還可以抒情。」[161]廢名是最早、也是較好地實踐周作人理論的作家，其《竹林的故事》、《桃園》、《橋》等小說被周作人評為「用了他簡煉的文章寫所獨有的意境。」[162]廢名也自道自己寫小說「同唐人寫絕句一樣」，[163]他的小說中具有詩化的句子比比皆是，如《桃園》中，「王老大一門門把月光都門出去了」，「阿毛睜大了的眼睛叫月亮裝滿了』，《橋》中，「草是那麼吞著陽光綠」，小林看花說「花也是夜裡亮的』等。許地山小說創作的詩化特徵也被注意到，沈從文認為「落花生的創作，同

161 周作人：〈晚間的來客・譯後附記〉，《新青年》第7卷第5期（1920年）。

162 周作人：〈棗和橋的序〉，陳振國：《馮文炳研究諮料》（福州市：海峽文藝出版社，1991年），頁187。

163 廢名：《廢名小說選・序》（北京市：人民文學出版社，1957年），頁3。

『人生』實境遠離，卻與『詩』非常接近。」[164]沈從文自己的創作也追求「產生點散文詩的效果」。[165]〈邊城〉出版時，評論界即注意到這篇小說的意境美感：「文章能融化唐詩意境而得到可喜成功。其中鋪敘故事，刻鏤人物，皆優美如詩」。[166]汪曾祺說自己寫小說「不直接寫人物的性格、心理活動。有時只是一點氣氛。但我以為氣氛即人物。一篇小說要在字裡行間都浸透了人物。」(《汪曾祺小說選・序》)「氣氛」的營造即是意境的營造。茅盾評價蕭紅的《呼蘭河傳》：「要點不在《呼蘭河傳》不像是一部嚴格意義的小說，而在於它這『不像』之外，還有些別的東西——一些比『像』一部小說更為『誘人』些的東西：它是一篇敘事詩，一幅多彩的風土畫，一串淒婉的歌謠。」[167]也指出這部小說的詩化特徵。

詩化小說介於詩歌和小說之間，它吸收了詩歌的意境美和小說的客觀寫實精神，但又不完全等同於詩歌的意境和小說的客觀精神。

中國古典詩歌意境的基本要素是「意」和「境」，意境是這二者的有機統一，即詩人主觀的情感、思想、志趣、性情和客觀的自然物象的有機統一。詩人不傾向於直抒胸臆，主觀的「意」通過客觀的「境」來表達；同樣，詩歌中的物景不再是客觀的自然，而是浸染詩人情感意趣的意象，主客觀融為一體。現代詩化小說繼承了詩歌意境中的這種基本特質。這派小說家都具有詩人氣質，作品中飽含濃郁詩意，但作家不是如早先的個人抒情小說那樣直接抒情，而是借助於客觀化的自然、人物和習俗來隱約含蓄地表達自己的意趣。

---

164 沈從文：《沈從文文集》第11卷（廣州市：花城出版社；香港：三聯書店香港分店，1984年），頁169。

165 沈從文《沈從文文集》第11卷（廣州市：花城出版社；香港：三聯書店香港分店，1984年），頁80。

166 《太白》第1卷第7期所載《邊城》廣告詞。

167 茅盾：《呼蘭河傳・序》，蕭紅：《蕭紅全集》（哈爾濱市：哈爾濱出版社，1991年），頁704。

詩化小說的意境雖借鑒了詩歌的意境，但它的結構卻比詩歌意境的結構複雜。詩歌意境的結構是單一的，包括詩人主觀之「意」與自然客觀之「境」兩個因素；而小說的結構卻是二重的：一方面，作為小說內容，其描寫對象包含人物、習俗、自然，其中習俗屬人，因而小說描寫的對象包含了兩個基本要素：人與自然景物。在詩化小說中，人物的性情是受自然影響、在自然中形成的，打上鮮明的自然烙印，人與自然是和諧的，這是一種「天人合一」的關係。另一方面，作為作者的小說家，他的志趣又通過小說中的人物和自然體現出來。詩化小說的作者決不是無動於衷地客觀寫實，把自己排除在作品之外（客觀化的小說作者甚至違反自己的政治立場來表現人物，如保守派的巴爾扎克寫出了貴族沒落、資本家得勢的歷史趨勢），而是將自己的情感意念通過小說中的人物自然體現出來。換言之，作家的情感意趣和作品中的人物的性情、自然的風貌是一致。因而作家與描寫對象也構成一種「天人合一」的關係。

由於詩化小說意境的這種二重結構，傳統詩歌意境的「天人合一」發展到詩化小說中就增添了新的要素，並更趨客觀化。

在詩化小說中，作家不直接抒情（毋寧說抒情是詩化小說所體現出來的一種效果！），而是借客觀化的人物和自然間接表達自己的意念，自我的情感、意志、觀念、性格退場，展現在讀者面前的是原生態的自然和生活場景，作家一般不對自己的描寫對象表態，這樣，作家情感意念的表現比詩歌要客觀；當然也有作家通過議論表達自己的「意」，但這些議論是加在畫面之外的，是畫外音，不像詩歌中的景是直接浸泡在詩人的情緒中，小說則改變不了「述他人之事」的本性，這增加了詩化小說的客觀性，使得「天人合一」具有更加客觀化的效果，道家的「自然之道」的理想也更「自然」地體現出來。

現代詩化小說作家對意境的追求深刻體現了他們的理想。李澤厚說：「意境是比形象（象）情感（情）更高一級的美學範疇。因為，它們不但包含了『象』『情』兩個方面，而且還特別揚棄了它們的主（情）客（象）的片面性，而構成了一個完整統一、獨立的藝術存在。」[168]這其實道出作家對「混沌」的自然之道的體悟和追求。在風雲激蕩的現代中國，這種追求使得作家們獲得深深的心靈安慰。

與客觀寫實的小說相比，詩化小說的個性也是突出的。一般來說，現實主義小說講究表現在典型環境中的典型人物，通過曲折的情節表現人物複雜鮮明的個性，講究嚴格的寫實和客觀精神（其極端就是如醫生解剖病體一樣解剖社會的自然主義小說）。在現實主義小說裡，人物是作品的核心，表現某種生活規律、社會發展規律是小說的目的。詩化小說則與之有較大的差異。詩化小說一般不表現社會環境，而用較多的筆墨刻畫自然風景；現實主義小說中，人物是複雜的社會影響的結果，因而，人物的性格一般比較複雜，而詩化小說中，作家表現的往往是人物的「性情」而非「性格」，性格在社會中鑄造，性情則為自然化育。也許在詩化小說的作者看來，現實主義小說中的人物複雜的性格未免不是過於「人為」的複雜社會的產物，他們自己，則顯然排斥這種「人為」，極力使他們的主人公退回到單純自然的境界。這種思維的差異仍是傳統道家對儒家文明的反撥。

因為要表現人物複雜的性格，現實主義小說的作家就必須構造複雜的情節；這一點詩化小說的作家則看似不必，他們表現的是單純的人格，他們不必要、也從不構造複雜的情節。相反，詩化小說的作家往往在一個個鮮明生動的風俗畫中表現自己的人物，這使得詩化小說走上另一條道路：對風物的細緻刻畫、對意象的渲染烘托。複雜的情節是複雜的社會的產物，單純的風景畫則體現了天人一體的景觀。

現代詩化小說總體上呈一種散文化風貌，沒有寫實小說那種嚴密的結構和客觀的態度，很多作家（如沈從文、廢名、許地山等）的

---

168 李澤厚：〈意境雜談〉，《美學論集》（上海市：上海文藝出版社，1980年），頁324。

小說和散文沒有明確的界限，廢名的小說甚至常常編入散文集中。[169]沈從文承認自己與廢名一樣，是時人所認為的「同是不講文法的作者」，[170]這是與傳統小說以及西方現實主義小說全異的小說形式。現代中國的這種詩化小說，周作人在一九二〇年就預言過：「內容上必要有悲歡離合，結構上必要有葛藤，極點與收場，才得謂之小說；這種意見，正如十七世紀的戲曲的三一律已經是過去的東西了。」[171]對散文化的追求，可以說是詩化小說作家一致的努力。沈從文明確講自己的小說「更近於小品散文，於描寫雖同樣盡力，於結構更疏忽了。照一般說法短篇小說的必需條件所謂『事物的中心』、『人物的中心』、『提高』或『拉緊』我全沒有顧到。也不想有意這樣做，我只平平的寫去，到要完了就止，事情完全是平常的事情，故既不誇張，也不剪裁的把他寫下去了。……我還是沒有寫過一篇一般人所謂的小說的小說，是因為我願意在章法外接受失敗，不想在章法內得到成功。」（〈石子船跋〉）這種散文化的追求當年還遭到蘇雪林的批判，後者以為沈從文的作品「過於隨筆化。他好像是專門拿 Essay 的筆法來寫小說的。」[172]這種觀點，今天看來是不對的，散文化正是沈從文的特色所在。朱光潛在評論廢名的小說〈橋〉時指出：「〈橋〉幾乎沒有故事。」[173]汪曾祺也認為沈從文的「短篇小說有好些是沒有什麼故事的，

---

169 早在三十年代，《橋》中的幾篇就被周作人選入《中國新文學大・散文一集》，周作人在〈導言〉中說：「廢名所作本來是小說・但是我看這可以當小品散文讀，不，不但是可以，或者這樣更覺得有意味亦未可知。」近年出版的《中國新文學大系》（1927-1937）中的《散文集一》（吳組緗作序），又選入《桃園》中的《菱蕩》。

170 沈從文：《沈從文文集》第11卷（廣州市：花城出版社；香港：三聯書店香港分店，1984年），頁101。

171 周作人：〈晚間的來客・譯後記〉，《新青年》第7卷第5期（1920年）。

172 蘇雪林：〈沈從文論〉，劉洪濤：《沈從文研究資料上》（天津市：天津人民出版社，2006年），頁193。

173 朱光潛：〈橋〉，《文學雜誌》第1卷（3），1937年。

如〈牛〉、〈三三〉、〈八駿圖〉……」[174]汪曾祺的小說觀念是：「小說是談生活，不是編故事。」[175]他自述自己的小說「散文的成分是一直明顯地存在著的」，「我的小說的另一個特點是：散。這倒是有意為之，我不喜歡布局嚴謹的小說，主張信馬由韁，為文無法。」[176]京派的另一位小說家師陀也指出自己的小說「有的像小說，有的像散文，有的卻又什麼都不像。」[177]「我想用舊說部的筆法寫一本散文體的小說，每節都自能獨立。」[178]師陀在小說散文化方面也做出了自覺的努力，他的一系列以河南村鎮生活為背景的小說創作均呈現出這樣的特徵。魯迅評價蕭紅的〈生死場〉說：「這自然還不過是略圖，敘事和寫景，勝於人物的描寫，……」[179]也道出她的散文化的特點。

現代詩化小說家吸取了契訶夫、屠格涅夫、沃爾芙和阿索林等現代外國小說大家的創作手法，又從中國古代詩歌和散文中汲取藝術營養，形成了其散文化的藝術特徵。這種非邏輯的、風俗畫般的創作傾向從深層思維看還應歸結為民族老莊哲學的詩性思維：「老莊對『道』的闡釋，旨在汩沒理性，將社會人還原於自然人。因此，老莊哲學排斥人對生活、歷史規律的理性認識，主張『棄知去己』，以『道』觀物。這就自然排除了人的感覺經驗和理性思維的作用，而聽憑於神秘主義的直覺。另則，『道』的思維機制不僅否認事物之間的

174 汪曾祺：〈沈從文和他的《邊城》〉，《晚翠文談》，杭州市：浙江文藝出版社，1988年。

175 汪曾祺：〈橋邊小說三篇．後記〉，《汪曾棋全集》第3卷，北京市：北京師範大學出版社，1998年。

176 汪曾祺：《汪曾祺短篇小說選．自序》，北京市：北京出版社，1982年。

177 師陀：《里門拾記．序》，劉增傑：《師陀研究資料》（北京市：北京出版社，1984年），頁47。

178 師陀：〈《江湖集》編後記〉，劉增傑：《師陀研究資料》（北京市：知識產權出版社，2010年），頁60。

179 魯迅：《生死場．序言》，蕭紅：《蕭紅全集》（哈爾濱市：哈爾濱出版社，1991年），頁54。

因果關係，也把物質運動的時空序列割斷了，如同『向者之我，非復今我，我與今俱往矣」之說。『道』對中國文人的制約所產生的直接後果，就是敘事思維邏輯意識的淡化。」[180]詩化小說非邏輯的詩性思維內在地受到老莊富於直覺色彩的哲學的影響。

中國現代小品文作家在考察小品文的淵源時，大多將小品文歸結為民族的性靈傳統，性靈文學是直接哺育著老莊哲學精神的乳汁長成，它先天地與作者的自然性情連在一起，現代小品文作家考察小品文的淵源時多將《莊子》看成它的始祖。[181]這種文體對於要求表現自己自然性情的詩化小說作家是適合的。

詩化小說作家吸收小品文自由表現作家性情這一特質，於客觀寫實（無疑，這種寫實寫的是「自然」之實）之外，將自己的自然性情與表現的對象有機結合，使得作品既表現了現實，又反映了作家的性情，二者無間的結合，形成了詩化小說濃郁的詩性品質。

---

180 吳士余：《中國文化與小說思維》（上海市：三聯書店，2000年），頁81。

181 詳見本書第七章第二節：「老莊與現代小品散文」。

後記

我寫過詩，做過詩人夢；由於不可思議的人生又對哲學產生過濃厚的興趣。十幾年前，我的興趣只在這兩件，一心想，讀書研究大概在提高人的思想和藝術修養，解答人生之謎，安慰人生。但事實並不如此。隨著我較為自由的中學、大學教師、研究生生活的結束，我進入了被社會認為是高端的博士學位攻讀，但我馬上發現一種讓我費盡心血也沒辦法很快適應卻又逃避不了的體制性寫作。我發現我的「寫作」與我周圍的人不一樣，同學也善意地提醒我寫的不像論文。很明顯，依照我自己的習慣寫下去文章是幾乎發表不了的。我看出兩個問題：寫文章必須先搭好構架，工整平穩，再添磚加瓦，形成整體。那種「吾文如萬斛泉源，不擇地而出……常行於所當行，常止於所不可不止」的自然主義無疑就是放任主義，是死路一條。再就是，寫論文必須放棄我直觀社會、宇宙、人生之所感，而要弄清楚別人怎麼想、怎麼說，把別人想的、說的弄清楚，組織起來，成為文章。換言之，寫論文變成放棄自我，為他人服務。這兩條，老實說，到今天我還不能從心底接受，但就在我意識到這兩個問題的時候，我卻有意識地放棄了我之前的寫作習慣。我發現的問題變成了我寫作的指導。

這本博士論文就是這樣寫作的產物。

在我的寫作中，是沒有「我」的。

今天，我知道這是一種命運。正如個人有自己的命運，時代也有自己的命運。這個時代的寫作如何形成這種狀況，沒有人知道，更不可能有人來改變它。

今天，也許我已經習慣了這樣的寫作，觀點、材料、論證，言之成理，自圓其說。「我」消失不見。價值觀是時代的多餘。

劉勰說：「文果載心，余心有寄。」《文心雕龍》是多麼偉大的作品啊，但劉勰卻對寫作的價值產生懷疑。他也許是第一位對論文寫作能不能表現作者產生懷疑的理論家，全然不似大量把研究說得神乎其神的學者。因為論文不像詩，既不能抒情，也不能言志。而一切寫作的本來就是寫詩，要麼抒情，要麼言志。「寄」心者，隔也。但即便是寄心的文章，也遠離了我們。

因而這部博士論文讓我感慨：我年輕時絕沒有想到我會寫這樣的文章，我不但寫了，還是認真地寫。我對它沒有多少感覺，但又不能割捨對它的感情。我至今唯一的一次不在家裡過的年是在寫博士論文那年：除夕之夜，幾個在趕寫論文沒有回家的博士同學一起吃了頓年夜晚，之後打牌慶祝新年，第二天大年初一起來接著寫。還有，閱讀有些文質兼美的作品也給我啟發和享受，但大量的閱讀是沒有趣味的，是為寫論文尋找材料；某些章節的寫作也讓自己有「借他人，澆自己塊壘」的快感，但也有大量文字是為了論文的完整而「硬寫」。還有，借寫這部博士論文的契機我認真閱讀了《莊子》，而之前自己喜歡的哲學幾乎是西方哲學，《莊子》的閱讀給我打開了另一扇門，儘管它不像西方哲學給我那麼強烈的震撼，它的滲透是緩慢而潤貼的，但它是另一種觀照人生和世界的角度，其中有推敲後不能否定的東西。不能否定的東西大約才是人生可以依靠的東西。還有，以這部博士論文為基礎申報國家社科基金也獲得資助。

回憶這些沒有喜悅，只有噓唏。人生之混雜令人感慨。今天，我仍然在想寫作的問題，懷疑從來沒有停止過。一位有成就的學界前輩告訴我，在體制許可的條件下把自己的想法表達出來。這不失為明智之舉，但仍不能消解我的懷疑。寫作，包括文體的選擇、創造，難道不都是自由的行為嗎？

今天，當我逐漸能寫得出「論文」，內心不再為不能發表論文而特別焦慮的時候；當我出版這部我的學術生涯中的第一部著作，一部三言兩語難以言表的著作的時候，我特意寫下這些文字。人過中年，事業無成讓生命倍感焦慮。我願隨著這本書的出版，能扔掉一些昨日的惶惑，願自己未來的寫作更多的是一些能「寄心」的文字。

本書的出版得到福建師範大學文學院出版學術基金的資助，我的研究生蔡安妮、黃倩倩、趙巍參與了書稿的文字修改，在此一併謝忱！在本書即將付梓出版之際，特別要向多年培養愛護我的導師靳明全先生、曹順慶先生及始終如一支持我的家人致以真誠的謝意！

雷文學

二一一二三年五月於福州

參考文獻

中文著作類

阿英主編　《中國新文學大系・史料・索引》　上海市　上海文藝出版社　2003年

巴　人　《魯迅的創作方法》　重慶市　讀書出版社　1941年

白璧德　《盧梭與浪漫主義》　石家莊市　河北教育出版社　2003年

北京大學北京師範大學中文系、北京大學中文系文學史教研室編　《陶淵明資料匯編》　北京市　中華書局　1962年

北京大學哲學系外國哲學史教研室編譯　《西方哲學原著選讀》　北京市　商務印書館　2004年

蔡元培　《中國新文學大系導論集》　上海市　上海良友復興圖書印刷公司　1940年

草川未雨（張秀中）　《中國新詩的昨日今日和明日》　上海市　上海書店　1985年

曹礎基　《莊子淺注》　北京市　中華書局　2000年

陳鼓應　《尼采新論》　上海市　上海人民出版社　2006年

陳鼓應　《悲劇哲學家尼采》　上海市　上海人民出版社　2006年

陳鼓應主編　《道家文化研究》　北京市　生活・讀書・新知三聯書店　2006年

陳國恩　《浪漫主義與二十世紀中國文學》　合肥市　安徽教育出版社　2000年

陳國恩　《二十世紀中國文學與中外文化》　武漢市　長江文藝出版社　2007年

陳　晉　《毛澤東的文化性格》　北京市　中國青年出版社　1991年
陳鐵健　《從書生到領袖：瞿秋白》　上海市　上海人民出版社　1995年
陳萬雄　《五四新文化的源流》　北京市　生活·讀書·新知三聯書店　1997年
陳越光、陳小雅　《搖籃和墓地——嚴復的思想和道路》　成都市　四川人民出版社　1985年
陳子善編　《回憶梁實秋》　長春市　吉林文史出版社　1992年
凡尼、曉春　《徐志摩：人和詩》　桂林市　漓江出版社　1992年
馮友蘭　《中國哲學史》　北京市　中華書局　1966年
馮友蘭　《中國哲學簡史》　北京市　北京大學出版社　1996年
逄增玉　《二十世紀中國文學的歷史文化透視》　長春市　東北師範大學出版社　1996年
傅道彬　《中國文學的文化批評》　哈爾濱市　黑龍江人民出版社　2000年
高旭東　《五四文學與中國文學傳統》　濟南市　山東大學出版社　2000年
郜元寶　《尼采在中國》　上海市　上海三聯書店　2001年
鞏　富　《文苑耕耘拾萃：中國現當代文學史著論稿》　呼和浩特市　內蒙古教育出版社　1998年
郭慶藩輯　《莊子集釋》　北京市　中華書局　1961年
郭紹虞主編　《中國歷代文論選》　上海市　上海古籍出版社　2001年
哈迎飛　《「五四」作家與佛教文化》　上海市　上海三聯書店　2002年
胡河清　《靈地的緬想》　上海市　學林出版社　1995年
胡　適　《中國哲學史大綱》　北京市　東方出版社　1996年
胡適、周作人　《論中國近世文學》　海口市　海南出版社　1994年

黃子平等　《二十世紀中國文學三人談》　北京市　人民文學出版社　1998年

藍棣之　《現代詩的情感與形式》　北京市　華夏出版社　1994年

〔清〕何文煥輯　《歷代詩話》（全2冊）　北京市　中華書局　1981年

李　劼　《歷史描述和闡釋的二十世紀中國文學史論》　西寧市　青海人民出版社　1998年

李生龍　《道家及其對文學的影響》（修訂本）　長沙市　岳麓書社　2005年

李歐梵　《中國現代文學與現代性十講》　上海市　復旦大學出版社　2002年

李歐梵　《現代性的追求：李歐梵文化評論精選集》　北京市　生活・讀書・新知三聯書店　2000年

李素伯　《小品文研究》　上海市　新中國書局　1932年

李　怡　《中國現代新詩與古典詩歌傳統》　重慶市　西南師範大學出版社　1994年

李岫、秦林芳主編　《中外文學交流史》　長沙市　湖南教育出版社　1999年

李澤厚　《美學論集》　上海市　上海文藝出版社　1980年

梁宗岱　《詩與真・詩與真二集》　北京市　外國文學出版社　1984年

林和生　《孤獨人格——克爾凱郭爾》　武漢市　長江文藝出版社　1996年

林毓生　《中國傳統的創造性轉化》　北京市　生活・讀書・新知三聯書店　1988年

淩　宇　《沈從文傳》　北京市　十月文藝出版社　1988年

劉漢民、舒欣編著　《毛澤東詩詞對聯書法集觀》　武漢市　長江文藝出版社　1997年

龍泉明、鄒建軍　《現代詩學》　長沙市　湖南人民出版社　2000年
羅成琰　《百年文學與傳統文化》　長沙市　湖南教育出版社　2002年
毛澤東　《毛澤東早期文稿》　中共中央文獻研究室、中共湖南省委編輯組編　長沙市　湖南人民出版社　2008年
慕容真編　《道教三經合璧》　杭州市　浙江古籍出版社　1991年
南帆主編　《二十世紀中國文學批評99個詞》　杭州市　浙江文藝出版社　2003年
歐陽哲生編　《胡適選集》　長春市　吉林人民出版社　2005年
潘頌德　《中國現代新詩理論批評史》　上海市　學林出版社　2002年
錢理群　《讀周作人》　天津市　天津古籍出版社　2001年
錢理群　《心靈的探詢》　上海市　上海文藝出版社　1999年
錢理群　《周作人傳》　北京市　十月文藝出版社　1990年
瞿秋白紀念館編　《瞿秋白研究》（8）　上海市　學林出版社　1996年
任訪秋　《中國近代文學作家論》　鄭州市　河南人民出版社　1984年
任繼愈　《中國道教史》　上海市　上海人民出版社　1991年
容　閎　《西學東漸記》　長沙市　湖南人民出版社　1981年
阮元校　《十三經注疏》　上海市　上海古籍出版社　1997年
上海文藝出版社編　《中國新文學大系》　上海市　上海文藝出版社　1984年
邵華強　《徐志摩研究資料》　西安市　陝西人民出版社　1998年
沈寂主編　《陳獨秀研究》第1輯　北京市　東方出版社　1999年
沈寂主編　《陳獨秀研究》第2輯　合肥市　安徽大學出版社　2003年
宋益喬　《追求終極的靈魂——許地山傳》　福州市　海峽文藝出版社　1989年

孫敦恆、錢競編　《紀念王國維先生誕辰120周年學術論文集》　廣州市　廣東教育出版社　1999年
譚桂林　《二十世紀中國文學與佛學》　合肥市　安徽教育出版社　1999年
譚桂林　《轉型與整合——現代小說精神現象史》　西安市　陝西人民出版社　2003年
唐世貴　《中國現代文學關係史》　廣州市　花城出版社　1998年
〔魏〕王弼　《老子道德經》　上海市　上海書店　1986年
王光東　《現代浪漫民間：二十世紀中國文學專題研究》　上海市　上海人民出版社　2001年
王錦厚　《五四新文學與外國文學》　成都市　四川大學出版社　1989年
王珞編　《沈從文評說八十年》　北京市　中國華僑出版社　2004年
王乾坤　《魯迅的生命哲學》　北京市　人民文學出版社　1999年
王文彬　《中西詩學交匯中的戴望舒》　合肥市　安徽教育出版社　2003年
王曉明主編　《二十世紀中國文學史論》（一、二、三卷）　上海市　東方出版中心　1997年
汪樹東　《中國現代文學中的自然精神研究》　哈爾濱市　黑龍江人民出版社　2005年
溫儒敏、丁曉萍編　《時代之波》　北京市　中國廣播電視出版社　1995年
吳宏聰主編　《中國現代文學與民族文化》　北京市　首都師範大學出版社　1994年
吳士余　《中國文化與小說思維》　上海市　上海三聯書店　2000年
夏志清著　劉紹銘等譯　《中國現代小說史》　上海市　復旦大學出版社　2005年

熊月之　《西學東漸與晚清社會》　上海市　上海人民出版社　1995年

許地山　《道教史》　上海市　上海古籍出版社　1999年

許紀霖、李瓊　《天地之間——林同濟文集》　上海市　復旦大學出版社　2004年

徐志嘯　《近代中外文學關係：19世紀中葉-20世紀初葉》　上海市　華東師範大學出版社　2000年

嚴家炎　《中國現代小說流派史》　北京市　人民文學出版社　1995年

楊伯峻　《列子集釋》　北京市　中華書局　1979年

楊匡漢、劉福春　《西方現代詩論》　廣州市　花城出版社　1988年

楊匡漢、劉福春　《中國現代詩論》　廣州市　花城出版社　1985年

楊　義　《文化衝突與審美選擇》　北京市　人民文學出版社　1988年

楊　義　《楊義文存》　北京市　人民出版社　1998年

楊　義　《中國現代小說史》　北京市　人民文學出版社　2001年

姚淦銘、王燕編　《王國維文集》　北京市　中國文史出版社　1997年

葉　朗　《中國美學史大綱》　上海市　上海人民出版社　2003年

余嘉華、熊朝雋主編　《聞一多研究文集》　昆明市　雲南教育出版社　1990年

俞元桂等　《中國現代散文理論》　南寧市　廣西人民出版社　1984年

張菊香、張鐵榮　《周作人研究資料》　天津市　天津人民出版社　1986年

張榮明主編　《道儒佛與中國文化》　上海市　上海人民出版社　1994年

張鐵榮　《周作人平議》　天津市　天津人民出版社　1996年
張效民　《艾蕪傳——浪漫文豪之謎》　成都市　四川民族出版社　1997年
張育仁　《鯤鵬之戀——毛澤東詩化哲學評傳》　瀋陽市　瀋陽出版社　2003年
趙遐秋　《徐志摩傳》　北京市　中國人民大學出版社　1999年
趙毅衡　《遠游的詩神》　成都市　四川人民出版社　1985年
鄭欣淼著　《魯迅與宗教文化》　北京市　中國社會科學出版社　2004年
周國平　《尼采：在世紀的轉折點上》　上海市　上海人民出版社　1986年
周振甫　《文心雕龍今譯》　北京市　中華書局　1986年
周振甫　《周易譯注》　北京市　中華書局　2001年
朱德發　《世界文化視野中的現代中國文學》　濟南市　山東教育出版社　1993年
朱德發　《20世紀中國文學理性精神》　上海市　上海人民出版社　2003年
朱德發　《世界文化視野中的現代中國文學》　濟南市　山東教育出版社　1993年
朱光燦　《中國現代詩歌史》　濟南市　山東大學出版社　1997年
朱光潛　《詩論》　北京市　北京出版社　2005年
朱光潛　《朱光潛全集》　合肥市　安徽教育出版社　1997年
朱曦、陳興蕪　《中國現代浪漫主義小說模式》　重慶市　重慶出版社　2002年
國學整理社　《諸子集成》　北京市　中華書局　1954年
宗白華　《美學的散步》　合肥市　安徽教育出版社　2000年
宗白華　《美學和意境》　北京市　人民出版社　1987年

宗白華　《美學散步》　上海市　上海人民出版社　1981年
宗白華　《藝境》　合肥市　安徽教育出版社　2000年

翻譯文獻

〔德〕歌德　《歌德文集》　北京市　人民文學出版社　1997年
〔德〕黑格爾　《哲學史講演錄》　北京市　商務印書館　1996年
〔德〕克爾凱郭爾著　張祥龍、王建軍譯　《致死的痼疾》　北京市　中國工人出版社　1997年
〔德〕克爾凱郭爾著　魯路譯　馮文光校　《基督徒的激情》　北京市　中央編譯出版社　2001年
〔德〕克爾凱郭爾著　一諶、肖聿、王才勇譯　《恐懼與顫慄》　北京市　華夏出版社　1999年
〔德〕克爾凱郭爾著　閻嘉譯　《或此或彼》　北京市　華夏出版社　2007年
〔德〕尼采著　田立年譯　《哲學與真理》　上海市　上海社會科學院出版社　1993年
〔德〕尼采著　楚圖南等譯　《尼采文集》　北京市　改革出版社　1995年
〔德〕尼采著　陳蒼多譯　《我妹妹和我》　北京市　文化藝術出版社　2003年
〔德〕尼采著　賀驥譯　《權力意志》　桂林市　漓江出版社　2000年
〔德〕尼采著　虞龍發譯　《尼采遺稿選》　上海市　上海譯文出版社　2005年
〔德〕尼采著　田立年譯　《曙光》　桂林市　漓江出版社　2000年
〔德〕尼采著　陳濤、周輝榮譯　劉北成校　《歷史的用途與濫用》　上海市　上海世紀出版集團　2005年

〔德〕尼采著　周國平譯　《希臘悲劇時代的哲學》　北京市　商務印書館　1994年

〔德〕尼采著　黃明嘉譯　《快樂的知識》　北京市　中央編譯出版社　2001年

〔德〕尼采著　周國平譯　《悲劇的誕生》　桂林市　廣西師範大學出版社　2002年

〔德〕尼采著　張念東、淩素心譯　《超善惡》　北京市　中央編譯出版社　2005年

〔德〕尼采著　程志民譯　《善惡之彼岸》　北京市　華夏出版社　2000年

〔德〕叔本華　《作為意志和表象的世界》〔上下冊〕　西寧市　青海人民出版社　1996年

〔德〕叔本華著　韋啟昌譯　《人生的智慧》　上海市　上海人民出版社　2001年

〔韓〕梁再赫　金珠英譯　《中國古代哲學與毛澤東思想的淵源》　北京市　中央文獻出版社　2000年

〔美〕愛默生著　吉歐·波爾泰編　趙一凡、蒲隆、任曉晉、馮建文譯　趙一凡校　《愛默生集：論文與講演錄》〔上下冊〕　北京市　生活·讀書·新知三聯書店　1993年

〔美〕史華茲　葉鳳美譯　《嚴復與西方》　南京市　江蘇人民出版社　1996年

〔美〕惠特曼　《草葉集》　北京市　人民文學出版社　1987年

〔日〕竹內實　張會才譯　《毛澤東的詩與人生》　北京市　中國文聯出版社　2002年

〔印〕泰戈爾　《泰戈爾全集》　石家莊市　河北教育出版社　2000年

〔印〕黃寶生譯　《奧義書》　北京市　商務印書館　2010年

〔中〕殷克琪著　洪天富譯　《尼采與中國現代文學》　南京市　南京大學出版社　2000年

〔英〕羅　素　《西方哲學史》　北京市　商務印書館　1976年
〔中〕朱光潛　張隆溪譯　《悲劇心理學》　北京市　人民文學出版社　1983年

作者簡介

雷文學

湖北隋州市人，文學博士，藝術學博士後，福建師範大學文學院教授，博士生導師，從事文藝學研究。在《哲學與文化》（A&HCI 收錄）、《光明日報》、《文藝爭鳴》、《民族文學研究》等海內外重點期刊發表論文六十餘篇，主持國家社科基金項目等七項，出版專著《西方哲學與中國新詩》，出版詩集《無端遙望》，獲全國教育碩士專業學位優秀教師。

本書簡介

本書是對老莊與中國現代文學關係全面梳理的一部著作，重點研究的現代文學大家達十八位之多。本書從哲學、文化、政治、社會、文學等多種視角全面展現了現代作家對老莊豐富複雜的態度，是對老莊與中國現代文學關係概觀的著作。本書充分注意「現代」這一獨特的文化環境，注意到作家們對老莊的態度與現代文化環境的緊密關係，充分關注西方文化、尤其是西方哲學影響了現代作家對老莊的態度。而現代作家將老莊與西方哲學相結合，打造出一種既積極有為又超然物外的現代哲學，尤是本書的獨到發現。

福建師範大學文學院百年學術論叢·第八輯 1702H09

老莊與中國現代文學

作　　者　雷文學
總 策 畫　鄭家建　李建華

發 行 人　林慶彰
總 經 理　梁錦興
總 編 輯　張晏瑞
編 輯 所　萬卷樓圖書股份有限公司
臺北市羅斯福路二段 41 號 6 樓之 3
電話 (02)23216565
傳真 (02)23218698

發　　行　萬卷樓圖書股份有限公司
臺北市羅斯福路二段 41 號 6 樓之 3
電話 (02)23216565
傳真 (02)23218698
電郵 SERVICE@WANJUAN.COM.TW
香港經銷　香港聯合書刊物流有限公司
電話 (852)21502100
傳真 (852)23560735

ISBN 978-626-386-103-9
2024 年 6 月初版二刷
定價：新臺幣 560 元

如何購買本書：
1. 劃撥購書，請透過以下郵政劃撥帳號：
帳號：15624015
戶名：萬卷樓圖書股份有限公司
2. 轉帳購書，請透過以下帳戶
合作金庫銀行　古亭分行
戶名：萬卷樓圖書股份有限公司
帳號：0877717092596
3. 網路購書，請透過萬卷樓網站
網址 WWW.WANJUAN.COM.TW
大量購書，請直接聯繫我們，將有專人為您服務。客服：(02)23216565 分機 610
如有缺頁、破損或裝訂錯誤，請寄回更換

Printed in Taiwan

國家圖書館出版品預行編目資料
老莊與中國現代文學 / 雷文學著. -- 初版. -- 臺北市 : 萬卷樓圖書股份有限公司, 2024.06
印刷
　面 ;　公分. -- (福建師範大學文學院百年學術論叢. 第八輯 ; 1702H)
ISBN 978-626-386-103-9(平裝)

1.CST: 老莊哲學 2.CST: 現代文學 3.CST: 中國
121.3　　　113006016